# Le grand livre de notre enfant

# Dorothy Einon

# Le grand livre de notre enfant

Élever des enfants
heureux, confiants
et en bonne santé
de 0 à 6 ans

Traduit de l'anglais
par Linda Cousineau

LES ÉDITIONS DE
L'HOMME

**Données de catalogage avant publication (Canada)**

Einon, Dorothy

    Le grand livre de notre enfant: élever des enfants heureux, confiants et en bonne santé

    Traduction de: Dorothy Einon's complete book of children and development.

    1. Enfants – Soins.    2. Enfants – Développement.    3. Éducation des enfants.
I. Titre.

HQ778.5.E4614  2002         649'.1        C2002-940391-X

DISTRIBUTEURS EXCLUSIFS:

• Pour le Canada
et les États-Unis:
**MESSAGERIES ADP***
955, rue Amherst
Montréal, Québec
H2L 3K4
Tél.: (514) 523-1182
Télécopieur: (514) 939-0406
* Filiale de Sogides ltée

• Pour la France et les autres pays:
**VIVENDI UNIVERSAL PUBLISHING SERVICES**
Immeuble Paryseine, 3, Allée de la Seine
94854 Ivry Cedex
Tél.: 01 49 59 11 89/91
Télécopieur: 01 49 59 11 96
**Commandes:**  Tél.: 02 38 32 71 00
                  Télécopieur: 02 38 32 71 28

• Pour la Suisse:
**VIVENDI UNIVERSAL PUBLISHING SERVICES SUISSE**
Case postale 69 - 1701 Fribourg - Suisse
Tél.: (41-26) 460-80-60
Télécopieur: (41-26) 460-80-68
Internet: www.havas.ch
Email: office@havas.ch
**DISTRIBUTION: OLF SA**
Z.I. 3, Corminbœuf
Case postale 1061
CH-1701 FRIBOURG
**Commandes:**  Tél.: (41-26) 467-53-33
                Télécopieur: (41-26) 467-54-66

• Pour la Belgique et le Luxembourg:
**VIVENDI UNIVERSAL PUBLISHING SERVICES BENELUX**
Boulevard de l'Europe 117
B-1301 Wavre
Tél.: (010) 42-03-20
Télécopieur: (010) 41-20-24
http://www.vups.be
Email: info@vups.be

Dépôt légal: 2ᵉ trimestre 2002
Bibliothèque nationale du Québec

ISBN 2-7619-1633-6

Pour en savoir davantage sur nos publications,
visitez notre site: **www.edhomme.com**
Autres sites à visiter: www.edjour.com • www.edtypo.com
www.edvlb.com • www.edhexagone.com • www.edutilis.com

Gouvernement du Québec – Programme de crédit d'impôt pour l'édition de livres –
Gestion SODEC

L'Éditeur bénéficie du soutien de la Société de développement des entreprises
culturelles du Québec pour son programme d'édition.

Nous reconnaissons l'aide financière du gouvernement du Canada par l'entremise du
Programme d'aide au développement de l'industrie de l'édition (PADIÉ) pour nos
activités d'édition.

# Avant-propos

**Q**uand j'étais jeune, mon grand-père venait nous cher-cher, ma cousine et moi, pour que nous l'aidions à prendre soin de ses chrysanthèmes primés. Je me souviens du sentiment d'importance qui m'envahissait ces jours-là. Et je me rappelle surtout quand grand-papa se tournait vers nous en hochant la tête et en disant : « Une tête de boucles foncées et l'autre de mèches blondes. Qui pourrait dire laquelle est la plus belle ? »

Tout le monde ou presque peut élever des enfants. De même, n'importe qui peut faire pousser des fleurs. Mais pour réussir à cultiver des fleurs qui remportent des prix lors de concours, il faut être comme mon grand-père. Sa plus grande qualité était sans doute de pouvoir faire croire à un enfant qu'il était quelqu'un de bien particulier. Et plus encore, de lui faire comprendre qu'il était particulier quoi qu'il arrive. C'est beaucoup plus que de lui dire « Je t'aime ». En effet, c'est de le lui dire de manière qu'il le tienne pour acquis. Je ne pense pas que grand-papa m'ait déjà dit les mots « je t'aime » comme tels, pourtant je ne doute absolument pas qu'il m'ait aimée.

Une autre technique consiste à donner à votre enfant les outils nécessaires pour affronter la vie. C'est-à-dire à lui apprendre à avoir confiance en lui, en lui enseignant à s'habiller tout seul ou à exprimer ses émotions. Et plus encore, c'est de lui donner suffisamment d'assurance pour qu'il se sente « capable » d'entreprendre ou de faire des choses. Cette assurance, vous pouvez la lui communiquer directement : « Je sais que tu peux le faire » ou indirecte-ment, en lui demandant, par exemple, de vous aider à porter les sacs de provisions. Lui donner les outils nécessaires, c'est lui donner confiance en lui et lui permettre de développer son estime de soi. L'amour inconditionnel et fécond s'épanouit mieux dans des limi-tes claires et fermes, là où l'atten-tion et le respect mutuels font partie inté-grante du décor.

# Table des matières

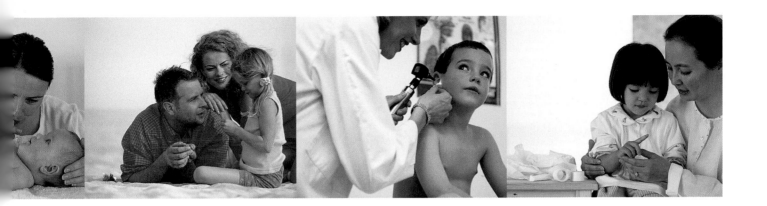

# Introduction

La plupart d'entre nous ne pouvons pas aspirer à devenir de grands scientifiques ou des vedettes de cinéma. Même avec les meilleurs professeurs, il se peut que nous ne gagnions jamais de prix pour nos broderies ou que nous ne fabriquions jamais le genre de table pour laquelle les gens paieraient une fortune. La plupart d'entre nous sommes, en fait, plutôt ordinaires, nous avons des talents, bien sûr, mais nous restons quand même dans la moyenne. S'il nous fallait dresser la liste de nos accomplissements, ceux-ci paraîtraient probablement banals jusqu'à ce qu'il soit question de nos enfants. Car, pour la plupart d'entre nous, élever nos enfants, et bien les élever, constitue notre plus grand exploit. C'est à la fois la chose la plus exaltante, la plus contrariante, la plus ennuyeuse, fascinante, terrifiante et réconfortante que l'on puisse faire. Personne ne nous aime avec autant d'intensité et d'approbation qu'un enfant de 2 ans. Et personne ne peut nous contrarier autant. Quand il passe d'une crise de colère à une autre ou qu'il refuse de manger son repas, il nous arrive d'avoir l'impression de ne plus être maître de la situation. Avant la naissance d'un enfant, on ne peut s'imaginer combien on sera absorbé par tous les détails de sa vie ni à quel point nos émotions seront toujours à fleur de peau. Mais, après seulement quelques jours de vie, nous savons que désormais, tout ce qui arrivera à cet enfant influencera aussi le reste de notre vie. Il ne s'agit pas d'une relation que l'on peut mettre de côté et recommencer à zéro. C'est pourquoi la plupart

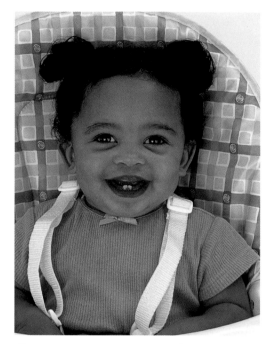

d'entre nous tenons tant à « bien » établir le lien dès le départ. Par ailleurs, le fait de savoir que les événements qui se produisent au cours de l'enfance d'une personne peuvent affecter tout le reste de sa vie crée aussi une certaine pression sur nous en tant que parents. Le dicton « Parlez-moi de l'enfant de 7 ans aujourd'hui et je vous parlerai de l'adulte de demain » a beau ne pas toujours être vrai, il est suffisamment véridique pour que la majorité des parents sentent qu'il leur faut réussir du premier coup.

## L'art d'être parent

Heureusement, nous sommes pour la plupart des parents plus compétents et plus connaisseurs que nous ne le croyons. Ceux qui ont eu de bons parents constateront sans doute que les aptitudes parentales leur ont été transmises. Les autres qui n'ont pas eu cette chance peuvent souvent voir où leurs parents se sont trompés. Vous avez peut-être acheté ce livre pour savoir comment vous y prendre, mais vous l'utiliserez probablement surtout pour vous rassurer, pour vous assurer que vous faites effectivement ce qu'il faut. Quoi qu'il en soit, rappelez-vous qu'il n'existe pas de parents parfaits : et si c'était le cas, une telle perfection serait un modèle impossible à imiter. Nous élevons nos enfants pour qu'ils s'intègrent dans un monde loin d'être parfait et ils ont besoin de savoir que nous sommes nous-mêmes imparfaits. Nous leur devons de faire de notre mieux, mais nous ne pouvons pas nous attendre à toujours tout réussir sans faire d'erreurs.

La réussite comporte en outre plusieurs facettes et ce livre vous aidera à les comprendre. Souvent, en effet, tout ce dont les parents ont besoin, c'est de mieux connaître un sujet, d'un peu plus d'expérience ou encore d'un truc technique. Généralement, ce qu'il leur faut surtout, c'est une combinaison de ces trois facteurs. Quand je suggère des façons de faire, j'essaie aussi d'expliquer pourquoi certaines techniques fonctionnent, et d'autres pas.

## Comment utiliser ce livre

Ce livre est divisé en différentes sections pour en faciliter la consultation. Au début, nos principales préoccupations concernent la survie de bébé, cet ouvrage commence donc par certaines questions d'ordre pratique. À mesure que nous gagnons de l'assurance, nous aurons le temps de penser à la façon d'agir en tant que parents et de réfléchir au développement de notre enfant. Ces sujets font l'objet des chapitres suivants.

Les deux derniers chapitres sont consacrés aux divers problèmes qui touchent les enfants. L'avant-dernier se penche sur les problèmes auxquels nous nous butons tous en tant que parents, et il offre des solutions éprouvées pour faire face à des comportements inquiétants tels les crises de colère ou le refus de manger autre chose que des pommes de terre en purée. Enfin, le dernier chapitre traite de problèmes que nous espérons tous n'avoir jamais à affronter: les urgences qui mettent en jeu la vie de l'enfant. Je vous recommande de lire cette section d'abord et de la mémoriser. En effet, quand une urgence se présente, on n'a habituellement pas le temps de consulter un livre.

# Pour bien prendre soin de bébé

Que nos connaissances proviennent de livres ou de cours que nous avons suivis ou encore qu'elles nous aient été transmises par nos parents ou des amis, la plupart d'entre nous savons très bien comment nous occuper de nos enfants. Nous apprenons aussi par tâtonnements et à peine commençons-nous à comprendre de quoi il retourne que bébé est sevré, il ne porte plus de couches et il est prêt à explorer le monde qui l'entoure. Les parents qui agissent en pensant d'abord à leur enfant réussissent habituellement bien. Un enfant dont on s'occupe bien se sent aimé et protégé ; en grandissant, vos bons soins l'encourageront à devenir plus autonome et indépendant.

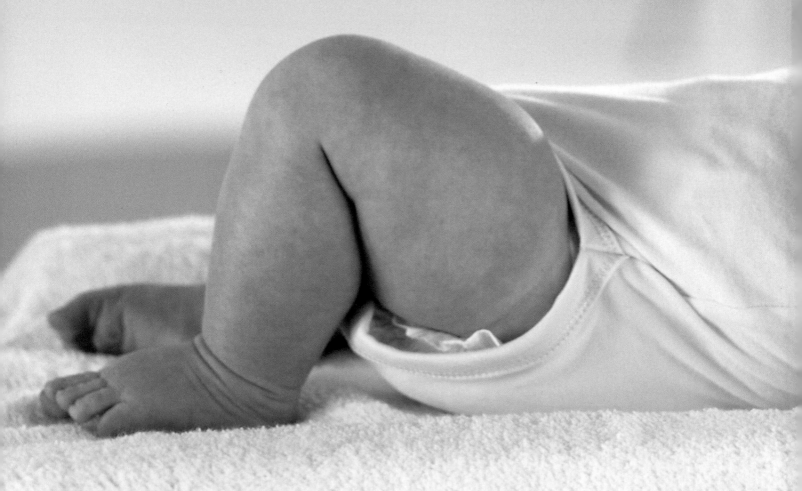

**Profitez de votre grossesse**
Ne vous inquiétez pas de votre avenir en tant que « mère ». Vous aurez amplement le temps de vous y adapter.

# Bébé vient au monde

On a beau essayer, il est très difficile de planifier au-delà de la naissance de notre enfant. Qui est ce bébé que je porte ? Est-ce un garçon ou une fille ? Comment sera-t-il ? Comment sa venue influencera-t-elle ma vie ? Pour bon nombre d'entre nous, la grossesse est une période de grandes espérances.

Jusqu'à ce que nous tenions notre bébé dans nos bras, l'idée de devenir « parent » se limite à préparer une layette, à consulter des graphiques dans des livres et à surveiller de près les soulèvements de notre ventre. La naissance du bébé libère nos rêves en leur donnant une orientation. Puis, comme s'il fallait compenser pour neuf mois sans planification, nous avons tous tendance, en tant que nouveaux parents, à mettre les bouchées doubles. Était-ce un sourire ? L'ai-je bien vu lever la tête un instant ? Quand pourra-t-il s'asseoir ? De parents en attente, pour qui le futur était impossible à imaginer, nous devenons fébriles et essayons presque de devancer l'avenir tant la pression nous pousse vers le prochain événement marquant de la vie de notre bébé. Graphiques et livres (et celui-ci ne fait pas exception) alimentent notre course. En moins de deux, notre enfant commence l'école, sa boîte à lunch sous le bras ; la cuisine raisonne des voix de l'adolescence et on finit par se demander comment tout a pu passer aussi vite.

Commençons donc par ce premier conseil : profitez de votre bébé. Non pas pour ce qu'il fera demain, mais pour ce qu'il est aujourd'hui et ce qu'il était hier. Vous avez ouvert grand votre cœur, vous marchez sur un fil de fer sans filet de sécurité ; le plaisir, la douleur, l'exaltation et l'ennui pur et simple d'être parent sont uniques. Profitez-en. Jouissez-en. Ne vous attendez pas à la perfection. Ni en ce qui vous concerne ni en ce qui concerne vos enfants. Il n'y a pas de parents parfaits. On ne devrait même pas penser à ce genre de choses. Aimez vos enfants, aimez-les à la folie ; soutenez-les et chérissez-les malgré leurs défauts, et aimez-vous et appréciez-vous malgré les vôtres. Dans vos moments de doute, rappelez-vous que, pour la plupart d'entre nous, c'est ce rôle de parent qui nous donne envie de chanter toutes ces chansons sentimentales dans les karaokés de l'âge d'or. Vos enfants seront toujours vos enfants, mais ils ne seront enfants que pendant une courte période : tâchez donc d'en profiter.

## On ne forme pas une famille instantanément

Peu d'entre nous avons été élevés avec de jeunes enfants, mais si nous avons eu de bons parents, de nombreux aspects de la vie parentale nous viendront tout naturellement. Pour ceux qui n'ont pas eu cette chance, ce sera un peu plus difficile, mais pas impossible, de trouver ce qu'il faut faire.

Lorsque bébé arrive dans notre vie, il nous faut généralement repenser et replacer nos priorités. Il y a toujours au moins une relation qui doit être renégociée : celle de la nouvelle mère avec elle-même. Le mot « mère » véhicule à lui seul des connotations que la majorité d'entre nous ne choisirions jamais délibérément pour nous-mêmes : « asexuée », « prête à se sacrifier » et « nourricière ». Quant au père, il doit aussi renégocier sa relation avec lui-même, puisqu'il vit, lui aussi, des changements, et chaque parent doit aussi négocier son lien avec l'autre de même qu'avec l'enfant. D'autres relations doivent également être repensées : celles avec les autres enfants et membres de la famille ainsi que celles avec les amis. Et tout cela prend du temps.

Pendant les premiers jours qui suivent la naissance de l'enfant, la plupart des femmes accordent la priorité aux besoins physiques de ce bébé. Elles n'ont pas le temps de s'occuper des relations qui changent autour d'elles, surtout s'il s'agit de leur premier bébé. Au lieu de

## COMMENT NE PAS PERDRE LA TÊTE

- Les nouveau-nés dorment une bonne partie de la journée et n'ont pas besoin de toute votre attention pendant ce temps, ni de celle de votre conjoint.
- Les petits bébés ne s'ennuient pas de leurs parents lorsque ceux-ci sortent en soirée ; une bonne gardienne peut très bien s'occuper de bébé pendant ce temps.
- Un biberon de lait maternisé à l'occasion n'est pas la fin du monde (ni la fin de l'allaitement maternel).
- Les bébés n'ont pas besoin et ne veulent pas être constamment stimulés.
- On peut ne pas faire faire le rot de bébé pendant la nuit et, s'il est allaité au sein, il en va de même pendant la journée.
- Il n'est pas nécessaire de changer la couche de bébé pendant la nuit, à moins qu'il n'ait fait une selle. Les bébés ne sont pas malheureux dans des couches mouillées.
- Bébé peut parfois (ou toujours) dormir dans votre lit, comme le font la majorité des bébés dans la plupart des pays du monde. Pourquoi les bébés européens ou américains feraient-ils exception ? Ils ne courent pas plus de danger, ils ne risquent pas plus de devenir dépendants et cela ne les empêchera pas d'apprendre à dormir seuls plus tard, dans leur propre lit.
- On peut donner une tétine ou une sucette à bébé. De tels objets de réconfort sont même bons pour lui.
- Vous pouvez laisser votre conjoint s'occuper de bébé.
- Vous pouvez faire une toilette rapide à votre bébé deux jours de suite (voir page 33).
- Le sein est un moyen pratique de nourrir bébé. Il ne donne cependant ni amour ni certificat de « mère authentique ».
- Accoucher de façon naturelle est une bonne chose. Avoir une césarienne ou crier à tue-tête pendant le travail ou encore ne pas accoucher comme prévu n'affecte en rien vos capacités maternelles. Toutefois, un sentiment d'échec ou de culpabilité peut sérieusement nuire à votre prédisposition en tant que parent.

chercher à s'adapter aux changements qui ont lieu dans leur relation de couple, ce que la nouvelle mère espère avant tout de son conjoint au cours de ces premiers jours, c'est qu'il la soutienne et partage avec elle les joies d'avoir un enfant.

Pour le père, c'est différent. Même s'il s'est impliqué dans la naissance de l'enfant, il se retrouve maintenant dans les coulisses. On le surveillera de près quand il essaiera de soulever bébé, de changer sa couche ou de le bercer. Trop souvent, son inexpérience sera mise en évidence par l'habileté de la mère. Il peut même se sentir rejeté par sa conjointe et son enfant.

Mais, que ce soit à court ou à long terme, cela importe peu si tout le monde se rappelle que tous les « coureurs » qui participent à ce marathon compliqué doivent rester à l'arrière du peloton de temps en temps. Les changements de vie qu'entraîne l'arrivée d'un premier bébé ne peuvent pas tous être assimilés dans les premiers jours. Vous serez trop fatigués, trop stressés et trop accaparés par les nouvelles responsabilités d'être parents pour vous rendre réellement compte de tout cela.

### D'assez bons parents

Être un bon parent est toujours un compromis entre ce à quoi vous aspirez et ce que vous pouvez accomplir de façon réaliste. Rassurez-vous. Le parent parfait n'existe pas et ce n'est pas une chose à souhaiter non plus. L'enfant que vous élevez devra faire face à ses propres problèmes ainsi qu'aux erreurs de tous ceux qu'il rencontre. Si vous ne faisiez pas d'erreur, votre enfant ne pourrait pas vous prendre comme modèle. S'il avait des parents parfaits, comment votre enfant, avec toutes ses imperfections, pourrait-il se sentir confiant et sûr de lui ?

**N'essayez pas d'être une supermaman**
Prenez le temps d'être avec votre bébé et de ne rien faire d'autre jusqu'à ce que vous soyez prête. Acceptez l'aide de votre conjoint et des autres pour les tâches ménagères et attendez, votre tour viendra bien assez vite.

### OUBLIEZ

- **Votre routine.** Vous vous épuiserez si vous essayez d'en faire plus que de seulement vous occuper de votre bébé au cours des premières semaines. Vous pourrez bientôt reprendre votre routine, mais il vous faudra du temps pour vous réorganiser et pour retrouver votre stabilité émotionnelle. Profitez de ce que vous avez. Reposez-vous encore.
- **Les fantaisies culinaires.** Réservez une partie de votre dernier chèque de paie à l'achat d'aliments cuisinés ou précuits.
- **Votre silhouette.** Vous avez le reste de votre vie pour surveiller votre poids. Il n'est pas important de compter les calories pendant ces premières semaines.
- **Les tâches ménagères.** Si vous en avez les moyens, engagez quelqu'un pour s'occuper des tâches ménagères.

# Comment soulever et porter bébé

La première fois que vous essaierez de soulever et de tenir votre bébé, vous serez sans doute un peu inquiète et vous vous demanderez probablement si vous le tenez correctement. Mais bien qu'il semble fragile, sachez que bébé est étonnamment robuste.

**Allez, hop !**
Glissez une main sous l'épaule de bébé. Soutenez sa tête avec votre bras et poussez l'autre main sous ses fesses.

**Tout près de vous**
Son corps appuyé contre le vôtre, vous lui soutenez les fesses et le cou, tandis qu'il regarde par-dessus votre épaule.

Il suffit de bien lui soutenir la tête et les épaules ; pour le reste, la façon que vous choisissez de le tenir importe peu et même si elle vous paraît maladroite, à vous ou aux autres, votre façon de le prendre risque peu de lui faire mal. Et s'il arrive que sa tête retombe un peu vers l'arrière à l'occasion, ne paniquez pas.

## Assis à regarder

C'est lorsqu'il est étendu sur le dos que bébé court le moins de risque. Vous pouvez le placer dans un siège berçant ou encore dans un siège d'auto portable dans lequel il sera plus ou moins allongé sur le dos. Il pourra regarder autour de lui tout en voyant où vous êtes. S'il est encore tout petit, vous pouvez même le déposer sur la table sur laquelle vous travaillez. Mais assurez-vous qu'il soit toujours suffisamment près de vous pour pouvoir le rattraper au besoin et ne le laissez jamais sans surveillance. Quand il arrive à bercer son siège, le sol est l'endroit le plus sûr où le poser. Bébé peut alors facilement déplacer son siège. Souvenez-vous toujours que juste le temps où vous répondez au téléphone ou à la porte, un bébé actif risque de tomber s'il n'est pas déjà au sol.

## Comment soulever votre bébé

Pour soulever votre bébé, glissez votre main gauche sous sa tête jusqu'à ses épaules afin que votre bras soutienne sa tête et passez votre main droite sous ses fesses. Penchez-vous vers lui afin de pouvoir appuyer son corps contre le vôtre. En le soulevant, poussez votre main gauche plus avant vers ses fesses et laissez sa tête se placer dans le creux de votre bras. Laissez ses jambes reposer le long de votre bras droit.

## Comment transporter un tout petit bébé

Vous pouvez transporter votre bébé dans cette position ou lui appuyer la tête contre votre épaule. Pour ce faire, tournez-le vers vous, posez votre main gauche sous ses fesses et utilisez votre

**Sur la hanche**
Bébé vous fait face, assis à califourchon sur votre hanche. Vous lui soutenez le dos à l'aide de votre bras.

**Par devant**
Assis sur une de vos mains, le dos appuyé contre votre abdomen, vous soutenez le torse de bébé de l'autre main.

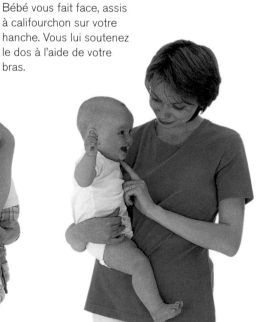

main droite pour soutenir son dos et sa tête. Hissez-le lentement vers vous et laissez sa tête reposer sur votre épaule. Vous pouvez aussi le porter dans une position plus ventrale, en soutenant son menton et sa tête d'une main et son siège et sa cuisse de l'autre.

### Comment déposer bébé

En le tenant contre vous, penchez-vous au-dessus de son lit de telle sorte que son corps soit toujours appuyé contre le vôtre. Gardez une main sous son siège et, de l'autre, soutenez sa tête et son cou. Éloignez-le lentement de vous et déposez-le sur le matelas, puis retirez doucement vos mains de sous son corps.

### Comment porter les bébés plus âgés

Quand bébé peut soutenir sa tête par lui-même, beaucoup de parents choisissent de le porter sur la hanche. Votre bébé voyage donc «à califourchon» sur votre hanche, retenu par un de vos bras, tandis que vous avez toujours une main libre pour préparer son biberon, par exemple.

Une autre position privilégiée par les parents est la position dite «par devant» qui permet à bébé de découvrir son environnement. Pour le prendre ainsi, roulez bébé sur le ventre, puis soulevez-le en posant une main sur son siège et en appuyant son torse contre votre autre bras. Ramenez bébé vers vous afin que son dos repose contre votre abdomen.

### Les écharpes porte-bébés

Dans une écharpe, bébé se sentira bien au chaud et en sécurité, et il sera bercé doucement tandis que vous vaquerez à vos occupations habituelles. Il peut même prendre le sein s'il a faim pendant que vous passez l'aspirateur ou que vous préparez le dîner. En Afrique, les femmes portent leurs bébés dans des étoffes drapées qu'elles enroulent autour de leur corps et on entend rarement pleurer leurs bébés en public.

Les styles d'écharpes porte-bébés varient beaucoup, tout comme la position de bébé sur le corps de la mère, mais le principe de base demeure à peu près toujours le même. Une écharpe porte-bébé typique peut être faite ainsi : le bas d'une longue pièce d'étoffe rectangulaire est attaché à la hanche de la mère et le haut de l'étoffe croise sur sa poitrine et est attaché à une

épaule. Le bébé est assis dans un pli du tissu, de sorte que le bas de l'étoffe supporte son siège et que le haut maintienne sa tête et ses épaules bien en place.

### Le choix d'un porte-bébé

Il y a différents types de porte-bébés que vous pouvez faire ou acheter : des étoffes drapées jusqu'aux pochettes toutes saisons qui comprennent un siège intégré et un support pour la tête de bébé. Vous trouverez sans doute que les pochettes ventrales sont plus pratiques pour les nouveau-nés, mais que les pochettes latérales exercent moins de pression sur votre dos parce que vous pouvez supporter le poids du bébé sur vos hanches. Les porte-bébés dorsaux sont pratiques pour les bébés plus âgés. Je vous conseille toutefois d'attendre que votre bébé puisse s'asseoir tout seul avant d'utiliser ce dernier type de porte-bébé. Les bébés qui naissent en hiver ont besoin de porte-bébés plus élaborés, à l'épreuve des intempéries. Assurez-vous de pouvoir y installer et sortir votre bébé sans avoir besoin de l'aide d'une autre personne. Le porte-bébé que vous choisirez devrait être muni d'un large siège pour bien supporter les fesses et les cuisses de votre enfant et veillez aussi à ce que son dos et sa tête soient soutenus adéquatement. De larges courroies pour vos épaules s'avéreront aussi plus confortables.

### Le porte-bébé et la respiration

Le fait de tenir ou de porter votre bébé contre votre corps est réconfortant autant pour lui que pour vous. De plus, cette proximité aide bébé à apprendre à adopter la façon de respirer des adultes.

Les nouveau-nés inspirent lentement et expirent rapidement, comme nous le faisons quand nous courons ou que nous faisons des exercices aérobiques. La plupart du temps, cependant, nous inspirons rapidement et expirons plus lentement afin de pouvoir parler. Ce n'est que vers l'âge de 3 mois, quand ils ont acquis un certain contrôle musculaire, que les bébés peuvent modifier leur façon de respirer. Le jeune bébé est à l'écoute de votre respiration : il synchronise ses mouvements au son de votre voix et quand il est porté tout contre vous, il apprend rapidement à imiter votre rythme respiratoire.

### TOUJOURS

● Coucher bébé sur le dos ou sur le côté pour dormir. Les bébés qui dorment ainsi risquent moins la mort subite du nourrisson.

● Parler à votre bébé quand vous vous approchez et que vous vous apprêtez à le soulever. Sinon, il risque d'avoir peur si on le soulève soudainement.

● Veiller à bien soutenir sa tête et son cou quand vous le soulevez et que vous le tenez dans vos bras.

### NE JAMAIS, JAMAIS

● Ne laissez jamais votre bébé étendu sans surveillance, surtout s'il est couché sur le ventre. Même les tout jeunes bébés peuvent réussir à ramper quand ils sont dans cette position.

● Ne laissez rien traîner par terre. Il est difficile de voir les obstacles au sol quand on porte un bébé dans ses bras.

● N'emmitouflez pas bébé dans des couvertures ou dans plusieurs épaisseurs de vêtements lors des journées chaudes.

● Quand il fait froid, ne sortez jamais sans que bébé ne soit bien protégé des intempéries, tant de la neige que du vent et de la pluie.

# Pour garder bébé bien au chaud

Les nouveau-nés contrôlent mal la température de leur corps, notamment celle de leurs mains et de leurs pieds. C'est donc à nous de veiller à ce que notre bébé soit toujours bien protégé du vent et des intempéries.

**Bien au chaud avec maman**
Votre corps est une excellente bouillotte. En cas d'urgence, glissez bébé dans votre manteau ou tenez-le contre vous et enroulez-vous tous les deux dans des couvertures ou dans des vêtements chauds.

Il y a plusieurs raisons pour lesquelles les bébés ont besoin de nous pour rester bien au chaud comme pour ne pas avoir trop chaud. Premièrement, leurs mécanismes de régulation de la température ne sont pas encore complètement fonctionnels. Deuxièmement, ils n'ont pas une bonne circulation sanguine, alors même quand ils arrivent à contrôler la température de leur corps, ils peuvent avoir froid aux mains et aux jambes. Troisièmement, les bébés perdent leur chaleur plus rapidement que les adultes. Et finalement, ils ne savent pas quoi faire pour modifier la température de leur corps ; ils ne peuvent pas sautiller sur place pour se réchauffer ni aller se mettre à l'ombre pour se rafraîchir. Votre degré de confort personnel est habituellement un bon indice du confort de bébé, mais un indice seulement. Les bébés ne créent pas leur propre chaleur en se déplaçant comme le font les adultes et, en général, ils ont peu de graisse pour isoler leur corps.

## Garder sa chaleur

Avant de sortir par une journée froide, rappelez-vous qu'un enfant doit être vêtu aussi chaudement que vous le seriez si vous prévoyiez dormir à l'extérieur. Et encore là, il ne s'agit que d'un minimum. La perte de chaleur est proportionnelle à la surface corporelle, et la chaleur produite par notre métabolisme est proportionnelle au volume de notre corps. Or, avec leur minuscule volume corporel et la grandeur disproportionnée de leur surface corporelle, les pertes de chaleur sont toujours plus importantes chez les bébés et les enfants que chez les adultes. De plus, leurs têtes relativement peu chevelues ajoutent au problème en augmentant la déperdition de chaleur. Quoi que cela puisse être un avantage quand il fait chaud, il s'agit d'un net inconvénient par temps froid.

## Par temps froid

● Rappelez-vous qu'un quart de la chaleur corporelle se perd par la tête. N'attendez donc pas qu'il fasse très froid avant de couvrir la tête de votre bébé.

● Bébé n'a pas une bonne circulation sanguine. Même par temps frais, quand ce n'est pas vraiment froid, il faut couvrir ses pieds et ses mains pour le sortir. La même chose s'applique si vous vous trouvez à l'intérieur, dans une pièce non chauffée.

● Changez immédiatement tout vêtement mouillé autre que sa couche. L'eau qui s'évapore des vêtements mouillés draine la chaleur corporelle. En ce qui concerne les couches, leur imperméabilité empêche toute évaporation. La couche peut donc être comparée à une combinaison isothermique utilisée pour la plongée et qui garde bébé au chaud.

● Si votre bébé dort dans une pièce non chauffée, assurez-vous qu'il ne puisse pas se découvrir pendant son sommeil ou, s'il le peut, qu'il porte des vêtements suffisamment chauds.

● La température de la pièce pour un nouveau-né devrait se situer autour de 20 à 22 °C le jour et entre 15 et 18 °C la nuit. Un environnement trop chaud est aussi malsain qu'un environnement trop froid, peut-être pire encore.

● Même quand la température extérieure est douce, protégez bébé des rafales de vent et de la pluie en le tenant à l'intérieur de votre manteau. Et si vous le promenez en poussette, utilisez la protection contre la pluie.

● Les différentes épaisseurs de vêtements emprisonnent l'air, ainsi si le blouson de bébé n'est pas doublé, deux couches minces de vêtements le garderont plus au chaud qu'un seul vêtement plus épais.

● Même bien emmitouflé sous de chaudes couvertures, bébé ne devrait pas rester dehors trop longtemps par temps glacial.

## Le choix des vêtements pour les journées froides

Quand bébé commence à remuer les pieds et les jambes, il arrive souvent qu'il perde ses chaussons et ses mitaines. Les combinaisons extensibles avec chaussons intégrés et manches à dérouler pour couvrir les mains sont alors pratiques. Vous pouvez toujours ajouter une couverture supplémentaire s'il fait très froid. Les bonnets de laine qui couvrent les oreilles sont une composante importante des vêtements d'hiver pour bébés parce qu'ils s'ajustent habituellement mieux autour de la tête de l'enfant que les capuchons. Ces derniers ont par ailleurs tendance à bloquer la vue de bébé parce qu'ils descendent trop bas sur son visage ou parce qu'ils ne suivent pas quand bébé tourne la tête. Les jours de grand froid, en plus du bonnet, le capuchon peut toutefois servir de protection supplémentaire pour maintenir bébé au chaud.

## Sortir bébé en hiver

L'hiver, avant de sortir bébé, donnez-lui à manger ou à boire. Il lui faut en effet beaucoup d'énergie pour arriver à maintenir sa chaleur corporelle, alors veillez à renouveler ses réserves.

Par temps très froid, assurez-vous de recouvrir ses pieds et ses jambes de plusieurs épaisseurs de vêtements et de couvertures. La circulation sanguine dans les jambes n'est pas toujours très bonne pendant les premiers mois de sa vie et pendant les premières semaines, les bébés ne remuent pas beaucoup leurs jambes ; ils génèrent donc peu de chaleur dans ces parties du corps. Dans la poussette, la chancelière aide à protéger bébé du froid, mais dans le porte-bébé, il lui faudra un survêtement d'hiver doublé.

Quand c'est exceptionnellement froid dehors, protégez son visage en le tenant contre vous et en recouvrant sa tête et son visage d'une couverture sans la serrer. Vous pouvez, par exemple, utiliser un châle : ceux-ci sont habituellement tissés de mailles lâches qui permettent à l'air de circuler plus facilement. Mieux encore, ces jours-là, ne sortez votre bébé que si c'est absolument nécessaire.

## Les engelures

Les bébés sont très sujets aux engelures, surtout en ce qui concerne les doigts et les orteils. Les orteils froids deviennent d'abord rouges, puis bleus. Quand ils sont gelés, ils prennent une teinte blanche ou jaunâtre. Si votre bébé manifeste des signes d'engelure, réchauffez la région affectée en la plaçant rapidement contre votre peau. Votre corps constitue en effet le radiateur le plus sûr. Ouvrez votre manteau et placez bébé sous votre pull et rentrez à l'intérieur le plus tôt possible.

Il faut réchauffer l'enfant très graduellement. Vous pouvez, par exemple, l'immerger dans un bain dont l'eau est légèrement plus chaude que la température normale du corps, soit aux alentours de 38 – 39 °C. Mais les bains chauds et les bouillottes sont à proscrire et il ne faut pas non plus placer l'enfant près d'une source de chaleur directe comme un radiateur, un feu de foyer ou une cuisinière. Il faut aussi savoir que le corps peut mettre jusqu'à 60 minutes pour retrouver sa température normale. Utilisez des serviettes tièdes pour réchauffer les oreilles et les autres parties du corps qui ne peuvent pas être immergées. Enfin, téléphonez à un médecin ou à un service de santé ou emmenez l'enfant à l'urgence d'un hôpital.

## L'hypothermie, une urgence

Un bébé qui semble anormalement froid et inerte doit être emmené d'urgence à l'hôpital. Ne perdez pas de temps. Placez bébé contre vous, contre votre peau, enveloppez-vous de plusieurs couvertures et partez immédiatement.

### VOIR AUSSI

Pour éviter que bébé n'ait trop chaud   **18-19**

Comment habiller votre bébé   **28-29**

Bébé voyage   **42-43**

Dehors en toute sécurité   **206-207**

**Bébé au chaud**
Quand vous sortez pour promener bébé, assurez-vous qu'il soit confortablement installé et bien au chaud. Votre enfant ne bouge pas comme vous le faites, il a donc besoin d'être habillé plus chaudement que vous.

# Pour éviter que bébé n'ait trop chaud

On se préoccupe beaucoup de garder bébé au chaud, mais la difficulté qu'il a à contrôler sa température corporelle implique aussi qu'il risque d'avoir trop chaud, surtout dans les pays chauds ou pendant les chaleurs estivales.

**Bien protégé**
Un parasol ainsi que des vêtements amples et légers aident à protéger votre enfant des chauds rayons du soleil. Et puis les crèmes solaires multicolores sont si amusantes à appliquer!

Nos étés sont de plus en plus chauds. Et nous voyageons de plus en plus dans des parties du monde où le climat est passablement plus chaud que ce à quoi nous sommes habitués. Or, de tels changements dans les modes de vie affectent beaucoup plus les bébés et les jeunes enfants que les adultes.

## Le soleil en toute sécurité

● Quand il fait chaud, protégez votre enfant du soleil pendant les heures les plus chaudes de la journée, soit entre midi et quinze heures environ.

● Les fibres naturelles telles que le coton et le lin sont habituellement plus fraîches que les fibres synthétiques. Par temps chaud, laissez-vous guider par votre propre confort. S'il fait assez chaud pour que vous puissiez vous asseoir dehors en tee-shirt, il en va de même pour bébé.

● Évitez d'utiliser un porte-bébé dans lequel l'enfant est complètement recouvert. Par temps chaud, ne laissez jamais votre enfant dans une voiture garée et ne le laissez pas non plus directement au soleil, même pour une courte période de temps.

● Si la chaleur ne peut être évitée, enlevez-lui la plupart de ses vêtements et donnez-lui beaucoup d'eau bouillie refroidie à boire. Protégez sa tête du soleil avec un chapeau léger à larges bords et son corps avec un parasol ou des vêtements amples.

● N'emmitouflez pas votre bébé dans plusieurs épaisseurs de vêtements et de couvertures juste parce que vous le couchez pour dormir. S'il fait chaud, enlevez quelques-unes de ses couvertures. Lors des grosses chaleurs, laissez-le dormir en couche seulement.

## Le choix d'un parasol ou d'une ombrelle

Beaucoup de landaus et de poussettes sont vendus avec un parasol qui peut être fixé aux poignées, ce qui est très pratique en été. N'oubliez pas cependant de toujours ajuster la position du parasol en fonction de celle du soleil afin que bébé ne soit jamais directement exposé au soleil. La peau de bébé est habituellement plus pâle qu'elle ne le sera à l'âge adulte. Et même s'il a le teint foncé, sa peau est plus délicate et brûle facilement lorsqu'elle est exposée aux rayons directs du soleil. Dans le porte-bébé, il peut être maintenu à l'ombre grâce à une ombrelle ou encore à un chapeau à larges bords. Une grande ombrelle est indispensable pour la plage, dans la cour ou le jardin, surtout si vous prévoyez y passer de longues périodes.

## Les crèmes solaires

Ne vous fiez pas aux lotions ou aux crèmes à bronzer que vous utilisez pour vous-même, utilisez toujours un écran solaire total pour la peau de bébé. Appliquez-en sur toutes les régions exposées, notamment le visage (nez, joues, oreilles) de même que sur les endroits qui ne sont pas normalement exposés au soleil. Les fesses nues brûlent rapidement ! Répétez souvent l'application de crème, surtout après avoir joué dans l'eau.

## Le bain d'éponge

Si bébé a chaud et qu'il semble inconfortable, il peut devenir irrité et commencer à geindre. Son visage peut devenir tout rouge. La meilleure façon de le rafraîchir rapidement consiste à l'asperger doucement avec de l'eau tiède ou encore à lui donner un bain tiède.

L'eau doit être plus fraîche que la température normale du corps sans être froide. L'eau froide provoque une constriction des vaisseaux capillaires, ce qui réduit l'apport sanguin à la surface de la peau. En conséquence, bébé cesse de transpirer. Or, la transpiration est le moyen qu'utilise l'organisme pour se refroidir. Contrairement à l'eau froide, un bain tiède procure un soulagement instantané sans nuire à l'afflux sanguin.

## Le coup de chaleur, une urgence

Un coup de chaleur peut survenir plus ou moins soudainement : la peau de bébé devient chaude et sèche ; l'enfant semble léthargique ou encore agité ; il a une forte fièvre et peut aussi souffrir de diarrhée. Il peut même perdre connaissance ou avoir des convulsions. Ne tardez pas, agissez immédiatement pour secourir votre bébé.

## Si vous soupçonnez un coup de chaleur

● Enveloppez l'enfant dans une serviette ou un drap imbibé d'eau tiède.
● Ou placez-le dans un bain tiède et mouillez-le avec une débarbouillette ou un gant de toilette mouillé.
● Couvrez-lui la tête d'un gant de toilette et versez-y doucement de l'eau tiède.
● Téléphonez immédiatement pour obtenir de l'aide.

## S'il perd connaissance

● Enveloppez l'enfant dans une serviette ou un drap imbibé d'eau tiède et couvrez-lui la tête avec un linge humide.
● Emmenez-le rapidement à l'hôpital le plus près.
● Apportez de l'eau pour l'asperger pendant le trajet.

**Rafraîchissez-le**
Aidez votre bébé à supporter la chaleur en lui aspergeant doucement le visage, le cou et le corps avec de l'eau tiède. Il retrouvera vite sa bonne humeur !

**VOIR AUSSI**

Pour garder bébé bien
au chaud                **16-17**

Comment habiller
votre bébé              **28-29**

Laver bébé à l'éponge   **32-33**

Bébé voyage            **42-43**

### TROP CHAUD EN HIVER

On oublie facilement que même en hiver, bébé peut avoir trop chaud. Enlevez-lui quelques vêtements lorsque :
● Vous montez dans une voiture, un autobus ou un train chauffés, surtout lors de trajets plus longs.
● Vous entrez dans un centre commercial ou un supermarché et que vous prévoyez y passer un moment.
● Vous entrez tous les deux à l'intérieur. Même un simple brin de causette avec un ami ou une voisine peut s'avérer trop long pour bébé !

## LES AVANTAGES DU SEIN

● Le lait maternel est l'aliment que Dame Nature a prévu pour bébé.

● Le lait maternel contient des anticorps qui aident à développer le système immunitaire de l'enfant.

● Le lait maternel est toujours à la bonne température.

● Les bébés ne sont jamais allergiques au lait maternel et ceux qui sont allaités au sein ont tendance à avoir moins d'érythème fessier.

● Le lait maternel ne coûte pas cher, à peine quelques calories supplémentaires pour la mère.

**Mieux pour la santé ?**

On dit que le lait maternel protège contre les maladies, mais avec les mesures d'hygiène que nous avons maintenant, un bébé allaité au biberon est tout aussi à l'abri du danger.

# Le sein ou le biberon ?

Au cours des premières semaines suivant sa naissance, vous passerez la plus grande partie de votre temps à vous occuper de bébé et à vous adapter à de nouvelles joies et inquiétudes. Ne vous laissez pas obséder par le type d'allaitement à choisir pour votre bébé.

N'oubliez pas: un sein n'est rien de plus qu'un sein. Après tout, la façon que vous choisissez de nourrir votre bébé ne constitue qu'un des aspects de votre rôle de parent. Ne vous culpabilisez pas si, pour une raison quelconque, vous ne pouvez pas allaiter votre bébé au sein. Bien qu'on ne conseille jamais à une mère de ne pas allaiter au sein, on en exagère souvent les avantages. Voyons plus en détail certains des arguments en faveur de l'allaitement maternel.

## Le sein est ce qu'il y a de mieux pour bébé

«Le lait maternel de la femme est conçu pour les nourrissons, le lait de vache, pour les veaux.» Voilà un argument que l'on entend couramment. Le lait maternisé est un lait de vache qui a été modifié afin de mieux ressembler au lait maternel humain. Sans être parfait, le lait maternisé est tout de même très bon. Si le biberon est préparé tel que recommandé, le lait maternisé fournit au bébé tous les éléments nutritifs dont il a besoin pour sa croissance. Et, si la composition du lait maternisé ne change pas pendant l'allaitement ni au fur et à mesure que bébé grandit comme c'est le cas pour le lait maternel, il n'est pas encore démontré que de telles modifications soient nécessaires.

De nos jours, peu de femmes nourrissent leur bébé «comme l'avait prévu Dame Nature». Dans les régions où les gens vivent de chasse et de cueillette, les femmes allaitent leurs bébés pendant deux ou trois ans et les Européennes en ont sans doute fait autant à l'époque où l'allaitement maternel exclusif était la seule forme de contraception disponible. (En effet, chez les femmes qui allaitent, l'ovulation reprend généralement lorsqu'elles introduisent des solides dans l'alimentation de leur bébé et que le lait maternel ne constitue plus l'unique source d'alimentation de l'enfant.) La Nature n'avait pas prévu que l'on nourrisse les enfants avec du lait de vache modifié, et elle n'avait pas prévu non plus l'introduction de nourriture solide dans l'alimentation de bébé avant l'âge de 1 an, ce qui est maintenant pratique courante.

## Plus facile à digérer

Personne ne peut prétendre le contraire, on peut sentir la différence entre les selles d'un bébé allaité au sein et celles d'un bébé nourri au biberon! La raison est simple, les protéines du lait sont différentes dans les deux cas: lactalbumine dans le lait maternel et caséine dans le lait maternisé. Par ailleurs, les bébés nourris au biberon ont tendance à être plus prédisposés aux coliques, aux gaz et aux vomissements. Et même s'il y a moins de sodium dans le lait maternel, ce qui est mieux pour les reins, les bébés nourris au lait maternisé ne risquent pas plus que les autres de souffrir de maladies rénales. Les bébés ne sont presque jamais allergiques au lait maternel, tandis qu'un certain nombre d'entre eux (peu élevé, mais tout de même significatif) développent une allergie au lait de vache. Les bébés allaités au sein ont aussi moins tendance à souffrir de constipation.

## L'allaitement au sein et l'immunité

On dit que l'allaitement maternel protège contre la gastro-entérite, le syndrome de la mort subite du nourrisson et contre le cancer. On dit aussi que le lait maternel assure un meilleur métabolisme du cholestérol et qu'il favorise le développement de l'intelligence. Toutes ces affirmations sont difficiles à confirmer ou à infirmer car, dans la plupart des cas, les études ne peuvent comparer des sujets essentiellement semblables. Les mères qui choisissent le biberon ont tendance à être plus pauvres et à provenir de classes sociales défavorisées, à être des mères adolescentes, à fumer, à boire, à prendre de la drogue et à être moins scolarisées. En général, leurs enfants risquent plus que les autres de souffrir de maladies, mais il est difficile de savoir si cette conséquence est directement liée au fait d'avoir été allaités au biberon plutôt qu'au sein ou encore si elle résulte d'autres causes.

Même si on ne peut affirmer avec certitude que l'immunité dont bénéficie le bébé provient directement du lait maternel qu'il reçoit, une foule de raisons nous portent à le croire. Le lait maternel est fabriqué avec du sang de la mère et il contient les anticorps qu'elle a produits contre les maladies. Chaque fois que bébé boit au sein, il reçoit ces anticorps qui le protègent contre les infections. Le colostrum, le lait que le bébé reçoit au cours des premiers jours d'allaitement maternel, est particulièrement riche en anticorps. Même si le lait qui est sécrété plus tard l'est moins, l'effet cumulatif permet de maintenir la protection immunitaire.

Habituellement, les bébés allaités au sein profitent aussi d'un meilleur contact avec la peau de la mère, ce qui est une source de « bactéries bienfaisantes » qui assurent aussi une certaine protection immunitaire à l'enfant.

La protection que le lait maternel procure à l'enfant pourrait, à elle seule, l'emporter sur tous les avantages de l'allaitement au biberon si nous vivions dans des conditions moins hygiéniques que celles que nous connaissons maintenant. Mais aujourd'hui, dans l'environnement dans lequel nous vivons, il est tout à fait sûr de nourrir un bébé au biberon, puisque nos maisons sont presque exemptes de germes. Et comme notre système immunitaire est rarement mis au défi, les avantages du lait maternel par rapport au lait maternisé deviennent moins évidents.

## L'allaitement au sein et la création d'un lien étroit

Il est vrai que d'autres que la mère peuvent donner le biberon au bébé, et qu'en appuyant le biberon contre un coussin, on peut nourrir un bébé sans même le prendre dans ses bras. Mais cela ne signifie pas qu'en donnant le biberon à leur bébé les mères ne créent pas de lien avec leur enfant. Les femmes qui donnent le sein à leur bébé ne passent pas leur temps à le regarder tendrement dans les yeux pendant qu'il tète. Pour bon nombre d'entre elles, l'allaitement constitue un moment privilégié pour lire ou pour parler avec un enfant plus âgé. S'il est difficile de changer la couche de bébé, de lui donner à manger à la cuillère ou de lui chatouiller les lèvres avec la tétine d'un biberon sans dire un mot, il est tout à fait possible de lui glisser le mamelon dans la bouche en parfait silence. Il n'y a aucune preuve selon laquelle le sein serait le siège de l'amour, et on peut très bien ne pas tenir compte de tout ce qu'on entend à cet effet.

## L'amour hormonal

Il est plus difficile de déterminer le rôle des hormones dans l'allaitement maternel et les connexions inconscientes qui s'établissent entre notre corps et notre esprit. L'ocytocine, l'hormone associée à l'écoulement du lait, est aussi associée à l'orgasme sexuel. Les femmes ne sont pas automatiquement excitées sexuellement par l'ovulation comme c'est le cas pour les animaux. Elles doivent apprendre à aimer la sexualité, et les sentiments d'amour font partie de cet apprentissage. Avant qu'elle n'allaite, la femme a déjà libéré de l'ocytocine dans des contextes sexuels et amoureux. Faut-il donc se surprendre alors qu'elle éprouve des sentiments d'amour à l'égard de l'enfant pendant qu'elle l'allaite? Quant aux sentiments du bébé, ils ne pourraient être plus évidents! Par ailleurs, au cours des premières semaines d'allaitement, la plupart des femmes constatent qu'une émotion amoureuse à l'égard du conjoint, la vue de leur bébé ou le câlin d'un enfant plus vieux, déclenche le réflexe de lactation.

Cependant, si la mère peut développer des liens affectifs plus étroits avec l'enfant qu'elle allaite au sein, le père peut y perdre au change. Les pères peuvent en effet se sentir moins exclus de cette relation intime pendant les premières semaines si le bébé prend un biberon à l'occasion.

### LES AVANTAGES DU BIBERON

- Bébé peut dormir plus longtemps.
- Maman est plus libre.
- L'allaitement au biberon est beaucoup plus facile si la mère doit retourner au travail dès les premiers mois.
- Dans un endroit public, il est moins stressant de donner un biberon.
- Allaiter au biberon cause moins de problèmes à la vie sexuelle de la mère, puisque la lubrification et la libido reviennent plus vite à la normale et qu'il n'y a pas d'écoulement de lait des seins pendant la relation sexuelle.
- Le père peut donner le biberon et créer des liens étroits avec son enfant.

**Tout préparé d'avance**
Le lait maternel est toujours prêt et toujours à la bonne température. Votre bébé y a accès 24 heures par jour, où que vous soyez.

# Comment donner le sein

En suivant quelques règles toutes simples, vous verrez qu'il n'est pas difficile d'allaiter au sein. Prenez votre bébé, caressez-lui la joue, il tournera la tête et saisira votre sein. Le lait commence à s'écouler et vous pouvez continuer à parler avec votre plus vieux ou à regarder la télé.

Les premières tentatives d'allaitement au sein sont rarement faciles. On a trop d'attentes et plus on est tendue, plus il est difficile d'allaiter. Plus vous commencerez tôt à allaiter, plus ce sera facile. En fait, les bébés naissent avec d'excellentes réserves et s'il vous faut quelques jours pour établir votre routine d'allaitement, ne vous en faites pas. Bébé a certes besoin de liquide, mais il n'est pas nécessaire que ce soit du lait. D'ailleurs, pendant les premiers jours, les seins ne produisent même pas de lait.

## Des règles simples pour allaiter au sein

**1** Installez-vous dans une position confortable. Voilà qui est étonnamment difficile. Essayez différentes positions jusqu'à ce que vous en trouviez une qui vous convienne à tous les deux. La position allongée sur le côté est souvent la plus facile à adopter pour la mère : vous pouvez contrôler l'angle de votre sein simplement en vous balançant d'un côté ou de l'autre, et la position de bébé en le déplaçant de haut en bas le long de votre corps. Sinon, essayez la position suivante : asseyez-vous, placez un coussin sur vos genoux et posez-y bébé.

**2** Placez votre bébé tout près de vous et caressez-

lui la joue. Il ouvrira automatiquement la bouche en tournant la tête vers votre main. Il suffit alors que le mamelon soit au bon endroit.

**3** Tenez le bout de votre sein entre votre pouce et votre index (ou entre l'index et le majeur), et le reste du sein dans votre main. Alignez votre sein avec la tête de bébé. Poussez vers l'intérieur du sein pour mieux exposer le mamelon et l'orienter vers la bouche de bébé.

**4** Chatouillez la joue de bébé avec votre mamelon, juste au coin de ses lèvres. Bébé tournera la tête vers la stimulation et ouvrira la bouche. C'est ce qu'on appelle le réflexe des points cardinaux. Insérez le mamelon entre ses lèvres et poussez-le bien dans sa bouche de sorte que ses lèvres se posent sur l'aréole. Son réflexe de succion se déclenchera. Vous pouvez aussi taquiner ses lèvres avec votre mamelon jusqu'à ce qu'il ouvre la bouche et ensuite l'y insérer en l'orientant vers le fond de sa gorge plutôt que juste entre ses lèvres. Quand bébé tète, ses lèvres devraient reposer sur l'aréole et non seulement sur le bout du mamelon. Si vous ne sentez pas de succion, il se peut que bébé suce sa langue

ou ses lèvres plutôt que le sein. Retirez votre mamelon et essayez de nouveau.

**5** Pendant la tétée, assurez-vous que le nez de bébé soit bien dégagé. Si le lait coule trop rapidement (comme c'est souvent le cas au début), exprimez-en un peu avant de commencer la tétée en pressant l'aréole entre vos doigts.

## Quelle quantité de lait donner?

Commencez par allaiter de 5 à 10 minutes par sein. Commencez les tétées par un sein, puis par l'autre, si possible, afin de mieux équilibrer l'utilisation de vos deux seins au cours d'une journée. Mais ne vous en faites pas trop avec cela.

### CONSEILS AUX DÉBUTANTES

● Avertissez le personnel de l'hôpital que vous voulez allaiter sur demande. Si votre bébé ne peut pas dormir près de vous 24 heures par jour, assurez-vous de pouvoir l'allaiter sur demande pendant la journée et demandez qu'on vous l'amène pendant la nuit. Insistez pour qu'il en soit ainsi. Dites au personnel infirmier que vous ne voulez pas qu'on lui donne de biberons d'eau sucrée (eau et glucose) qui le rassasieraient rapidement.

● Il faut qu'en tétant, bébé vide vos seins pour que votre production de lait soit suffisante pour répondre à ses besoins. Bannissez le biberon jusqu'à ce que vous ayez réussi à établir une routine même si vous prévoyez plus tard combiner le sein et le biberon.

● Quand bébé tète, ses lèvres doivent enserrer presque complètement la partie de l'aréole située sous le sein. En outre, ne serrez pas trop votre sein dans votre main, cela pourrait nuire à l'écoulement du lait.

● Buvez beaucoup. L'alcool peut vous aider à vous détendre, mais il n'est pas recommandé d'en boire régulièrement. N'oubliez pas que bébé boit la même chose que vous!

● Détendez-vous. Si vous êtes tendue, il vous sera plus difficile d'allaiter. Si vous éprouvez des difficultés, demandez conseil à ceux qui donnent des cours de préparation à l'accouchement, à votre médecin ou à une amie qui a allaité avec succès.

● D'après mon expérience, les bébés allaités au sein n'ont pas besoin qu'on leur fasse faire un rot. La manière dont ils tètent les empêche d'avaler de l'air en buvant. Pendant la journée, vous voudrez peut-être le poser contre votre épaule et lui frotter le dos, ce qu'il aimera, mais il n'est pas nécessaire de le faire pendant la nuit.

Si vous devez interrompre la tétée pour une raison quelconque, glissez un doigt dans la bouche de bébé pour rompre la succion. Cela aidera aussi à prévenir l'endolorissement de vos mamelons. Chaque sein contient du lait de début et de fin de tétée et bébé vide habituellement les deux seins. Quand son appétit augmentera, il voudra téter plus longtemps. Laissez-le faire. Au fur et à mesure qu'il devient rassasié, il tète plus lentement et finit souvent par s'endormir.

Au cours des premières semaines, il pourrait être utile de placer un coussinet d'allaitement sur le sein qui n'est pas utilisé, puisque ce dernier aura tendance à laisser couler du lait. Avec le temps, vous apprendrez à contrôler ces écoulements.

Au début, offrez au moins six tétées par période de 24 heures. Le lait est produit proportionnellement à la demande: si bébé boit peu, vous en produirez peu. Si vous n'avez pas suffisamment de lait, il se peut qu'il arrête de téter. C'est un véritable cercle vicieux. Vous pouvez utiliser un tire-lait, au début, pour augmenter la succion ou encore pour éliminer plus de lait afin d'augmenter votre production.

## Quand ne pas allaiter

● Si vous souffrez de maladie cardiaque ou rénale, par exemple, ou encore d'une infection grave comme le VIH, le sida ou la tuberculose.

● Si votre poids corporel est anormalement faible.

● Si vous devez prendre des médicaments qui peuvent nuire au bébé. La plupart des médicaments sont sans danger pour l'allaitement, mais il vaut mieux s'en assurer au préalable. Le lithium, les médicaments anticancéreux et ceux à base d'ergot de seigle sont nocifs. D'autres médicaments comme l'aspirine, les tranquillisants, les antidépresseurs et les neuroleptiques, les médicaments pour traiter l'hypertension et les désordres de la glande thyroïde ainsi que les sédatifs peuvent aussi être dangereux. S'il n'y a pas d'autres médicaments sûrs que vous pouvez prendre et que votre santé et votre bien-être dépendent de ces médicaments, il vaudrait mieux ne pas allaiter.

● Les mères qui allaitent peuvent être plus sujettes à la dépression. Vous devez donc considérer ce risque si vous êtes prédisposée à la dépression ou si vous avez déjà souffert de dépression postnatale.

### ENGORGEMENT

L'engorgement des seins est fréquent trois ou quatre jours après l'accouchement. Soudainement, les seins gonflent et enflent; ils deviennent durs comme de la pierre et extrêmement gênants et encombrants. Heureusement, l'engorgement ne dure pas longtemps, mais des seins engorgés peuvent être très douloureux et perturber l'allaitement. Les mamelons deviennent plats à cause de l'enflure et le bébé a plus de difficulté à bien les saisir. Mais tout se résorbe habituellement en quelques jours.

● Si vous avez beaucoup de douleur, asseyez-vous dans la baignoire et couvrez vos seins de compresses d'eau chaude pour vous soulager et faciliter l'écoulement du lait.

● Exprimez un peu de lait avant de donner la tétée pour amollir vos seins. Cela aidera bébé à pouvoir mieux saisir le mamelon.

● Si, à la fin de la tétée, vos seins sont encore engorgés, prenez un analgésique qui agit en douceur, mais pas d'aspirine. Utilisez des compresses tièdes pour faire couler le lait et des compresses froides, en alternance, pour soulager la douleur.

# Comment donner le biberon

Les bébés allaités au biberon sont heureux et en santé tout comme leurs parents. Nourrir au biberon est essentiel si vous devez reprendre votre travail au cours des premiers mois et ce mode d'alimentation permet au père et à la mère de partager véritablement l'allaitement de leur bébé.

Quel que soit le mode d'allaitement que vous choisissiez, vos seins produiront du lait. Mais, si aucun lait n'est exprimé, votre production lactée cessera. Si vous allaitez au biberon dès le début ou si vous cessez d'allaiter au sein après les premiers jours, vos seins seront sans doute pleins et gênants pendant quelques jours, mais tout se résorbera rapidement.

## Il vous faut

● Quatre à six biberons en plastique (selon la méthode de stérilisation que vous utilisez).
● La même quantité de tétines en silicone ou en latex. Utilisez une tétine à petit orifice pour un jeune bébé et une à l'orifice plus grand pour un plus vieux ; la forme de la tétine importe peu, bien que certains bébés préfèrent les tétines qui rappellent la forme du mamelon.
● Une méthode de stérilisation des biberons.
● Un chauffe-biberon est utile pour réchauffer le lait.

### La préparation du biberon

Vous pouvez utiliser une formule lactée en poudre que vous mélangez à de l'eau préalablement bouillie. On trouve aussi sur le marché, des formules prêtes à boire et même des biberons prêts à utiliser. Même si ces biberons ont un côté pratique, ils peuvent

**Bébé heureux**
Si vous respectez les règles d'hygiène et d'asepsie pour la préparation des biberons, vous pouvez profiter des nombreux avantages de ce mode d'allaitement.

donner lieu à du gaspillage s'ils ne sont pas offerts dans les formats qui conviennent à votre bébé.

**1** Toujours vous laver les mains avant de préparer un biberon. (La nuit, utilisez des compresses stériles.) Sortez le biberon du stérilisateur et, si vous avez utilisé une méthode de stérilisation chimique, rincez-le avec de l'eau bouillie ou stérile.

**2** Ajoutez-y la quantité nécessaire d'eau pure et bouillie, puis mesurez la quantité requise de poudre de lait. Ajoutez la poudre à l'eau et agitez bien.

**3** Avant de donner le biberon à votre bébé, refroidissez (ou réchauffez) la préparation jusqu'à ce qu'elle atteigne la température du corps. Pour réchauffer un biberon froid, plongez-le dans de l'eau chaude ou utilisez un chauffe-biberon. Ne le chauffez pas dans un four à micro-ondes.

Si vous préparez un biberon pour un usage ultérieur, fermez le biberon avec le bouchon et l'anneau et conservez-le au réfrigérateur.

### La stérilisation des biberons

Rincez le biberon et la tétine après chaque utilisation et lavez-les à l'eau savonneuse avant de les stériliser. Utilisez une brosse à bouteille pour éliminer tout résidu de lait du biberon et de la tétine et faites passer de l'eau savonneuse à travers les orifices de la tétine pour bien les nettoyer. Rincez ensuite à l'eau tiède.

● **Stérilisation à l'eau.** Faites bouillir le biberon si vous ne donnez qu'un biberon à l'occasion à votre bébé ou quand vous n'êtes pas chez vous. Plongez les bouteilles et les tétines dans une grande casserole et veillez à ce qu'elles demeurent complètement immergées. Portez l'eau à ébullition, laissez bouillir pendant au moins 10 minutes, puis vous pouvez utiliser le biberon.

● **Stérilisation à la vapeur.** Ce mode de stérilisation est plus pratique et plus rapide. Vous pouvez vous procurer un stérilisateur à la vapeur ou encore choisir un modèle conçu pour le four à micro-ondes. Suivez le mode d'emploi.

● **Stérilisation chimique.** Celle-ci se fait avec de l'eau froide et un produit de stérilisation liquide ou en tablette. Suivez le mode d'emploi du produit pour préparer la solution. Immergez-y les bouteilles et accessoires pendant le temps indiqué. Ne les sortez que lorsque vous êtes prête à les utiliser. Remplacez les solutions de stérilisation toutes les 24 heures et rincez les biberons et les tétines avec de l'eau embouteillée stérile ou préalablement bouillie avant de les utiliser.

## Comment donner le biberon

**1** Tenez votre bébé tout contre vous. Inclinez le biberon afin que la tétine se remplisse de lait (pour éviter que bébé n'avale trop d'air).

**2** Avec la tétine, chatouillez le coin de la bouche du bébé ou encore caressez-lui la joue pour qu'il se tourne vers le biberon ou votre main et qu'il ouvre la bouche.

**3** Insérez la tétine dans sa bouche en vous assurant de l'y pousser assez loin. Bébé devrait commencer à téter quand la tétine est bien insérée dans sa bouche. Il vous faudra peut-être retirer la tétine de sa bouche de temps en temps, car les tétines ont tendance à se comprimer et à s'écraser à la longue, ce qui bloque l'écoulement du lait.

**4** Les bébés allaités au biberon avalent de l'air et il peut être nécessaire de leur faire faire un rot pendant le boire.

## Les boires de nuit

Les boires de nuit constituent le principal inconvénient de l'allaitement au biberon. Le parent doit se lever et préparer le biberon, s'asseoir, le donner au bébé et lui faire faire son rot avant de le remettre au lit. Organisez-vous à l'avance pour limiter au maximum le temps que vous passez debout pendant la nuit.

● Préparez deux biberons pour chaque boire de nuit : un avec de l'eau préalablement bouillie, l'autre avec la formule en poudre. Couvrez et fermez hermétiquement les deux biberons avec bouchon et anneau.

● Quand bébé se réveille, ajoutez l'eau à la poudre, mettez une tétine stérile (celle-ci peut avoir été placée à l'envers sur le biberon contenant l'eau), agitez et servez.

● Le biberon contenant l'eau peut-être gardé au chaud, près d'un radiateur, par exemple, dans un chauffe-biberon ou encore enveloppé dans une

couverture. Toutefois, ne préparez pas le mélange à l'avance, car il vous faudrait le réfrigérer et ensuite le réchauffer, ce qui serait plus long.

## Le retour au travail

**Au cours des premières semaines.** Si vous travaillez à temps plein, il se peut que votre organisme ne produise pas assez de lait au cours de la nuit pour satisfaire l'appétit de bébé. L'utilisation d'un tire-lait pendant la journée, même si vous ne gardez pas le lait exprimé, peut vous aider à maintenir une production suffisante.

**Entre le 3ᵉ et le 6ᵉ mois.** Introduisez un biberon ou une sucette pendant les premières semaines pour que bébé apprenne à combiner sein et biberons. Organisez les heures de boire pour satisfaire votre production de lait : allaitez le matin, avant de partir travailler et le soir en rentrant. Si vos réserves ne sont pas suffisantes le soir, vous pouvez compléter son boire par un biberon.

**Entre le 6ᵉ et le 9ᵉ mois.** Introduisez un biberon ou une sucette au cours des deux premiers mois. Le bébé peut être sevré vers l'âge de 9 mois et vous pouvez alors lui offrir un gobelet, mais il aura tout de même besoin de téter. Si vous avez assez de lait (sans avoir à utiliser un tire-lait pendant la journée), vous pouvez lui offrir le sein en soirée. Sinon, donnez-lui un peu de céréales ou une tasse de lait avant le dodo.

**Entre le 9ᵉ et le 12ᵉ mois.** Sevrez votre bébé avant de recommencer à travailler. Ne combinez pas le sein et le biberon, c'est trop stressant pour le bébé.

**VOIR AUSSI**

| | |
|---|---|
| Le sein ou le biberon ? | **20-21** |
| Comment donner le sein | **22-23** |
| Comment sevrer un bébé allaité au sein | **46-47** |
| Le partage des soins | **52-53** |

**Plein d'air**

Pour faire faire le rot de bébé, placez une serviette ou une petite couverture sur votre épaule et tenez bébé à la verticale en lui posant la tête sur le linge protecteur. Puis frottez-lui le dos ou tapotez-le doucement. Vous pouvez aussi lui faire faire son rot en le posant à plat ventre sur vos genoux, toujours en lui frottant ou en lui tapotant doucement le dos.

**NE JAMAIS, JAMAIS**

● N'installez jamais bébé avec des coussins pour lui donner son biberon, même si vous êtes occupée.

● Ne réutilisez jamais une préparation de lait que vous avez offerte lors d'un boire antérieur.

● Ne gardez jamais de préparation au chaud pendant de longues périodes.

● Ne préparez pas de biberons à l'avance si vous partez en randonnée à moins que vous ne disposiez d'une bonne glacière et que vos biberons soient encore froids quand vous êtes prête à les utiliser.

● Ne vous sentez pas coupable si vous n'allaitez pas au sein.

# Comment changer la couche de bébé

Changer les premières couches de bébé peut être facile, mais attendez qu'il commence à gigoter ! Avec le temps et l'expérience, cependant, vous pourrez changer sa couche n'importe où, qu'il soit couché sur vos genoux ou sur le siège arrière de la voiture.

**IL VOUS FAUT**

● Une couche et une culotte imperméable propres si vous utilisez des couches en tissu.
● Des tampons d'ouate, de l'eau tiède et une serviette pour un bébé de moins de 1 mois ou encore pour ceux qui souffrent d'érythème fessier ; pour tous les autres, des débarbouillettes.
● Des vêtements de rechange à portée de la main au cas où il y aurait des fuites ou de petits accidents pendant que vous changez sa couche.
● De l'onguent si bébé a un érythème ou si ses fesses vous semblent un peu rougies.

**Un endroit sûr pour changer la couche**

Vous pouvez changer la couche de bébé sur une table à langer, un coffre ou une petite table. Si vous le changez sur un lit, utilisez un drap imperméable, car il pourrait uriner pendant que vous le changez.

Au début, changer la couche de bébé sera plus facile si vous placez d'abord à portée de la main tout ce dont vous aurez besoin. Vous aurez bientôt l'habitude et n'éprouverez plus aucune difficulté, peu importe qu'il remue les bras et les jambes. D'ailleurs, vous n'aurez pas à le changer si souvent, car de nos jours, les couches gardent les bébés passablement au sec. Et même s'il est un peu mouillé, il ne sera pas inconfortable. Il n'est habituellement pas nécessaire de changer sa couche pendant la nuit. Et le jour, à moins qu'il ne soit clairement mouillé ou qu'il ait fait une selle, vous pouvez attendre avant son boire pour le changer.

## Comment changer la couche en quelques étapes simples

1 Choisissez un endroit qui réduit au maximum votre besoin de vous pencher. Placez-y le coussin à langer ou une serviette pliée en deux.

2 Posez-y votre bébé tout en lui parlant doucement. Détachez ses vêtements ou enlevez-les-lui pour éviter qu'ils ne vous encombrent.

3 Détachez sa couche et utilisez-la au besoin pour l'essuyer sommairement. Pliez la couche souillée et glissez-la (côté extérieur et propre) sous les fesses de bébé pendant que vous lui lavez le devant et l'entrecuisse. Parlez-lui et souriez-lui : un bébé heureux se débat moins.

4 Nettoyez bien tous les plis et replis près de ses organes génitaux (utilisez une débarbouillette propre pour nettoyer la région vaginale d'une petite fille). Assurez-vous que les plis du haut des cuisses sont propres. Puis soulevez les pieds de votre bébé afin de soulever aussi son siège. Nettoyez ses fesses, surtout autour de l'anus, sans oublier les plis du haut des cuisses.

5 Si c'est un garçon, nettoyez de l'arrière vers l'avant si les fesses sont la région la plus souillée. Si c'est une fille, nettoyez toujours la région vaginale d'abord en enlevant toute trace de selle et ne laissez jamais de débarbouillettes souillées près de cette partie du corps.

6 Retirez la couche souillée de sous les fesses de bébé et glissez-y une couche propre. Épongez doucement ses fesses, si nécessaire. Parlez-lui tout en lui souriant.

7 Vous voudrez peut-être laisser gigoter bébé les fesses à l'air pendant quelques minutes (surtout s'il a des rougeurs). Vous pouvez rester tout près et lui parler ou encore le déposer par terre pour le laisser s'ébattre un peu. Ne le laissez jamais sur une table sans surveillance.

8 Attachez la couche selon les directives sur l'emballage. Si vous utilisez une crème protectrice pour sa peau, essuyez bien vos mains après pour ne pas risquer d'échapper votre bébé. Si vous utilisez des culottes imperméables, mettez-lui-en une propre.

9 Placez votre bébé dans un endroit sûr. Jetez les selles dans la cuvette des toilettes. S'il s'agit d'une couche jetable, pliez-la et attachez-la avec les languettes autocollantes. Si c'est une couche en tissu, faites-la tremper dans un seau à couches.

10 Changez les draps du lit de bébé, si nécessaire. Et lavez-vous les mains.

## Le contenu de la couche

**Chez le nouveau-né.** Au début, les selles sont collantes et d'un noir verdâtre. Les premières vraies selles commencent généralement après 24 heures. Elles sont plutôt liquides au début et contiennent souvent du mucus et parfois un peu de sang. D'un jaune verdâtre, elles deviennent peu à peu plus jaunes et grumeleuses. Les traces de sang sont rarement problématiques, mais parlez-en toujours à votre médecin. Les selles des bébés allaités au biberon peuvent être jaunes ou marron et même d'un brun verdâtre. **Les selles noires.** On observe habituellement de telles selles chez les bébés à qui l'on donne des suppléments de fer ou encore un lait additionné de fer. **Selles vertes et malodorantes.** Elles surviennent généralement à la suite d'une infection. Vérifiez auprès de votre médecin. Si les selles sont liquides, faites boire bébé souvent : par exemple, diluez de la boisson gazeuse ou de l'eau de Seltz dégazée moitié-moitié avec de l'eau embouteillée. Si le bébé a la diarrhée ou s'il se met à vomir, téléphonez à un médecin ou emmenez-le à l'hôpital.

**Selles liquides.** Les selles des nourrissons sont souvent molles. Surveillez les changements. Si elles deviennent plus liquides qu'à l'habitude, donnez-lui plus à boire. Si la diarrhée persiste, consultez votre médecin. Si le bébé commence à vomir et que ses selles deviennent plus fréquentes, téléphonez au médecin ou emmenez votre bébé à l'hôpital.

**Du sang dans les selles.** Le sang dans les selles résulte souvent de problèmes de constipation et il n'y a habituellement pas lieu de s'inquiéter. Parlez-en toutefois à votre médecin, puisqu'il pourrait s'agir d'un autre problème.

**Couleurs bizarres, grumeaux et autres changements.** Ces changements sont habituellement causés par l'alimentation. Ce que bébé ne digère pas se retrouve dans sa couche.

## SORTES DE COUCHES

| Sorte | Il vous faudra | Avantages | Inconvénients |
|---|---|---|---|
| **Jetables** De nos jours, les couches jetables sont minces et absorbantes. Elles contiennent souvent un gel qui absorbe le liquide et garde bébé bien au sec. | Environ 35 couches par semaine. | Pratiques. Faciles à mettre. Moins de fuites et moins de travail pour vous. Bébé a les fesses passablement au sec. | Coût élevé. Bébé utilisera sans doute de 4 000 à 5 000 couches avant d'être propre. Un choix douteux sur le plan écologique. |
| **Couches-culottes en tissu et doublures** Ces couches ressemblent beaucoup aux couches jetables, mais elles sont faites de tissu doux et épais. Certaines marques sont offertes avec un revêtement imperméable. | Environ 15 couches de chaque taille, en plus des doublures jetables. | Vite enfilées et faciles à mettre : elles s'attachent avec des bandes velcro. Moins encombrantes que les couches traditionnelles en tissu éponge. Un choix écologique. Le coût initial des couches peut paraître élevé, mais elles sont tout de même un peu moins chères que les couches jetables si on en calcule le coût sur deux ans. | Doivent être désinfectées régulièrement, lavées et séchées. Probablement moins absorbantes que les couches jetables. Il faut en acheter plusieurs tailles, puisque bébé grandit. |
| **Couches traditionnelles en tissu éponge** Couches carrées en tissu que l'on attache avec des épingles à couches et que bébé porte habituellement avec une doublure jetable et une culotte de plastique. | Environ 24 couches carrées. Un seau muni d'un couvercle pour le trempage. Du désinfectant. Une machine à laver et une sécheuse. | Bon marché. Un choix écologique. Une seule taille convient pour tous les âges. | Plus longues à mettre. Semblent plus volumineuses. Plus encombrantes à transporter et à ranger. Moins absorbantes que les meilleures couches jetables. Gardent probablement bébé moins au sec (mais les doublures peuvent aider). Le pire : il faut les laver. |
| **Les services de couches** Vous fournissent régulièrement des provisions de couches propres. Le service se charge de ramasser et de nettoyer les couches souillées. | La quantité n'a pas d'importance sur le plan financier. | De loin la solution la plus pratique. Un bon choix écologique. Le coût est légèrement inférieur à celui des couches jetables. | Le service coûte cher, en plus des désavantages des couches de tissu : plus longues à mettre, elles ont l'air plus embarrassantes. Moins absorbantes que les couches jetables. |

# Comment habiller votre bébé

Mettre des vêtements à un nouveau-né qui ne se tient pas lui-même peut vous paraître inquiétant. Vous avez peut-être peur d'échapper votre bébé ou de ne pas toujours bien lui soutenir la tête. Mais vous verrez, ce sera bientôt simple et facile, même si bébé remue les bras et les jambes !

**Habiller bébé**

Au début, vous trouverez sans doute plus facile d'habiller bébé lorsqu'il est étendu sur sa table à langer. Quand vous saurez mieux comment le tenir, vous pourrez tout aussi bien l'habiller sur vos genoux que dans la voiture.

Pour vous facilitez la tâche, choisissez judicieusement les premiers vêtements de votre bébé.

● Tout vêtement que vous devez passer par-dessus la tête devrait avoir une encolure dégagée ou encore un col muni de boutons ou de boutons-pression. Étirez bien l'ouverture avant d'essayer d'y passer la tête de bébé. Ne lui mettez jamais un vêtement en le tirant sur sa tête : bébé pleurerait et vous paniqueriez sans doute. Faites attention en passant le vêtement sur ses oreilles. Allez-y doucement.

● Les vêtements qui s'attachent à l'arrière rendent la vie plus difficile.

● Les tricots et les tissus qui contiennent du lycra s'étirent bien. Vous pouvez insérer vos mains dans les petites ouvertures pour mieux y passer les pieds et les mains de bébé. Plissez les manches afin de pouvoir passer le poignet et la main de bébé d'un seul mouvement. Passez votre main dans l'ouverture et tirez délicatement la main de bébé vers vous.

● Des vêtements serrés ou bien ajustés de même que les pantalons munis de bavoirs et de bretelles sont certes jolis, mais à moins que le vêtement ne soit très extensible et muni de boutons-pression le long des jambes et de la fourche, il vaut mieux éviter ce genre d'ensemble.

● Il vous sera beaucoup plus facile de changer la couche de bébé si vous choisissez un vêtement avec des boutons-pression le long des jambes (ou dans la fourche en ce qui concerne les vêtements d'été) ou encore un pantalon et un haut distincts.

## UNE PREMIÈRE LAYETTE

### Équipement général

● Au moins 3 petites chemises. Les chemises portefeuille à encolure dégagée ou encore celles munies d'attaches pression latérales sont les plus faciles à mettre. Du lycra, au moins dans l'encolure, rend la chemise plus facile à passer sur la tête de bébé. Les brassières qu'on lui passe par-dessus la tête ont l'air plus lisses que les autres et celles qui sont munies de boutons-pression à la fourche sont les plus chaudes par temps froid.

● Au moins 3 vêtements de nuit, soit des chemises de nuit ou des pyjamas extensibles tout d'une pièce. Si les chemises de nuit sont munies de cordons, enlevez ces derniers dès que bébé devient plus actif.

● Des bavoirs lavables : surtout si bébé a tendance à régurgiter après son boire.

### Pour un bébé qui naît en hiver

● Au moins 2 combinaisons de nuit en tissu ouaté
● 3 à 6 combinaisons extensibles à manches longues et munies de chaussons
● 2 à 3 paires de chaussons et de mitaines
● Des bonnets chauds qui couvrent les oreilles
● 3 à 5 vestes ou pulls de taille 0 – 3 mois
● Un sac de couchage ou un survêtement d'hiver pour les promenades en poussette ou dans le porte-bébé

### Pour un bébé qui naît en été

● Des vêtements plus frais : des robes ou des barboteuses à manches courtes
● Des chapeaux pour lui protéger la tête du soleil
● 1 ou 2 vestes ou pulls de taille 0 – 3 mois

● Les petits boutons sont difficiles à attacher et les fermetures éclair ont tendance à se prendre dans les tissus surtout lorsque bébé se tortille pendant que vous l'habillez. Tirez toujours le vêtement loin de la peau de bébé quand vous montez la fermeture éclair.

● Utilisez des bavoirs afin d'avoir à changer les vêtements de bébé le moins souvent possible. Si bébé régurgite beaucoup, épongez son vêtement au lieu de toujours le changer.

● Parlez doucement à votre bébé en l'habillant. Profitez de cette occasion à caractère social.

● Si bébé a peur quand sa tête est couverte, choisissez des vêtements qui s'attachent à l'avant. Quand l'enfant est plus âgé, faites-lui des coucous quand vous lui passez quelque chose sur la tête.

## Comment lui mettre une petite chemise

**Celles qui s'attachent à l'avant.** Glissez une main de bébé dans la manche de la petite chemise. Soulevez bébé, passez la chemise derrière lui, et glissez son bras dans l'autre manche. Tirez et croisez les bandes de tissu, puis attachez la chemise.

**Celles qui ont une encolure dégagée.** Placez bébé sur la table à langer, plissez la chemise en commençant en bas et en allant vers le haut, puis étirez bien l'encolure. Passez-la sur la tête de bébé en dégageant d'abord son visage. (Il vaut mieux s'occuper de l'arrière après et éviter de garder ses yeux couverts ou de risquer de lui faire mal au nez.) Faites attention quand vous passez la chemise sur ses oreilles.

Quand la tête sera passée, la chemise sera retroussée et vous n'aurez pas trop de mal à passer les bras de bébé dans les manches. Pour ce faire, ramenez le bras de bébé contre sa poitrine et manœuvrez délicatement pour le faire glisser dans la manche. Répétez l'opération pour l'autre bras. Tirez la chemise vers le bas, puis attachez les cordons ou les boutons-pression s'il y a lieu.

## Comment lui mettre un cardigan ou un blouson

**Cardigan.** Plissez une manche et étirez bien l'ouverture du poignet. Glissez le bras de bébé dans la manche ainsi plissée et, en tenant le bout de la manche sur son poignet, tirez le reste de la manche le long de son bras. Soulevez bébé et passez le cardigan derrière son dos. Glissez l'autre bras dans l'autre manche. Ramenez les deux bandes vers l'avant et boutonnez le cardigan.

**Blouson.** On peut mettre le blouson à bébé de la même manière que le cardigan, sauf que les manches seront un peu plus difficiles à plisser, puisque le tissu du blouson sera sans doute plus épais et difficile à manier que le tricot du cardigan. Vous pouvez aussi poser bébé sur le blouson avant de lui passer un bras dans une manche. Ou encore, vous pouvez lui mettre le blouson par l'avant. Couchez votre bébé sur la table à langer. Ouvrez le blouson et posez-le sur le bébé de sorte que le col du blouson soit orienté vers ses pieds. Glissez les bras de bébé dans les manches du blouson. Levez les bras de bébé au-dessus de sa tête afin de ramener le blouson vers l'arrière.

## La combinaison extensible

**1** Détachez et ouvrez le vêtement. Soulevez bébé et placez-le sur la combinaison. Attachez les boutons-pression autour de ses jambes, ce qui aura pour effet de maintenir le vêtement en place, tandis que vous vous occuperez de lui glisser les bras dans les manches.

**2** Plissez une manche jusqu'à l'épaule et glissez-y le bras de bébé en étirant bien l'ouverture du poignet avec vos doigts afin d'y faire passer sa main. Ensuite, tirez doucement le bras de bébé vers l'avant pour que la manche glisse bien le long de son bras. Répétez l'opération pour l'autre bras. Attachez le vêtement à l'avant.

**VOIR AUSSI**

Pour garder bébé bien au chaud     **16-17**

Pour éviter que bébé n'ait trop chaud     **18-19**

Comment changer sa couche     **26-27**

Bébé voyage     **42-43**

**Coucou, la main !**
Les vêtements extensibles de même que les tricots permettent de plisser les manches avant d'y insérer les bras de l'enfant. Parlez à votre bébé en l'habillant et faites de ce moment un jeu.

### ACCESSOIRES

**Bonnets**
La chaleur se perd rapidement par la tête et, à l'inverse, c'est aussi un endroit par lequel on capte beaucoup de chaleur. Les nourrissons ne devraient jamais sortir par temps froid sans un bonnet bien chaud ni être exposés au soleil sans avoir la tête couverte.

**Chaussures**
Jusqu'à ce que bébé marche, les chaussettes ou les chaussons en tricot suffisent. Pendant les premières semaines, bébé remue peu et il vaut mieux lui mettre des chaussettes, tant à l'intérieur qu'à l'extérieur, sauf s'il fait vraiment chaud.

**Chemises de nuit**
Mieux encore que les combinaisons en tissu extensibles, les petites robes et les chemises de nuit offrent à bébé quelque chose à saisir. Voyez ses petites mains se refermer sur le tissu de sa robe !

## IL VOUS FAUDRA

● Du savon pour bébé, liquide ou en pain. Utilisez-le toujours avec modération, surtout dans le visage.

● Un shampooing doux, qui n'irrite pas les yeux.

● De l'huile pour bébé : utile dans les cas de croûtes de lait (ou casque séborrhéique), mais vous pouvez tout aussi bien utiliser une huile végétale.

● Un onguent pour l'érythème fessier.

● Des tampons d'ouate pour nettoyer le visage et les fesses de bébé au cours des premières semaines de même que pour la toilette rapide (voir page 33).

● Des débarbouillettes pour nettoyer ses fesses ainsi que vos mains.

● D'autres tampons d'ouate stériles pour nettoyer autour des yeux de bébé et, pendant les premières semaines, pour la région ombilicale.

# Le bain de bébé

La propreté et une bonne hygiène sont essentielles au cours des premiers mois de vie, puisque le système immunitaire de l'enfant est encore fragile. En outre, les infections et les épisodes de diarrhée ou de vomissements peuvent être dangereux à cause de la taille réduite du bébé.

Même si bébé a besoin d'un bain deux ou trois fois par semaine, la première fois que vous le baignez peut s'avérer toute une aventure! Ce petit être glissant est loin d'être facile à manipuler. Surtout quand on n'en a pas l'habitude. La plupart des parents peuvent s'exercer à donner le bain sous l'œil attentif de l'infirmière à l'hôpital ou de la sage-femme à la maison. Si vous doutez de vos capacités, n'oubliez pas que vous pouvez toujours vous contenter de lui faire une toilette rapide. En effet, jusqu'à ce qu'il soit mobile, bébé n'a pas besoin d'un bain quotidien.

Il est aussi rassurant de savoir qu'au cours des premières semaines les bébés aiment nager sous l'eau et qu'ils cessent de respirer quand leur tête est immergée. Ainsi, même si sa tête glissait sous l'eau pendant un instant, bébé n'aurait pas de mal.

## Le bain en quelques étapes faciles

**1** Avant de lui donner son premier bain, il vaut mieux attendre que le nombril de votre

**Pour laver bébé**
Appliquez un peu de savon ou de shampooing sur la tête de bébé avec un tampon d'ouate, puis rincez doucement à l'eau claire.

bébé et, si c'est un garçon, que son pénis circoncis soient guéris.

**2** Choisissez un moment qui vous convient à tous les deux, de préférence une période pendant laquelle bébé n'a pas tendance à dormir. Le baigner avant son boire du soir l'aidera à entreprendre sa nuit, mais n'attendez pas qu'il ait faim, sinon il protestera tout au long du bain. Si vous avez des enfants plus âgés, vous trouverez peut-être plus facile de baigner bébé quand ils ne sont pas là.

**3** Choisissez une pièce chaude : idéalement autour de 24 à 27 °C. Il n'est pas nécessaire que ce soit la salle de bains ; baignez-le dans la cuisine, si cette pièce est plus chaude. Si vous avez l'air climatisé ou que vous utilisez des ventilateurs dans la maison, fermez-les.

**4** Placez la baignoire sur une surface ferme et solide. Les comptoirs de cuisine sont habituellement de bons endroits (le canapé serait trop mou).

**5** Lavez-vous les mains avant de commencer et veillez à ce que la baignoire soit propre.

**6** Rassemblez tout ce dont vous avez besoin, référez-vous à la liste au début de cette page, et placez le tout à portée de la main. Faites cela avant de déshabiller votre bébé. Vous aurez aussi besoin d'une couche et d'une culotte propres ainsi que de vêtements propres à lui mettre après le bain.

**7** Versez d'abord environ 2,5 cm d'eau froide dans la baignoire et ajoutez ensuite l'eau chaude. Il ne devrait pas y avoir plus de 5 à 7,5 cm d'eau dans la baignoire et celle-ci devrait être tiède. Vérifiez la température de l'eau en y trempant votre coude ou votre poignet. N'utilisez pas vos doigts, car ceux-ci sont beaucoup plus résistants à la chaleur que le corps de bébé.

**8** Déshabillez complètement bébé et emmaillotez-le dans la serviette de bain. Il est plus facile de laver les cheveux et le visage d'un tout petit bébé avant de le mettre dans la baignoire. Quand il sera plus vieux, vous pourrez le laver dans la baignoire.

**9** Tenez la tête de bébé au-dessus de la baignoire, le visage vers le haut et mouillez-lui doucement les cheveux. Versez une petite goutte de shampooing sur un tampon d'ouate et frottez-en doucement la tête de votre bébé. Ajoutez un peu d'eau, frottez doucement, puis rincez soigneusement avec un gant de toilette ou un autre tampon d'ouate imbibé d'eau que vous essorez au-dessus de sa tête. Épongez doucement ses cheveux avec une serviette.

**10** Lavez-lui ensuite le visage. Nettoyez d'abord ses yeux en utilisant un tampon d'ouate stérile et de l'eau bouillie refroidie (ou de l'eau embouteillée). Utilisez un tampon propre pour chaque œil et nettoyez ses yeux en partant du nez et en allant vers la tempe. Puis prenez un autre tampon d'ouate, imbibez-le, essorez-le presque à sec et lavez le reste du visage de bébé, l'extérieur de ses oreilles de même que son cou. Vous n'avez pas besoin de savon pour cela.

**11** Placez bébé sur une surface plane et ouvrez la serviette de bain. Prenez bébé dans vos bras en soutenant sa tête et ses épaules d'une main, tandis que vous glissez l'autre sous son siège. Déposez-le lentement dans l'eau en lui parlant doucement. Enlevez votre main de sous son siège et ramenez-la vers sa poitrine afin de le maintenir dans une position allongée.

**12** Versez un peu de savon sur un tampon d'ouate et lavez bébé délicatement avec votre main libre. Pour rincer, versez un peu d'eau sur son corps ou encore utilisez le tampon d'ouate imbibé d'eau. Lavez d'abord les endroits les plus propres et terminez par les plus sales.

**13** Utilisez maintenant un peu de savon pour lui laver les mains (celles-ci auront probablement besoin d'être nettoyées au savon tous les jours). Rincez ses mains. (Utilisez vos mains pour savonner son pénis.)

**14** Soulevez ensuite votre bébé pour le sortir de l'eau et tournez-le en lui soutenant l'abdomen de la main. Parlez-lui pour ne pas qu'il s'inquiète. Savonnez et rincez son dos et ses fesses. Rincez votre bébé une dernière fois, puis soulevez-le, sortez-le de la baignoire et emmaillotez-le immédiatement dans la serviette. Épongez-le et habillez-le.

## Le choix d'une baignoire

On trouve sur le marché toutes sortes de baignoires pour bébés, de toutes les formes et de toutes les dimensions, du modèle de base jusqu'à celles qui sont munies d'un support pour la tête en passant par les baignoires rigides ou à gonfler. Ce dernier type est pratique si vous avez peu d'espace de rangement, mais vous devrez gonfler la baignoire avant chaque utilisation, ce qui peut s'avérer un inconvénient.

Les baignoires munies de support pour la tête sont intéressantes, mais coûtent plus cher. Quand vous achetez une baignoire, rappelez-vous que, la plupart du temps, on n'utilise cet accessoire que pendant les tout premiers mois. Si vous disposez de peu d'espace, vous pouvez utiliser l'évier de la cuisine, mais seulement si le robinet d'eau chaude n'est pas accessible à l'enfant. Alors, veillez toujours à bien nettoyer l'évier avant et après le bain de votre bébé.

**VOIR AUSSI**

Comment soulever et
porter bébé     **14-15**

Pour garder bébé bien
au chaud     **16-17**

Laver bébé à l'éponge     **18-19**

Établir une routine     **20-21**

### POUR FAIRE LA TOILETTE DE BÉBÉ

**Il vous faudra :**
- Des ciseaux aux bouts arrondis pour les ongles
- Une brosse et un peigne si bébé a suffisamment de cheveux
- Un petit bol pour tremper l'éponge
- Un autre bol que vous utiliserez quand vous lui laverez les yeux et l'ombilic avec des tampons d'ouate et de l'eau stériles
- Quelques bouteilles d'eau potable comme provision d'eau stérile

**Gardez-le bien au chaud**
Les bébés ont facilement froid, alors emmitouflez-le dans une serviette dès qu'il sort de l'eau. Une serviette à capuchon aidera à garder sa tête bien au chaud.

### LES BAIGNEURS MÉCONTENTS

- Si votre bébé n'aime pas prendre son bain, essayez de le laver avec une grosse éponge. On trouve de telles éponges dans les magasins à rayons de même que dans les boutiques d'accessoires pour bébés.
- Considérez l'idée de prendre votre bain avec bébé. (Beaucoup de parents se sentent en effet plus rassurés lorsqu'ils sont dans la baignoire avec leur bébé.) Déshabillez d'abord votre bébé et emmitouflez-le dans une serviette, puis placez-le sur un coussin à langer au sol pendant que vous enlevez vos vêtements. Laissez sa serviette et son coussin à langer à côté de la baignoire. Au début, vous trouverez plus facile de tendre bébé à votre conjoint à la fin du bain.
- Utilisez un tapis antidérapant dans la baignoire et veillez à ce que l'eau ne soit pas trop chaude. S'il n'aime toujours pas prendre son bain, ne vous en faites pas, vous pouvez très bien le laver à l'éponge.

## Laver bébé à l'éponge

Votre bébé n'a pas besoin d'un bain traditionnel tous les jours. La plupart du temps, il vous suffit de lui faire sa toilette à l'éponge ou même de lui laver seulement le visage et les fesses.

### LE NOMBRIL

Le cordon ombilical est coupé et attaché quand le bébé vient au monde. Le bout du cordon sèche et tombe habituellement quelques jours après la naissance. À l'hôpital, on vous montrera comment nettoyer cette région avec des tampons alcoolisés, puis comment la saupoudrer ensuite de poudre antiseptique.

Si vous baignez bébé avant que le bout de son cordon ne soit tombé, épongez bien cette région après le bain.

Si le nombril commence à suinter ou s'il vous semble rouge et endolori, communiquez immédiatement avec votre médecin.

Pour prévenir l'infection, laissez la région exposée à l'air libre.

**L'heure agréable du bain**
Profitez de ce moment pour faire un brin de causette avec bébé. Souriez et jouez avec lui pendant que vous le lavez.

Pour laver bébé à l'éponge, choisissez une pièce chaude, idéalement entre 24 et 27 °C. Installez-vous dans la cuisine si celle-ci est plus chaude que la salle de bains. Fermez tout ventilateur ou appareil de climatisation. Veillez à ce que le coussin à langer et le bol soit posés sur une surface ferme comme un comptoir de cuisine. Vous pouvez aussi vous installer au sol, mais ce sera plus difficile pour votre dos. Lavez-vous les mains et rassemblez tout ce dont vous avez besoin avant de commencer.

### Il vous faut

- Une serviette, de préférence avec un capuchon, surtout pour un bébé né en hiver.
- Du savon.
- Des tampons d'ouate, des éponges douces ou des gants de toilette.
- Du shampooing pour bébé qui n'irrite pas les yeux.
- Des tampons d'ouate stériles et de l'eau bouillie refroidie pour laver le contour des yeux, surtout s'il y a des signes d'infection.
- Une couche propre (une culotte imperméable, selon le cas) et des vêtements pour rhabiller bébé.
- Un bol d'eau si vous n'êtes pas près de l'évier.

### Comment lui faire sa toilette à l'éponge

1 Enlevez les vêtements de bébé, mais laissez-lui sa couche. Placez une serviette sur son coussin à langer, posez-y bébé et enveloppez-le dans la serviette. (S'il fait froid dans la pièce, ne lui enlevez ses vêtements que lorsque vous serez prête à le laver, puis rhabillez-le rapidement.)

2 Commencez par son visage. Lavez chaque œil en utilisant pour chacun un tampon d'ouate propre que vous aurez trempé dans de l'eau bouillie et refroidie. Lavez d'abord ses yeux, toujours de l'intérieur vers l'extérieur (du nez vers les tempes). Nettoyez ensuite le reste de son visage. Puis épongez doucement.

3 Lavez-lui maintenant les oreilles et le cou. Il n'est pas nécessaire d'utiliser de savon à moins que bébé n'ait très chaud et qu'il soit en sueur. Lavez tous les plis et replis. Épongez doucement.

4 Lavez ensuite le haut de son corps. Mouillez-le avec un tampon ou un gant de toilette et savonnez-le doucement avec votre main, puis rincez avec un autre tampon d'ouate ou le gant de toilette. Épongez pour sécher.

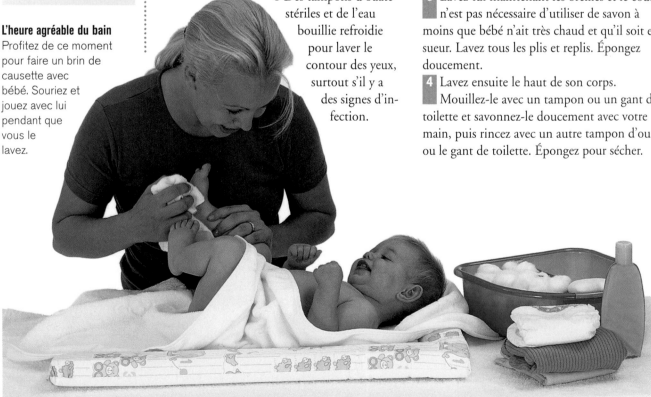

## LES ONGLES

● Coupez les ongles de bébé quand ceux-ci dépassent le bout de ses doigts. Asseyez-le sur vos genoux et, avec de petits ciseaux aux bouts arrondis, taillez l'ongle en le coupant droit.

● Tenez fermement sa main dans votre main gauche et pesez sur le bout de son doigt pour bien en isoler l'extrémité de l'ongle. Tenez bien son doigt avec les vôtres pendant que vous coupez.

● Si, par accident, vous coupez aussi la peau de bébé, il criera sans doute, mais ne paniquez pas, il oubliera vite. Certains parents préfèrent tailler les ongles de leur enfant quand il dort.

● Coupez les ongles d'orteils de la même façon et de préférence quand il est couché sur son coussin à langer.

**5** Tendez ses bras et répétez l'opération en portant une attention particulière aux plis du coude et des mains. (Quand il fait chaud, vous aurez probablement besoin de savon pour nettoyer les plis du coude et des mains.) Tournez bébé et lavez-lui l'arrière du cou et le haut du corps en utilisant la technique du tampon pour mouiller, savonner, rincer et éponger.

**6** Lavez ses pieds et ses jambes de la même façon que vous avez lavé ses bras.

**7** Enlevez-lui sa couche et lavez ses organes génitaux, puis tournez votre bébé pour lui laver les cuisses et les fesses. Utilisez toujours du savon pour ces régions, à moins que bébé n'ait de l'érythème fessier.

**8** Pour les autres parties de son corps, il n'est pas toujours nécessaire d'utiliser du savon. Dans la plupart des cas, vous pouvez donner, en alternance, les bains d'éponge avec et sans savon. En outre, il peut parfois être nécessaire

de changer l'eau au cours du bain, surtout si la couche de bébé était souillée.

**9** Pour lui laver les cheveux, emmaillotez bébé dans une serviette et tenez-lui la tête au-dessus de l'évier ou d'un bol, le visage tourné vers le haut. Mouillez doucement ses cheveux à l'aide d'un gant de toilette imbibé d'eau, par exemple. Versez une goutte de shampooing sur un tampon d'ouate humide et frottez-lui doucement la tête. Rincez soigneusement avec un gant de toilette en frottant délicatement.

**10** Quand bébé est propre et sec, habillez-le rapidement pour éviter qu'il n'ait froid.

## Toilette rapide

Les jours où vous ne lui donnez ni bain traditionnel ni bain à l'éponge, vous pouvez lui faire une toilette rapide.

**1** Rassemblez d'abord tout ce dont vous avez besoin : ouate, bol d'eau bouillie et refroidie, éponges ou gants de toilette, serviette et vêtements propres.

**2** Déshabillez bébé, mais laissez-lui sa couche et sa petite chemise. Lavez-lui le visage tel que décrit dans la technique de toilette à l'éponge, en nettoyant bien ses yeux de même que toute trace de mucus autour du nez et de salive près de la bouche. Nettoyez les plis de son cou. Épongez doucement. Avec un bout d'ouate, enlevez toute cire d'oreille qui se trouve dans la partie *externe* de l'oreille. Lavez-lui les mains. Puis enlevez-lui sa couche et lavez-lui les fesses. S'il fait chaud, laissez bébé s'ébattre un peu en petite chemise. Sinon, rhabillez-le.

## Les oreilles

Ne jamais rien insérer dans l'oreille d'un bébé. Un bout d'ouate que vous pourriez facilement y insérer peut vous sembler parfait pour déloger la cire de l'oreille, mais résistez à la tentation. Vos manœuvres risquent bien plus de pousser la cire plus profondément dans son oreille que de l'en déloger et, pire encore, vous pourriez lui endommager le tympan. Nettoyez l'extérieur de l'oreille avec un linge doux et utilisez un bout d'ouate uniquement pour les plis de l'oreille externe. Si vous avez l'impression que la cire s'accumule à l'intérieur de son oreille, consultez votre médecin.

### VOIR AUSSI

| | |
|---|---|
| Comment soulever et porter bébé | **14-15** |
| Comment changer sa couche | **26-27** |
| Le bain de bébé | **30-31** |
| Le partage des soins | **52-53** |

### LA CIRCONCISION

Après la circoncision, la plaie est habituellement couverte d'un pansement de gaze, mais elle peut saigner et suinter. C'est tout à fait normal. Une couche double peut aider, puisque le coussin plus épais empêchera que les cuisses de bébé ne fassent pression sur son pénis. Changez le pansement lorsque vous changez la couche et appliquez un peu de vaseline ou de crème antiseptique sur la plaie.

### LES SOINS DU PÉNIS

À la naissance, le prépuce ne se rétracte pas. Il se détachera naturellement vers l'âge de 2 ans. Ne le forcez pas vers l'arrière, vous risqueriez de le déchirer. Le prépuce protège le gland contre l'infection et contre l'érythème. Si bébé a de l'érythème, lavez soigneusement la région affectée et appliquez une crème protectrice. Laissez souvent votre bébé s'ébattre sans sa couche. Si l'endolorissement persiste, consultez votre médecin. Ne tentez jamais de nettoyer sous le prépuce. Lavez le pénis non circoncis de la même façon que vous lavez les autres parties du corps de bébé.

**LES INTERPHONES**

Si la chambre de bébé est hors de portée de la voix, vous aurez besoin d'un interphone. Les plus polyvalents, mais aussi les plus chers, sont ceux que l'on peut brancher dans une prise de courant et que l'on peut transporter dans les différentes pièces de la maison. Cependant, si vous prévoyez utiliser votre interphone seulement entre la chambre de bébé et le salon, vous n'avez pas besoin d'un appareil aussi sophistiqué. Un modèle fixe suffirait.

**Bébé dans sa corbeille**
Un moïse occupe peu d'espace et c'est l'accessoire idéal pour transporter d'une pièce à l'autre un bébé qui dort sans trop le déranger.

# La chambre de bébé

Quand vous choisissez le berceau ou le lit de bébé, les draps et les jouets de sa chambre, assurez-vous de choisir ceux qui lui offrent le meilleur environnement et optez pour des équipements pratiques et faciles à utiliser.

Pour le premier lit de bébé, vous avez beaucoup de choix : des berceaux et des moïses jusqu'aux lits portables en passant par les nids d'ange et les poussettes. Il vous faudra aussi certains accessoires pour son armoire à linge et vous voudrez peut-être considérer l'achat d'une alarme de sécurité ainsi que de certains jouets pour sa chambre.

## Les berceaux et les moïses

Les berceaux et les moïses ne sont pas essentiels pour que bébé repose confortablement, mais ils sont tout de même très pratiques. Ils sont particulièrement utiles pour ceux qui n'ont qu'une petite chambre et, avec un peu de chance, quand bébé arrivera à sortir de son moïse, il sera temps de lui donner sa propre chambre.

Les moïses se transportent facilement et on peut aisément les monter ou les descendre dans l'escalier ou les mettre dans la voiture pour aller chez des amis, par exemple. Veillez à en choisir un solide. Les berceaux munis de mécanismes pour bercer plairont sans doute à bébé, mais je ne sais pas si c'est vraiment une bonne idée de l'habituer à s'endormir en étant bercé : pensez un peu à votre dos !

## Les sièges porte-bébés et les nids d'ange

Le siège porte-bébé était auparavant un article essentiel, mais aujourd'hui, on le remplace facilement par un siège d'auto portable. Le nid d'ange demeure toutefois pratique, puisqu'il nous permet de sortir bébé du landau et de le transporter jusqu'au canapé ou à son lit sans le réveiller. Mais n'oubliez jamais que bébé peut facilement avoir trop chaud lorsque vous le rentrez de dehors et qu'il est tout habillé. Détachez ses vêtements, gardez la pièce fraîche et vérifiez régulièrement votre enfant.

## Le choix d'un lit pour bébé

● Pour vous faciliter la vie, choisissez un lit qui possède une base de hauteur réglable ou encore un côté qui s'abaisse, vous pourrez y poser et y prendre bébé plus aisément. Les lits dont les côtés peuvent être abaissés sont pratiques quand bébé grandit, mais encore faut-il s'assurer que le mécanisme d'abaissement puisse être verrouillé de façon sûre.
● Assurez-vous de choisir un lit et un matelas conformes aux normes de sécurité. Il faut par ailleurs que la grandeur du matelas corresponde bien à celle du lit. Bébé risque de se coincer la tête si l'espace entre le lit et le matelas est supérieur à 4 cm, et les doigts si l'espace est trop restreint. Enlevez toute enveloppe de plastique qui recouvre le matelas.
● Les barreaux du lit ne doivent pas être espacés de plus de 6 cm.
● S'il s'agit d'un lit sur roulettes, veillez à ce que celles-ci puissent être bloquées de manière sûre.
● Si vous achetez un lit d'occasion, assurez-vous que le bois ne soit pas fendillé et que la peinture ne s'écaille pas sur les barreaux.

## Les mobiles pour mettre au-dessus du lit

Au cours des 30 dernières années, les mobiles sont devenus des jouets essentiels pour les bébés. La plupart des parents en placent un au-dessus du lit de leur bébé pour que l'enfant ait quelque chose à regarder et à écouter quand ils ne sont pas tout près.

Mais, à mon avis, ce n'est pas une bonne idée. Un lit est fait pour dormir et non pour jouer. Bébé a besoin de tranquillité pour s'endormir et non de remuer bras et jambes en regardant et en écoutant un mobile. Il existe d'excellents jouets pour les tout petits bébés, mais mettez-les dans des endroits où bébé se trouve quand il est réveillé et non là où il dort. Plus tôt il apprendra à faire la différence entre les endroits de veille et de sommeil, plus tôt vous pourrez dormir toute la nuit.

Si vous utilisez un mobile :
● Assurez-vous que bébé puisse le voir facilement : il le regardera d'en dessous, le mobile doit donc être bien visible de cet angle.
● C'est à une distance de 30 à 35 cm que les jeunes bébés voient le mieux. Et ce n'est pas avant l'âge de 3 ou 4 semaines qu'ils verront en deçà ou au-delà de cette distance. Même après, ils ne voient pas très loin. Attachez le mobile au lit plutôt qu'au plafond pour que bébé le voie bien.

● Les objets qui bougent sont plus faciles à voir pour les jeunes bébés. Placez un mobile léger devant un ventilateur.
● Les longues cordes sont dangereuses parce qu'elles peuvent s'enrouler autour du cou de bébé. N'attachez jamais rien au-dessus ou en travers du lit de votre bébé avec une longue corde. Utilisez plutôt un bâton ou une perche. Pour fixer de petits objets au bord de son lit, utilisez de la laine, la vraie laine aura plus tendance à se rompre si elle se coince autour de son cou. Mais veillez à ce que les longueurs utilisées soient trop courtes pour s'enrouler autour de son cou.
● Les bébés adorent les sons aigus des boîtes à musique et ce genre de mélodie les apaise. Mais n'attachez pas une boîte à musique au mobile, la première est conçue pour l'aider à se reposer, l'autre pour quand il est bien réveillé.
● Une boîte à musique à commande vocale rattachée au mobile peut vous sembler une bonne idée, mais vous en aurez vite assez de la mélodie. Si bébé partage votre chambre, assurez-vous de pouvoir fermer la musique !

**VOIR AUSSI**

Comment changer sa couche                  **26-27**
Les bébés qui ne dorment pas               **36-37**
Bébé voyage                                **42-43**
Les habitudes de sommeil                   **58-59**

**Jouets d'action**
N'installez pas de mobile dans un endroit où vous ne voulez pas que bébé soit trop stimulé.

## SON ARMOIRE À LINGE

| Pour utilisation générale | Pour le landau | Pour le lit | Pour la poussette |
|---|---|---|---|
| ● 1 ou 2 couvertures ou châles. Les châles sont beaux, mais les couvertures en coton cellular sont d'entretien plus facile.<br>● 6 carrés de mousseline ou des couches en tissu éponge, ou encore des linges à vaisselle pour protéger votre épaule ou votre canapé de la bave de bébé.<br>● De petits linges doux, une éponge ou des tampons d'ouate pour lui essuyer le visage. Un tablier imperméable et un piqué pour protéger vos meubles et vos vêtements.<br>● 2 ou 3 serviettes en tissu éponge<br>● Des doublures de couche (pour la nuit)<br>● 24 couches en tissu ou 15 couches-culottes de la plus petite taille ou encore 4 paquets de couches jetables. 2 à 4 petits draps | ● 3 ou 4 petits draps<br>● 2 à 4 couvertures en tissu cellular (pour le lit de bébé, pliées), selon la saison, et 3 draps de même qu'une jolie couverture si vous voulez (lavez-la avec un détersif liquide plutôt qu'avec du savon en poudre pour éviter d'obstruer les mailles)<br>● 2 coussinets imperméables pour tenir lieu de couvre-matelas<br>● 2 piqués matelassés, (facultatif)<br>● 2 ou 3 petites taies d'oreiller ou des carrés de mousseline si votre bébé a tendance à régurgiter ou à baver<br>● Un nid d'ange ou un sac de couchage pour porter bébé du landau à la maison sans le réveiller | ● 3 ou 4 couvertures (selon la saison) et 2 ou 3 draps de même qu'un joli couvre-lit si vous le désirez<br>● Une bordure protectrice pour éviter que bébé ne se frappe la tête contre les barreaux et pour le protéger des courants d'air en hiver<br>● 3 ou 4 draps-housses<br>● 2 piqués imperméables ou 2 alèses, au besoin (vous pouvez aussi utiliser les draps et couvertures dont vous vous servez pour le landau) | ● Des chaussons confortables, un sac de couchage ou une couverture, selon la température et la saison |

# Les bébés qui ne dorment pas

Si vous ne dormez pas suffisamment, vous vous épuiserez rapidement. Vous deviendrez nerveuse et anxieuse. Profitez des périodes pendant lesquelles votre bébé dort pour rattraper vos heures de sommeil perdues.

La plupart des parents sont fatigués au cours des premières semaines, même si leur bébé dort 16 heures ou plus par période de 24 heures. En réalité, ce ne sont habituellement pas les occasions de repos qui manquent, mais plutôt le fait que les nouveaux parents ne profitent pas toujours de toutes celles qui se présentent. En effet, quand nous nous sentons assez détendus pour pouvoir nous endormir, bébé est souvent prêt à se réveiller. Nous nous efforçons de rester éveillés pour lui donner son boire et ne nous relaxons de nouveau que lorsqu'il se rendort. Et le cycle se répète. Nous n'obtenons pas suffisamment d'heures de sommeil non interrompu.

Les dispositions que vous prenez pour dormir pendant les premières semaines sont une question de choix personnel. Si vous êtes constamment fatiguée, si vous devez retourner au travail au cours des premiers mois, si vous avez d'autres jeunes enfants dont vous devez vous occuper, il faut absolument que vous dormiez suffisamment.

## Bébé dans votre lit

Pendant les premières semaines, il n'y a qu'un moyen pour pouvoir dormir suffisamment et c'est d'avoir bébé tout près de votre lit, voire dans votre lit. Partout dans le monde, les enfants grandissent et deviennent indépendants, ils dorment dans leur propre lit, qu'ils aient partagé ou non le lit de leur mère au cours des premiers mois de leur vie. L'indépendance d'un enfant dépend beaucoup plus de la manière dont on le traite pendant ses heures de veille que des arrangements que l'on prend pour dormir. En outre, il n'est pas nécessaire de toujours continuer de la même façon : quand bébé fera ses nuits, il restera dans son lit et vous pourrez alors le mettre dans sa propre chambre.

## Simplifiez les boires de nuit

Si bébé est suffisamment près de vous, vous pourrez le prendre pendant la nuit pour lui donner le sein sans que vous ne soyez complètement réveillés ni l'un ni l'autre. Et vous pourrez tous les deux vous rendormir aussitôt la tétée terminée, sinon avant. Il est si facile et agréable de s'endormir pendant que bébé tète. Il n'est pas nécessaire d'insister pour que bébé reste dans votre lit après un boire ni de l'obliger à retourner dans le sien. Ne soyez pas trop stricte sur cette question.

Ne vous sentez pas obligée de dormir avec bébé, allez-y plutôt selon vos goûts. Le fait de coucher votre bébé dans son lit pendant la journée et en soirée suffit pour lui apprendre l'indépendance. De plus, quand ses boires de nuit cesseront, bébé passera la plus grande partie de la nuit dans son propre lit, si c'est ce que vous préférez.

Certains bébés font leur nuit dès l'âge de 1 mois. Mais pour la majorité, ce n'est pas le cas. Il est tout à fait sain et normal que bébé partage votre lit. Et vous ne risquez pas d'étouffer votre bébé en roulant sur lui. Seule une personne droguée ou en état d'ébriété ne se réveillerait pas si cela se produisait. Et fina-

**Tout près de maman**
Au cours des premières semaines, si vous placez le lit de bébé près du vôtre, vous serez moins inquiète et pourrez le surveiller sans sacrifier trop d'heures de sommeil.

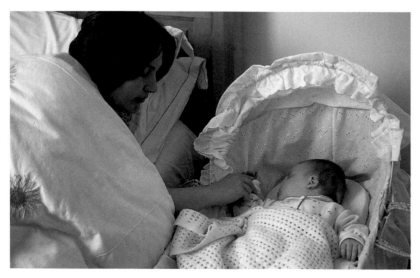

## BÉBÉ NE VEUT PAS DORMIR

Certaines personnes ont besoin de beaucoup moins de sommeil que d'autres. Si votre conjoint et vous avez besoin de peu de sommeil, attendez-vous à ce que votre bébé soit comme vous. D'autres raisons peuvent aussi expliquer pourquoi bébé ne dort pas :

● **Il est habitué à peu dormir.** Quand les deux parents travaillent, ils gardent souvent leur bébé réveillé pendant la soirée. La quantité de sommeil dont vous avez besoin est, jusqu'à un certain point, une question d'habitude. Si vous habituez votre bébé à rester éveillé pendant la soirée, il apprendra à se débrouiller avec moins d'heures de sommeil.

● **On empêche bébé de s'endormir.** Il est difficile de s'endormir si on n'est pas détendu. Si vous jouez à des jeux turbulents avant l'heure de son dodo ou si vous lui changez sa couche juste avant de le mettre au lit (ou pendant la nuit), vous risquez de le réveiller, alors que vous voudriez qu'il s'endorme.

● **Le bruit.** Si vous marchez sur la pointe des pieds, bébé ne s'habituera jamais à dormir dans le bruit et se réveillera à la moindre augmentation du niveau de bruit.

● **Il n'a pas appris à s'endormir.** Si vous couchez toujours bébé au même endroit, il ne dormira sans doute qu'à cet endroit précis. Si vous chantez pour l'endormir, il aura besoin d'une chanson. S'il s'endort toujours au sein ou avec une sucette, il aura besoin de téter pour s'endormir.

● **Bébé est trop stimulé.** La chambre de bébé est-elle inondée de lumière ? Une chambre sombre est ennuyeuse et un bébé qui s'ennuie s'endort. Faites bien la différence entre le monde actif de l'éveil et le monde terne dans lequel bébé dort.

### Heures de sommeil

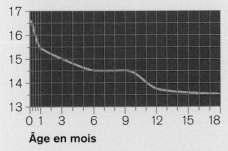

Âge en mois

**Plus ou moins de sommeil**
Le graphique ci-dessus illustre le nombre moyen d'heures de sommeil des bébés depuis leur naissance jusqu'à l'âge de 18 mois. Sachez cependant que ces moyennes varient beaucoup d'une famille à une autre.

lement, vous ne lui donnerez pas de mauvaises habitudes en dormant avec lui à cet âge.

Si bébé partage votre lit, cela ne signifie pas que vous deviez renoncer à votre vie sexuelle. Les bébés ne sont pas traumatisés s'ils entendent leurs parents faire l'amour. Ils sont incapables de comprendre la signification des sons monotones qu'ils entendent. Bien sûr, certains enfants se réveillent quand leurs parents font l'amour et il s'agit là d'un problème de vie familiale quel que soit l'endroit où dorment les enfants. Si vous ne voulez pas faire l'amour dans la pièce où dort votre bébé, déplacez-vous.

## Maximisez vos heures de sommeil

● Ne changez pas la couche de bébé pendant la nuit à moins qu'elle ne soit souillée ou très mouillée. Et si vous devez la changer, n'allumez pas toutes les lumières, faites-le à faible intensité lumineuse et sans lui parler.

● Ne faites pas faire de rot à votre bébé pendant la nuit, sauf si vous lui donnez un biberon et s'il manifeste des signes d'inconfort. En effet, pour lui faire faire son rot, vous devez vous asseoir bien droite, vous risquez donc de vous réveiller davantage.

● Si rien ne semble fonctionner, votre conjoint et vous pouvez dormir tour à tour dans la chambre d'amis.

● Essayez de faire un petit somme dans l'après-midi ou à tout autre moment de la journée quand bébé dort.

● Apprenez à bébé à s'endormir sans votre aide dès le début. Il aura moins tendance à vous appeler à trois heures du matin s'il sait se rendormir tout seul.

## VOIR AUSSI

Le sein ou le biberon ? **20-21**

Comment changer
sa couche **26-27**

Les petits matins et
les sommes **56-57**

Les habitudes de sommeil **58-59**

**Procurez-vous un grand lit**
Même si vous ne dormez pas toujours avec votre bébé, vous le prendrez sans doute dans votre lit à l'occasion. Or, un lit deux places n'est pas très confortable pour une famille de quatre…

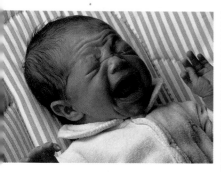

## Les coliques

Les coliques sont probablement causées par des gaz emprisonnés dans les anses intestinales. Mais on ne sait pas pourquoi certains bébés en sont affectés et d'autres pas ni pourquoi elles surviennent surtout en soirée.

### POUR LE SOULAGER

● **Emmaillotez-le.** Certains bébés se sentent rassurés quand ils sont enveloppés bien serré.
● **Les bruits monotones ou rythmiques.** L'aspirateur, le moteur de la voiture, les parasites à la radio ou de la musique.
● **Les mouvements rythmiques de va-et-vient.** Utilisez une balançoire, portez-le dans une écharpe, promenez-le dans sa poussette. Vous pouvez aussi le promener en le tenant à la verticale.
● **L'air frais.** Emmenez-le dehors faire une promenade en poussette.
● **L'attention.** Les bébés ont parfois besoin d'être avec quelqu'un, tout simplement.
● **Le besoin de téter.** Offrez-lui une sucette.

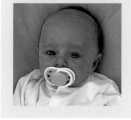

# Bébé pleure

Tous les bébés pleurent de temps en temps et aucun bébé ne pleure tout le temps, mais certains pleurent plus que d'autres ! Le défi consiste à découvrir ce qui fait pleurer bébé avant d'être à bout de nerfs.

Il existe plusieurs pleurs différents, du petit gémissement nerveux jusqu'aux cris prolongés. Tous les pleurs sont déconcertants, surtout si on n'arrive pas à les faire cesser. Les bébés pleurent pour toutes sortes de raisons. Avec le temps, vous apprendrez à reconnaître la signification de certains de ses pleurs, mais vous ne serez sans doute pas toujours sûre de ce qui le fait pleurer.

## Pourquoi pleure-t-il ?

**Il a faim.** Voici probablement la cause la plus fréquente de pleurs et la solution est évidente. Certains bébés aiment espacer leurs boires, d'autres préfèrent boire moins, mais plus souvent. Ce n'est pas parce que bébé demande le sein toutes les deux heures qu'il est gourmand, et ce n'est pas non plus parce que vous n'avez pas suffisamment de lait. La plupart des bébés finissent par demander à boire à intervalles de trois ou quatre heures, mais il peut leur falloir plusieurs semaines pour en arriver à une telle routine.

**Il a soif.** Quand il fait chaud, si bébé est trop habillé ou s'il se trouve dans une pièce surchauffée, il peut perdre beaucoup de liquide par transpiration. Réapprovisionnez-le en lui offrant de l'eau bouillie et refroidie.

**Il veut peut-être téter.** Certains bébés adorent téter et peuvent parfois se mettre à pleurer s'il y a écoulement de lait, alors qu'ils ne veulent que téter ! Ici, la meilleure solution consiste à lui offrir une sucette.

**Il vient tout juste de se réveiller.** Les bébés pleurent souvent quand ils se réveillent. Ils arrêtent quand on les prend dans nos bras ou cessent d'eux-mêmes si on les laisse tranquilles.

**Il a peut-être souffert à la naissance.** Si la naissance a été difficile, bébé aura peut-être tendance à pleurer au cours des premières semaines. Et il peut y avoir plusieurs raisons à ses pleurs. D'abord, les médicaments qu'on vous a administrés pendant le travail peuvent encore l'affecter. Ensuite, il peut avoir de la douleur. Si on a utilisé des forceps ou encore si sa tête a été

temporairement déformée lors de la naissance, il peut y avoir eu une certaine compression. Il peut donc souffrir de maux de tête au cours des premiers jours ou de la première semaine. D'autres complications plus sérieuses peuvent aussi lui causer des douleurs. N'hésitez pas à consulter votre médecin si vous êtes inquiète.

**Il a mal.** La circoncision est douloureuse et peut le rendre maussade pour deux ou trois jours. Les maux d'oreilles constituent en outre une autre source courante de douleur pendant la première année.

**Il n'est pas bien.** S'il semble plus agité qu'à l'habitude ou encore manquer d'énergie et s'il est fiévreux, consultez votre médecin. Toute maladie doit être prise au sérieux.

**Il n'est pas confortable.** Ses vêtements lui causent-ils des démangeaisons ? A-t-il chaud ? Ou froid ? Sa couche est-elle trop serrée ? Il peut y avoir toutes sortes de raisons à ses pleurs. Vérifiez les différentes possibilités.

**Il est inquiet.** Bon nombre de bébés n'aiment pas les changements soudains. Aucun bébé n'aime sentir qu'il perd l'attention de quelqu'un.

**Il se sent seul.** Les bébés ont besoin de compagnie et plus ils vieillissent, plus ils ont tendance à en demander. Certains sont très exigeants, d'autres sont satisfaits de vous savoir tout près. Aucun bébé n'aime passer de longues heures tout seul, et aucun ne le devrait.

**Il veut vous contrôler.** Il a appris qu'il obtient des résultats quand il pleure.

## Les douleurs causées par les coliques

Les coliques sont caractérisées par des accès de pleurs et de cris inconsolables. Elles ont tendance à survenir à la même heure chaque jour, et c'est habituellement en début de soirée, mais pas toujours.

Pendant la crise, bébé est difficile à consoler. Tous les bébés commencent à pleurer un peu plus vers l'âge de 6 à 12 semaines et ils ont tous tendance à pleurer davantage en début de soi-rée. Les coliques constituent une exagération de ces tendances. Les crises, qui peuvent se mani-fester dès la troisième semaine de vie, atteignent un sommet vers 12 semaines pour diminuer ensuite d'intensité chez la plupart des enfants. Un enfant sur cinq souffre de coliques. Per-sonne ne sait avec certitude pourquoi elles sur-viennent chez certains et pas chez d'autres. Heureusement, rien n'indique que ceux qui souffrent de coliques aient plus de problèmes en vieillissant ni qu'ils aient plus tendance à deve-nir des enfants «difficiles».

## Votre bébé souffre probablement de coliques si :

● Il fait beaucoup de rots et que vous entendez des gargouillements qui proviennent de son estomac ou s'il a beaucoup de gaz (mais on ne sait pas si les gaz proviennent du fait de pleurer aussi vigoureusement ou d'une autre cause).

● En plus de pleurer, il plie les jambes comme s'il avait mal.
● Son ventre est dur et ballonné.
● À part le fait d'avoir des coliques, ces enfants sont en bonne santé et ne présentent aucun signe de diarrhée, de fièvre ni de vomissements. Si votre bébé a de tels symptômes, donnez-lui de l'eau bouillie refroidie et consultez votre méde-cin. Dans les cas graves, emmenez-le à l'hôpital.
● Vous constatez que le fait de l'allaiter le sou-lage temporairement, mais à plus long terme, cela risque d'aggraver le problème.
● Bébé pleure pendant des heures avant de s'en-dormir.

## Comment soulager les crises de coliques

● Si vous l'allaitez au sein, portez une attention spéciale à ce que vous mangez pour voir si certains aliments aggravent ses crises. Certaines femmes constatent que le fait d'éviter certains aliments comme le chou vert ou les choux de Bruxelles ou encore de réduire leur consommation de produits laitiers peut aider. Bien que ça ne fonctionne pas pour tous les bébés, ça peut en soulager certains.
● Un environnement enfumé peut envenimer les choses. Évitez de fumer en présence de bébé.
  La siméthicone, une composante de nom-breux médicaments qui soulagent l'inconfort causé par les gaz emprisonnés, peut aider et on la prescrit couramment dans certaines régions du globe. Cette substance n'est pas absorbée par l'organisme.
● Donnez-lui de la tisane à la camomille ou au fenouil.
● Donnez-lui des gouttes ou un calmant pour les coliques in-fantiles ou de l'eau digestive avant son boire quoique certains bébés réagissent mieux quand on leur donne après le boire.
● Posez-le sur vos genoux et massez-lui doucement le dos.

### Réconfortez-le
S'il pleure beaucoup, prenez-le dans vos bras, tenez-le à la verticale et promenez-le en marchant. Vous pouvez aussi lui parler ou chanter doucement pour l'apaiser.

## VOIR AUSSI
Comment donner le biberon **24-25**
Le partage des soins **52-53**
Est-ce que tout est normal ? **68-69**
Problèmes caractéristiques aux bébés **178-179**

## QUAND RIEN NE SEMBLE FONCTIONNER

● Emmenez-le faire une promenade en voi-ture, mais seulement si vous êtes certaine de pouvoir rester calme.
● Demandez de l'aide. Téléphonez à une amie, à un parent ou à un service d'assistance téléphonique. Parlez-en à d'autres parents et à votre médecin.
● Quand vous n'en pouvez plus, mettez-le dans son lit et fermez la porte de sa chambre. Allez dans une pièce où vous ne l'entendrez pas.
● Ne vous sentez pas coupable. Ce n'est pas votre faute. Sachez que « Cela lui passera. » Par ailleurs, le fait d'avoir un bébé plus ou moins facile est une question de hasard et de chance.
● Si les pleurs persis-tent au-delà de l'âge de 3 mois, rappelez-vous que de céder à ses demandes risque d'ag-graver les choses. Un enfant qui vous contrôle au moyen de sa mau-vaise humeur aura de plus en plus d'accès de colère. Essayez de modeler son comporte-ment en lui donnant plus d'attention quand il agit bien, plutôt que lorsqu'il agit mal.
● Assurez-vous qu'il n'y ait pas de problème médical sous-jacent. Certains bébés pleu-rent parce qu'ils ont mal ou qu'ils sont malades.

# Établir une routine

Jusqu'à ce que vous y soyez habituée, vous occuper de votre bébé semblera prendre tout votre temps, toutes vos journées et la moitié de vos nuits. Au début, il est difficile de concevoir comment on puisse réussir à s'occuper d'un bébé et d'un jeune enfant, pourtant c'est faisable.

**Du temps pour vous**
Ne vous inquiétez pas des tâches ménagères ou de retrouver votre taille et n'essayez pas d'être une superwoman. Faites-vous aider le plus possible.

Quand votre deuxième enfant viendra au monde, vous vous demanderez sans doute pourquoi il vous a semblé si difficile de vous occuper du premier. Or, une partie de la difficulté provient de la peur qu'on a que quelque chose arrive au bébé. Quand il dort, on le surveille pour s'assurer qu'il respire toujours. Quand il boit, on se demande s'il en prend suffisamment. On a beau savoir que, de nos jours, la grande majorité des enfants survivent et que les bébés sont passablement forts et résistants, cela ne nous apaise guère, car on sait combien on serait dévastés si quelque chose devait arriver à notre bébé.

## La routine des boires

On conseillait auparavant aux mères de nourrir leurs bébés à heures fixes. Puis, plus récemment, on leur recommandait de toujours allaiter sur demande. En réalité, aucune méthode n'est bonne ou mauvaise, les bébés s'adaptent. Bébé peut s'adapter à vous, vous pouvez vous adapter à lui, et tous deux, vous pouvez faire des compromis. La meilleure routine est celle qui tient compte des besoins de tous. Il ne sert à rien d'attendre quatre heures entre les boires, si vous faites les cent pas pendant la dernière heure. Par ailleurs, il n'y a aucune raison de toujours allaiter sur demande si vous avez l'impression de ne jamais avoir un moment de répit. Il n'en tient qu'à vous de trouver le bon compromis.

En outre, si vous avez aussi un jeune enfant, bébé devra patienter de temps en temps. S'il peut attendre pendant que vous vous occupez du plus vieux, alors il peut aussi attendre que vous ayez fini cet appel téléphonique. Fixez-vous des objectifs réalistes. Naturellement, ce ne sont pas tous les bébés qui peuvent attendre quatre heures entre les boires, mais cela ne signifie pas pour autant que le vôtre doive être accroché à votre sein toute la journée. S'il a besoin d'une sucette, donnez-lui-en une. S'il demande à boire toutes les deux heures, essayez graduellement d'étirer les intervalles en le faisant patienter une dizaine de minutes de temps en temps.

## Les changements de couches

Il n'est pas nécessaire de changer la couche de bébé avant et après chaque boire. Si c'est plus facile de la changer quand il est bien rassasié et somnolent, alors faites-le à ce moment-là. Si au contraire vous trouvez que cela le réveille, faites-le avant son boire. Et, pendant la nuit, changez-le le moins souvent possible. Choisissez le moment qui vous convient le mieux, à vous.

## Le bain et les vêtements de bébé

La plupart du temps, vous pouvez très bien ne lui faire qu'une toilette rapide. En effet, jusqu'à ce qu'il rampe, bébé n'a pas besoin qu'on le baigne tous les jours. Si vous trouvez difficile de lui donner son bain, attendez d'avoir quelqu'un avec vous pour vous aider, votre conjoint ou une amie.

---

### UNE ROUTINE HEBDOMADAIRE POUR VOUS-MÊME

| Chaque jour | Chaque semaine |
|---|---|
| • Prenez trois bons repas et buvez beaucoup de liquide. <br> • Faites des exercices aérobiques : de la marche, de la danse, du jogging, de la natation ou montez quelques côtes en promenant bébé dans sa poussette. <br> • Faites de la musculation pour prendre des forces. Faites vos exercices de gymnastique postnatale ainsi que des étirements. <br> • Prenez du temps pour vous : pour lire, regarder la télé ou téléphoner à une amie. <br> • Donnez-vous des défis intellectuels. Essayez de penser à autre chose qu'à votre bébé ! | • Sortez, rencontrez des gens. Bébé peut survivre avec une gardienne ou un membre de la parenté. Joignez-vous à un club de gardiennage. Si vous n'avez pas les moyens de payer pour faire garder votre bébé ou si vous ne pouvez pas vous payer de sorties, invitez des amis à la maison. <br> • Prenez soin de vous. Même s'il ne s'agit que de mettre quelques bijoux ou de vous faire les ongles. <br> • Prenez l'air ! Explorez la campagne ou un parc que vous ne connaissez pas. Faites un peu de jardinage. Emmitouflez-vous et sortez, quel que soit le temps qu'il fasse. |

Les bébés ont besoin qu'on change leur couche régulièrement, mais il n'est pas nécessaire de changer leurs vêtements aussi souvent. Bébé ne se portera pas plus mal s'il passe la journée en pyjama ou s'il dort toute la nuit dans sa combinaison extensible. Quant à nous, si nous nous habillons le matin et que nous nous changeons le soir, c'est parce que nos activités diurnes et nocturnes diffèrent beaucoup. Or, pour bébé, le jour et la nuit se ressemblent encore beaucoup, alors il n'est pas vraiment nécessaire de lui imposer la même routine. Lavez votre bébé et changez ses vêtements aux moments qui vous conviennent le mieux, à vous.

## L'habitude de s'endormir

Quand je couchais mon plus vieux, j'avais l'habitude de lui chanter une chanson en lui caressant les cheveux jusqu'à ce qu'il s'endorme. Eh bien, il n'a pas fait ses nuits avant l'âge de 2 ans et il s'attendait toujours à ce que je sois près de lui. Pendant deux ans, je me suis sentie épuisée.

Ma fille est née un mois plus tôt que prévu et j'avais encore beaucoup de travail au bureau. Alors, dès la première semaine, elle m'a accompagnée au travail. Et, comme je devais aussi travailler parfois en soirée, je la couchais dans son lit et je lui disais : « Bonne nuit, mon ange » et je sortais de la chambre. Elle a donc appris, dès le début, à s'endormir sans que je ne sois là pour lui tenir la main, et bien qu'elle n'ait pas fait ses nuits avant l'âge de 1 an environ, cela n'a jamais été problématique. Elle pouvait toujours se rendormir sans que je ne sois là.

J'ai traité mon plus jeune de la même façon que sa sœur. Quand je l'emmenais en haut pour le coucher et que je redescendais aussitôt, nos amis nous disaient : « Est-ce tout ? », et c'était tout. Dans ma famille, les bébés ne dorment pas beaucoup. Moi-même, je ne dormais pas beaucoup quand j'étais jeune et encore aujourd'hui, je n'ai besoin que de six heures de sommeil par nuit, environ. Mes sœurs et leurs enfants sont à peu près pareils. Si c'est aussi le cas dans votre famille (et même si ça ne l'est pas), vous voudrez peut-être essayer ma méthode.

## Les habitudes de veille

Un bébé qui dort beaucoup pendant la journée aura moins tendance à s'endormir le soir venu.

Il faut encourager votre bébé à adopter vos habitudes et à synchroniser ses périodes de veille et sa période de sommeil prolongé pendant la nuit avec les vôtres.

Les bébés ont tendance à s'endormir quand ils sont étendus et à rester plus éveillés quand ils sont en position assise. Par ailleurs, ils s'endorment quand il n'y a pas grand-chose à voir ou à entendre et restent éveillés s'ils ont quelque chose à regarder ou à faire. Certes, votre bébé pourra dormir dans un siège porte-bébé, mais il passera plus de temps à regarder autour de lui et mettra plus de temps à s'endormir qu'il ne le ferait si vous le couchiez dans son lit. Il aura moins tendance à dormir si vous êtes tout près et que vous vous déplacez que s'il est seul dans une pièce.

Essayez de faire en sorte qu'il ait trois, puis deux périodes de sommeil principales. Au début, bébé devrait faire un somme le matin et un autre l'après-midi en plus de dormir pendant la nuit. Ensuite, vous pouvez éliminer un des deux sommes. Rappelez-vous que si vous dormez vous aussi pendant la journée, vous pouvez réduire le nombre total d'heures de sommeil dont vous avez besoin. En effet, chaque heure pendant laquelle vous dormez durant la journée en vaut deux pendant la nuit.

## VOIR AUSSI

| | |
|---|---|
| Le sein ou le biberon ? | **20-21** |
| Comment changer sa couche | **26-27** |
| Le bain de bébé | **30-31** |
| Les habitudes de sommeil | **58-59** |

### HORAIRE TYPE

- 6 h : boire de bébé, changement de couche
- 8 h : lever, petit-déjeuner
- 9 h – 10 h : toilette rapide, changement de vêtements, boire, tâches ménagères ; bébé est réveillé
- 13 h – 14 h : boire de bébé, repas du midi, promenade, courses
- 15 h – 17 h : bébé est réveillé
- 18 h : boire de bébé, laisser le conjoint s'occuper de bébé, préparer le repas du soir
- 20 h : changer la couche, coucher bébé, se relaxer
- 22 h et 2 h : boire de bébé, essayer de dormir

**Maman ou papa**
Couchez bébé chacun votre tour afin qu'il ne dépende pas plus de l'un que de l'autre parent pour s'endormir.

### LES BÉBÉS GLOBE-TROTTERS

- Les compagnies aériennes offrent habituellement un embarquement prioritaire à ceux qui voyagent avec de jeunes enfants et plusieurs peuvent vous fournir un petit lit d'appoint pour bébé. Réservez les sièges grand confort qui offrent un peu plus d'espace.
- Vous pouvez demander à ce qu'on réchauffe le biberon et la nourriture de bébé. Faites coïncider ses repas avec le décollage et l'atterrissage : les bébés étant plus sensibles que les adultes à la pression au niveau des oreilles, le fait d'avaler peut aider à atténuer la douleur. Ayez aussi un biberon d'eau stérile. Si bébé ne boit qu'au sein, vous aurez peut-être besoin de liquide supplémentaire : voyager en avion déshydrate. Puisque les biberons et la nourriture seront réchauffés au four à micro-ondes, vérifiez-en bien la température avant de les offrir à bébé.
- De nombreux hôtels vous offriront un lit pour bébé, mais votre enfant sera beaucoup plus heureux de dormir dans le lit d'appoint auquel il est habitué.
- La plupart des hôtels et des restaurants sont équipés pour accueillir les jeunes enfants. Souvent, ils disposent aussi de chaises hautes et plusieurs se feront un plaisir de réchauffer vos purées ou biberons. Sinon, choisissez d'autres établissements qui offrent ce genre de service.

# Bébé voyage

N'allez pas croire que parce que vous venez d'avoir un bébé, vous deviez maintenant rester à la maison pendant des années. Procurez-vous les meilleurs sièges d'auto, landaus ou poussettes. Cela facilitera vos déplacements et rendra vos voyages agréables.

De nos jours, dans notre monde toujours en mouvement, il est très important de choisir le bon siège d'auto pour son bébé ou son jeune enfant. Il existe sur le marché toutes sortes de sièges et de dispositifs de sécurité pour enfants de tous âges et de toutes tailles.

- Choisissez un siège d'auto conforme aux normes de sécurité.
- Méfiez-vous toujours des sièges d'occasion à moins que vous ne connaissiez l'utilisation qui en a été faite.
- N'essayez pas d'installer vous-même un siège qui doit être installé par des professionnels à moins que vous ne sachiez exactement ce qu'il faut faire.
- Veillez toujours à ce que le siège convienne à la taille et au poids de votre enfant.

## Les sièges d'auto

**Stade 1 : de la naissance à l'âge de 10 mois (ou jusqu'à 10 kg) :** Ces sièges peuvent être placés sur le siège avant ou sur la banquette arrière de la voiture et font face à l'arrière. Ne pas les installer à l'avant si la voiture est dotée d'un coussin gonflable du côté du passager. Des ceintures de sécurité adaptées vous permettent de les enlever facilement de la voiture sans avoir à sortir l'enfant du siège.

**Stade 2 : de 9 mois jusqu'à 3 ans environ (ou de 9 à 18 kg) :** Ces sièges, plus grands que ceux du stade 1, s'installent habituellement sur la banquette arrière et font face à l'avant de la voiture. Ils peuvent être installés de façon permanente avec leurs propres ceintures de sécurité ou encore avec celles de la voiture. Choisissez-en un matelassé pour plus de confort.

**Stade 3 : de 4 à 11 ans (ou de 15 à 35 kg) :** Les sièges d'appoint permettent aux enfants de pouvoir s'attacher avec les ceintures de sécurité de la voiture qui sont prévues pour des adultes. Vous pouvez aussi faire installer une ceinture

harnais au milieu de la banquette arrière si vous devez y installer trois enfants.

## Les repas pris en voiture

Les bébés doivent boire (et manger) à intervalles réguliers. Immobilisez toujours la voiture pour nourrir l'enfant. Même si la voiture ne roule que très lentement, l'enfant ne devrait pas être en avant à moins que ce ne soit dans un siège d'auto prévu à cet effet.

### L'utilisation d'une seule main
Quand vous choisissez une poussette, assurez-vous de pouvoir la replier facilement. Rappelez-vous que vous devrez sans doute le faire d'une seule main en tenant bébé de l'autre.

Quand il fait chaud, apportez aussi des bouteilles d'eau stérile (eau potable embouteillée) et un ou deux biberons stériles. Cependant, n'oubliez pas qu'une fois le sceau de sécurité rompu, le contenu de la bouteille ne reste pas stérile longtemps.

L'été, un éventail et une éponge humide peuvent aussi s'avérer utiles pour rafraîchir bébé. Ne laissez jamais un bébé dans une voiture garée, même si les fenêtres sont ouvertes. Si vous ne pouvez éviter de vous retrouver dans une voiture immobilisée avec votre bébé (dans un bouchon de circulation, par exemple), surveillez-le attentivement. Les jeunes bébés sont très sujets aux coups de chaleur. Au besoin, couvrez-lui la tête d'un linge humide pour ne pas qu'il ait trop chaud.

## Le choix d'un landau

Les landaus sont devenus des accessoires optionnels à cause de notre grande utilisation des voitures. Pourtant, les petits landaus sont toujours pratiques et ils peuvent aussi servir de lit pour bébé pendant la journée. On peut aussi s'en servir pour bercer et endormir les bébés grognons. Quand vous achetez un landau, choisissez-en-un qui roule bien et qui comporte des accessoires (comme une protection contre les intempéries) faciles à manier. Pensez aussi aux portes, cages d'escalier ou d'ascenseur que vous devez utiliser régulièrement. Un landau pliable est plus facile à ranger et à transporter en voiture, par exemple. Il peut être intéressant qu'il soit muni d'un plateau ou d'un panier à provisions. Assurez-vous que le mécanisme de pliage soit toujours verrouillé quand bébé est dans le landau et que vous puissiez bloquer les roues lorsque vous l'immobilisez, surtout si vous êtes dans une côte. Quand bébé peut s'asseoir, ou que vous l'appuyez contre des coussins, utilisez un harnais.

## Les landaus–poussettes transformables

Les landaus qui peuvent être transformés en poussettes constituent un choix populaire pour de nombreux parents. Il s'agit d'une armature à laquelle on attache une base de lit portable pendant les premiers mois et que l'on remplace ensuite par un siège inclinable. Cependant, ces landaus transformables sont souvent plus lourds que les poussettes ordinaires et si vous utilisez fréquemment les transports en commun, vous aurez peut-être besoin aussi d'une poussette plus légère.

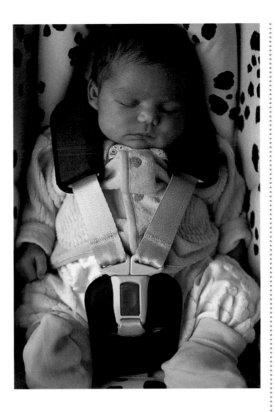

## Le choix d'une poussette

Pour un très jeune bébé, il faut que le dossier de la poussette puisse s'abaisser complètement à l'horizontale. Ce qui signifie que beaucoup de poussettes ultra-légères ne conviennent pas aux tout petits bébés. Par ailleurs, un bébé qui naît en hiver aura besoin d'une bonne protection contre les intempéries, surtout dans les pays où il y a de la neige.

Choisissez une poussette qui offre une bonne stabilité et de bons freins (doubles). Assurez-vous qu'elle soit facile à manier et conforme aux normes de sécurité. Une ceinture de sécurité est essentielle et un harnais peut être pratique et nécessaire lorsque l'enfant grandit. Le poids de la poussette est aussi un élément à considérer si vous utilisez les transports en commun ou si vous vous servez beaucoup de la voiture. Un panier pour mettre les provisions quand vous faites vos courses constitue aussi un choix intéressant. Les grosses roues assurent un meilleur roulement en terrain boueux, mais les poussettes à petites roues prennent moins d'espace de rangement. Veillez à ce que la poussette soit facile à plier et que les poignées soient à la bonne hauteur pour vous. Il faut en outre pouvoir y attacher une protection tant contre le soleil que contre les intempéries.

**VOIR AUSSI**

Comment soulever et porter bébé **14-15**

La chambre de bébé **34-35**

Assis gentiment à regarder **44-45**

Dehors en toute sécurité **206-207**

**Les longues balades en voiture**

Il est étonnamment facile de voyager avec de jeunes enfants. Ils ont en effet tendance à dormir pendant une grande partie du trajet.

### LES REPAS À L'EXTÉRIEUR

● Les sièges portables et pliables sont utiles pour les repas pris à l'extérieur de la maison. Cependant, n'utilisez pas ce genre de siège sur un guéridon ni sur une table à panneaux mobiles et ne les placez jamais sur un napperon ou sur une nappe.

● Utilisez une chaise qui possède un bon système de verrouillage et assurez-vous de bien le bloquer.

● Attachez toujours bébé avec un harnais dans ce genre de siège et ne le laissez jamais sans surveillance. Assurez-vous qu'il ne puisse pas repousser sa chaise de la table.

● Sortez bébé du siège avant d'en défaire les verrous.

# Assis gentiment à regarder

Quand bébé pourra s'asseoir tout seul, il aura une meilleure vue du monde qui l'entoure. Ce sera plus intéressant pour lui et il restera éveillé plus longtemps, ce qui vous permettra sans doute d'avoir de meilleures nuits !

Pour augmenter son temps de veille et concentrer ses périodes de sommeil à des moments précis de la journée, il est préférable de placer votre bébé dans une position quasi verticale quand il est réveillé. Il pourra ainsi observer ce qui se passe autour de lui et voir ce que vous faites.

Placer bébé dans une telle position vous permet aussi de lui faire la conversation. Il est si facile de passer à côté d'un petit lit sans le voir et sans en être vue. Mais il est impossible de ne pas le voir s'il est assis dans son siège, surtout quand il commence à vous suivre des yeux.

### À plat ventre pour jouer

De nos jours, les spécialistes recommandent fortement de ne pas coucher les bébés sur le ventre pour dormir parce que cette position a été associée à une incidence accrue de mort subite du nourrisson. Mais cela ne signifie pas qu'il soit dangereux de laisser bébé jouer à plat ventre. La mort subite du nourrisson est un phénomène rare, même chez les bébés qui dorment sur le ventre. En outre, cela ne se produit jamais quand ils sont réveillés. Il n'y a aucun danger à laisser votre bébé jouer allongé sur le ventre. Il lui sera plus facile de tendre les bras pour prendre ses jouets, de se regarder dans le miroir et d'explorer son tapis d'activités avec sa bouche. S'il s'endort, tournez-le tout simplement ou mettez-le dans son lit, dans sa position habituelle.

### Le choix d'un tapis d'activités

Choisissez un tapis avec beaucoup de textures, de sons et d'objets à toucher et à saisir. Dans les premiers mois, bébé explorera les différentes textures avec sa bouche, alors veillez à ce que son tapis soit facile à laver ou à nettoyer.

### Les ébats sans couche

Il est bon de laisser bébé jouer nu-fesses, surtout s'il porte habituellement des couches jetables serrées. La plupart des bébés sont tout excités quand ils ont les fesses à l'air. Ils remuent les bras et les jambes. Si vous craignez les petits accidents, placez une serviette sur le coussin à langer avant d'y poser bébé.

### Tout en roulant

Tous les bébés parviennent à se retourner sur eux-mêmes avant qu'on ne s'y attende. Les lits semblent leur faciliter la tâche, et votre bébé ne serait pas le premier à tomber du lit ainsi. Ne laissez jamais, jamais votre bébé sans surveillance sur un lit. Dès qu'il commence à pouvoir se retourner, il est surprenant de voir la distance qu'il peut franchir en roulant et en se traînant sur le ventre.

### Méfiez-vous des bébés qui rampent

Vous croyez peut-être qu'il ne rampera pas avant plusieurs mois encore (et vous avez peut-

**Les tapis d'activités**
De nombreux jouets, textures et sons stimulent les différents sens de votre bébé et lui permettent d'apprendre à tirer, pousser, presser et saisir.

être raison), mais un bébé qui est sur le ventre peut facilement avancer en se traînant. Il suffit d'un moment d'inattention et bébé peut s'aventurer en zone dangereuse, à moins que la pièce ne soit aménagée de manière sûre pour les enfants. S'il y a des marches, assurez-vous qu'il ne puisse pas débouler et qu'il n'y ait rien au sol qu'il puisse attraper ou saisir (la litière du chat, par exemple) et rien contre quoi il pourrait se frapper et se blesser, comme le coin d'une table basse.

## Comment installer bébé contre des coussins

Les bébés aiment bien s'asseoir avec la famille. Vous pouvez l'installer contre des coussins ou des oreillers dans un fauteuil ou dans le coin du canapé. Utilisez deux ou trois oreillers et disposez-les dans un des coins du fauteuil. Placez votre bébé à un angle d'environ 45 degrés de sorte que son dos soit maintenu plutôt droit. Les oreillers doivent supporter son dos et son cou, et son siège devrait renfoncer légèrement dans les coussins. Les bras du fauteuil de même que le dossier l'empêcheront de rouler sur le côté. Mais surveillez-le ! En prenant des forces, bébé cherchera à s'asseoir par lui-même et à se déplacer.

## Les sièges berçants pour bébé

Jusqu'à ce que bébé puisse tenir sa tête (soit vers l'âge de 4 à 6 semaines), et son dos droit (vers 16 semaines environ), il faut que ces parties de son corps soient soutenues quand vous l'asseyez. Il est trop petit pour une chaise droite, mais il sera très à l'aise dans un siège incliné à 45 degrés. Les sièges d'auto, les poussettes ou les sièges berçants conviennent très bien pendant cette période. Toutefois, faites attention à l'endroit où vous placez le siège, car un bébé actif peut facilement réussir à le déplacer sur une surface lisse.

## Les premiers sièges

Avant que votre bébé ne puisse tenir sa tête et son dos, il aura besoin d'un siège réglable qui supporte bien son dos. Si vous choisissez un siège que vous pouvez régler à une position qui permet au bébé de s'y asseoir droit, vous vous en servirez plus longtemps. Un plateau pour jouer ou pour manger constitue en outre un élément intéressant.

## Les chaises hautes

Au début, vous prendrez votre bébé sur vous pour lui donner à manger. Mais dès qu'il pourra se nourrir par lui-même, il lui faudra une chaise à lui.

Les chaises hautes nous permettent de donner à manger à un bébé, quand nous sommes à table. Si vous n'avez qu'un enfant, un siège portable peut suffire, mais si vous avez une plus grosse famille, bébé sera plus en sécurité dans une chaise haute. Les frères et sœurs plus vieux pourraient en effet renverser accidentellement un siège placé sur une table.

Choisissez une chaise à base large pour éviter qu'elle ne bascule. Les plateaux amovibles sont plus faciles à nettoyer et ceux munis de bords surélevés empêcheront la nourriture et les liquides renversés de se répandre par terre. Utilisez toujours la ceinture de sécurité, car les enfants essaient de se lever et de sortir de leur chaise et ils se penchent aussi par-dessus le bord pour voir ce qu'ils échappent. Une chaise munie d'un repose-pieds et d'un haut dossier sera aussi plus confortable. Si c'est un modèle pliable, assurez-vous de pouvoir bien verrouiller le système mécanique de pliage.

**VOIR AUSSI**

L'introduction d'aliments
solides **48-49**
Premiers jeux et jouets **60-61**
Assis et debout **88-89**
Aménager un intérieur sûr **204-205**

**Son petit coin**
Le coin du canapé est l'endroit idéal pour poser bébé. Le côté et l'arrière de l'enfant seront bien soutenus, et ses jambes l'empêcheront de basculer vers l'avant.

**Se bercer en toute sécurité**
Vous pouvez placer le siège berçant sur une table ou un comptoir, mais n'y laissez jamais votre bébé sans surveillance, même pour un instant.

# Comment sevrer un bébé allaité au sein

Que vous retourniez au travail ou que vous sentiez simplement que le moment est venu, vous voudrez un jour ou l'autre arrêter de donner le sein à votre enfant. Les quelques règles qui suivent faciliteront le passage du sein au biberon ou à la tasse.

Quand la routine des boires est établie, bébé passe moins de temps au sein. Il sait désormais combien il a besoin de lait, comment saisir le mamelon, téter et avaler. Quant à vous, votre organisme « sait » lui fournir son lait. Votre réflexe de lactation est maintenant conditionné à la vue et au son de votre enfant, et les hormones qui contrôlent la lactation et l'écoulement du lait circulent dans votre sang avant même que vous ne preniez votre bébé dans vos bras. Il passe peut-être moins de temps au sein, mais s'il est heureux et en bonne santé, s'il grandit et prend du poids, il boit suffisamment.

Il y a sans doute des moments où il ne veut que flâner au sein, et certains bébés le font presque toujours. Il y aura aussi des moments où il aura besoin du sein pour se réconforter, s'il a mal, par exemple. C'est normal. La plupart des bébés s'y attardent plus longtemps en début de soirée. S'il a tendance à toujours utiliser le sein comme objet de réconfort, considérez l'idée de lui donner une sucette.

## Quand commencer à sevrer

Les enfants ont besoin de lait longtemps et il n'est pas nécessaire que ce soit du lait de vache. Certaines personnes ont l'impression qu'il est indécent de donner le sein à un bébé qui marche. Quand l'enfant atteint 3 ans, beaucoup désapprouveront que vous l'allaitiez encore et certains croiront que vous le faites pour votre propre plaisir et que c'est tout à fait indécent. Mais cela ne les regarde pas. Enfin, il est plus facile de sevrer un bébé avant son premier anniversaire et, si vous devez retourner travailler, vous n'aurez probablement pas le choix de toute façon.

## Le sevrage comme tel

● Commencez par le distraire quand vient l'heure du boire. Emmenez-le faire une promenade en poussette, offrez-lui quelque chose à manger et à boire dans sa tasse. N'éliminez pas plus d'une ou deux tétées par période de quelques jours, sinon vos seins vous gêneront.

● Choisissez une période sans stress, surtout pour sevrer un enfant un peu plus vieux.

● Ne choisissez pas le moment des vacances ni celui de votre retour au travail ; bébé aura en effet besoin de plus d'attention et de réconfort pendant ces périodes et surtout pas de privation.

● Introduisez un petit objet de réconfort (une sucette, un nounours ou une doudou) avant de commencer le sevrage. Beaucoup d'enfants plus âgés considèrent surtout le sein comme un objet de réconfort.

**L'aide du conjoint**
Votre bébé refusera le biberon s'il peut sentir vos seins. Dans ce cas, votre conjoint peut vous aider. Il peut aussi se charger de coucher bébé si celui-ci est habitué à prendre le sein avant son dodo.

● Persévérez. Ce ne sera sans doute pas facile, mais rappelez-vous que tous les bébés finissent par être sevrés !

## Introduire le biberon

Le sevrage devrait se faire de façon graduelle. Si vous sevrez votre bébé avant l'âge de 8 mois environ, il se peut qu'il ait encore besoin de téter. Vous avez le choix :

● vous pouvez compléter chaque boire au sein en lui offrant un peu de lait dans un biberon, puis à chaque tétée, diminuer graduellement le temps qu'il passe au sein et augmenter la quantité de lait que vous lui donnez au biberon, jusqu'à ce qu'il n'ait plus besoin du sein.

● ou vous pouvez remplacer une tétée à la fois par un biberon.

Si tout se passe bien, le sevrage devrait prendre environ une dizaine de jours. Mais c'est rarement aussi rapide. À moins que bébé ne soit déjà habitué à la sensation d'avoir une tétine dans la bouche, il refusera probablement le biberon.

Si vous retournez travailler avant que votre bébé n'ait 8 mois, donnez-lui une sucette ou, à l'occasion, un biberon d'eau bouillie ou encore de lait maternel (que vous aurez exprimé de vos seins).

● Essayez des tétines de formes et de textures différentes. Les bébés peuvent se montrer capricieux.

● Essayez aussi différents genres de biberon et de tétine. Certains systèmes fonctionnent par succion plutôt que par pression et, sur ce point, ressemblent davantage au sein.

● Si bébé persiste à refuser le biberon, présentez-lui une tasse munie de deux anses, d'un couvercle et d'un bec, une tasse ordinaire ou encore essayez la cuillère.

Pendant la transition, veillez à ce qu'il prenne suffisamment de lait. Par exemple, vous pouvez en mélanger un peu avec sa nourriture. Préparez toute sa nourriture sous forme de purées plus liquides que solides.

## L'utilisation d'une tasse

Beaucoup de bébés se promènent avec leur tasse et en renversent le contenu ! Or, les tasses munies d'un couvercle et d'un bec sont un peu plus faciles à manier que les tasses ordinaires, mais la plupart des enfants peuvent se servir d'une « vraie tasse » à partir de l'âge de 7 ou 8 mois si on les laisse s'y exercer.

## Comment sevrer un bébé allaité au biberon

Les bébés à qui l'on donne autre chose qu'un biberon d'eau pendant la nuit risquent la carie du biberon. Comme le sein, le biberon peut lui aussi devenir un objet de réconfort. Présentez un autre objet de réconfort à bébé avant de commencer à le sevrer.

## Pour sevrer un enfant plus âgé

● Éliminez toutes les tétées, sauf celle à laquelle votre enfant tient le plus.

● Limitez l'utilisation du biberon à certaines heures seulement et, pour le reste, remplacez le sein et le biberon par une tasse.

● Trouvez-lui un objet de réconfort. Donnez-lui un nounours le soir en le couchant ou encore quand il est malheureux. Évitez de lui offrir le sein ou un biberon pour le consoler et le réconforter.

● Arrêtez de lui donner le sein ou le biberon avant de le coucher le soir. Attendez-vous à plusieurs soirées de protestations. Ne cédez pas.

● Évitez les situations et les endroits où il a l'habitude de prendre le sein ou le biberon et changez-lui les idées quand il veut le sein ou le biberon.

● Si l'enfant est assez vieux, expliquez-lui ce que vous faites et pourquoi. Félicitez-le et récompensez-le pour ses efforts.

### QUOI LUI OFFRIR

● **Lait maternel.** C'est ce qu'il y a de mieux pour la première année de bébé. Si vous cessez de l'allaiter au sein avant l'âge de 1 an, il faut lui donner du lait maternisé.

● **Lait entier pasteurisé.** À utiliser dans ses aliments à partir de l'âge de 6 mois environ. Ne pas utiliser de lait écrémé, bébé a besoin de matières grasses. Sa croissance est très rapide à ce moment et les parois de chacune des cellules de son corps sont constituées de graisses. Sans graisses, sa croissance est compromise.

● **Préparation de transition pour nourrissons.** Les bébés n'ont pas besoin de cette boisson qui occupe surtout un créneau de commercialisation utile aux fabricants.

● **De l'eau et des jus de fruits dilués.** Les deux sont bons pour les bébés et il n'est pas nécessaire de faire bouillir l'eau après l'âge de 6 mois.

● **Éviter** toute boisson contenant du sucre ajouté, les boissons gazeuses, le café et le thé.

### VOIR AUSSI

Comment donner le biberon **24-25**

L'introduction d'aliments solides **48-49**

Le partage des soins de bébé **52-53**

Tout sur les dents de bébé **84-85**

### Pas de dégâts

Une tasse en plastique incassable munie de deux anses et d'un bec est ce qu'il y a de plus facile à manier pour bébé. Évitez les gobelets de papier et n'utilisez pas de polystyrène.

### TOUJOURS

● Si vous devez laisser votre bébé avant qu'il n'ait 8 mois, habituez-le à la tétine en lui donnant une sucette ou encore un biberon d'eau à l'occasion.

● Introduisez graduellement la nourriture solide. Les jeunes enfants n'ont pas besoin d'un régime équilibré d'aliments solides. Il suffit qu'ils s'habituent à avoir de la nourriture dans la bouche et qu'ils apprennent à avaler sans téter.

● Évitez les aliments riches en gluten pendant les premiers mois.

## CHOIX À CONSIDÉRER

### Les petits pots pour bébés

● Au début, votre bébé ne prendra qu'une ou deux cuillerées de nourriture. Il est donc plus facile d'ouvrir une boîte de céréales de riz pour bébés que de faire cuire une pomme de terre et de la réduire en purée.

● Vous serez sans doute moins inquiète si bébé régurgite la nourriture d'un petit pot.

● Si vous utilisez une céréale de riz pour bébés comme substance de support, vous pouvez y ajouter une foule d'aliments maison ou précuisinés.

● Beaucoup de petits pots ne contiennent qu'une sorte d'aliment support, comme la pomme de terre. Le goût est similaire, c'est donc une solution acceptable pour un jeune bébé.

### La cuisine maison

● Si vous cuisinez pour la famille, bébé apprendra à manger votre nourriture et ce sera beaucoup moins cher.

● Vous savez exactement ce que bébé mange et vous pouvez introduire de nouveaux aliments graduellement.

● Vous pouvez utiliser des aliments biologiques, ce sera moins cher que d'acheter les petits pots bio !

# L'introduction d'aliments solides

Votre bébé franchit une autre étape quand il commence à manger des aliments solides. Il s'intègre de plus en plus à la vie familiale et, avec le temps, cela vous simplifiera la vie.

Ne vous pressez pas pour introduire les aliments solides. Jusqu'à ce que votre bébé ait 1 an, le lait devrait constituer le principal ingrédient de son alimentation. On a beau dire aliments solides, il ne s'agit habituellement pas vraiment de solides. Généralement, ses premiers repas sont constitués de lait additionné d'un peu de céréale de riz, de pomme de terre ou d'un autre légume.

Au début, ne lui offrez pas trop d'aliments différents. Commencez par un aliment de support et quand celui-ci est bien accueilli, ajoutez-en un autre. Les enfants ont un mécanisme de défense naturel qui les incite à refuser les aliments étrangers au cas où ceux-ci seraient toxiques. Comme les adultes devant un nouvel aliment, ils en goûtent une toute petite quantité, puis ils attendent pour voir si cela les rendra malades. Si ça va, ils en prennent un peu plus. C'est ainsi qu'ils acceptent graduellement de nouveaux aliments. En offrant à bébé trop de nouveaux aliments trop rapidement, vous déclencherez ce «mécanisme de défense» trop souvent et il risque de rejeter tous les aliments solides et de devenir très capricieux. Sa réaction n'a rien de bizarre et elle est plutôt pleine de sagesse !

## Bébé est-il prêt pour la nourriture solide ?

● A-t-il au moins 4 mois ?
● Manifeste-t-il de l'intérêt pour ce que vous mangez ?
● Est-il agité après son boire ?
● Son poids semble-t-il s'être stabilisé ?
● Commence-t-il à pouvoir saisir des objets ?

● Est-il intéressé lorsque vous lui offrez un peu de purée de pommes de terre de votre assiette ?

## Les aliments solides et le gain de poids

Même si votre bébé ne prend pas autant de poids qu'il le devrait, ne croyez pas que vous deviez le sevrer avant l'âge de 4 mois. S'il est bien éveillé et qu'il n'est pas malade, il est presque certain que le lait qu'il boit lui suffit. Pendant la première année, le poids de bébé augmente généralement de façon graduelle, mais aussi par à-coups. Si vous vous inquiétez à ce sujet, consultez votre médecin ou un professionnel de la santé. La croissance de certains enfants peut être plus lente et peut dépendre des antécédents familiaux. (En effet, pendant les cinq premières années de sa vie, l'auteur de ce livre, qui fait 1,70 m, a eu une taille qui s'est maintenue dans les derniers centiles de la courbe de croissance normale des enfants et il en a été de même pour sa fille, une étudiante en médecine et une coureuse de cross-country.)

## L'hygiène alimentaire

Il n'est pas nécessaire de stériliser les assiettes et les cuillères de votre bébé, ni les ustensiles que vous utilisez pour préparer sa nourriture (sauf en ce qui concerne les tamis et les passoires en plastique). Il suffit de laver la vaisselle avec du détersif et de bien la rincer. Il faut toutefois continuer à stériliser les tasses et les tétines, car le lait pourrait s'y accumuler et constituer un milieu de croissance idéal pour les bactéries. La majorité des parents continuent à stériliser les biberons et les tasses, bien que ce ne soit pas absolument nécessaire après l'âge de 4 à 6 mois. Et quand bébé commence à tout porter à sa bouche, on peut relâcher un peu les exigences !

## Le choix des premiers aliments

La pomme de terre est le choix évident d'un premier aliment de support, bien que la plupart

**Les premiers aliments**
Les premiers aliments que vous offrez à votre enfant doivent être lisses, exempts de gluten, faciles à mélanger et relativement fades.

des gens choisissent plutôt les céréales de riz pour bébé. Quel que soit l'aliment que vous choisissez, il faut le mélanger avec beaucoup de lait pour qu'il ait la consistance de la crème. Donnez-en une petite cuillerée à votre bébé. S'il l'accepte bien, offrez-lui-en une autre le lendemain au moment du repas. Et lorsque votre bébé sera habitué à cet aliment de support, vous pourrez commencer à lui en offrir d'autres.

Les fruits et les légumes en purée que l'on suggère souvent comme premiers aliments de sevrage devraient plutôt être considérés comme des denrées secondaires. Quand bébé prend bien ses céréales de riz mélangées à du lait, vous pouvez y ajouter un tout petit peu de purée de pommes. Puis réduisez graduellement la quantité de céréales jusqu'à ce que bébé mange de la purée de pommes pure (sans céréale). De la même façon, vous pouvez ajouter un peu de purée de carottes à ses céréales de riz, puis remplacer graduellement le riz par de la purée de pommes de terre; cette dernière peut servir de deuxième aliment support. Avec le temps, les ingrédients courants du régime alimentaire familial (pâtes avec sauce tomate ou viande avec pommes de terre, carottes et oignons) pourront être introduits dans son alimentation et servir de support à d'autres mets plus exotiques.

## Les aliments de sevrage pour les bébés de 6 à 8 mois

À partir de l'âge de 6 mois, on peut offrir à bébé tous les aliments mentionnés ci-dessus, y compris ceux à base de crème pasteurisée provenant de la vache, de la chèvre ou de la brebis. Des œufs durs: à cause du risque de salmonellose lié aux œufs mollets, il vaut mieux faire bouillir les œufs plus longtemps. Ne lui offrez pas d'arachides, car outre les risques d'étouffement, de plus en plus de jeunes enfants sont allergiques aux noix. Vers l'âge de 8 mois, bébé peut avoir à peu près le même régime alimentaire que ses parents. Assurez-vous qu'il n'y ait pas d'arêtes quand vous lui servez du poisson, enlevez le plus de gras possible des viandes, pelez ses fruits et ses légumes et enlevez tout pépin. Au début, hachez sa nourriture ou réduisez-la en purée, puis petit à petit, offrez-lui des plats à texture moins lisse et plus granuleuse.

## Sa nourriture doit-elle être fade?

Les aliments pour bébés sont habituellement très fades. Si vous offrez des mets épicés à un jeune bébé, il les rejettera presque certainement. Mais on peut lui apprendre à apprécier les goûts plus prononcés, si on le fait de manière graduelle. Par exemple, commencez par une cuillerée de nourriture épicée dans trois cuillerées de purée de pommes de terre, puis augmentez graduellement la proportion de l'aliment épicé. La plupart des enfants apprennent ainsi à apprécier les aliments au goût plus prononcé (bien qu'ils puissent continuer à refuser les mets épicés aux piments rouges). Chaque enfant a ses propres goûts. Ne vous attendez pas à ce qu'il aime tout!

## Se nourrir seul

● Quand vous asseyez votre bébé dans une chaise pour les repas, donnez-lui une cuillère à tenir. Au début, celle-ci ne l'intéressera pas beaucoup. Avec des petites mains, les petits ustensiles sont plus faciles à manier.
● Plus il maniera sa cuillère, plus il deviendra habile. Mais ce ne sera pas sans dégâts!
● Hachez sa nourriture afin qu'il puisse prendre les morceaux et les porter à sa bouche. Des petits pois, des cubes de pommes de terre et de carottes, des tranches de banane ou des morceaux de sandwichs sont idéals pour cet apprentissage.
● Une tasse «anti-dégâts» munie d'un couvercle et d'un bec l'aidera à boire tout seul sans faire de dégâts.

**L'utilisation d'ustensiles**
Les petits Japonais apprennent à manier les baguettes vers l'âge de 3 ans et les Occidentaux peuvent probablement passer de la cuillère à la fourchette et au couteau au moment où ils commencent l'école.

**VOIR AUSSI**

Assis gentiment à regarder **44-45**

Comment sevrer un bébé allaité au sein **46-47**

Le partage des soins **52-53**

La croissance de bébé: son poids **70-71**

**ÉVITEZ**

Évitez de donner les aliments suivants aux bébés de moins de 6 mois:
● Œufs
● Produits à base de blé, y compris les pains et les céréales de petit-déjeuner
● Produits laitiers, y compris les fromages et les yogourts (mais vous pourriez en faire vous-même avec du lait maternisé)
● Agrumes
● Légumes au goût fort et prononcé comme les oignons et les piments
● Tout genre de noix
● Aliments frits
● Aliments très salés

# L'apprentissage de la propreté

Sortir de la couche est rarement une priorité pour les enfants, mais avec un peu d'encouragement, et lorsqu'ils sont prêts, la plupart apprennent rapidement et facilement à utiliser le pot, sans trop faire d'histoires.

Si votre bébé est facile, qu'il fait ses nuits, qu'il boit et mange à la même heure chaque jour, il n'est pas difficile de prévoir à quel moment il aura besoin du pot. De tels bébés ont en effet tendance à être réguliers dans tout ! Il peut être plus difficile de prévoir le bon moment pour les enfants moins constants, mais la plupart des gens qui s'occupent de jeunes enfants savent reconnaître les signes qui précèdent ou accompagnent l'envie d'aller à la selle. Quand votre enfant atteint l'âge de 1 an, vous pouvez probablement éviter qu'il ne souille sa couche en sortant le pot au bon moment. Mais si bébé doit se fier à vous pour savoir quand il a besoin du pot, cela ne signifie pas qu'il est propre.

Il est plus difficile, mais pas impossible, d'éviter qu'il ne se mouille, mais n'oubliez pas que nos grands-mères ont réussi après tout ! Or, encore une fois, prévoir le moment où votre enfant aura besoin du pot est différent du fait de lui apprendre à contrôler sa vessie et ses intestins. Un enfant ne peut apprendre cela avant que son cerveau ne soit assez développé pour pouvoir contrôler ses sphincters. Et c'est

généralement entre l'âge de 18 et 30 mois que les bébés atteignent ce stade, les filles étant généralement plus précoces que les garçons.

## Il y aura des accidents

Rares sont les enfants qui sont complètement propres, de jour comme de nuit, avant l'âge de 2 1/2 ans. Pour certains, l'apprentissage de la propreté se fait d'un seul coup, tandis que d'autres commencent par être propres le jour et prennent des années avant de ne plus se mouiller pendant la nuit. Faites en sorte que bébé aille sur le pot avant de se coucher le soir, mais continuez à lui mettre une couche pour la nuit et à utiliser un drap imperméable jusqu'à ce que sa couche soit presque toujours sèche le lendemain matin.

Protégez votre moquette de salle de bains avec une carpette de plastique. Si vous avez un garçon, assurez-vous de pouvoir facilement laver et nettoyer le mur près des toilettes, car il y aura des « éclaboussures » pendant quelques années, surtout quand il sera pressé ou très absorbé dans un jeu. Des carreaux de céramique pour les murs et le plancher de la salle de bains vous simplifieraient grandement la vie !

## LE CHOIX DU POT

Le principal critère pour le choix d'un pot consiste à vous assurer qu'il ne bascule pas quand l'enfant s'y assoit et qu'il reste en place quand l'enfant se relève. Pour un garçon, choisissez un pot avec une paroi plus haute à l'avant pour éviter les éclaboussures.

Beaucoup d'enfants préfèrent utiliser les toilettes aussitôt qu'ils contrôlent leur vessie. Certains aiment avoir un tabouret pour y accéder plus facilement et s'accommodent tant bien que mal du siège traditionnel, tandis que d'autres préfèrent avoir un siège d'appoint qui en réduit l'ouverture. C'est une question de goût personnel. Vous trouverez une grande variété de dispositifs bon marché dans les magasins à rayons et les boutiques spécialisées pour bébés.

Siège d'appoint pour les toilettes

Pot avec paroi anti-éclaboussures

... ...l est assez mature ? Peut-il se
tenir debout et marcher tout
seul ?
● Peut-il s'asseoir et se relever du
pot sans tomber ?
● Peut-il aisément baisser et
monter sa culotte ?
● Connaît-il les mots pour exprimer qu'il a envie d'aller sur le pot ?
**Avez-vous remarqué certains
signes ?**
● Lui arrive-t-il de passer quelques heures sans mouiller sa
couche ?

pour vous et pour votre
enfant ?
● Pas de maladie ni de problème
de santé ?
● Pourrez-vous traiter les accidents qui se produiront à la
légère et vous occuper du surplus de lavage que cette
période occasionne ? Enfin,
êtes-vous suffisamment détendue, s'agit-il d'une période relativement peu stressante pour
vous ?

● Pas de bouleversement comme
l'arrivée d'un nouveau bébé, le
temps des vacances, des invités à
la maison, un déménagement ou
un changement de carrière ?
● Pas de perturbation, de changement de routine, de séparation, de perte d'emploi, de
maladie ?
● Y a-t-il quoi que ce soit qui risque d'influencer votre relation
avec votre enfant en ce
moment, peu importe que cela
vous semble sans importance ?

## PRÊTS ?

**Donnez l'exemple**
● Avertissez votre enfant
quand vous allez aux toilettes
et emmenez-le avec vous.
**Faites-lui savoir que c'est
possible**
● Attirez son attention sur les
signes qu'il manifeste et
demandez-lui s'il fait pipi ou
caca.
**Moments sans couche**
● Quand il fait chaud, l'été,
laissez-le courir dans le jardin
et jouer sans couche pendant
des périodes de plus en plus
longues. On remarque plus un

pipi quand celui-ci s'écoule le
long de nos jambes !
**Utilisez des culottes de pro-
preté**
● Les sous-vêtements en tissu
sans culotte de plastique sont
préférables parce qu'ils sont
froids et inconfortables une
fois mouillés, comme un
maillot de bain.
● Les couches munies d'un
revêtement imperméable sont
confortables même mouillées,
un peu comme une combinaison isothermique pour la plongée sous-marine. Votre enfant

est habitué ainsi et une couche mouillée ne le gêne pas.
● Les culottes de propreté en
papier, comme les couches
ordinaires, avec leur revêtement extérieur en plastique
n'encouragent pas l'enfant à
sortir de sa couche, mais elles
sont pratiques parce qu'elles
peuvent être enlevées rapidement et qu'elles permettent
d'éviter les dégâts par terre.
Quand bébé peut se débrouiller
avec sa culotte de propreté, il
sera bientôt temps de lui mettre une culotte ordinaire.

**Les garçons
et les petits pots**
Bien que la plupart des
garçons veuillent uriner
debout « comme papa »,
pendant les premiers
mois, le pot est beaucoup
plus pratique pour vous
et pour lui.

## PARTEZ !

**Trouvez le temps**
● Choisissez une semaine
pendant laquelle vous pouvez
lui donner beaucoup d'attention. S'il est prêt, cela ne
devrait pas prendre plus d'une
semaine.
**Surveillez les signes**
● Asseyez-le sur le pot quand
le moment semble venu. Après
quelques minutes, laissez-le se
relever, qu'il ait fait ses
besoins ou non.
**Le bon moment**
● Choisissez le moment pro-
pice : après qu'il ait mangé ou

bu, avant le bain ou le dodo,
dès qu'il se lève le matin.
**Félicitez-le**
● Félicitez-le parce qu'il sait si
bien s'asseoir sur le pot autant
que parce qu'il a fait un pipi ou
un caca.
**Montrez-lui**
● Laissez-le voir ce qu'il a fait.
Laissez-le vous aider à vider le
pot dans les toilettes. Essuyez-
le et laissez-lui tirer la chasse
d'eau. Aidez-le à laver ses
mains.

**S'il demande le pot**
● Félicitez-le même s'il n'arrive
pas à faire un pipi ou un caca.
**Soyez patiente**
● Si vous ne voyez aucun
progrès après une semaine,
oubliez le pot pour l'instant.
Attendez environ un mois et
essayez de nouveau. Il a peut-
être besoin d'un peu plus de
temps.

# Le partage des soins

Dans les premiers mois de leur vie, les bébés s'attachent à quelques personnes particulières : leurs parents, frères et sœurs, leurs grands-parents et quelques amis, tous des gens qui peuvent partager avec vous les soins de bébé et vous faciliter la vie.

Maman et papa ne sont pas les seules personnes à pouvoir s'occuper de leur enfant.

Pendant les premiers mois, les bébés ne se souviennent pas de la personne qui en prend soin s'ils ne la voient pas, alors nous ne leur manquons pas quand nous ne sommes pas là. De plus, avant l'âge de 5 mois environ, bébé ne se rend pas compte qu'il n'a qu'une seule maman et un seul papa ; il croit sans doute que vous êtes une nouvelle personne chaque fois qu'il vous voit. L'argument voulant qu'une personne en particulier plutôt qu'une autre soit nécessaire au développement d'un enfant stable et heureux est donc difficile à soutenir. Ce dont un enfant a besoin, c'est de se sentir aimé et en sécurité. Or, comment est-ce possible si la personne qui s'en occupe change sans cesse et que l'enfant ne connaît ni constance ni régularité ? Mais, si seulement quelques personnes s'occupent de l'enfant avec amour et affection, il se sentira en sécurité.

### Les amis plus âgés

S'il y a dans votre entourage (parenté ou amis) des enfants du même âge (ou à peu près) que le vôtre, assurez-vous que votre enfant puisse passer du temps avec eux. Ces moments seront bénéfiques autant pour vous que pour lui.

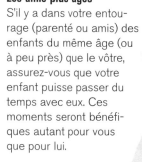

## Obtenir de l'aide

Vous devriez habituer votre enfant dès le début à ce que vous ne soyez pas toujours auprès de lui, surtout si vous prévoyez retourner travailler avant qu'il n'aille à l'école. Commencez par le laisser avec d'autres membres de la famille.
● Faites confiance à votre conjoint dès le début pour s'occuper de bébé.
● Laissez un grand-parent lui chanter des berceuses, lui donner son bain et le mettre au lit. Ne vous inquiétez pas, ils ont plus d'expérience que vous !
● Laissez d'autres personnes en qui vous avez confiance lui donner son bain, jouer avec lui ou l'emmener faire des promenades en poussette pendant que vous faites autre chose.

## Ce que le père peut faire

Le père peut tout faire en ce qui concerne les soins de bébé, sauf lui donner le sein. Si, en général, les pères sont moins habiles que les mères, c'est sans doute parce qu'on s'attend à ce qu'il en soit ainsi. Par ailleurs, le fait que très peu de pères puissent prendre un congé de paternité signifie que lorsque la mère et l'enfant reviennent de l'hôpital, les aptitudes du père accusent déjà du retard. L'art de materner ou d'être père n'est pas inné et les deux parents doivent apprendre à s'occuper d'un bébé. Mais avec l'amour et la sensibilité, père et mère peuvent développer des aptitudes parentales équivalentes.

## Les grands-parents

C'est à travers les liens qu'ils forment avec ceux qu'ils aiment que les bébés développent des bases solides pour leur épanouissement. C'est d'abord avec les membres de leur famille qu'ils créent des liens : parents, frères, sœurs, grands-parents, tantes et oncles. Or, les grands-parents connaissent habituellement bien l'art d'élever des enfants. La plupart s'avèrent des atouts incontestables pour des parents. Certains peuvent aider sur le plan financier, d'autres en donnant pour votre vie sexuelle, le moment est sans doute venu de prendre des vacances.

● Les jeunes bébés nous oublient bien vite. Avant l'âge de 7 ou 8 mois, le dicton « Loin des yeux, loin du cœur » prévaut pour bébé. Il s'agit donc d'une bonne période pour vous échapper tous les deux.

● Laissez votre bébé avec une personne qu'il connaît et en qui vous avez confiance, sinon vous n'aurez pas l'esprit tranquille.

● Si vous allaitez encore au sein, introduisez le biberon ou la tasse avant de partir. Apportez un tire-lait avec vous pour maintenir votre production.

● Les jeunes bébés seront plus heureux chez eux, puisqu'ils sont en territoire connu. Quand l'enfant marche, le fait de passer quelque temps chez les grands-parents peut être considéré comme une occasion spéciale, surtout si ceux-ci habitent près de la plage, dans une grande ville ou dans un endroit où il y a des choses excitantes à faire.

● Il n'est pas nécessaire que vous alliez bien loin ; d'ailleurs, vous vous sentirez mieux de savoir que vous pouvez rentrer rapidement en cas d'urgence.

● Ne prenez pas de forfait vacances, surtout si c'est la première fois que vous laissez votre bébé. Car le seul fait de savoir que vous ne pouvez pas revenir quand vous le voulez peut assombrir votre séjour, même si tout se passe très bien à la maison.

un coup de main avec les enfants, mais s'ils sont si précieux, c'est d'abord et avant tout parce qu'ils aiment vos enfants. S'ils habitent loin de chez vous, il se peut que les moments que vous passiez ensemble soient éprouvants si vous ne vous entendez pas sur la manière d'élever des enfants. Mais sachez vous taire. Quand ils seront partis, tout reviendra vite à la normale.

Si, au contraire, ils habitent tout près, cela peut devenir un peu plus problématique. Vous devriez pouvoir discuter de la manière dont vous souhaitez élever vos enfants. Dites-leur que vous appréciez leur aide et l'amour qu'ils manifestent à vos enfants, car les critiques peuvent blesser. Toutefois, s'ils ont été de bons parents et qu'ils vous ont bien élevé (vous ou votre conjoint) demandez-vous si « leur » façon n'est pas meilleure.

**Les grands-parents visiteurs**
Si les grands-parents ne peuvent pas voir les enfants régulièrement, il se peut qu'ils cherchent à compenser par des cadeaux supplémentaires ou en leur en permettant plus que les parents ne le voudraient.

## Gardiennage gratuit

Beaucoup de mères ne peuvent retourner travailler que si un membre de la famille s'occupe de leurs enfants et qu'il ne leur en coûte rien. Si l'argent est vital pour la famille, la personne qui garde les enfants peut se sentir obligée de continuer, même si elle n'en a plus envie. Si vous avez un tel arrangement, ne le tenez jamais pour acquis. Parlez-en régulièrement. S'occuper d'un jeune bébé est en effet très différent de s'occuper d'un enfant qui marche et qui déborde d'énergie.

## Les arrangements avec les amis

Beaucoup de gens s'échangent des moments de gardiennage entre amis. Parfois, un cercle de gardiennage officiel est préférable. Ce genre d'arrangement fonctionne habituellement avec un système de points : ceux qui s'occupent des enfants gagnent des points à l'heure ou à la demi-heure et ils peuvent ensuite échanger les points accumulés en faisant garder leurs enfants par une personne du réseau. Plus le cercle est grand, plus il est facile de trouver quelqu'un pour garder votre enfant sans réserver longtemps d'avance.

## Les gardiennes professionnelles

Pour beaucoup d'entre nous qui retournons au travail, la personne qui s'occupe de notre enfant devient un membre de la famille étendue. Pour son développement social, l'enfant doit apprendre à former des liens avec d'autres. Une garderie avec d'autres enfants, une bonne d'enfants ou une gardienne lui fourniront automatiquement la possibilité de créer de tels liens.

## FAIRE GARDER SON ENFANT

La personne qui garde votre enfant doit accepter :

● D'arriver à l'heure convenue et de rester jusqu'à votre retour.

● De se conformer aux consignes familiales en ce qui concerne l'usage de la cigarette, par exemple.

● De ne pas boire ni prendre de drogues quand elle s'occupe de bébé, à moins que vous ne le lui ayez permis.

● De ne pas laisser votre bébé avec quelqu'un d'autre, sauf en cas d'urgence.

● De ne pas inviter d'amis sans votre permission.

● De considérer l'intérêt de vos enfants d'abord : de les amuser et d'en prendre soin ; de les surveiller et de prêter l'oreille après qu'ils soient couchés. Le travail personnel de la personne qui garde ne doit pas passer avant les soins des enfants.

● De ne pas prendre l'habitude de parler au téléphone avec des amis.

● De ne pas fouiller dans vos tiroirs ni ailleurs dans la maison et de ne pas ouvrir votre courrier.

# Organiser le gardiennage

L'affection et la confiance sont les éléments les plus importants pour de bons soins de gardiennage. Vous ne pouvez pas vous attendre à ce que la personne qui garde votre enfant l'aime à la folie, mais vous pouvez exiger qu'elle le traite avec gentillesse et respect.

Il peut vous paraître compliqué de trouver ce qui convient le mieux à votre enfant en termes de gardiennage. En effet, vous avez le choix parmi un grand nombre de possibilités : des bonnes d'enfants et des gardiennes au pair jusqu'aux différents types de garderies.

### Choisir une bonne d'enfants

Une bonne d'enfants à temps plein, surtout si elle habite avec vous, constitue de toute évidence un bon choix par rapport à l'aspect stabilité. Elle peut donner toute son attention à l'enfant et vous remplacer auprès de lui à tout moment. Les bonnes d'enfants reçoivent une formation professionnelle, alors les services d'une telle personne peuvent être coûteux. Mais il se peut aussi que vous n'aimiez pas l'idée de partager votre demeure ou encore que l'absence de contrôle externe vous gêne.

● Une bonne gardienne est à l'aise avec les enfants.
● Choisissez quelqu'un de calme et de chaleureux, une personne qui a la même philosophie que vous quant à la manière d'élever les enfants, bref une personne qui s'intégrera bien à votre famille. Demandez-lui comment elle prévoit organiser ses journées et comment elle s'y prendrait pour résoudre certains problèmes potentiels.

● Rencontrez toujours la personne avant pour une entrevue, même si elle vient d'une agence réputée. Les qualifications ne sont pas toujours vérifiées, veillez donc à le faire vous-même.
● Remettez-lui les termes et les conditions de l'emploi par écrit et assurez-vous qu'elle les comprenne bien. Enfin, respectez toujours vos engagements.
● Vérifiez toujours les références, notamment celles concernant son dernier employeur. Quand la personne commence à travailler pour vous, il est sage d'arriver à l'improviste pour voir comment tout se passe. Vous pouvez aussi

**Bien ensemble**
Assurez-vous que la personne à qui vous confiez vos enfants puisse leur accorder toute son attention. Ne choisissez pas quelqu'un qui se laissera facilement distraire et qui finira par ne pas les regarder.

---

### LE RETOUR AU TRAVAIL

● Il vous faudra un peu de temps pour vous habituer aux arrangements de gardiennage que vous avez pris. À moins de pouvoir avoir un horaire très souple et flexible ou encore de pouvoir emmener votre bébé au travail avec vous (ou de pouvoir le laisser à une garderie sur place), vous ne devriez pas retourner travailler avant que votre bébé n'ait au moins 6 semaines. Si vous n'avez pas le choix, ne l'allaitez pas exclusivement au sein. Ce serait presque impossible dans de telles conditions.
● Quand bébé atteint l'âge de 8 – 10 mois, il commence à comprendre que nous existons, même lorsqu'il ne nous voit pas. Dès lors, il aura tendance à se pendre à votre cou lorsque vous le quitterez et vous lui manquerez. Bien que les enfants s'adaptent rapidement, il n'est pas facile de tourner le dos à un enfant qui hurle et ce n'est sûrement pas la meilleure façon de commencer la journée.
● On dit souvent le « cauchemar des 2 ans », mais il s'agit aussi d'une période charmante. En effet, pour chaque dix minutes de crise, vous avez droit à au moins six heures de pur délice. Ce n'est pas facile de quitter son enfant le matin quand il est en pleine crise, mais ça lui passera. S'il ne veut pas s'habiller avant d'aller chez la gardienne, mettez simplement ses vêtements dans un sac et emmenez-le en pyjama. Quand il se rendra compte que ses crises ne vous empêchent pas d'aller travailler, il acceptera la situation.

Votre bonne devrait avoir un horaire et vous ne devriez pas vous attendre à ce qu'elle fasse plus d'heures que prévu. Versez-lui un salaire raisonnable. Il s'agit d'un travail important qui nécessite des aptitudes particulières. Si vous ne payez pas assez, vous aurez affaire à une personne insatisfaite, sans formation pertinente et qui ne convient pas. Vous pouvez toujours réduire les coûts en partageant une bonne d'enfants avec une autre famille.

## Les gardiennes au pair

Les gardiennes au pair viennent de l'étranger et habitent chez vous. En échange du logement, de la nourriture et d'argent de poche, elles font des tâches ménagères et aident au soin des enfants. Généralement âgées de 18 à 27 ans, elles ne parlent pas toujours couramment le français. Une gardienne au pair travaillera environ 25 heures par semaine et ce, au plus cinq heures par jour. Elles restent habituellement un an avec vous, sont sans formation et souvent inexpérimentées. On ne peut donc leur confier l'entière responsabilité d'un bébé ou d'un jeune enfant. Certaines de ces jeunes filles sont extraordinaires, d'autres épouvantables et quelques-unes, carrément dangereuses. L'un des principaux inconvénients de ce genre d'arrangement tient au fait que vous avez très peu de choix quant à la personne qui viendra chez vous.

## La garderie en milieu familial

Les femmes qui gèrent une garderie en milieu familial sont habituellement mères elles-mêmes. Et si elles n'ont pas toujours de diplôme dans le domaine, elles peuvent compenser par leur expérience. De plus, vous pouvez vous faire une idée de leurs aptitudes en rencontrant leurs propres enfants. Plusieurs sont agréées auprès des autorités locales (toujours vérifier), ce qui vous assure une certaine tranquillité d'esprit. Elles s'occupent de plus d'un enfant et le font dans leur propre domicile. Leurs services sont donc moins chers que ceux d'une personne qui irait chez vous.

## Les avantages des garderies

Pour la plupart des parents, le coût est l'une des principales considérations en matière de gardiennage. Une bonne garderie est rarement une derie peut s'avérer plus chère que d'engager une bonne d'enfants. À la garderie, vous savez que d'autres parents surveillent aussi les soins que reçoivent les enfants, que ceux-ci sont rarement laissés à la charge d'une seule personne et qu'ils grandissent dans un environnement social avec de nombreux amis pour jouer. L'équipement d'une garderie est habituellement sûr et stimulant et les éducatrices ont généralement une formation pertinente.

## Quel type de garderie choisir ?

Aimez-vous la personne qui s'occupe de la garderie en milieu familial ? Vous sentez-vous bienvenue ? Aimez-vous ses enfants ?

Les enfants que vous y voyez semblent-ils heureux ? Est-ce que ce sera toujours la même personne qui s'occupera de votre enfant ?

La responsable doit-elle interrompre sa conversation avec vous pour s'occuper des enfants ?

Répond-elle à vos questions ? Vous pose-t-elle des questions sur votre enfant ? Sur ce qu'il aime faire, sur la manière dont vous le consolez, ses préférences alimentaires et ses jeux favoris ?

Que pensez-vous de l'espace de jeu intérieur et extérieur dont disposent les enfants ? L'endroit est-il propre ? Y a-t-il suffisamment d'espace pour que les enfants puissent courir un peu ?

Quel est le genre d'équipement ? Est-il utilisé ?

Les heures vous conviennent-elles ? Pouvez-vous rester avec votre enfant un peu lors de sa première journée ?

Quel est le genre de discipline ?

Quel préavis devez-vous donner si vous voulez modifier votre arrangement ou quel délai la garderie s'engage-t-elle à respecter avant d'apporter quelque changement que ce soit ?

## Les garderies d'enfants sur les lieux de travail

Certaines entreprises ont des garderies sur le lieu de travail ou elles ont des places réservées dans des garderies locales pour les enfants de leurs employés. L'avantage, c'est que vous pouvez habituellement rendre visite à votre enfant pendant la journée et que vous pourriez sans doute lui donner le sein à l'heure du midi. Le désavantage, c'est que vous devez voyager avec l'enfant en période de pointe.

## LES ENTENTES

Spécifiez le nombre d'heures de travail prévues et le salaire. Établissez comment seront calculées et rémunérées les heures supplémentaires (en temps ou en argent). Convenez d'un délai de préavis. Payez à temps et en entier.

Entendez-vous sur ce qui est inclus dans le travail.

Si la bonne habite chez vous, il lui faut sa chambre et elle doit pouvoir utiliser certaines pièces communes. Il faudra déterminer si vous voulez prendre vos repas ensemble, passer vos soirées ensemble et si son partenaire peut rester à dormir.

Si vous êtes très insatisfaite, payez-la pour la période de préavis convenue et dites-lui de partir immédiatement.

Généralement, vous devriez savoir où sont vos enfants. Vous devez avoir une bonne idée de ce qui est prévu et pouvoir rejoindre la bonne, si nécessaire.

Veillez à ce que la bonne et vous agissiez de façon semblable. Discutez ensemble des changements tels le sevrage et l'apprentissage de la propreté.

# Les petits matins et les sommes

En voyant arriver votre enfant dans votre chambre le matin, vous goûterez un des grands plaisirs d'être parent, à moins qu'il n'arrive à l'aube, alors que vous profitez encore des derniers moments précieux de votre sommeil.

**Dis papa, tu dors ?**
Quand votre enfant pourra se déplacer et sortir de son lit, il ira vous rejoindre. Et avant de pouvoir s'y rendre par lui-même, il vous appellera pour que veniez le chercher !

C'est inévitable, une fois que votre enfant sera réveillé, il réclamera votre présence haut et fort. Et ce peut être très désagréable. Mais vous n'y pouvez pas grand-chose. Vous ne voulez pas le laisser se promener tout seul dans la maison et si vous le restreignez à sa chambre avec une barrière, par exemple, il criera probablement jusqu'à ce que vous veniez le chercher.

## Les sommes en après-midi
Au début, les bébés dorment après chaque boire. Ce qui signifie que leur sommeil est réparti en six à huit périodes au cours d'une journée. Pendant les premiers mois, nous essayons justement de réorganiser leur sommeil afin de le répartir en trois longues périodes avec un petit somme supplémentaire à l'occasion seulement. Après l'âge de 6 mois, la plupart des bébés dorment principalement pendant la nuit et font un ou deux courts sommes pendant la journée. Beaucoup d'enfants gardent ce genre d'horaire jusqu'à l'âge de 2 ans ou plus, mais à un certain moment, ils laissent tomber un des deux sommes pour ne plus dormir du tout pendant la journée. L'important ici est de se rappeler que d'après les

études faites sur le sommeil des adultes, plus nous répartissons nos heures de sommeil entre le jour et la nuit, moins le total des heures dont nous avons besoin sera élevé. Ainsi, un enfant qui fait deux sommes pendant la journée aura un nombre total d'heures de sommeil qui sera inférieur à un autre qui concentre toutes ses heures de sommeil pendant la nuit. Augmentez ses heures de sommeil pendant la nuit en réduisant la longueur de ses sommes ou encore profitez des petits matins et des soirées avec votre bébé en faisant vous aussi un somme pendant la journée. N'oubliez pas qu'une heure de sommeil pendant la journée en vaut deux pendant la nuit, probablement parce que notre sommeil est le plus profond pendant la première heure.

## Quand les deux parents travaillent
Si vous travaillez à l'extérieur toute la journée, vous voudrez voir vos enfants en soirée. Et vous profiterez aussi de leur présence le matin. Cependant, si vous vivez des moments stressants au travail, vous aurez besoin d'un peu de temps pour vous, même s'il ne s'agit que de faire la grasse matinée à l'occasion ou encore d'une soirée sans les enfants.

Les routines des enfants sont rarement très flexibles, même quand elles semblent particulièrement irrégulières. Votre enfant veut être avec vous, et vous avez encouragé ce besoin. Plus vous le repoussez, plus il s'inquiète de ce qui ne va pas et plus il insiste pour rester avec vous. La seule façon de résoudre le problème est d'établir une routine pour le dodo et une autre pour le matin. Même si cela signifie que l'enfant doive occasionnellement se coucher avant que les deux parents ne soient rentrés ou encore se lever alors que papa ou maman est déjà parti. Si la journée de l'enfant est clairement structurée, il sera plus facile d'en modifier une partie au besoin. La routine sécurise l'enfant.

l'évier et laissez-le jouer dans l'eau ou emmenez-le au parc. Réservez les jeux plus tranquilles pour le moment où il a l'habitude de se réveiller de son sommeil. Quand le temps du somme aura passé, son horloge biologique le gardera probablement réveillé jusqu'à l'heure habituelle de son dodo en soirée. Décidez de l'heure à laquelle vous voulez que votre enfant dorme. Couchez-le un peu plus tôt pendant cette période de transition et réveillez-le à l'heure habituelle le matin, ou faites l'inverse.

## La chambre à coucher : un endroit où dormir

Les enfants s'ennuient facilement et quand ils s'ennuient, ils s'endorment. En voiture, ce n'est pas uniquement le roulement qui endort bébé, mais aussi le fait de n'avoir rien à faire et de ne voir rien d'autre que la banquette arrière. Si vous voulez que votre enfant dorme, faites en sorte que son environnement soit le plus ennuyant possible. Si vous voulez le garder réveillé, procurez-lui un environnement actif et stimulant.

Au cours des dernières années, nous avons eu tendance à décorer les chambres d'enfants comme s'il s'agissait de salles de jeux : avec des images sur les murs, des jouets sur les étagères, des mobiles, toutes sortes de nounours, des lampes de nuit, des boîtes à musique, des cassettes audio. Nous couchons l'enfant dans cet environnement des plus stimulants et nous nous attendons à ce qu'il s'endorme facilement !

Le matin, il ne se réveille pas tranquillement comme c'est le cas pour nous (dans le calme de notre chambre). Il saute du lit tout excité de voir tous les jouets qui l'entourent. Et puis la première chose qu'il veut, c'est votre compagnie. Si sa chambre était sombre, si les jouets étaient rangés dans des armoires, les mobiles ailleurs, bref s'il n'y avait rien d'autre à faire que de dormir, votre enfant se retournerait probablement et se rendormirait et vous en profiteriez vous aussi.

## Comment prolonger les nuits de bébé

● Faites en sorte que sa chambre soit sombre. La noirceur n'est pas un problème si l'enfant y

es de se rendormir. Si au contraire il est stimulé, il aura besoin de compagnie. Il ne restera pas couché s'il est stimulé et il ne jouera sans doute pas longtemps tout seul dans sa chambre.

● Procurez-vous un grand lit. Si vous ne pouvez éviter les visites matinales de bébé, faites-lui une place pour échapper à son agitation.

● Ne le couchez pas trop tôt. Si bébé ne dort que neuf heures par nuit, décidez de l'heure à laquelle vous voulez le coucher d'après l'heure à laquelle vous vous levez le matin. Adaptez ensuite le reste de sa journée.

● Ramenez-le dans sa chambre chaque fois qu'il vient dans la vôtre. Recouchez-le dans son lit, éteignez la lumière et fermez la porte. Si vous agissez de la même façon chaque soir, bébé finira par comprendre. Cela ne fonctionne que si l'enfant a toujours dormi à la noirceur. Un enfant qui est habitué à avoir une lampe de nuit aura peur s'il fait complètement noir dans sa chambre.

● Donnez-lui quelque chose à faire à son réveil. Sortez-lui un jouet avec lequel il n'a pas joué depuis longtemps comme un puzzle ou préparez un jeu avec plusieurs jouets comme un service à thé et quelques nounours afin qu'il puisse jouer en se réveillant. Vous pouvez laisser les jouets dans sa chambre (là où ils attireront son attention quand il voudra venir vous rejoindre) ou dans la vôtre. Même si vous vous réveillez, le fait de pouvoir rester au lit tout en l'écoutant jouer peut être relaxant.

**Loin des yeux...**
Pour ne pas que bébé voie tous ses jouets, rangez-les dans des bacs ou des boîtes de plastique dans sa chambre. Vous pourrez en outre les transporter facilement d'une pièce à l'autre pendant la journée et changer un bac pour un autre quand un lot ne l'intéresse plus.

### RANGEMENT

**Des jouets**
● Une boîte à jouets sur roulettes est facile à déplacer.
● Des tablettes basses dans la cuisine sont idéales pour bébé. Il peut facilement s'y installer pour jouer et vous pouvez en régler la hauteur au fur et à mesure qu'il grandit.
● Les tiroirs sous le lit sont habituellement gros et deviennent vite en désordre. Placez-y des boîtes de rangement.
● Des armoires avec des tablettes ou des tiroirs en filet permettent de ranger les jouets hors de sa vue.

**Des vêtements**
● Il faut que les vêtements de l'enfant soient à sa portée. Abaissez la tringle de son placard et ajoutez-y un petit bloc de tiroirs.

# Les habitudes de sommeil

De nombreux parents se plaignent de nuits blanches, mais la définition même de ce qui constitue un problème dépend beaucoup de vos attentes. Quoi qu'il en soit, dès que les habitudes de sommeil de votre bébé vous posent problème, il faut y voir.

**Il dort enfin**
Quand bébé est assez vieux pour concentrer toutes ses heures de sommeil pendant la nuit, vous pouvez lui apprendre à faire ses nuits tout seul.

La majorité des bébés ne font pas leurs nuits avant l'âge de 6 mois environ, alors on ne peut pas considérer comme problématiques les nuits interrompues chez des enfants de moins de 6 mois. Les problèmes de sommeil peuvent être classés en trois catégories :
● Les bébés qui ne s'endorment pas.
● Ceux qui se réveillent souvent pendant la nuit.
● Ceux qui se réveillent très tôt le matin.

Quelle que soit la catégorie des problèmes de sommeil de votre enfant, il y a de fortes chances que vous souffriez plus que lui de son manque de sommeil. Bien sûr, il peut être un peu irritable s'il n'a pas assez dormi, mais il compensera par quelques sommes supplémentaires pendant la journée, ce que les parents peuvent rarement se permettre.

## Douleurs de croissance

Les enfants ont tendance à grandir le soir et pendant la nuit et leur croissance peut être phénoménale. En effet, votre bébé peut grandir d'un centimètre et demi en une seule nuit. Pas étonnant qu'il pleure! Pendant ces périodes de croissance, tous les bébés deviennent plus ou moins irritables et dorment moins. Nous avons tendance à penser aux dents et il est vrai qu'elles poussent pendant ces périodes, mais c'est beaucoup plus que cela. Les os de bébé allongent, ses muscles s'étirent et, parce que son cerveau se développe aussi, il est perturbé par tous les changements qui se produisent. À la naissance, seulement un tiers du cerveau a atteint sa pleine maturité. Bébé est un être impuissant qui n'a aucun contrôle sur son corps, qui ne comprend ni ce qu'il voit ni ce qu'il entend, qui peut à peine penser et se souvenir et qui n'a aucun langage.

Quand il atteint 2 ans, il comprend beaucoup de choses, il peut se déplacer, communiquer ses pensées et ses émotions, et se rappeler ce qu'il a fait la veille. À 2 ans, il ressemble déjà plus à l'adulte qu'il sera qu'au nouveau-né qu'il

était. Imaginez comment on se sent quand les changements se produisent aussi rapidement. Ces périodes intenses sont habituellement suivies de temps relativement calmes. Les pointes de croissance ont habituellement lieu entre l'âge de 6 et 12 semaines (lorsque certains commencent à avoir des coliques) et autour de 7 à 8 mois, alors que beaucoup percent aussi des dents. C'est aussi vers cet âge que tous les bébés commencent à craindre les étrangers. D'autres périodes de croissance ont lieu vers l'âge de 9 ou 10 mois et enfin autour de 2 ans.

## Comment le préparer au dodo

Les enfants ont besoin de se détendre avant le dodo. Et un des problèmes tient justement au fait que beaucoup d'entre eux sont à leur plus fou pendant la dernière heure de la journée.
**L'heure des folies.** Si votre enfant semble incapable de raisonner à cette heure (ce qui est tout à fait normal), vous pouvez attendre les crises et les bouderies ou encore faire sortir ses bêtises grâce à des jeux extravagants. Poursuivez-le dans le jardin, ou mettez-le dans sa poussette et allez faire votre jogging.
**L'heure de ranger.** Choisissez un CD et essayez de ranger la chambre avant la fin d'une chanson ou d'une pièce musicale. Si vous faites un jeu de cette tâche et que vous l'insérez dans votre routine quotidienne, bébé apprendra à ranger tout en ayant du plaisir.
**L'accalmie.** C'est le temps de se calmer : un bon bain, un lait chaud et un câlin, dans cet ordre.
**Souhaiter «Bonne nuit».** À tout ce qui lui est cher et à tous, mais on ne devrait pas exiger que les enfants embrassent les gens qu'ils ne connaissent pas s'ils n'en ont pas envie.
**Mettez-le au lit.** Couchez-le, bordez-le, embrassez-le, puis éteignez et partez.
**Faites-lui jouer une cassette** avec un conte pour l'endormir. Quand l'enfant peut allumer et éteindre sa lampe et qu'il sait faire fonctionner son magnétophone, peut-être qu'il aimerait écouter une histoire ou lire un livre avant de

par eux-mêmes. Si votre enfant a besoin de vous pour s'endormir, il vous réclamera toujours. En ne l'habituant pas à s'endormir en votre présence, vous l'encouragez à trouver des façons de s'endormir par lui-même. Aussi élaborée que soit votre routine précédant le dodo, coupez-y court à la porte de sa chambre. Un bisou et un «bonne nuit» rapides sont tout ce qu'il faut.

Nous nous réveillons tous pendant la nuit, mais nous avons appris à nous retourner et à nous rendormir. Quand nous vivons des changements dans nos vies, quand nous sommes inquiets ou préoccupés, il nous arrive d'avoir des nuits d'insomnie. Ce n'est pas que nous nous réveillions plus souvent, mais plutôt que nous ne réussissons pas à nous rendormir aussi facilement. Si votre enfant n'a pas appris à s'endormir sans vous, il vous appellera dès qu'il se réveillera.

## Et s'il pleure et proteste ?

S'il connaît la routine, il ne protestera pas. S'il croit que par ses pleurs il peut vous attirer pour que vous veniez lui tenir la main ou lui caresser les cheveux, pourquoi arrêterait-il de pleurer ? Vous devriez cependant aller voir si un soir il pleure, alors qu'il a l'habitude de s'endormir sans problème. Par contre, s'il pleure toujours quand vous le mettez au lit, vous ne devriez pas céder. Allez dans sa chambre une fois pour vous assurer que tout va bien, puis ressortez.

S'il continue à protester, vous avez le choix. Vous pouvez tenir bon maintenant ou vivre dorénavant selon ses exigences. Ses pleurs diminueront d'intensité et il finira probablement, bien qu'à contrecœur, par accepter la situation en quelques jours. Après une semaine, il sera habitué à la routine. En attendant, utilisez des bouchons pour les oreilles, écoutez de la musique, fermez toutes les portes, soyez ferme et dites «Non, non et non» aussi souvent qu'il le faut !

corps devient inactif, alors que le cerveau explose et déborde d'activité. Sous les paupières closes, nos yeux s'agitent : nous rêvons. Après une quinzaine de minutes, nous retournons à l'état de repos et d'inactivité du cerveau. Ce cycle se répète environ six fois pendant la nuit. Nous passons environ 10 p. 100 de notre nuit à rêver. Plus les enfants sont jeunes, plus ils rêvent et les prématurés sont ceux qui rêvent le plus. Mais à quoi peuvent bien rêver les petits bébés ? Nous ne le saurons jamais. Peut-être ne s'agit-il que d'éclats de sons et de lumière ? Au cours de leurs périodes de sommeil sans rêve, il arrive que les adultes fassent des cauchemars. Or, chez les enfants d'âge préscolaire, cela se produit plus souvent. Après un cauchemar ou une terreur nocturne, l'enfant se réveille apeuré ou en pleurs.

### Une histoire avant le dodo

Lisez une histoire à votre enfant ou encore chantez-lui une chanson, mais faites-le au salon, par exemple, plutôt que dans sa chambre. Ainsi, il ne s'attendra pas à ce que vous restiez avec lui lorsqu'il s'endort.

# Premiers jeux et jouets

Les enfants d'aujourd'hui sont inondés de jouets dès leur naissance. Mais quels sont les meilleurs jouets que l'on puisse choisir pour le développement de l'enfant au cours des premiers mois et combien devrait-on lui en proposer ?

Il faut essayer de trouver un juste milieu entre l'excès et le manque de stimulation. Les deux peuvent en effet nuire au développement de l'enfant. L'équilibre se trouve quelque part au milieu, là où les parents créent un environnement qui suscite l'intérêt de l'enfant, le captive et l'incite à faire une activité productive.

### Trop ou pas assez ?

Un bébé laissé sans stimulation s'endort. Mais après un certain temps, il se réveille et il pleure. Si on ne répond pas à ses pleurs, il gémira pendant quelque temps, puis se rendormira. Si telle est la routine quotidienne de l'enfant, il finira par ne plus s'attendre à rien, ne demandera plus rien et n'obtiendra rien. À l'inverse, un enfant habitué à une attention constante qui se voit soudainement négligé protestera haut et fort au début, puis sombrera dans la dépression et perdra tout intérêt dans le monde qui l'entoure.

À l'autre extrême, l'enfant qui est constamment trop stimulé se retrouve devant un véritable déluge de jouets et d'activités. Il pose les yeux sur un jouet, mais avant qu'il ne commence à l'explorer, un autre attire son attention, puis un autre encore. Il se promène d'un jouet à l'autre en ne faisant que les effleurer. L'enfant est excité, mais insatisfait, stimulé sans être attiré dans la créativité.

Entre les deux extrêmes se trouve le juste milieu où l'enfant peut se reposer et travailler, réfléchir et jouer, écouter et parler, marcher et courir, rester tranquille et pousser des cris de joie.

### Des espaces tranquilles pour dormir

Il existe une telle variété de jouets pour mettre dans le lit de bébé qu'il semble paradoxal de se demander si on devrait ou non lui offrir ce genre de jouets. Si son lit était l'endroit où il passait le plus de temps réveillé, il serait tout naturel de chercher à rendre cet espace intéressant. Mais le lit de l'enfant est rarement utilisé comme parc. La plupart des bébés ne font qu'y dormir. Une fois réveillé, bébé se met à pleurer et nous accourons ; nous le prenons dans nos bras et hop ! nous le sortons de son lit, adieu les jouets qu'il contient.

Alors, pourquoi mettre des jouets dans son lit ? Si nous voulons que l'enfant dorme, est-ce vraiment une bonne idée de remonter le mobile au-dessus de son lit ? Si nous lui apprenons qu'il a besoin de regarder tourner un mobile avant de s'endormir, il nous faudra peut-être le remonter chaque fois qu'il se réveillera pendant la nuit… Alors, achetez-lui un mobile si vous voulez, mais de grâce, installez-le sur son siège, dans son landau ou son parc, et non à l'endroit où il dort.

### Une année en deux tranches de six mois

Pendant les six premiers mois, les bébés regardent, tendent les mains, touchent, prennent un objet, s'en servent pour frapper ce qui les entoure, et ils mettent tout qu'ils peuvent dans leur bouche. S'ils peuvent tenir un jouet, ils aiment bien frapper au hasard avec celui-ci ; s'ils peuvent le porter à leur bouche, ils le mordillent avec plaisir. Et c'est ainsi quel que soit le jouet qu'on leur présente.

Après l'âge de 6 mois, l'enfant commence à traiter chaque objet de façon différente. On peut comparer cette étape à l'apprentissage du langage. C'est comme si l'enfant nous disait : « Je sais ce que c'est, et je sais ce que cet objet peut faire. » Et en fait, c'est exactement ce qui se passe, car à cet âge l'enfant commence à communiquer en utilisant des signes comme s'il s'agissait de mots.

## Les mobiles

La plupart des mobiles peuvent être installés sur le côté du lit, quelques-uns seulement sur le côté des sièges d'enfants. C'est à une distance de 30 à 30 cm qu'un jeune bébé voit le mieux. Il distingue plus facilement les objets qui bougent et les couleurs foncées mieux que les pâles si les objets lui sont présentés sur fond blanc (plafond).

## Les boîtes à musique

Les bébés adorent les sons aigus des boîtes à musique. Méfiez-vous cependant de celles à commande vocale qui se mettent en marche dès que bébé pleure !

## Les hochets

Les premiers hochets doivent être légers et bien équilibrés. Ceux en forme d'haltères sont très bien. Plus tard, bébé pourra saisir et tenir ceux aux formes plus variées.

## Les hochets que l'on fixe au poignet

Bébé ne peut les échapper et sa main est libre, alors il peut la regarder.

## Un miroir

Placez-le là où bébé peut se voir bouger et de préférence dans un endroit qui permet de réfléchir la lumière de façon intéressante.

## Un boulier de landau

Traditionnelles mais encore appréciées, ces grosses perles offrent quelque chose à regarder et, plus tard, bébé pourra essayer de les saisir quand il est allongé dans son landau.

## Les jouets à glisser

Un nounours sur une corde, un pompon, tout objet petit et intéressant.

## Les jouets à saisir

Un hochet, des anneaux, sa chemise de nuit ou les jouets de son tapis d'activité.

## Les jouets à tenir et à mordiller

Des objets aux textures intéressantes, des pompons, des objets à explorer avec les lèvres et la langue.

## Les jouets à toucher

Un tapis d'activité, un jouet doux à caresser et à serrer, des textures à découvrir.

## Une boîte à surprise

Un jouet qui réserve toujours une surprise : quelqu'un ou quelque chose s'y cache et se laisse découvrir.

## Un centre d'activité

Un jouet classique qui offre beaucoup de choses à découvrir et à explorer, pour stimuler diverses aptitudes manuelles comme pousser, enfoncer et tourner.

## Un jouet doux

Pour caresser, lancer et plus tard pour servir de mannequin dans ses jeux.

## Un pupitre à cachettes

Un jouet pour «cacher et trouver» qui l'encourage aussi à bien placer les objets.

## Des blocs moelleux

De gros cubes mous sont plus faciles à manipuler par de petites mains inexpérimentées.

## Une voiture

Pour faire vroum-vroum un peu partout.

## Des livres

Pour regarder les images, entendre de nouveaux mots, pour pointer ce qu'il voit et connaît, pour jouer à faire semblant de manger le sandwich.

## Un service à thé ou à café

Pour jouer dans la baignoire, pour remplir et vider et pour commencer à imiter.

## Une balle

Pour rouler et relâcher.

## Un tapis d'activité

Un jouet souple ou un tapis d'activité avec des objets aux textures variées pour saisir, caresser, pincer, tirer et agripper.

## Un aspirateur jouet

Ou un petit balai pour vous suivre et faire comme vous quand vous nettoyez.

## Une cuisinette

Avec de la vaisselle et des ustensiles en plastique pour faire semblant de cuisiner, servir et manger.

## Un tricycle

Un tricycle ou une voiturette sur laquelle s'asseoir, un joujou à tirer ou à pousser pour profiter de sa mobilité.

## Un premier puzzle

Pour l'encourager à tourner la main et à aligner des formes.

## Un ensemble de construction simple

Des blocs de construction simples qui ne nécessitent pas d'assemblage particulier constituent un excellent choix pour commencer.

## Des crayons

Des crayons de cire ou un gros pinceau et un pot de peinture avec beaucoup de papier (le papier peint est idéal) pour de jeunes artistes en herbe.

## Une voiture

Une voiture ou tout autre véhicule dans lequel l'enfant peut placer des petits personnages.

## Des jouets à empiler

De grosses briques ou des anneaux à enfiler sur un support vertical.

## Un trieur de formes

Une boîte pour trier les formes avec des objets de trois ou quatre formes différentes.

## Des livres

Des livres d'images illustrant des objets courants que l'enfant peut essayer de nommer.

# CHAPITRE 2

# La croissance et le développement de l'enfant

À la naissance, les muscles et les os de l'enfant sont faibles, ce qui l'empêche de bouger aisément. De plus, bébé ne contrôle pas encore ses mouvements, il n'a pas souvenir des événements, ne peut ni réfléchir ni raisonner. La plupart des enfants se développent d'une manière semblable, sans pour autant atteindre les différents stades de développement au même âge. Cependant, tous les enfants arrivent à contrôler les mouvements de leurs bras avant ceux de leurs jambes, et à communiquer par le geste avant de parler. C'est en étant témoins des progrès de nos enfants, en les voyant apprendre à marcher, à parler et à comprendre, que nous ressentons ce qu'il y a de si particulier à être parents.

## LA TAILLE

À la naissance, bébé fait habituellement autour de 52 cm et pèse entre 3 et 4 kg. Sa tête est relativement grosse pour son corps et ses membres sont plutôt frêles et courts. En fait, à elle seule, sa tête fait le quart de son poids total. L'enfant est encore un peu recroquevillé et il le demeure pendant les premières semaines de sa vie.

### Tout petit, mais à moi

Vous serez sans doute surprise en voyant votre bébé pour la première fois et vous vous demanderez si c'est bien ce que vous avez porté pendant neuf mois… Il a l'air si petit, et en même temps si étrangement adulte. Et vous l'adopterez bientôt comme votre précieux trésor.

# Votre nouveau-né

Il est si petit ! C'est presque un choc : la grosseur du ventre de sa mère laissait présager un enfant beaucoup plus gros. Pendant les premières semaines, votre bébé continuera de grandir presque au même rythme qu'avant sa naissance.

En règle générale, le rythme de croissance de bébé diminue de moitié avec le temps. Ainsi, il grandit autant pendant le premier mois de sa vie que pendant les deuxième et troisième ensemble. Et autant pendant les trois premiers mois que pendant les six mois suivants ; autant au cours de sa première année de vie que pendant les deuxième et troisième réunies. Et ainsi de suite. Ce qui signifie qu'on voit rarement quelqu'un d'aussi minuscule que dans les instants qui suivent sa naissance.

## La première impression

Il arrive souvent qu'un bébé commence à respirer alors que son corps n'est pas encore complètement dégagé de celui de sa mère. La plupart prennent leur premier souffle au cours des deux ou trois premières minutes suivant leur naissance ; certains ont besoin qu'on dégage leurs voies respiratoires et quelques-uns ont besoin de stimulation comme d'une tape pour commencer à respirer. Les pleurs ne sont pas toujours le premier signe de vie, certains bébés se mettent à crachoter comme un petit moteur vivant. De nos jours, on évalue la condition d'un bébé naissant par l'indice d'Apgar (un acronyme dont les lettres signifient : Aspect (coloration), Pouls (fréquence cardiaque), Grimace (réponse réflexe à la stimulation de la plante du pied), Activité (mobilité) et Respiration). Chaque critère est évalué sur une échelle de 0 à 2, pour un total maximum de 10. Les bébés qui ont un indice inférieur à six peuvent avoir besoin de réanimation et ceux dont l'indice est inférieur à quatre risquent de ne pas survivre. Un indice de sept ou plus après cinq minutes est considéré comme bon. Bien qu'un indice inférieur à sept ne signifie pas que l'enfant aura nécessairement des problèmes de santé plus tard, certains en ont.

## Les premiers regards

Immédiatement après la naissance, la plupart des bébés ont les yeux grands ouverts et affichent un air sérieux. Ils sont habituellement un peu rougeauds et ont les yeux bouffis. On dit que la beauté est quelque chose de subjectif ; heureusement, car un bébé né d'un accouchement vaginal n'est pas toujours des plus jolis.

La tête, qui est plutôt grosse chez le nouveau-né, peut avoir été plus ou moins déformée et manquer de symétrie, notamment chez les bébés qui naissent la tête la première. En outre, le nouveau-né peut avoir les yeux injectés de sang, le nez plutôt plat et le menton fuyant. Son corps est petit, son teint pâle (même chez les bébés noirs) et on aperçoit les vaisseaux sanguins à la surface de sa peau. Il peut avoir des contusions, surtout si on a dû recourir au forceps. La partie supérieure de son corps peut être couverte de duvet et il peut aussi y avoir, ici et là sur sa peau, des résidus de squames cireuses. Toutes ces « imperfections » mineures disparaissent cependant rapidement. Il en va de même des seins gonflés, que l'on retrouve autant chez les petits garçons que chez les petites filles, et chez les filles, on peut aussi voir des pertes vaginales qui peuvent être plus ou moins sanglantes.

## Le plus beau bébé

Naturellement, il est beau. Et vous l'apprivoisez comme s'il s'agissait d'un nouvel amant. Vous le prenez dans vos bras, de façon hésitante au début, puis vous passez vos mains sur son corps, vous lui souriez et lui parlez doucement, rayonnant devant votre conjoint et les premiers visiteurs. Comme pour toutes les occasions grandioses, les mots vous manquent pour exprimer tout de ce que vous ressentez.

Le personnel hospitalier peut vous encourager à mettre votre bébé au sein et si ce dernier est suffisamment éveillé et que vous n'avez pas eu trop de médicaments pendant le travail, il peut commencer à téter tout de suite.

Au début, comme bébé respire très doucement et de manière superficielle, vous aurez sans doute l'impression qu'il ne respire pas du tout. Quand il dort, il peut devenir si pâle et immobile que vous vous demanderez s'il est toujours vivant. Et vous vérifierez probablement plus d'une fois pour vous en assurer! La circulation sanguine et la respiration de votre bébé parviendront rapidement à maturité, mais il faudra encore quelque temps avant qu'il ne puisse bien contrôler sa température corporelle et avant que vous ne soyez suffisamment sûre que ce petit être pâle est tout à fait viable et en bonne santé.

### COMMENT LES BÉBÉS CHANGENT

**La peau**
La peau de bébé devient plus foncée avec le temps. Les bébés mulâtres, par exemple, sont beaucoup plus pâles à la naissance qu'ils ne le seront à l'âge de 1 an.

**Les yeux**
Les bébés blancs ont habituellement les yeux bleus à la naissance, mais chez plusieurs, ils deviennent plus foncés avec l'âge et ils peuvent aussi prendre une autre couleur. Quant aux bébés à la peau plus foncée, ils ont habituellement les yeux bruns dès la naissance.

**Les cheveux**
La couleur et la texture des cheveux d'un nouveau-né peuvent être très différentes de ce qu'elles seront plus tard. Les premiers cheveux tombent en effet graduellement au cours des premiers mois. Et bébé peut passer les deux premières années de sa vie, la tête plus ou moins chauve. Même si bébé a peu de cheveux quand il est jeune, cela ne signifie pas qu'il en sera toujours ainsi.

**Le nez**
Le nez est assez proéminent à la naissance, ce qui donne à bébé un air étrangement adulte. Puis, au fur et à mesure que les muscles de ses joues se développent (et ici, le fait que bébé tète régulièrement aide grandement), le nez domine de moins en moins dans son visage qui prend enfin un air poupin caractéristique.

**VOIR AUSSI**

| | |
|---|---|
| Bébé vient au monde | **12-13** |
| Les premiers réflexes de bébé | **66-67** |
| Est-ce que tout est normal? | **68-69** |
| Dans ses gènes! | **114-115** |

**Mon bébé, mon trésor**
La naissance est un événement tellement important que vous pouvez en être réduite au silence. Vous commencerez bientôt à explorer et à découvrir votre bébé, à le sentir, à le toucher, et vous tomberez en amour, inévitablement!

# Les premiers réflexes de bébé

Vous avez mis au monde un petit miracle et le voilà dans vos bras, tout emmailloté. Vous croyez peut-être que tout ce que bébé est capable de faire à ce stade-ci, c'est de dormir et, avec un peu d'exercice, de se nourrir, mais de nombreux réflexes sont déjà actifs chez lui.

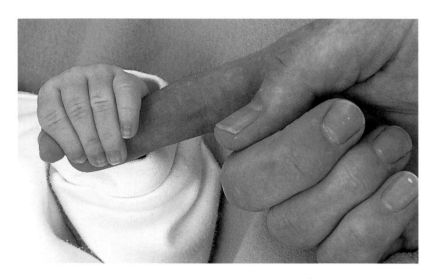

**Prends ma main**
Le réflexe de préhension est l'un des premiers que nous remarquions : bébé nous serre le doigt si fort qu'on a l'impression qu'il s'agit d'une mesure de son amour ! En fait, la force de préhension de ses mains et de ses pieds est si grande que bébé pourrait s'agripper à une corde à linge !

Une grande partie de ce qu'un nouveau-né peut faire tient de ses réflexes innés. C'est-à-dire que tous les bébés du monde font certaines choses exactement de la même façon. Les nouveau-nés n'ont pas le choix, ils réagissent de manière programmée à certains stimuli. Et leur réaction sera exactement la même que celle de tous les autres bébés. Or, certains de ces réflexes durent toute la vie, tandis que d'autres disparaissent avec le temps.

## Les réflexes du nouveau-né

Les réflexes suivants sont présents chez la majorité des nouveau-nés. La sage-femme ou le personnel de l'hôpital en vérifieront certains et vous en remarquerez aussi vous-même.

**Le réflexe de clignotement.** Un jet de lumière ou une bouffée d'air sur son visage lui font cligner des yeux.

**Le réflexe des points cardinaux.** Si, du bout du doigt, vous touchez son visage, bébé se tourne vers votre doigt en ouvrant la bouche, cherchant quelque chose à téter.

**Le réflexe de succion.** Dès que quelque chose pénètre dans sa bouche, bébé abaisse la langue pour créer un vide et commence à téter.

**Le réflexe palatin (déglutition).** Bébé avale ce qui entre dans sa bouche. Bien que ce réflexe soit présent à la naissance, bébé doit apprendre à le synchroniser avec sa respiration. Souvent, il crachote et toussote jusqu'à ce que ce soit fait.

Ce problème de coordination survient parce que bébé a aussi le réflexe d'inspirer quand son taux d'oxygène est faible. Il doit donc apprendre à inspirer avant d'essayer d'avaler et à expirer lentement au besoin.

**Le signe de Babinski.** Si vous effleurez doucement le pied de bébé, il fléchit le gros orteil et étend les quatre autres en éventail.

**Le réflexe de Babkin.** Quand bébé est allongé sur le dos, si vous appliquez simultanément une pression sur ses deux paumes, il ferme les yeux et ramène sa tête droit devant lui.

**Le réflexe de préhension.** Bébé referme automatiquement les doigts sur tout ce qui touche la paume de ses mains. Si vous lui effleurez la plante du pied, il tend les orteils en éventail et, si la pression persiste, il les fléchit. Il s'agit d'un des réflexes que le médecin vérifie à la naissance : il offre ses doigts au bébé et le soulève. Le réflexe de préhension des orteils disparaît vers l'âge de 3 mois et celui des doigts, vers 7 mois.

**Le réflexe de la marche automatique.** Si vous tenez bébé debout et que vous laissez ses pieds toucher une surface plane, il lève le pied bien haut comme pour esquisser un pas. Puis, au fur et à mesure que ses jambes deviennent potelées, ce réflexe de marche disparaît (bien qu'il puisse persister chez de nombreux bébés moins dodus). Le battement des deux jambes, qui est lui aussi un réflexe du même type, aide

**Un vrai petit canard**

Aussi étonnant que cela puisse paraître, votre bébé nage peut-être mieux que vous! Le réflexe de plongée lui permet de retenir son souffle pendant un court moment et de nager sous l'eau.

l'enfant à maintenir la souplesse de ses articulations.

**Le réflexe de ramper.** Si vous placez un bébé sur son ventre, il tentera de ramper en ramenant ses genoux sous son ventre. Il se peut même qu'il arrive à avancer.

**Le réflexe de Moro ou de tressaillement.** Quand bébé est surpris, il étend les bras en croix, écarte les jambes et les doigts, et arque le dos. Puis il se recroqueville, serre les poings, plie les orteils, ramène ses bras et ses jambes contre lui et prend une position fœtale dans un geste de protection.

**Le réflexe de plongée.** Si on éclabousse soudainement d'eau le visage de bébé, son rythme cardiaque diminue et le sang se retire de la surface de sa peau. Si bébé est immergé, il cesse de respirer.

**Le réflexe rotulien.** Ce réflexe nous est familier, car il est encore présent chez l'adulte. C'est celui que le médecin vérifie quand il nous examine: il frappe doucement le tendon rotulien, juste sous le genou, ce qui nous fait tendre la jambe vers l'avant.

**« Le réflexe de la rage ».** Si l'on place les deux mains de chaque côté de la tête d'un bébé bien éveillé de façon à restreindre tout mouvement et que l'on bloque sa bouche, il se met à pleurer et à se débattre.

## D'autres réflexes que bébé peut avoir et qui disparaîtront avec le temps:

● Bébé se tourne vivement vers l'endroit d'où vient votre voix, surtout si le son vient du côté de son oreille gauche. Il peut même tendre le bras.

● Il bouge au rythme de ce que vous dites. Mais ses mouvements sont tellement subtils, qu'il vous faudrait un enregistrement vidéo pour les voir.

## Ce que bébé peut faire au cours des deux ou trois prochaines semaines:

● Imiter vos expressions faciales. Par exemple, si vous tirez la langue, il peut faire de même. Mais il faut que vous vous trouviez à une distance d'environ 25 cm pour qu'il vous voie bien.

● Remuer les lèvres comme s'il vous répondait lorsque vous faites une pause en lui parlant. Il faut naturellement que vous lui fassiez face et que vous soyez assez proche pour qu'il vous voie clairement.

● Reconnaître votre odeur.

**Bébé en couveuse**
Même si votre bébé est placé dans un incubateur pour observation, il n'y a habituellement pas lieu de s'inquiéter.

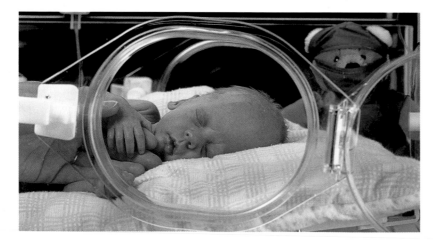

# Est-ce que tout est normal ?

Rassurez-vous. Si les médecins soupçonnent quoi que ce soit d'anormal chez votre bébé, ils procéderont à des vérifications. Cependant, puisque vous passez plus de temps que quiconque à le regarder, vous serez la première à détecter le moindre signe inquiétant.

Si la naissance a été difficile ou que votre bébé présente des signes de détresse, il se peut qu'on le place dans un incubateur. S'il est prématuré, on l'emmènera à l'unité de soins spécialisés pour prématurés. Dans les deux cas, il n'y a habituellement pas lieu de s'inquiéter, la plupart des bébés sont en bonne santé. Si malgré tout vous êtes inquiète, parlez-en à l'équipe médicale. C'est très naturel pour une mère de s'inquiéter. Et puis à force de le regarder et de l'examiner, on finit presque immanquablement par lui trouver quelque chose d'un peu bizarre. C'est bien normal ! Le bébé vient juste d'être poussé, avec grande difficulté, à travers un étroit canal génital. Il est rare qu'un bébé s'en sorte sans la moindre marque ou signe d'inquiétude. Mais après quelques jours, la plupart de ces petits défauts auront disparu.

## La tête et le visage

**La forme.** La tête du bébé est compressée lors du travail et de l'accouchement. Et, parce que les os de son crâne ne sont pas encore complètement soudés, sa tête peut prendre des formes plutôt bizarres, surtout si l'enfant vient au monde la tête la première. Mais ne vous en faites pas. Les os ont été poussés et compressés pour permettre à la tête de passer dans le canal génital. C'est ce qui fait que la tête peut avoir une forme aussi étrange. Le déplacement des os protège en fait le cerveau du bébé et ils reprendront graduellement leur place dans les quelques jours qui suivent la naissance. Ensuite, votre bébé aura l'air tout à fait normal.

Pendant une naissance difficile, la tête du bébé peut aussi enfler et subir des contusions. Encore une fois, c'est normal, et il n'y a pas lieu de vous inquiéter, même si cela semble plutôt alarmant. L'enflure à l'arrière de la tête (qui est causée par le frottement de la tête contre le col de l'utérus, alors que celui-ci n'est pas encore dilaté) se résorbe dans les quelques jours qui suivent la naissance, tout comme l'enflure ou les marques laissées par l'utilisation de forceps.

**Les yeux.** La plupart des nouveau-nés ont les yeux bouffis et souvent injectés de sang. En général, les bébés louchent (mais il vaut mieux consulter si le strabisme persiste au-delà d'une dizaine de semaines). Il arrive souvent aussi que les bébés aient les yeux larmoyants à cause d'un blocage du canal lacrymal. Consultez votre médecin pour tout écoulement des yeux de votre bébé.

**La bouche.** Sur la langue, les taches que vous pouvez enlever sont des grumeaux de lait et les autres, probablement du muguet. Les bébés ont la langue plutôt petite et ils ne peuvent la sortir bien loin, ce qui nous donne parfois l'impression qu'elle est retenue par une membrane. Mais ce n'est habituellement pas le cas. Si vous êtes inquiète, consultez un professionnel de la santé.

**Les oreilles.** Les oreilles sont souvent déformées par la naissance. Elles reprennent habituellement leur forme et leur position normales en peu de temps.

**Les fontanelles.** Il s'agit d'espaces membraneux et mous sur le dessus de la tête du bébé où l'on peut apercevoir des pulsations. Ce sont des endroits où les os du crâne ne sont pas encore soudés et sous lesquels se trouve directement le cerveau. N'ayez pas peur de toucher une fontanelle. Si elle vous semble tendue ou qu'elle commence à bomber et à faire saillie (ce qui peut être causé par une enflure du cerveau à la suite d'une infection ou d'une lésion cérébrale) ou si au contraire elle vous paraît plus creuse qu'avant (à cause d'un rétrécissement du cerveau dû à une déshydratation, par exemple), emmenez immédiatement votre enfant à l'hôpital. Ces deux cas sont très graves.

## La peau

**Cireuse.** Avant la naissance, la peau du bébé est recouverte d'un enduit jaune et cireux, le *vernix caseosa*. On peut en retrouver quelques résidus après la naissance, surtout chez les bébés qui naissent avant terme. La substance peut être enlevée en frottant, mais puisqu'elle protège la peau contre l'infection, il vaut mieux la laisser jusqu'à ce qu'elle tombe d'elle-même.

**Floconneuse.** Surtout au niveau des mains et des pieds et c'est généralement parce que le bébé est né après terme. Disparaît tout seul.

**Jaunisse ou ictère.** L'ictère bénin (coloration jaune de la peau) est fréquent. Il disparaît habituellement dans les premiers jours suivant la naissance. Peut rendre le bébé somnolent, vous devrez peut-être alors le réveiller pour ses boires. Si la condition de bébé s'aggrave ou si elle persiste, donnez-lui de l'eau bouillie refroidie et téléphonez immédiatement au médecin.

**Très pâle.** On voit souvent des bébés au visage pâle, au corps rougi et aux membres bleutés. C'est courant parce que la circulation sanguine et le contrôle de la température corporelle des bébés n'ont pas encore atteint leur pleine maturité.

**Poilue.** Le lanugo est un fin duvet qui recouvre le corps du bébé dans l'utérus. À la naissance, la plupart des enfants en ont encore un peu, notamment sur les épaules et les oreilles. Ce duvet disparaît rapidement et la peau ridée de bébé se lisse aussi.

**Taches.** L'*urticaria neonatorum* ressemble à de l'urticaire. Ce genre d'éruption cutanée est sans conséquence et dure rarement plus de deux jours. *Milium.* Minuscules granulations blanches causées par l'obstruction des glandes sudoripares. Fréquent chez les jeunes bébés. *Perles de naissance.* Elles sont causées par les hormones de la mère (qui sont transmises au bébé à travers le placenta). Quand les hormones dis-

paraissent de la circulation sanguine de bébé, les taches disparaissent aussi.

## Les taches de naissance

Si peu de bébés ont de gros problèmes, beaucoup ont des anomalies mineures. Environ la moitié naissent avec un angiome, communément appelé tache de vin. Il y a trois types principaux d'angiomes qui sont souvent causés par des anomalies des petits vaisseaux sanguins. Les deux types les plus courants auront habituellement disparu quand l'enfant commencera l'école, mais le troisième est permanent.

**Taches saumon.** De petites taches rosées entre les sourcils et à la base du cou qui deviennent plus foncées lorsque le bébé pleure. S'estompent au cours des premières années de vie. Près de 50 p. 100 des bébés ont de telles marques.

**Angiome « fraise ».** Tache d'un rouge vif qui fait légèrement saillie. Peut n'apparaître que lorsque le bébé a quelques semaines. Ces taches sont plus visibles et plus inquiétantes que les taches saumon parce qu'elles ont tendance à grossir au cours des premiers mois. Ensuite, elles pâlissent et deviennent plus rosées. La plupart auront disparu quand l'enfant atteindra 6 ans ; mais elles laissent parfois un léger flétrissement de la peau. Elles peuvent être enlevées par chirurgie.

**Taches de vin.** Présentes à la naissance, souvent au niveau du visage, ces marques permanentes sont causées par la malformation d'un vaisseau sanguin plus gros. Les capillaires dilatés donnent à la région affectée une couleur violacée. Certaines de ces marques peuvent être enlevées par traitement au laser ou par chirurgie esthétique. Les produits de beauté peuvent aider à cacher la plupart d'entre elles. Très rarement associées à d'autres troubles plus sérieux comme des malformations vasculaires cérébrales.

**Taches bleues sacrées ou mongoliques.** Grandes taches bleutées dans le dos et sur les fesses qui ressemblent à des ecchymoses. On les trouve surtout chez les bébés d'origine asiatique et antillaise. Elles s'estompent au cours des cinq premières années.

**Grains de beauté.** Petites taches brunâtres. Rarement présentes à la naissance, elles apparaissent souvent au cours de la deuxième année de vie. On peut en retrouver n'importe où sur le corps. Une dégénérescence maligne est rare chez l'enfant, mais consultez un médecin pour tout changement de couleur ou de taille, toute démangeaison ou saignement du grain de beauté.

## AUTRES SUJETS DE PRÉOCCUPATION

● **Testicules non descendus.** Un testicule ou les deux peuvent ne pas être descendus. Plus fréquent chez les prématurés. Si le problème n'est pas corrigé, à l'âge adulte, l'homme peut être infertile et son risque de cancer est aussi accru.

● **Les problèmes suivants** peuvent survenir si les hormones de la mère sont transmises au bébé à travers le placenta. Lorsque ces hormones maternelles disparaissent de la circulation sanguine du bébé, les problèmes disparaissent aussi.

● **Organes génitaux tuméfiés à la naissance.** Les femmes sécrètent des hormones sexuelles masculines et féminines, alors ces excès de croissance peuvent survenir autant chez les bébés des deux sexes.

● **Saignement vaginal.** Cela ressemble à des règles. Et c'est effectivement un léger écoulement menstruel.

● **Seins gonflés.** Ce problème peut survenir autant chez les petits garçons que chez les petites filles. Certains bébés, quel que soit leur sexe, ont même un peu de lait dans les seins à la naissance.

# La croissance de bébé : son poids

Il y a une foule de raisons pour lesquelles votre bébé peut être plus gros ou plus petit que les autres. Le fait d'en comprendre les causes vous aidera à suivre les progrès de votre enfant et à le guider dans la direction d'une bonne santé.

À la naissance, la plupart des bébés pèsent entre 2,75 et 4 kg. À cause du rythme de sa croissance, votre bébé prend rapidement du poids : à l'âge de 4 ou 5 mois, il aura doublé le poids qu'il avait à la naissance et à 1 an, il l'aura triplé.

### Suivre le poids de bébé

Les graphiques ci-dessous illustrent les centiles de poids pour des garçons et des filles de la naissance jusqu'à l'âge de 1 an. Vous pouvez comparer le poids de votre bébé à celui d'autres bébés à l'aide de ces graphiques. Repérez l'âge de votre bébé sur l'horizontale et le poids moyen des enfants de son âge sur la verticale. En utilisant les lignes quadrillées pour vous guider, marquez d'un point l'endroit sur le graphique où se situe votre enfant par rapport à son poids et à son âge. En faisant cela chaque mois, vous pouvez tracer sa courbe de croissance personnelle. Les enfants grandissent par à-coups, alors une courbe de croissance personnelle ne sera probablement pas aussi linéaire que celle des graphiques ci-dessous. Si votre

enfant se trouve sous la barre du 10e centile, cela signifie que plus de 90 p. 100 de tous les bébés de son âge pèsent plus que le vôtre. La plupart des bébés (82 p. 100) se situent entre le 9e et le 91e centiles.

### Les bébés potelés deviennent-ils des enfants grassouillets ?

Environ un bébé potelé sur cinq devient un adulte avec un excès de poids. Ce qui signifie que quatre bébés potelés sur cinq deviennent des adultes sans problème de poids. La croyance populaire voulait que les cellules adipeuses soient surtout emmagasinées pendant l'enfance. Cela signifiait donc que si des cellules adipeuses supplémentaires étaient stockées, elles persistaient jusqu'à l'âge adulte où elles pouvaient de nouveau être remplies de graisses et causer l'obésité de l'adulte. Et les personnes qui n'emmagasinaient pas de cellules adipeuses excédentaires au cours de l'enfance avaient moins tendance à souffrir d'excès de poids à l'âge adulte.

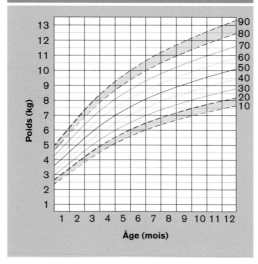

**COURBE DE CROISSANCE DES GARÇONS**

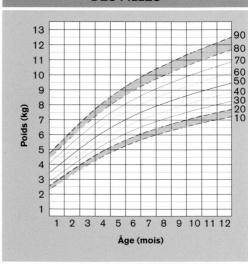

**COURBE DE CROISSANCE DES FILLES**

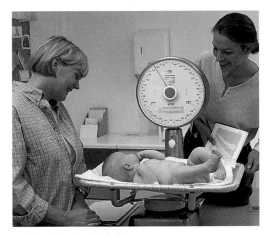

**Jambes et poignets dodus**

Votre bébé grandit à un rythme phénoménal qui peut atteindre jusqu'à 12 mm dans une période de 24 heures ! Vous pouvez suivre sa croissance et son gain de poids grâce aux visites régulières à la clinique médicale ou au cabinet du médecin. Les pèse-bébés électroniques sont les plus précis.

Malheureusement, il ne s'agit là que d'une croyance populaire, sans plus. Des études récentes suggèrent que les cellules adipeuses peuvent être emmagasinées à tout âge et à tous les stades de développement. Elles peuvent même réapparaître après avoir été enlevées par liposuccion. En fait, c'est leur distribution qui change avec l'âge.

Le fait qu'une personne soit potelée et la manière dont sa graisse est distribuée sont aussi des facteurs héréditaires. Il existe une très importante composante génétique à l'obésité. Le risque d'obésité pour un bébé potelé dont les deux parents ont un excès de poids est de 80 p. 100. Un enfant dont un seul des parents est obèse voit ce risque réduit de moitié. Il est possible, mais pas facile, de faire échec à la tendance familiale. Et il vaut certes la peine d'essayer. Plus un enfant demeure potelé longtemps, plus il risque de devenir un adulte avec un problème de poids.

## Si votre enfant est aux prises avec un excès de poids

Les enfants gras peuvent être l'objet de plaisanteries, ils sont généralement les derniers à être choisis pour les jeux d'équipe et ils ont souvent moins d'amis que les autres. En conséquence, ils ont souvent une image négative d'eux-mêmes. Les taquineries dont ils sont l'objet et leur faible estime de soi peuvent les inciter à se suralimenter par compensation et le fait de ne pas participer à des jeux sportifs risque fort d'entraîner l'inactivité physique. C'est donc un cercle vicieux: suralimentation, inactivité, augmentation de poids, impopularité.

Il peut être extrêmement difficile de briser ce cercle vicieux. L'enfant a besoin de se savoir aimé non pas pour ce qu'il a l'air, mais bien pour qui il est : votre précieux trésor. Il a besoin d'avoir une image positive de lui-même, de se sentir bien dans sa peau, de connaître ses forces et ses talents, et par-dessus tout de reconnaître sa propre valeur. Tout cela est difficile si on lui rappelle constamment qu'il est gros (et s'il se sent laid). Les régimes amaigrissants à n'en plus finir, le bannissement de toute sucrerie, de la crème glacée, tout cela ne sert qu'à lui transmettre le message suivant : « Nous t'aimerions plus si tu étais mince. » Cela risque aussi d'entraîner des obsessions par rapport aux aliments défendus, qui seront alors mangés à la sauvette, de façon excessive et en secret.

Naturellement, on ne devrait pas servir des frites et des pâtisseries aux enfants gras tous les soirs. Il leur faut un régime alimentaire bien équilibré, des portions raisonnables, beaucoup d'exercice et d'activité physique et ils ne doivent pas manger entre les repas. Mais surtout, il faut les aider à rebâtir leur estime de soi qui en prendra un bon coup. Tâchez de ne pas en ajouter ! Ne les traitez jamais de certains noms, même si ce n'est que pour rire ! Vous leur feriez sûrement de la peine.

**Les jeux actifs**

Il est bon pour les enfants de s'adonner à des jeux sportifs avec des amis et ce, tant pour leur développement social que physique. Enfin, la natation est le meilleur exercice pour ceux qui souffrent d'un excès de poids.

## LES PETITS BÉBÉS

Un bébé en bonne santé peut ne pas être très gros parce que :

● Le premier bébé a tendance à être plus petit et, en général, son poids est à peu près le même que l'était celui de sa mère à la naissance. Si bébé tient plus de son père et que celui-ci est costaud, bébé grandira et engraissera rapidement après sa naissance.

● Les filles pèsent généralement un peu moins que les garçons.

● Les jumeaux sont habituellement plus petits que les enfants uniques. Et l'un des jumeaux peut être beaucoup plus petit que l'autre.

● Les petites femmes ont tendance à avoir de petits bébés, celles qui sont plus corpulentes, des bébés plus gros.

● Si la mère est sous-alimentée, si elle buvait, fumait ou prenait de la drogue pendant sa grossesse, son bébé risque d'être petit.

● Les parents pauvres ont de plus petits bébés. La classe sociale affecte la grosseur du bébé.

● Les ancêtres proviennent de pays plus chauds et humides (comme l'Inde ou le Sud-Est asiatique).

● La mère souffre de toxémie ou de troubles placentaires. À l'inverse, un diabète mal contrôlé produit de gros bébés.

# La croissance de bébé : sa taille

Les bébés ne sont pas de simples versions miniatures des adultes : leur forme est en effet très différente de la nôtre. En vieillissant, différentes parties de leur corps se développent à des rythmes différents, ce qui modifie graduellement leurs proportions corporelles jusqu'à ce qu'elles finissent par ressembler aux nôtres.

À la naissance, la tête de bébé compte pour le quart de sa longueur totale et son front est beaucoup plus large par rapport au reste de son visage qu'il ne le sera plus tard. Avec le temps, son corps et ses membres se développeront à un rythme plus rapide que sa tête, mais ce n'est pas le cas lors des premières phases de croissance. Quand bébé vient au monde, son cerveau est trois fois plus petit qu'il ne le sera à l'âge adulte. À 2 ans, il aura déjà presque atteint sa taille finale, ce qui signifie que sa tête doit grossir beaucoup pendant les deux premières années.

## Il grandit et change

À la naissance, votre bébé aura à peu près la taille de votre avant-bras, c'est-à-dire de votre coude jusqu'au bout de vos doits. À 1 an, il atteindra déjà la hauteur de la table de cuisine. Une foule d'autres choses se passent aussi pendant ces premiers mois. Ses muscles deviennent plus forts et perdent leur texture aqueuse. Ses os, qui peuvent facilement se courber à la naissance, deviennent plus durs et moins flexibles ; son cœur devient plus fort et plus efficace, et sa tension artérielle diminue. Il peut maintenant digérer la nourriture et son système immunitaire est aussi meilleur. L'enfant apprend à contrôler sa respiration à la manière des adultes.

### Regarde comme je suis grand !

Les enfants sont tout fiers de grandir. Avec leurs parents, ils suivent fidèlement les progrès de leur taille. Mais leur rythme de croissance est beaucoup plus lent qu'il ne l'était avant la naissance.

## Mesurer la taille de votre enfant

Les graphiques de la page suivante illustrent la taille moyenne des garçons et des filles de la naissance jusqu'à l'âge de 1 an. Vous pouvez donc comparer la taille de votre bébé à celle des autres enfants.

**1** Repérez sur l'horizontale l'âge de votre bébé et sa taille, sur la verticale. En vous guidant du quadrillé, tracez une ligne horizontale à partir de la taille qui correspond à celle de votre enfant et une ligne verticale à partir du nombre de mois sur l'horizontale qui correspond à son âge.

**2** Placez un point sur le graphique à l'intersection des deux lignes. Vous pouvez maintenant voir si votre bébé est plus grand (au-dessus du 50ᵉ centile) ou plus petit (sous le 50ᵉ centile) que la moyenne des enfants de son âge. La moitié des enfants sont plus grands que le 50ᵉ centile, l'autre moitié plus petits.

Si, sur un graphique de centiles, la taille de votre enfant se situe au-dessus du 91ᵉ centile, cela signifie que seulement 9 p. 100 des enfants du même âge sont plus grands que le vôtre. Si elle se situe sous le 9ᵉ centile, alors cela signifie que 91 p. 100 des enfants de l'âge du vôtre sont plus grands que lui.

La tendance à être grand ou petit semble aussi être héréditaire. Les parents qui sont tous les deux grands ont en effet tendance à avoir des bébés plus grands que la moyenne et vice versa.

---

### RYTHME DE CROISSANCE PHÉNOMÉNAL

Quand l'ovule fertilisé descend le long de la trompe de Fallope pour aller se nicher dans l'utérus, il pèse environ 0,00000057 gramme. Neuf mois plus tard, quand le bébé vient au monde, il pèse entre 3 et 4 kg. Si le rythme de croissance des trois premiers mois de sa vie était maintenu jusqu'à l'âge de 21 ans, le poids d'un adulte serait de beaucoup supérieur à celui du soleil et de toutes les planètes de notre système solaire réunies.

## CROISSANCE DES GARÇONS

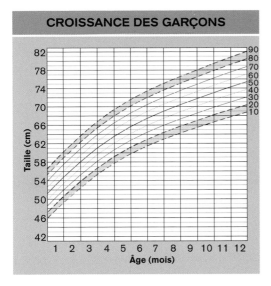

Taille (cm)

82 78 74 70 66 62 58 54 50 46 42

90 80 70 60 50 40 30 20 10

Âge (mois) 1 2 3 4 5 6 7 8 9 10 11 12

## CROISSANCE DES FILLES

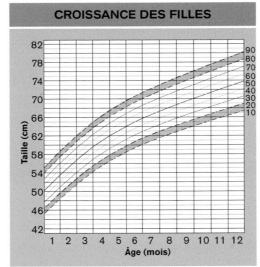

Taille (cm)

82 78 74 70 66 62 58 54 50 46 42

90 80 70 60 50 40 30 20 10

Âge (mois) 1 2 3 4 5 6 7 8 9 10 11 12

### VOIR AUSSI

| La croissance de bébé : son poids | **70-71** |
| Comment les sens se développent | **78-79** |
| Apprendre à contrôler son corps | **82-83** |
| Bébé devient mobile | **92-93** |

### Taille moyenne

Les graphiques ci-contre vous permettent de comparer la taille de votre enfant à celle d'autres enfants du même âge. Il vous suffit de suivre les directives mentionnées plus tôt.

---

## BÉBÉ CHANGE EN VIEILLISSANT

### Digestion

**Les bébés qui vomissent**
Les bébés vomissent souvent et digèrent rarement tout ce que nous leur donnons à manger (on voit aussi dans la couche ce qui n'a pas été digéré).

**Les buveurs de lait**
L'appareil digestif des bébés n'atteint pas sa pleine maturité avant l'âge de 2 ans. Ce qui laisse supposer que les bébés sont «faits» pour être nourris principalement de lait jusqu'à l'âge de 2 ans environ, plutôt que des solides que nous leur donnons de nos jours.

**De gentils microbes**
La digestion est facilitée par des bactéries bienfaisantes qui s'installent dans l'intestin de bébé dès les premières semaines. C'est de vous qu'il «attrape» ces gentils microbes et c'est pourquoi le contact avec votre peau est si important pour lui.

**Maman, j'ai chaud!**
Les enfants plus vieux peuvent transpirer – c'est la façon la plus simple pour le corps de se rafraîchir.

### Température

**La transpiration**
La transpiration permet d'abaisser la température de la peau. Quand il fait chaud, le sang afflue dans les petits capillaires situés juste sous la surface de la peau (c'est pourquoi nous rougissons). Nous transpirons et l'évaporation de l'eau sur la peau rafraîchit le sang dans les capillaires. Quand il fait froid, c'est l'inverse qui se produit.

**Les niveaux d'activité**
Quand nos muscles travaillent, nous avons chaud. Quand nous avons froid, nous frissonnons et sautillons sur place pour nous réchauffer. La perte de chaleur est proportionnelle à la surface corporelle exposée. En nous recroquevillant sur nous-mêmes lorsqu'il fait froid, nous réduisons la surface exposée de notre corps et, à l'inverse, nous l'augmentons en nous allongeant et en nous étirant quand il fait chaud.

**Le manque de contrôle des bébés**
Les bébés ne contrôlent pas très bien la température de leur corps et c'est aux parents qu'il incombe de veiller à ce que leur enfant n'ait ni froid ni trop chaud.

### Respiration

**L'inspiration**
La différence la plus flagrante entre la respiration d'un bébé et celle d'un adulte est que le bébé inspire à l'aide des muscles de son estomac, tandis que l'adulte utilise plutôt ceux des côtes et du diaphragme. L'autre différence est plus subtile. Les bébés plus âgés, les enfants et les adultes ont recours à deux mécanismes de respiration.

**La respiration automatique**
Ce mécanisme de base fonctionne selon les niveaux de gaz présents dans les poumons (l'oxygène et le dioxyde de carbone). Quand le niveau d'oxygène est faible, nous inspirons automatiquement. C'est ce qui nous empêche de retenir notre souffle jusqu'à en mourir. Au cours des premières semaines de vie, c'est le seul mécanisme de respiration qui fonctionne pour le bébé.

**La respiration volontaire**
Quelque part entre 6 et 12 semaines, un deuxième mécanisme se développe qui nous permet d'inspirer profondément comme pour gonfler un ballon ou pour contrôler notre respiration quand nous parlons. C'est ce mécanisme volontaire qui nous permet de synchroniser notre respiration à nos mouvements et à notre élocution. C'est aussi celui que nous utilisons la plupart du temps.

# Voir le monde

Notre capacité de voir et de comprendre le monde qui nous entoure est vraiment remarquable. Au début, les bébés ont une bien piètre capacité visuelle. Mais leur cerveau se développe remarquablement vite et les aide à comprendre ce qu'ils voient.

**Quel plaisir de te voir !**
Quand on parle à son enfant, on a tendance à s'en rapprocher, à le tenir tout près, à le monter ou à le descendre à cause de sa façon de nous regarder fixement. Et bébé nous encourage à le faire !

L'œil ne peut «fonctionner» que si le cerveau interprète l'image et, comme son cerveau, les yeux d'un bébé n'ont pas encore atteint leur pleine maturité. Si l'adulte voit en couleur et a une vision de 20/20, un bébé ne voit qu'en tons de gris et a une vision de 20/800. (Il distingue à peine un objet situé à 6 mètres de lui, tandis que nous, en tant qu'adultes, pourrions voir jusqu'à 245 mètres.) Le problème du nouveau-né ne tient pas seulement à la clarté de l'image (bien qu'il ait aussi des problèmes sur ce plan), mais plutôt à l'équipement même dont il dispose. Ainsi, chez le nouveau-né, la partie centrale de l'œil, celle que nous utilisons le jour pour distinguer les détails et les couleurs, n'est pas complètement développée. En fait, cette partie de son œil est presque totalement manquante. Le bébé doit donc utiliser les parties plus périphériques de l'œil, celles qui sont spécialisées dans la vision en lumière tamisée et le mouvement.

Pour avoir une idée de ce que votre bébé voit, tirez les rideaux et n'allumez qu'une bougie. La manière dont vous voyez maintenant la pièce ressemble sans doute à ce que voit votre bébé. Il voit les contours, mais non les détails ; les gros objets, mais non les petits ; les gris mais presque aucune couleur, et ce n'est que lorsque le chat se déplace qu'il devient visible pour bébé. Quand nous parlons à notre bébé, nous nous en approchons afin qu'il nous voie mieux. Et bébé nous encourage à agir ainsi en réagissant à notre geste. Si nous ne nous approchons pas suffisamment, il ne réagit pas. C'est ce que nous avons tôt fait d'apprendre.

La vision de bébé s'améliore toutefois rapidement. À l'âge de 6 mois, il aura d'aussi bons yeux que vous, mais il ne percevra pas tout à fait le monde de la même façon que vous.

## Constance visuelle

Le monde que nous voyons nous paraît statique et stable, mais le bébé doit apprendre ce que voir signifie, et c'est pendant les premiers mois de sa vie qu'il fait cet apprentissage.

### LES PRINCIPALES ÉTAPES DU DÉVELOPPEMENT DE L'ACUITÉ VISUELLE

| Naissance | 4 semaines | 6 – 12 semaines | 12 – 20 semaines | 20 – 28 semaines | 28 – 52 semaines |
|---|---|---|---|---|---|
| Les pupilles s'adaptent à la lumière ; bébé cligne des yeux, il peut détecter le mouvement et est sensible aux changements de luminosité. Il peut fixer son regard droit devant lui. Ses yeux suivent lorsqu'il tourne la tête. Il veut bien regarder, mais son acuité visuelle est très pauvre. | Bébé s'intéresse beaucoup aux visages. Il peut reconnaître celui de sa mère. Il verse aussi de vraies larmes quand il pleure. | Bébé peut voir «du coin de l'œil». Ses yeux bougent ensemble pour qu'il puisse voir nettement. Il s'intéresse aux contours, aux coins et aux courbes. Des études montrent que bébé peut ajuster la mise au point d'un projecteur (en tétant, par exemple) pour rendre des diapositives claires. | À cet âge, bébé reconnaît des choses familières : il regarde ses mains, les surveille quand elles bougent, et peut fixer son image dans le miroir bien qu'il ne se reconnaisse pas encore (pas avant l'âge de 18 à 20 mois). | À 4 mois, l'enfant préfère regarder des objets complexes. Il voit 800 fois mieux qu'au cours des premières semaines de sa vie. Il peut distinguer de très petits objets et son acuité visuelle atteint enfin les limites de celle d'un adulte. | Pendant cette période, la vision de l'enfant s'améliore tellement qu'il voit presque aussi bien qu'un adulte, même s'il est toujours un peu myope. Et il peut désormais suivre des objets qui se déplacent rapidement. |

**Constance de taille.** Quand nous garons la voiture et que nous nous en éloignons, la voiture ne rapetisse pas, même si, lorsque nous nous retournons pour la regarder, elle paraît plus petite. Ce n'est vers l'âge de 22 à 28 semaines que les bébés apprennent le concept de la constance de taille.

**Constance de forme.** Une porte close apparaît comme un rectangle sur la rétine. En s'ouvrant, l'extrémité de la porte qui se trouve le plus près de l'œil devient de plus en plus grande et l'extrémité la plus lointaine, de plus en plus petite. Le rectangle se transforme en trapèze. Nous savons tout cela, mais lorsque nous regardons la porte ouverte, nous ne voyons qu'une porte. Vers l'âge de 12 semaines, les bébés apprennent que les formes ne changent pas, même si elles bougent.

**Constance de position.** Les objets stationnaires restent là où ils sont, mais si nous nous déplaçons, leur position par rapport à nous peut changer. Voilà une autre constance que les bébés découvrent au cours de leur première année de vie. Et, faut-il se surprendre, c'est un concept auquel ils se familiarisent au fur et à mesure qu'ils deviennent mobiles. Certains signes que l'enfant commence à comprendre ce concept peuvent être perceptibles dès l'âge de 6 mois mais, pour la plupart des enfants, ce n'est que vers l'âge de 10 à 15 mois qu'ils le saisiront bien.

## Perception de la profondeur

Nous voyons le monde en trois dimensions : longueur, largeur et profondeur. La rétine de l'œil n'enregistre cependant que des images en deux dimensions et c'est le cerveau qui reconstruit la troisième avec des images fournies par chaque œil. C'est cette dimension qui nous renseigne sur la manière dont les choses sont placées ainsi que sur leur distance par rapport à nous. Nous utilisons aussi d'autres indices : comme le fait que les configurations régulières ont tendance à rapetisser (les lignes parallèles telles les rails de chemin de fer) et que les choses qui se trouvent le plus près de nous puissent dissimuler ce qui se trouve derrière. Ce sont des règles complexes pour les bébés et il leur faut un certain temps pour les assimiler.

Les bébés commencent à comprendre le concept de profondeur entre l'âge de 12 et 30 semaines. C'est du moins ce que les études ont montré. Quand on place un bébé au bord d'une importante dénivellation couverte d'un morceau de plexiglas transparent et que sa mère l'appelle de l'autre côté du vide, la majorité des bébés de moins de 7 mois rampent jusqu'à leur mère sans aucune inquiétude. Mais, après cet âge, ils ne s'y risquent pas. Même plus jeunes, certains bébés semblent « connaître » le concept de profondeur : leur rythme cardiaque s'accélère.

**VOIR AUSSI**

Les premiers réflexes
de bébé                    **66-67**

Est-ce que tout est normal ?  **68-69**

Comment les sens se
développent               **78-79**

Pas comme les autres      **132-133**

**Miroir, miroir**
Quand bébé a 4 ou 5 mois, il caresse sa propre image dans un miroir. Il ne sait pas qu'il s'agit de lui, mais il ajuste sa position pour mieux voir le bébé dans le miroir.

## LES ÉTAPES IMPORTANTES DU DÉVELOPPEMENT DE LA PERCEPTION VISUELLE

| 0 – 20 semaines | 20 – 26 semaines | 26 – 32 semaines |
|---|---|---|
| Bébé ne sait pas que les choses (ou les gens) continuent d'exister quand il ne les voit pas. Il ne cherche pas un objet qu'il échappe. Vous ne lui manquez pas quand vous le laissez et il ne se rend pas compte que vous êtes unique, c'est-à-dire qu'il n'a qu'une seule maman. Si vous l'installez à votre coiffeuse et que vous orientez les miroirs de façon à obtenir des images multiples, bébé sera très content. Vers l'âge de 20 semaines, les choses commencent à changer. Il se peut qu'il n'aime plus voir des réflexions multiples de sa mère et il peut aussi commencer à chercher ce qu'il échappe mais, pour la plupart des bébés, cela ne viendra que beaucoup plus tard. | Si vous cachez un jouet, bébé s'attendra à trouver quelque chose à l'endroit en question, mais il ne sait pas très bien quoi. Ainsi, vous pouvez cacher un nounours derrière un écran, déplacer l'écran et lui montrer un ballon et bébé ne semblera pas surpris. Il sait que quelque chose se cache là, mais il ne se souvient pas de quoi il s'agit. S'il vous voit faire avancer sa locomotive en faisant tchou-tchou et que vous la faites passer derrière un fauteuil, il s'attendra à la voir ressortir de l'autre côté. Il sait que lorsqu'un objet se déplace dans une direction donnée, celui-ci continue de se déplacer même lorsqu'il ne le voit pas, mais il se peut qu'il ne se souvienne pas de la nature de l'objet qui devait réapparaître de l'autre côté du fauteuil. | À cet âge, la plupart des bébés cherchent les objets qu'ils échappent et ils chercheront aussi tout objet partiellement caché. |

# À l'écoute du monde

Au cours des douze premières semaines de sa vie, bébé réagit beaucoup plus à ce qu'il entend qu'à ce qu'il voit. Le canal auditif, qui est encore plein de liquide à la naissance, se vide bientôt et bébé entend alors aussi bien que ses parents.

L'ouïe de votre nouveau-né est passablement précise dès sa naissance, même si les sons sont encore partiellement assourdis par du liquide. Les tests effectués sur les nouveau-nés montrent en effet que leurs capacités auditives sont étonnamment bonnes. Par exemple, ils peuvent distinguer entre des sons de durées, d'intensités et de tonalités différentes.

Dès le premier jour, les bébés sont presque aussi sensibles aux sons que leurs parents, c'est-à-dire qu'ils peuvent entendre des sons très doux. Leur capacité auditive est complètement à l'opposé de leur acuité visuelle. Les bébés naissent avec la capacité d'entendre autant les sons aigus que les graves, mais ils préfèrent les premiers. Enfin, ils entendent des sons que la plupart des adultes n'entendent même plus, comme le sifflement aigu de la télévision.

Les nouveau-nés préfèrent la voix humaine à tout autre son. Ils ont aussi une préférence marquée pour les voyelles (a, e, i, o, u, ou, é, è, eille, aille, ouille, ille, etc.) qui sont, bien sûr, les sons que nous faisons pour eux. D'ailleurs, qui n'a jamais utilisé des mots du genre «Ah! le beau tou-ti bébé» en parlant à un bébé? Les bébés remuent aussi au rythme de la voix humaine et ils ont l'air intéressés quand quelqu'un commence à leur parler.

Les jeunes bébés peuvent localiser les sons, surtout des voix, mais seulement si le bruit est fait presque directement devant eux. Tout jeune, le bébé associe son et vision et cherche à voir ce qui fait tel et tel bruit ou encore qui parle. Cependant, à moins que vous ne soyez directement devant lui, il se peut qu'il n'arrive pas à vous trouver. Vers l'âge de 8 semaines, il cherche à peu près dans la bonne direction et à partir de 16 semaines environ, il trouve généralement l'endroit exact d'où provient un son.

## Les fondements du langage

Les bébés ont une affinité particulière pour les sons du langage. Si vous donnez une sucette à un bébé, il tétera gentiment en écoutant un nouveau son. Quand bébé tète, c'est signe qu'il est intéressé, car tant et aussi longtemps que son intérêt persiste, il tète. Si vous faites le son «bah», il se met à téter activement, mais si vous le faites trop souvent, il finira par perdre intérêt et arrêtera de téter.

Et même si vous modifiez le son «bah», en le disant avec une intonation différente ou en l'allongeant («baaaahhhh»), il ne recommencera pas à téter. Mais, si vous lui dites plutôt «pah», alors là, il se remettra à téter. Il réagit déjà comme le font les grandes personnes: en ne

| LES DIFFÉRENTES ÉTAPES DU DÉVELOPPEMENT DE L'OUÏE | | | | |
|---|---|---|---|---|
| **Naissance** | **4 – 5 semaines** | **8 – 12 semaines** | **12 – 16 semaines** | **16 – 24 semaines** |
| Un bruit peut le faire sursauter. Il se tourne vivement vers une voix et bouge très subtilement au rythme d'élocution de la personne qui parle. | Les sons graves et rythmiques l'apaisent. Il peut distinguer entre les sons *p* et *b*. Il préfère écouter des sons complexes et aime qu'on lui raconte des histoires, même s'il ne peut les comprendre. | Il tourne la tête à gauche ou à droite en réponse à une voix qui vient de cette direction, mais il ne trouve pas nécessairement la personne qui parle. | Il peut localiser approximativement la provenance d'un son et chercher dans cette direction. | Il lève les yeux pour voir ce qu'il entend si le son vient d'au-dessus de sa tête. Il peut distinguer des sons complexes et différencier «baba» de «baga». Il peut discerner le «ba» dans «kobabo». Il peut aussi différencier des mélodies et il connaît les voix de ceux qui l'entourent. |

tenant pas compte de l'intonation ni de la vitesse d'élocution et en portant une attention particulière aux petits sons qui forment les mots.

## Ce que vous pouvez faire pour l'aider

Il est tout naturel d'appeler bébé par son nom, d'attendre qu'il vous cherche, et de l'appeler encore. Naturel et très bien. Pendant les premiers mois, le plus difficile pour bébé, c'est de localiser précisément la provenance d'un son.

On peut jouer avec le hochet de la même manière. On l'agite, on attend, puis on l'agite de nouveau. Les jeux de ce genre sont excellents pour aider bébé à apprendre à localiser les sons dans l'espace. Outre ces jeux, il vous suffit de lui parler et de le laisser participer à vos conversations en lui donnant la chance de répondre. Les bébés s'ennuient quand ils ne participent pas et ils perdent rapidement intérêt si on ne les laisse pas s'exprimer. Le fait de leur montrer les objets dont on parle les aide plus tard à associer les mots aux objets. La plupart d'entre nous le faisons de façon naturelle et sans même y penser. À partir de l'âge de 6 mois environ, les bébés commencent à regarder dans la même direction que nous lorsque nous parlons, ce qui les aide à apprendre le nom des choses dont nous parlons.

## Il s'attend à certains bruits

Vers l'âge de 3 mois environ, votre bébé s'attendra à ce que certains bruits accompagnent certains gestes familiers. Par exemple, s'il est habitué d'entendre le «Couin! Couin!» de son petit canard de plastique et que vous dites plu-

tôt «Miaou! Miaou!» il se peut qu'il pleure. Si vous vous tenez à une extrémité de la pièce et que bébé entend un enregistrement de votre voix venant de l'autre extrémité de la pièce, à 4 mois, il se mettra à pleurer.

À partir de 6 mois, il peut associer les voix et les visages et il se souvient des sons. À 7 mois, il utilise un langage de signes en se servant de ses mains et de son corps. Il distingue bien les différents sons et reconnaît les mots, mais il ne sait pas les faire ou les dire lui-même. C'est à cet âge que les bébés sourds, et les autres, peuvent commencer à apprendre le langage des signes. D'ailleurs vous constaterez sans doute que votre bébé utilise déjà un signe précis quand il veut se faire prendre et un autre pour signifier «non».

### VOIR AUSSI

| | |
|---|---|
| Sourires et babillages | **86-87** |
| Apprendre à parler | **96-97** |
| Le perfectionnement du langage | **100-101** |
| Comment parler aux enfants | **150-151** |

### PROBLÈMES

Environ 85 p. 100 des bébés sourds naissent de parents qui entendent. Tous les bébés feignent de ne pas entendre, à l'occasion. Cependant, si un enfant ne réagit jamais au bruit, ou à certains sons, ou encore à des sons provenant d'un côté en particulier, on devrait le faire examiner. Il y a aussi certains tests que vous pouvez faire vous-même :
- Appelez-le de différents endroits dans la pièce. Réagit-il ? Il peut vous localiser visuellement, mais vous a-t-il entendue ?
- Que se passe-t-il lorsque vous utilisez une clochette ou quelque chose avec un son beaucoup plus grave ?
- Et même s'il réagit, demeurez vigilante. S'il ne réagit pas comme vous pensez qu'il le devrait, faites évaluer son acuité auditive par un professionnel.

### Le hochet
Agitez un hochet à sa gauche, puis à sa droite, au-dessus de sa tête, puis en dessous. Réagit-il ? Les tests que vous faites à la maison ne peuvent pas remplacer une évaluation professionnelle, mais ils peuvent certes vous rassurer.

| 24 – 32 semaines | 32 – 52 semaines |
|---|---|
| Il réagit quand on l'appelle par son nom. | Il répond à des questions ou à des consignes simples telles que «Comment grand?», «Montre-moi» et «Non». Il comprend les noms des objets familiers comme la «sucette» et celui des membres de sa famille. |

# Comment les sens se développent

Il est fascinant de suivre les progrès de bébé du monde des bruits assourdis et des images floues jusqu'au monde clair et précis que nous connaissons. Voici les principales étapes du développement de la perception visuelle et auditive chez l'enfant au cours des premiers mois de sa vie.

**De vraies larmes**
Certains bébés peuvent verser de vraies larmes vers l'âge de 1 mois, mais pour la plupart, ce n'est que vers l'âge de 6 mois que les larmes commencent.

**Des petits pois!**
Vers l'âge de 4 mois, la plupart des bébés s'intéressent aux petits objets comme les petits pois. Vers 6 mois, ils tendent la main pour les prendre.

Au début, les bébés ne regardent pas les objets d'une façon systématique, ils se concentrent sur une partie de l'objet puis sur une autre. Si vous montrez quelque chose à votre bébé, il en regardera d'abord le contour et les coins, sans s'occuper du centre. Ainsi, quand il regarde votre visage, il fixe vos yeux et puis la naissance de vos cheveux et il est particulièrement intéressé si vous avez les cheveux foncés et que vous portez des lunettes.

Vers l'âge de 2 mois, le bébé commence à s'intéresser davantage à l'assemblage des différentes parties des objets, c'est-à-dire à la manière dont elles sont liées entre elles. Ainsi, quand il vous regarde, ses yeux passent de la naissance de vos cheveux à vos yeux, puis encore à vos cheveux; de vos yeux à votre bouche, puis de nouveau à vos yeux comme s'il tentait de se faire un portrait de vous. Ce changement dans la manière de voir le monde a incité certaines personnes à penser qu'au début, les bébés ne voyaient pas les choses dans leur ensemble, mais qu'ils n'en percevaient que les différentes parties.

À partir de l'âge de 2 mois, bébé a une nette préférence pour les visages et il aime que les yeux soient ouverts. Il préfère que vous lui fassiez face, et manifeste son intérêt quand vos yeux croisent les siens. À 5 mois, il sait distinguer les visages qu'il a déjà vus et ceux qui lui sont inconnus. Sa perception de ce qui est « beau » est la même

**La perception des couleurs**
À 5 mois, votre bébé aimera les couleurs primaires et vives, et tout ce qui chatoie et brille. Bientôt, il préférera le rouge au bleu.

que celle de ses parents et, en général, bébé préfère les beaux visages.

## Qu'est-ce que les bébés aiment entendre ?

Les bébés aiment par-dessus tout la voix humaine. Et ils préfèrent les voix féminines et les tonalités aiguës des femmes et des enfants à celles plus graves des hommes. Et nous réagissons tous, même les enfants, à ces préférences des bébés: nous changeons notre voix pour leur parler en adoptant un ton très aigu.

Quand bébé est bien réveillé, il préfère les sons doux. Il apprend ce que signifie chacun et porte attention quand il entend des sons familiers comme le bruit de pas qui approchent, de l'eau qui coule pour son bain, le bourdonnement lent du ventilateur ou le vrombissement de l'aspirateur. Les sons lents et rythmiques l'apaisent surtout lorsqu'il a sommeil. Vous pouvez utiliser de tels sons pour influencer sa respiration et son rythme cardiaque et leur faire prendre une cadence plus caractéristique au sommeil.

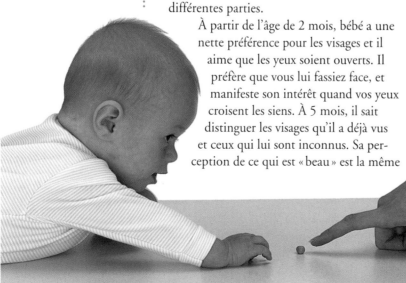

## LA PROGRESSION DE LA PERCEPTION VISUELLE ET AUDITIVE CHEZ LES BÉBÉS

| Mois | Presque tous les bébés | La plupart des bébés | Certains bébés |
|---|---|---|---|
| **1** | Sursautent en entendant un bruit fort. Manifestent de l'intérêt pour les voix. Concentrent leur regard sur un visage, mais au début, pendant un bref moment seulement. Regardent vers une voix en fixant le centre de la personne. Réagissent au son d'une clochette. | Suivent des yeux un objet qui se déplace en décrivant un arc au-dessus de leur visage jusqu'à ce que l'objet atteigne le milieu. Réagissent à un son aigu. | Suivent un objet qui se déplace d'un côté à l'autre en décrivant un arc au-dessus de leur visage et qui continue au-delà du milieu. Tournent les yeux vers la lumière. Sont très intéressés par les visages. |
| **2** | Suivent un objet qui se déplace en décrivant un arc au-dessus de leur visage jusqu'à ce qu'il atteigne le milieu. Réagissent à un son aigu. S'intéressent aux visages. | Suivent un objet qui se déplace d'un côté à l'autre en décrivant un arc au-dessus de leur visage et qui continue au-delà du milieu. Reconnaissent clairement leur mère. | Bougent les yeux en parallèle. Concentrent leur regard sur les contours et les coins des objets. Tournent la tête en entendant un son près de l'oreille. |
| **3** | Bougent la tête pour suivre un objet qui se déplace en partant légère-ment de la droite ou de la gauche et qui décrit un arc au-dessus de leur visage, passe le milieu et continue de l'autre côté. | Bougent la tête pour suivre un objet qui décrit un arc de 180° de la gau-che vers la droite ou vice versa. | Bougent les deux yeux en parallèle. Concentrent leur regard sur les coins et le contour d'un objet situé à proximité. Tournent la tête à gauche ou à droite vers un son. Reconnaissent visuellement leur mère. |
| **4** | Bougent la tête pour suivre un objet qui décrit un arc de 180° de la gau-che vers la droite ou vice versa. Reconnaissent leur mère. | S'intéressent à de petits objets. | Tournent la tête en direction d'une voix provenant d'un endroit situé à 45° à droite ou à gauche, et surtout si c'est celle de la personne qui s'occupe d'eux. Réagissent à des objets familiers et aux gens qu'ils connaissent. Examinent leurs mains quand ils sont allongés sur le dos. |
| **5** | S'intéressent à de petits objets. Tournent la tête en direction d'une voix provenant d'un endroit situé à 45° à droite ou à gauche, et surtout si c'est celle de la personne qui s'occupe d'eux. | Examinent leurs mains quand ils sont assis ou allongés. Concentrent leur attention sur leur reflet dans un miroir. Regardent leurs mains quand ils les tendent vers un objet. | Se tournent pour faire face à un interlocuteur. Regardent pour voir d'où vient une voix. |
| **6** | Examinent leurs mains quand ils sont assis ou allongés. Regardent leurs mains quand ils les tendent vers un objet. | Cherchent un objet échappé. Se tournent pour faire face à un interlocuteur. | Se tournent vers une voix, sauf si celle-ci vient de derrière. Préfèrent regarder de vrais objets que des images. Guident leurs mains en utilisant leurs yeux. Cherchent les sons qui viennent d'en haut ou d'en bas. Commencent à réagir à leur nom. Caressent le miroir qui réfléchit leur image. |

# Comment les bébés apprennent

Les bébés ne pensent pas comme nous et ils ne se rappellent pas les mêmes choses que nous. Au cours des premiers mois, bébé ne se concentre pas pendant très longtemps. Il entend un son, et aussi longtemps qu'il l'entend, il y porte attention, mais dès que le son cesse, bébé l'oublie complètement.

**Une bonne cachette**
Même si bébé sait que quelque chose se cache dans la boîte à surprise, il ne sait pas que c'est toujours la même chose.

● Si vous accourez pour prendre votre bébé lorsqu'il pleure, il apprend non seulement que vous l'aimez, mais que s'il pleure, vous le prendrez dans vos bras. Veillez à le prendre souvent avant qu'il ne pleure et, de temps à autre, attendez un peu avant de le prendre lorsqu'il pleure.
● Si vous endormez toujours votre bébé en chantant, il finira pas se sentir somnolent dès que vous commencerez à fredonner, et il aura aussi besoin d'une chanson pour se rendormir à trois heures du matin !
● Si bébé vous mord le mamelon pendant la tétée et que vous en faites toute une histoire, il se peut fort bien qu'il vous morde de nouveau. Si vous feignez d'ignorer son geste ou encore que lui tapotez le nez lorsqu'il le fait, il arrêtera.

Les jeunes bébés ne ressemblent pas à des adultes miniatures et ils ne pensent certainement pas comme eux. Par exemple, ils n'ont aucun sens de la continuité du temps : s'ils échappent un objet et qu'ils ne le voient plus, ils n'y pensent plus. Pour qu'un bébé comprenne que deux événements sont liés, il faut qu'ils se produisent l'un après l'autre, avec un très court intervalle de temps entre les deux.

## Les premiers apprentissages

**Apprendre à ne pas tenir compte de tout.** Le fait de pouvoir décrocher et de ne plus prêter attention à ce qui est toujours présent nous permet de remarquer ce qui a changé ou ce qu'il y a de nouveau. Dans la pratique, cela signifie que bébé n'a pas besoin d'un silence complet pour dormir, qu'il peut s'adapter au bruit et aussi qu'il finira par ne plus voir les jouets qui sont toujours placés exactement au même endroit.

**Apprendre à prévoir.** Quand vous entendez l'indicatif musical de votre émission de télévision préférée, vous vous attendez à ce qu'elle commence. De la même façon, quand bébé est dans son lit, il apprend à prévoir qu'un visage lui apparaîtra bientôt quand il vous entend ou qu'il vous sent approcher. Il s'attendra à boire quand vous le tiendrez d'une certaine façon. Au cours de la première année, les bébés apprennent à prévoir l'heure du bain et des boires, l'heure à laquelle vous rentrez du travail, et ce que font certains jouets.

**Apprendre à obtenir.** Les tout jeunes bébés ne peuvent pas beaucoup influencer leur environnement, mais ils naissent avec tout ce qu'il faut pour essayer. Ils peuvent pleurer, ce qui nous fait accourir ; ils peuvent sourire, ce qui nous porte à réagir, et ils peuvent se nourrir. Ils peuvent aussi dormir et uriner, sans toutefois contrôler quand ils le font. Au début, votre bébé

réagit à votre présence, puis il se mettra à frapper des choses de ses bras et de ses jambes dans de grands mouvements de balayage.

## Apprendre qu'il peut apprendre

La chose la plus importante pour un bébé n'est pas ce qu'il apprend, mais plutôt d'apprendre qu'il peut obtenir des choses. Avant qu'il ne comprenne qu'il peut influencer son environnement, il ne sera pas motivé à agir de façon délibérée. Même si les bébés peuvent apprendre à faire certaines choses vers l'âge de 6 à 8 semaines, le contrôle qu'ils ont sur leur corps est tellement limité que leur apprentissage est très restreint pendant les 12 premières semaines. C'est surtout à force de s'exercer et de recommencer maintes et maintes fois que les jeunes bébés apprennent.

**Regarde bien maman**
L'un des premiers phénomènes que vous constaterez est sans doute qu'il réagit à votre présence : il sourit quand il vous voit et imite vos expressions faciales.

## Le champ d'attention

● **Les adultes** ont un champ d'attention de six ou sept qui leur permet de mémoriser des numéros de téléphone à sept chiffres, par exemple, mais pas un numéro de carte de crédit de 16 chiffres. Nous pouvons nous rappeler des événements passés et établir des liens entre le passé et le présent. Cela nous suffit dans la plupart des cas et, généralement, nous n'avons pas besoin de stratégies spéciales ou d'aide-mémoire particuliers.

● **Les enfants de 7 ans** n'ont qu'un champ d'attention de cinq, ainsi quand ils commencent l'école les enfants ont besoin d'accessoires et d'aide-mémoire pour les aider à mémoriser.

● **Les enfants,** quand ils commencent à marcher, ont un champ d'attention de trois. Il leur est donc presque impossible de faire des relations entre ce qu'ils voient ou ce à quoi ils pensent (bien qu'il s'agisse là d'une seule et même chose à cet âge) et des idées complexes qu'ils ont emmagasinées.

● **Les tout jeunes bébés** ont un champ d'attention de un. Ils ne peuvent donc penser qu'à l'unique chose qu'ils voient à un instant donné.

## La mémoire et la pensée

Les jeunes bébés ne se souviennent pas des événements. Ils ne peuvent que savoir qu'ils ont déjà vu quelque chose. À 10 mois, ils pourront se souvenir que quelque chose de particulier est arrivé dans un certain contexte ou dans un endroit précis, mais ils ne peuvent y penser

**Une histoire avant le dodo**
Vers l'âge de 10 mois, l'enfant peut se rappeler ce qui s'est produit à un certain endroit ou dans un contexte en particulier. Ainsi, il peut se souvenir que c'est là que vous lui avez lu une histoire hier.

quand ils sont couchés et qu'ils attendent de s'endormir. C'est lorsque bébé se rend compte que vous existez, même quand il ne vous voit pas, qu'il commence à se pendre à votre cou quand vous voulez partir. Quand il sait que vous êtes unique, qu'il n'a qu'une seule maman, il n'aime plus voir de reflets multiples de votre personne dans le miroir.

L'étendue de sa mémoire augmente rapidement : il lève les yeux de son jeu, vous sourit et se remet à jouer ; il commence à chercher les objets qu'il échappe. Il commence tout juste à se rappeler des événements qui ont eu lieu il y a un instant.

**VOIR AUSSI**

| | |
|---|---|
| Comment les sens se développent | **78-79** |
| Apprendre à parler | **96-97** |
| L'attention et la mémoire | **104-105** |
| Apprendre à réfléchir | **106-107** |

### LES AIDE-MÉMOIRE

● Les jouets qui font toujours la même chose aident bébé à se rappeler d'un jeu : si le nounours lui donne toujours un bisou, bébé finira par s'attendre à ce geste.

● Les chansons avec des gestes caractéristiques l'aident à apprendre à prévoir la suite des choses. Asseyez-vous toujours dans le même fauteuil quand vous lui chantez la chanson et faites chaque fois les mêmes gestes.

● Faites les choses au même endroit pour l'aider à se rappeler : chantez ou criez sous un pont, lisez-lui un livre sur le canapé, cherchez un chat dans le jardin.

## LES PRINCIPALES ÉTAPES DU DÉVELOPPEMENT DE LA PENSÉE DE L'ENFANT

| 1 – 4 mois | 5 – 8 mois | 8 – 12 mois | 12 – 18 mois | 18 – 24 mois |
|---|---|---|---|---|
| Produit des « effets » avec son corps. Regarde à l'endroit où un objet se trouvait en dernier, mais ne le cherche pas s'il l'échappe et ne pleure pas si vous le laissez avec une tierce personne. | Joue avec ses jouets. Les prend, les porte à sa bouche et les mordille. Frappe les objets. Surveille un objet que l'on place derrière un écran, est surpris si l'objet n'y est plus lorsqu'on déplace l'écran, mais ne s'étonne pas d'y trouver autre chose à la place. Regarde s'il échappe un objet et cherche les objets à moitié dissimulés. | Agit pour une raison précise : rampe pour aller chercher un jouet. Imite les autres. Découvre les objets cachés ; déplace un jouet pour en atteindre un qui était derrière. S'amuse à laisser tomber des choses. Cherche un objet à l'endroit où il se trouve habituellement et non là où il vous a vue le mettre. À 12 mois, il cherche les objets là où il les a vus en dernier. | Apprend par essais et erreurs : l'enfant peut maintenant considérer plusieurs solutions pour résoudre un problème, mais il doit les essayer tour à tour. Imite. Soulève couvertures et couvercles pour trouver un objet caché et cherche ailleurs s'il ne le trouve pas. | Peut réfléchir, trouver des solutions et faire de nouvelles associations. Tout n'est plus seulement une question d'essais et d'erreurs. Ses pensées sont encore constituées d'images et d'actions. Ne réfléchit pas encore de façon abstraite et n'utilise pas encore le langage pour résoudre les problèmes. Peut imiter après un certain délai : ainsi, il lavera sa vaisselle de plastique après vous avoir vue laver la vôtre. |

# Apprendre à contrôler son corps

Au début, bébé est mou et ses muscles pleins d'eau ne sont pas très forts. Il peut les remuer, mais n'a aucun contrôle de ses mouvements. Quand il s'excite, ses jambes et ses bras bougent dans toutes les directions, mais il ne peut pas encore toucher le bout de votre nez avec sa main.

Le développement de bébé n'est pas une course ni un test d'intelligence. Quand on parle de «moyenne», on veut dire milieu, médiane, c'est-à-dire que la moitié des bébés sont au-dessus de la moyenne et l'autre moitié, en dessous. La plupart des enfants, quelque 60 à 70 p. 100, sont près du milieu ou de la moyenne. Ce sont ceux qui se trouvent au bas complètement de la courbe ou de l'échelle (et parfois ceux qui se trouvent tout en haut) qui sont l'objet de préoccupations. Pas ceux qui marchent tard, mais ceux qui marchent les derniers; pas ceux qui parlent tard, mais ceux qui parlent les derniers.

## Les prématurés

Un enfant né prématurément peut mettre du temps à se rattraper. Quand vous notez les différentes étapes de son développement, servez-vous plutôt de la date à laquelle il devrait être né comme base et non de la date à laquelle il est né. Si ses progrès vous semblent un peu lents par rapport à sa date de naissance, si vous utilisez la date à laquelle il devait naître, son développement vous paraîtra probablement normal. N'oubliez pas que le traumatisme de ses premiers mois de vie peut lui causer un certain retard. Ce n'est habituellement que vers l'âge de 3 ans que les bébés très prématurés commencent à se conformer à la moyenne en ce qui a trait aux différentes étapes de leur développement. Si vous vous inquiétez pour votre enfant, demandez à votre médecin d'évaluer son développement.

Les bébés qui naissent avec certains problèmes seront très lents au début. Leur rythme de progression vous donnera une meilleure indication de leur développement futur que leur âge. Rappelez-vous aussi qu'une déficience particulière peut avoir des conséquences d'une portée considérable au cours des premiers mois et des premières années. Ainsi, il est normal qu'un enfant aveugle commence à parler et à se déplacer plus tard qu'un enfant qui voit. Il est tellement moins sti-

## CE QUI PEUT AFFECTER LE DÉVELOPPEMENT DE L'ENFANT

| Les anomalies génétiques | Les irrégularités chimiques | La migration des cellules | Les infections | La croissance |
|---|---|---|---|---|
| Certaines anomalies font en sorte que le cerveau ne se développe pas correctement : certaines parties peuvent manquer ou bien les connexions peuvent être fautives. Des erreurs génétiques peuvent causer des problèmes relativement mineurs comme la dyslexie, ou plus importants comme un handicap mental. | Il peut y avoir un déséquilibre d'ordre chimique dans l'organisme (par exemple, une enzyme défectueuse) qui cause l'accumulation de substances toxiques dans les cellules du corps (y compris celles du cerveau). Avec le temps, ces substances toxiques peuvent endommager les cellules du cerveau (la maladie de Tay-Sachs est un exemple de ce genre d'anomalie.) | Les cellules du cerveau migrent du centre jusqu'à l'endroit où l'organisme en a besoin. Or, cette migration peut ne pas se faire correctement et les cellules peuvent être au mauvais endroit. Elles y sont alors inutiles, mais elles peuvent aussi prendre la place de cellules qui seraient utiles. Il vaut mieux éviter de boire de l'alcool pendant la grossesse, car cela peut affecter la migration des cellules. | Certaines infections (la rubéole est la mieux connue) peuvent entraver le développement du cerveau et causer la cécité ou la surdité. | Il arrive que la croissance du bébé ne se fasse pas normalement. Ainsi, si la mère souffre d'une maladie ou qu'elle s'alimente mal, la croissance de son bébé peut être compromise. Si le placenta approvisionne mal le bébé, s'il ne lui fournit pas assez de nutriments, le développement du cerveau de l'enfant peut être affecté. |

mulé à se déplacer, il a tellement plus à craindre, et c'est beaucoup plus difficile pour lui d'apprendre le nom de choses qu'il ne peut pas voir.

## Le durcissement des os

À part certains os des poignets et des chevilles, tous les autres sont présents dès la naissance. Composés principalement de cartilage, ils sont encore mous et flexibles. Le calcium et les autres minéraux se déposent dans les os pendant l'enfance pour les durcir et les renforcer. Ce processus commence avant la naissance et se poursuit jusque dans l'adolescence. Il commence plus tôt chez les filles que chez les garçons, plus tôt aussi chez les enfants d'origine africaine que chez ceux d'origine européenne.

## Le renforcement des muscles

Bien qu'ils n'aient pas atteint leur pleine maturité, tous les muscles sont en place à la naissance. Ils se développent dans le même ordre que les nerfs qui les contrôlent : de la tête, en passant par le cou jusqu'aux épaules ; des épaules, en passant par le dos jusqu'aux hanches ; des épaules vers les bras, et des hanches aux jambes. Bébé peut donc contrôler ses bras avant ses jambes, et ses jambes avant ses pieds.

## Le développement du cerveau

Le cerveau n'est pas encore complètement développé à la naissance ; il en manque encore une bonne partie et peu de connexions nerveuses sont déjà en place. Plusieurs raisons expliquent cela : si les femmes devaient mettre au monde des bébés avec un cerveau ayant atteint sa pleine maturité et une tête ayant atteint sa taille finale, il leur faudrait des hanches aussi larges qu'une table et, avec de telles hanches, elles ne pourraient pas marcher.

Le cerveau se développe à partir de la moelle épinière vers le haut et du centre vers la périphérie. À la naissance, la partie inférieure du cerveau (celle qui contrôle les processus involontaires comme la respiration, le sommeil, la digestion, l'élimination et le débit sanguin) est en place, tout comme la région qui contrôle les sens et les réflexes. Ce sont les parties supérieures du cerveau, celles qui contrôlent les gestes volontaires, la mémoire et la pensée qui font surtout défaut.

Le nouveau-né est complètement dépendant des autres et il le demeure passablement longtemps. Le cerveau du bébé se développe au fur et à mesure que bébé contrôle les différentes parties de son corps et qu'il exerce son intelligence. Le contrôle volontaire commence au niveau de la bouche pour s'étendre au reste du visage et ensuite au reste du corps. Les régions cérébrales qui contrôlent les épaules atteignent leur maturité avant celles qui contrôlent les mains, et ces dernières avant celles qui contrôlent les doigts.

### Prêt à marcher ?

Votre bébé ne peut pas marcher avant que ses os n'aient durci, que ses muscles ne se soient renforcés, et que son cerveau ne puisse maîtriser l'équilibre de son corps et décider quels muscles bouger.

| L'oxygène | La prématurité |
|---|---|
| Le cerveau a besoin d'oxygène et toute perturbation de l'approvisionnement en oxygène peut causer des lésions cérébrales permanentes. La paralysie cérébrale est souvent causée par un manque d'oxygène durant le travail et l'accouchement. L'hydrocéphalie peut aussi causer des lésions à cause de la trop grande pression exercée sur le cerveau. | Parce que les prématurés ne respirent pas toujours adéquatement ni de manière constante, il peut arriver que leur cerveau soit privé d'oxygène. Les bébés très prématurés peuvent aussi avoir des problèmes de circulation sanguine et d'hémorragies cérébrales, et les deux peuvent entraîner la paralysie cérébrale. |

# Tout sur les dents de bébé

La première dent de bébé constitue une autre étape importante de son développement. Certains bébés n'ont pas encore de dents à 1 an, mais chez la majorité, la première dent perce entre l'âge de 5 et 7 mois.

**Un sourire tout en dents**
Quand les dents de devant de votre bébé auront percé, il peut se passer un bon moment avant que les prochaines n'émergent. Les autres, cependant, suivront rapidement jusqu'à ce que sa dentition soit complète.

## TOUJOURS

### Prévoir
Les dents se forment pendant la grossesse : veillez donc à bien vous alimenter quand vous êtes enceinte. Si un médecin vous prescrit des médicaments, avertissez-le si vous pensez être enceinte. Évitez particulièrement les tétracyclines.

### Des dents propres
La plaque dentaire, qui cause les caries, peut se former sur les dents dès que celles-ci apparaissent. Habituez votre enfant à avoir une bonne hygiène dentaire. Procurez-lui une brosse à dents et laissez-le l'utiliser lui-même. Ensuite, dites-lui que vous voulez « essuyer » ses dents et il ne remarquera pas que c'est vous qui faites la plus grande partie du nettoyage !

L'adulte a 32 dents, mais l'enfant n'a que 20 dents qu'on appelle dents de lait. Ce sont les trois dents qui sont situées aux deux extrémités des mâchoires supérieure et inférieure qui manquent à la première dentition. Le fait que les dents apparaissent plus ou moins tôt ou tard est une question d'hérédité. Donc, si votre conjoint et vous avez percé vos dents tard, ne soyez pas surpris qu'il en soit de même pour vos enfants. Quand la première dent a percé la gencive, les autres dents de devant suivent habituellement rapidement. Et, en général, avant qu'elles ne percent, on les voit bien sous la gencive. Au début, on voit de petites taches blanches sur la gencive et juste avant qu'elles ne percent, les taches se transforment en petites bosses pâles.

## L'éruption des dents

Très peu de bébés (environ 1 sur 5 000) naissent avec une dent et, en général, c'est entre l'âge de 5 et 7 mois que les enfants percent leur première dent. De plus, la première dent à percer est habituellement l'incise inférieure droite ou gauche, qui est suivie par les incises supérieures, les dents latérales supérieures et puis les latérales inférieures. En fait, ces trois dernières séries peuvent percer si rapidement que l'ordre d'émergence peut s'avérer légèrement différent. Souvent, les bébés percent deux ou trois dents dans un intervalle de quelques jours ou de quelques semaines. Quand les dents de devant sont apparues, il arrive qu'il y ait un certain délai avant que la prochaine phase ne commence. Il s'agit de l'apparition des prémolaires supérieures suivie des inférieures. Il peut alors y avoir une autre pause avant les deux dernières phases constituées des quatre canines (les supérieures suivies des inférieures) et finalement des molaires temporaires (ici, celles de la mâchoire inférieure apparaissent en premier). À ce stade, bébé a environ 2 $\frac{1}{2}$ ans.

## Prendre soin des dents

● Assurez-vous que l'alimentation de votre bébé lui fournisse amplement de calcium : le lait, le fromage et le yogourt constituent de bonnes sources de calcium pour un enfant de plus de 6 mois. Avant cet âge, votre lait ou le lait maternisé constituent ses principales sources de calcium.
● Veillez à ce qu'il prenne aussi beaucoup de vitamine D : le jaune des œufs durs, les poissons gras et les produits laitiers en sont de bonnes sources. Quant aux suppléments vitaminiques, n'utilisez que ceux conçus pour les bébés et n'en donnez jamais plus que la dose recommandée.
● Une pomme vaut mieux que du jus de pomme, et une orange mieux que du jus d'orange.
● Préférez les jus de fruits dilués à ceux plus concentrés.
● L'eau est ce qu'il y a de mieux pour étancher la soif de bébé. C'est aussi un excellent liquide pour nettoyer les dents quand on n'a rien d'autre sous la main.
● Méfiez-vous des sucres dissimulés. Le miel, par exemple, est un sucre, et c'est collant en

plus! Le saccharose et le glucose sont aussi des sucres. Les dents ne font pas de distinction entre les différents types de sucre.

● Gardez les sucreries, les colas et la crème glacée pour les occasions spéciales et veillez à toujours nettoyer les dents de l'enfant après qu'il en a consommé. Le plus simple, pour l'enfant, est d'essuyer ses dents avec un linge doux.

● Offrez du chocolat, des gâteaux ou des biscuits plutôt que du caramel, des guimauves, du miel et des boissons sucrées. Les sucreries collantes collent aux dents, tandis que les biscuits ou les gâteaux au chocolat n'ont pas tendance à y adhérer.

● N'ajoutez pas de sucre aux boissons ni aux céréales que vous donnez à votre enfant. Les céréales déjà sucrées peuvent parfois s'avérer un meilleur choix que les autres, selon la quantité de sucre que votre enfant ajouterait à des céréales non sucrées.

● Ne trempez jamais la sucette dans du sucre ou du miel.

● Il vaut mieux manger en public que de se cacher et faire des excès. Si vous interdisez tout ce qui est sucré, il se peut que votre enfant en mange sans que vous le sachiez. Alors, vous ne pourrez pas vous assurer qu'il nettoie bien ses dents ensuite.

● Peu importe comment les enfants nettoient leurs dents (ni comment vous nettoyez celles de bébé), du moment que c'est fait. Un linge doux et un peu de dentifrice est ce qu'il y a de plus facile pour celles de bébé. En grandissant, votre enfant voudra sans doute utiliser sa propre brosse à dents. S'il n'est pas très habile, utilisez simplement un linge doux pour essuyer ses dents quand il a fini de les brosser. Vous ne voulez surtout pas le décourager de les brosser.

● Attention au fluorure. Bien que de petites quantités aident à protéger les dents, tout excès risque de les décolorer. Votre enfant n'a pas besoin d'un dentifrice au fluorure, d'eau fluorée ni de comprimés de fluorure. Un seul de ces produits suffit amplement.

● Ne le laissez pas s'endormir avec un biberon de lait ou de jus. Si jamais il s'endort en buvant son biberon, enlevez-lui la tétine de la bouche. Ne le couchez jamais avec un biberon de jus ou de lait. Les liquides sucrés et visqueux ont tendance à stagner autour des dents, ce qui permet aux bactéries contenues dans la plaque dentaire de se multiplier pendant la nuit. L'acidité qui résulte de la multiplication bactérienne peut endommager l'émail des dents avant même que toutes n'aient percé.

## Explorer avec la bouche

On dit que bébé «fait des dents» quand il porte tous ses jouets à sa bouche et les mordille. Mais est-ce vraiment cela? Probablement pas. Les bébés se servent de leur bouche pour explorer le monde qui les entoure parce qu'ils peuvent contrôler leur langue et leurs lèvres avant leurs mains et leurs doigts. Ils peuvent tenir des objets à partir de 4 à 7 mois environ, mais ils ne peuvent pas encore les manipuler aisément.

Même après cet âge, les enfants continuent souvent à mettre des choses dans leur bouche, surtout après avoir été sevrés. Si bébé avait le choix, il continuerait sans doute à prendre la plupart de ses repas au sein et à téter pendant encore un an au moins, mais puisque c'est nous qui décidons…

**Des jouets savoureux !**
La langue et les gencives de votre enfant lui permettent d'explorer et de découvrir le goût, la texture et la forme d'un nouveau jouet, ce qui est bien davantage à ce stade que ne lui permettent ses mains.

### VOIR AUSSI

Bébé pleure **38-39**

L'introduction d'aliments
solides **48-49**

Tendre les mains pour saisir **94-95**

Soigner un enfant malade **208-209**

### TOM POUCE

Ne vous inquiétez pas trop si bébé suce son pouce. Les dentistes sont maintenant d'avis qu'il est peu probable que le fait de sucer son pouce cause un avancement des dents. Les biberons de jus et de boissons sucrées sont en réalité beaucoup plus à craindre pour la santé dentaire de votre bébé.

### NE JAMAIS, JAMAIS

Ne dites jamais : «Ce ne sont que ses dents qui percent.» Toute maladie chez les jeunes bébés peut dégénérer très rapidement, et la moindre fièvre doit donc être prise au sérieux. Percer des dents, ou plutôt pleurer de douleur, peut faire rougir le visage de bébé, mais cela ne cause ni fièvre, ni diarrhée, ni convulsions, ni vomissements. Les bébés peuvent rapidement avoir trop chaud, ce qui peut être dangereux. Des pertes liquidiennes peuvent causer une diminution de la tension artérielle, ce qui peut faire cesser les battements cardiaques. Consultez toujours un médecin lorsque votre bébé est fiévreux, s'il souffre de convulsions, de vomissements ou de diarrhée.

**Les sourires heureux**
Certains bébés naissent plus heureux que d'autres, mais tous apprennent à utiliser les sourires et le rire, ou les larmes, pour obtenir ce qu'ils veulent.

**Les bébés multilingues**
Vers l'âge de 30 semaines environ, le babillage des bébés commence à ressembler aux conversations des adultes qu'ils entendent autour d'eux. Ainsi, les babillages d'un bébé qui vit dans une famille francophone commenceront à se distinguer de ceux d'un enfant qui baigne dans un environnement anglais ou chinois.

# Sourires et babillages

Tout jeunes, les bébés sentent le besoin de communiquer, mais au début, ils n'ont que deux moyens pour ce faire : pleurer ou sourire et gazouiller. Ils font les deux et on note chez certains des excès de l'un ou de l'autre.

Peu après leur naissance, les bébés commencent à sourire et, même à ce stade, les filles sourient plus que les garçons. Les premiers sourires sont habituellement des demi-sourires esquissés dans leur sommeil, ce que nous appelons des « sourires mécaniques ». En réalité, ils se produisent lorsque le bébé passe d'un sommeil léger à un sommeil plus profond ou vice versa. À 1 semaine, il sourit encore en dormant, mais il s'agit cette fois de sourires provoqués : quand il entend un son (une voix aiguë ou une clochette, par exemple). Et bientôt, entre 3 et 7 ou 8 semaines, on voit apparaître les premiers vrais sourires de l'éveil. Les bébés qui naissent plus tard que prévu sourient tôt, les prématurés, plus tard.

Au début, les bébés sourient quand on élève la voix et qu'on les fait sautiller doucement. Un peu plus tard, ils préfèrent les visages immobiles et, plus tard encore, les visages connus. Les bébés aveugles connaissent les mêmes débuts, sauf qu'ils ne sourient pas devant un visage. Au début, le sourire du bébé ne touche que sa bouche, mais avec le temps, il illumine tout son visage. Bébé ouvre grand la bouche pour nous inviter à jouer avec lui, comme le ferait un chiot ou un chat. C'est comme s'il voulait nous parler, nous imiter, jouer à cache-cache, « papoter ». Si vous riez,

bébé répétera ce qui vous a fait rire. Ne sous-estimez pas l'importance de cette répétition, il s'agit de la pierre angulaire de son sentiment de sécurité.

## Des sourires aux rires et aux babillages

Nous sourions pour diverses raisons et nous avons aussi deux sourires différents : l'un est discret, la bouche fermée et l'autre, plus évident, la bouche ouverte. Ces deux sourires ont des racines distinctes. Le sourire « bouche-fermée » vient de cet air « gardez vos distances » que l'on voit chez certains chiens, tandis que le sourire « bouche-ouverte » du « viens jouer, dis ! » ressemble à l'air irrésistible de beaucoup de jeunes animaux. Les bébés sourient souvent ainsi au grand bonheur de leurs parents. Et nous répondons à ce sourire en nous approchant de bébé, en lui chatouillant le ventre ou en le poursuivant, ce qui le fait rire aux éclats. Et bébé ne perd jamais cette disposition : toute sa vie, il pourra utiliser son sourire.

Pendant les premiers jours, les bébés se contentent surtout de pleurer, mais à la fin du premier mois, la plupart auront découvert d'autres bruits. À partir de 2 mois, ils pourront gazouiller avec quiconque veut bien se prêter à cette activité sociale.

| LA CROISSANCE ET LE DÉVELOPPEMENT DE L'ENFANT | | | |
|---|---|---|---|
| **Mois** | **Presque tous les enfants peuvent** | **La plupart des enfants peuvent** | **Certains enfants peuvent** |
| **1** | | S'exprimer autrement que par des pleurs. | Vous sourire. Participer à une « conversation » en répondant à leur tour. Commencer à gazouiller. Utiliser différents pleurs pour exprimer différents besoins. |
| **2** | Vous sourire. S'exprimer autrement que par des pleurs. | Gazouiller. Utiliser différents pleurs pour exprimer différents besoins. | Participer à une « conversation ». Faire des sons rauques et gutturaux. |
| **3** | Participer à une « conversation ». Gazouiller. | Faire des sons rauques et gutturaux. Parler aux membres de la famille. | Utiliser les sons $p$ et $b$. Rire aux éclats. |
| **4** | Rire. Faire des sons rauques et gutturaux. Parler aux membres de la famille. | Rire aux éclats. | Changer le ton et le volume de leurs babillages selon leur humeur. Parler aux objets et aux visages. Utiliser les sons $n$, $k$, $f$, $b$, $p$. Faire « Pffft ». |
| **5** | Rire aux éclats. | Changer le ton et le volume de leurs babillages selon leur humeur. Parler aux objets et aux visages. Utiliser les sons $n$, $k$, $f$, $b$, $p$. Faire « Pffft ». | Faire les sons des voyelles et prononcer la plupart des consonnes. Essayer d'imiter les sons. |
| **6** | Utiliser les sons $n$, $k$, $f$, $b$, $p$. | Commencer à associer consonnes et voyelles. Commencer à varier le ton et la vitesse de leur élocution. | Commencer à varier le ton et la vitesse de leur élocution. Associer consonnes et voyelles. Varier le ton et la vitesse de leur élocution. Parler à des jouets et à leur reflet dans le miroir. |
| **7** | Changer le ton et le volume de leurs babillages selon leur humeur. Parler aux objets et aux visages. Faire « Pffft ». | Babiller en associant consonnes et voyelles dans un flot continu de sons. | Répéter des sons tels que « papa » et « mama ». Se joindre à une « conversation » en imitant l'intonation de ceux qui parlent. |
| **8** | Babiller. Répéter des syllabes telles que « papa » et « mama ». | Répéter des sons tels que « papa » et « mama ». Se joindre à une « conversation » en imitant l'intonation de ceux qui parlent. | Crier pour attirer l'attention. Manifester de l'émotion en « parlant ». Réagir à « non » ou à « bye-bye ». Utiliser un son pour désigner un objet : « miaou ! miaou ! » pour un chat, par exemple. |

# Assis et debout

Vous surveillerez de près tout signe de progrès chez votre enfant, surtout s'il s'agit de votre premier. Vous aurez constamment l'impression qu'il est à la veille de faire quelque chose. Peut-il s'asseoir tout seul ? Est-il à la veille de ramper ? Voici donc les principales étapes de son développement moteur.

Même s'il vient tout juste de réussir à s'asseoir, vous le verrez bientôt se pencher en avant et se mettre à quatre pattes ! Et si aujourd'hui il ne fait que ramper, demain, il se lèvera en se hissant sur une chaise. Ensuite, il se tiendra debout tout seul pendant quelques instants et hop, il marchera !

Il est si facile pour nous d'avoir hâte qu'il sorte de la petite enfance. Vous n'êtes pas les seuls. Nous le faisons tous. Ce n'est que lorsque j'ai eu mon troisième enfant que j'ai appris à apprécier vraiment ce qu'il faisait au jour le jour.

Une partie du problème tient à ce que nous manquons d'assurance. Dès que nous sommes un peu rassurés sur un point, d'autres craintes surgissent sur autre chose qui pourrait mal aller. Quand on fait le compte des principales étapes

que notre enfant a franchies, on s'assure que tout va bien. Nous nous inquiétons pour lui avant qu'il ne vienne au monde et, naturellement, nous nous inquiétons plus encore maintenant que nous le connaissons et que nous l'aimons tellement. Tous les parents savent qu'ils auraient le cœur brisé si quelque chose devait arriver à leur enfant et ils ne veulent pour rien au monde qu'il ait la vie dure.

## Pas un signe d'intelligence

Quand on considère les principales étapes du développement de l'enfant, il faut savoir que les développements physique et mental ne sont pas étroitement liés. Un enfant qui marche à 8 mois n'a pas plus de chance d'avoir un prix Nobel qu'un autre qui ne marche qu'à 18 mois. Même

**Comme c'est amusant !**
Plus sa vision s'améliore, plus bébé devient excité. Tout ce qui l'entoure l'intéresse et c'est ainsi qu'il apprend.

| LE CONTRÔLE DE LA TÊTE | | | |
|---|---|---|---|
| **1 – 4 semaines** | **8 – 10 semaines** | **16 – 20 semaines** | **24 – 28 semaines** |
| Si, lorsque bébé est allongé sur le dos, vous le tirez doucement par les bras pour l'asseoir, sa tête restera complètement en arrière. | Si, lorsque bébé est allongé sur le dos, vous le tirez doucement par les bras pour l'asseoir, sa tête restera un peu en arrière, mais pas complètement. | Lorsque vous tenez bébé dans vos bras, il peut tourner la tête dans toutes les directions. Quand vous le tirez doucement par les bras pour l'asseoir, sa tête ne pend plus qu'un tout petit peu vers l'arrière. | Bébé peut maintenant lever la tête spontanément. Quand vous le tirez doucement par les bras pour l'asseoir, il rentre le menton vers le torse et tient sa tête. |

| LES ÉTAPES QUI MÈNENT À LA POSITION ASSISE | | | | |
|---|---|---|---|---|
| **1 – 4 semaines** | **5 – 7 semaines** | **8 – 15 semaines** | **16 – 20 semaines** | **21 – 24 semaines** |
| Le dos de bébé est encore bien rond quand on le tient en position assise ou qu'on l'assoit en l'appuyant contre quelque chose. Il ne contrôle pas encore sa tête. | Si vous le tenez en position assise, son dos est encore courbé, mais il peut lever la tête de temps en temps. | Quand il est assis, son dos est encore courbé, mais il peut lever la tête et plier les genoux. Il peut rester assis pendant une quinzaine de minutes appuyé contre des coussins. | Son dos est maintenant plus droit et il tient sa tête sans qu'elle ne vacille. Il peut rester assis pendant une demi-heure environ appuyé contre des coussins. | Il peut s'asseoir par lui-même et rester assis avec un léger support. On peut maintenant l'asseoir dans son siège en l'y attachant et il aura un bon équilibre. |

## LES ÉTAPES QUI MÈNENT À LA POSITION DEBOUT

| 1 – 15 semaines | 16 – 24 semaines | 36 – 44 semaines | 48 – 52 semaines |
|---|---|---|---|
| Votre bébé est encore plutôt passif et il ne «participera pas» à l'effort si vous le tirez doucement par les mains pour le mettre en position debout. | Il commence à vouloir se lever en soulevant ses fesses, mais il ne peut pas encore se tenir debout sans votre aide. | Si vous le tenez à la verticale, il allongera les jambes à la recherche d'une surface plane et poussera contre la surface avec ses pieds. Il se tiendra plus droit si vous le tenez sous les bras. | Il se tient droit quand il peut s'appuyer sur quelque chose. À 1 an, la plupart des bébés peuvent rester debout tout seuls pendant quelques secondes. Environ la moitié des bébés se tiennent facilement debout tout seuls à cet âge et certains marchent. |

**VOIR AUSSI**

| | |
|---|---|
| Apprendre à contrôler son corps | **82-83** |
| Ramper et marcher | **90-91** |
| Devenir mobile | **92-93** |
| Aménager un intérieur sûr | **204-205** |

ses aptitudes langagières ne sont pas tellement liées à ses futures capacités intellectuelles. D'ailleurs, Einstein n'a pas parlé avant l'âge de 2 ans.

### Dans les gènes

Une grande partie du développement physique de l'enfant est programmée et, si on ne peut pas grand-chose pour l'accélérer, on peut cependant le ralentir en ne stimulant pas l'enfant. Ainsi, les jumeaux identiques ont tendance à commencer à marcher à quelques jours d'intervalle et, dans une même famille, la plupart des enfants commencent à marcher vers le même âge. Si vous avez grandi dans une famille «lente», votre bébé franchira sans doute les différentes étapes un peu plus tard que la moyenne. Si à l'inverse vous avez grandi dans une famille plus «rapide», votre enfant les franchira probablement un peu plus tôt. Et cela vaut pour les habiletés manuelles comme pour la mobilité.

En général, les filles sont plus précoces que les garçons et les bébés blancs moins rapides

que ceux d'origine africaine. Il y a bien sûr quelques exceptions à ces tendances : ce ne sont pas tous les bébés qui rampent et un bébé qui rampe bien peut marcher plus tard qu'un autre qui n'a jamais rampé. Car étant donné que celui qui rampe arrive à se déplacer de manière efficace, il ne sent pas le besoin d'apprendre à marcher. Certains enfants se déplacent même en position assise, en se traînant les fesses et, puisqu'ils arrivent à transporter leurs jouets tout en se déplaçant, ils ne sont pas très motivés à apprendre à marcher. Ils marchent donc souvent plus tard que les autres.

### Assis gentiment

La position assise permet à l'enfant d'avoir une meilleure vue du monde qui l'entoure. On passe rarement à côté d'un bébé assis dans son siège sans lui dire «bonjour». Quand il est assis et attaché dans le panier d'épicerie, tout le monde dans la file d'attente lui rend ses sourires. Allongé sur le dos, bébé a une bonne vue du plafond ou du ciel, mais ceux-ci sont rarement très intéressants. Quand il est assis, il a tout un monde à découvrir. Les bébés qui s'ennuient finissent par s'endormir et, avec le temps, ils prennent du retard dans leur développement.

**Sur ses deux jambes**
Bientôt, bébé se sentira limité en position assise et il commencera à vouloir se mettre debout. Il franchira alors une autre étape importante de son développement moteur !

| 25 – 28 semaines | 29 – 32 semaines |
|---|---|
| Maintenant, il peut s'asseoir tout seul et rester assis sans support pendant un court moment. | Il s'assoit tout seul et peut se pencher vers l'avant, se déplacer un peu et faire des bonds sans basculer. |

# Ramper et marcher

La mobilité de bébé change tout. On ne peut plus le poser par terre pour qu'il joue tranquillement, tandis qu'on fait autre chose. Avant qu'on s'en aperçoive, il sort de la pièce qu'on a si soigneusement aménagée pour lui et s'aventure dans la cuisine qui n'est pas encore prête à le recevoir.

**Bébé se balance**
Vers l'âge de 20 à 26 semaines, quand il est sur le ventre, votre bébé commencera à plier les genoux et à les ramener sous son ventre pour se mettre à quatre pattes et se balancer d'en avant en arrière.

Bébé sort les livres de la bibliothèque, il renverse les bols du chat, puis explore et goûte sa nourriture, bref, on ne peut plus le quitter des yeux un seul instant. Et il est aux anges! Quand il commence à se déplacer par lui-même, il franchit un grand pas dans son développement. Il devient plus intéressé par le monde qui l'entoure, plus sociable et il développe une foule d'aptitudes. À ce stade, un test pour mesurer le quotient intellectuel des bébés placerait ceux qui sont mobiles loin devant les autres. Mais tous les bébés font ce grand pas quand ils deviennent mobiles. À 2 ans, quand presque tous les bébés se déplacent par eux-mêmes, on ne constate presque plus de différence entre eux.

Les enfants font ce grand pas parce qu'ils sont excités par leur mobilité, et les enfants excités apprennent rapidement. En outre, ils réagissent beaucoup plus aux gens autour d'eux. C'est avec des yeux de lynx que nous les surveillons, car malgré tous nos efforts pour aménager leur environnement de façon sûre, il y aura toujours quelque chose qu'on aura oublié. Et, en les surveillant d'aussi près, nous avons

| **LES ÉTAPES IMPORTANTES DU DÉVELOPPEMENT MOTEUR : RAMPER ET MARCHER** | | | | | |
|---|---|---|---|---|---|
| 1 – 14 semaines | 15 – 20 semaines | 20 – 26 semaines | 27 – 33 semaines | 34 – 38 semaines | 38 – 52 semaines |
| **Ramper** Sur le ventre, bébé esquisse les mouvements pour ramper, en déplaçant le bras et la jambe du même côté du corps. Il n'est pas encore capable de se tourner d'en avant vers l'arrière. **Marcher** Quand on prend bébé en le tenant sous les bras, son corps est mou, mais si ses pieds touchent une surface en pente, il esquisse quelques pas en levant les genoux bien haut. Allongé sur le dos, il bat des jambes et donne des coups de pied quand il pleure ou est excité. | **Ramper** Quand bébé est sur le ventre, il se soulève en s'appuyant sur ses bras et en fléchissant les genoux. Il roule sur le dos. Quand on le porte, il commence à maintenir sa position. Si vous lui faites perdre l'équilibre, il battra des bras pour le recouvrer. **Marcher** Si, quand vous êtes assise, vous tenez votre bébé sous les bras, il commencera à supporter une grande partie de son poids en se tenant debout sur vos genoux. | **Ramper** Bébé tourne la tête de côté et vers l'arrière en levant les épaules et en courbant le dos. Avec le temps, il finit par pouvoir rouler et passer de son dos à son ventre. Quand il est sur le ventre, il peut se déplacer en se traînant à l'aide de ses bras. **Marcher** Quand vous le tenez sous les bras, il supporte presque tout son poids et peut faire un pas ou encore pousser avec ses pieds. | **Ramper** Quand bébé est sur le ventre, il peut tournoyer d'un côté et de l'autre et se traîner vers l'avant. Il commence à se déplacer tant bien que mal, sur les mains et les genoux. **Marcher** Son adaptation posturale s'améliore. Quand il est debout sur vos genoux, il bouge les pieds. Il peut aussi commencer à se déplacer en se tenant aux meubles. | **Ramper** Bébé conjugue le fait de rouler, de tournoyer et de se traîner pour se déplacer, même s'il ne rampe pas comme tel. Et s'il rampe, son mouvement s'améliore et devient de plus en plus efficace. **Marcher** Quand on le tient pour l'aider à se déplacer, il ajuste son équilibre à chacun de ses pas. Au début, il s'accroche à vous avec ses deux mains et, avec le temps, il en libère une et l'utilise pour explorer. | **Ramper** Bébé roule en position assise, se met à ramper et se rassoit quand il est arrivé là où il voulait se rendre. Il réussira à se tourner avant d'essayer de descendre des marches, mais pourra monter un escalier à quatre pattes. **Marcher** Ses pas sont de plus en plus assurés. Il peut faire quelques pas sans se tenir et, s'il a un appui, il peut tendre la main et prendre un jouet. Il peut se lever et se tenir debout tout seul. Il marche en vous tenant la main. Il peut soulever un pied, tandis qu'il est debout. |

tendance à leur parler et à réagir davantage. Au bout de quelques semaines, nous commençons à nous sentir plus confiants et à nous dire qu'ils ne se feront sans doute pas de mal, et enfin, nous nous relaxons. En même temps, l'excitation initiale de la mobilité de l'enfant s'atténue et il continue à progresser comme avant, à un rythme plus régulier.

## Prenez garde, bébé pourrait ramper plus tôt que vous ne le pensez

Vous croyez peut-être que votre enfant ne rampera pas avant plusieurs mois encore (et vous avez peut-être raison), mais dites-vous bien que dès qu'un bébé est sur le ventre, il peut se traîner. Si vous le quittez pour aller répondre à la porte, il peut se rendre dans une zone dangereuse, à moins que la pièce ne soit complètement aménagée en fonction de sa sécurité. Quand vous posez votre bébé sur le ventre, même s'il est tout jeune, assurez-vous qu'il n'y ait rien au sol qu'il puisse atteindre ni rien sur quoi il risque de se frapper, comme le coin d'une table basse. Il ne faut pas non plus qu'il puisse débouler une marche.

## Comment l'encourager à ramper

● Naturellement, votre bébé ne rampera pas avant d'être prêt à le faire, mais si vous ne le posez jamais sur le ventre pour jouer, il ne pourra jamais essayer. Certains parents ne placent jamais leur bébé sur le ventre à cause des risques de mort subite du nourrisson. Mais, bien qu'il ne soit pas sage de laisser dormir un enfant sur le ventre, il n'y a aucun danger à le laisser jouer dans cette position.
● Une surface lisse est recommandable. En effet, si les genoux de bébé lui font mal parce que le sol est trop rugueux, il n'aura pas tendance à se mettre à quatre pattes.
● Les bébés qui rampent adorent être poursuivis et jouer à cache-cache derrière les meubles.

## Comment l'encourager à marcher

● Le fait de marcher nu-pieds aide à renforcer les muscles des pieds, des chevilles et des jambes.
● Les canapés et les petites tables sont très pratiques, car bébé peut s'y appuyer pour marcher. Quand il peut se reposer contre un meuble ou y poser une main, placez-y des jouets pour l'encourager à marcher le long du meuble.
● Étendez ses limites et laissez-le explorer une plus grande partie de la pièce. Quand il fait

quelques pas, vous pouvez déplacer vos meubles un peu pour lui permettre de faire des distances de plus en plus grandes.

## Les progrès après la première année

**52 – 58 semaines.** Bébé marche en vous tenant la main et commence bientôt à marcher tout seul, mais il perd l'équilibre s'il s'arrête soudainement.
**18 mois.** Il monte et descend l'escalier sans aide en posant les deux pieds sur chaque marche.
**24 mois.** Il court, marche par en arrière et se penche pour ramasser des choses sans perdre l'équilibre.
**30 mois.** L'enfant peut maintenir son équilibre sur la pointe d'un seul pied et sauter en levant les deux pieds simultanément.
**3 ans.** Peut sauter à cloche-pied et courir les deux pieds bien à plat au sol (et non sur la pointe des pieds). Ne peut changer de direction en courant. Se traîne les pieds lorsqu'il essaie de gambader.
**4 ans.** L'enfant continue à monter et à descendre les escaliers en posant les deux pieds sur chaque marche jusqu'à l'âge de 52 mois environ, où il commence à poser ses pieds en alternance sur des marches consécutives. Il maîtrise bien la course et peut s'élancer, s'arrêter et tourner subitement, mais il peut encore être incapable d'augmenter ou de diminuer sa vitesse sans d'abord s'arrêter. À 4 ans, l'enfant peut sauter à cloche-pied environ huit fois de suite et grimper sur un grillage et en redescendre. Il peut faire environ huit pas en posant les pieds en alternance si on le fait marcher sur un mur. Toutes ces aptitudes s'amélioreront au cours de la prochaine année. S'il sautille et gambade, ce n'est pas encore sur la pointe des pieds, mais il peut sauter des haies, comme dans les courses de sauts de haie.
**5 ans.** Il peut gambader en utilisant les deux pieds en alternance. Il galope en commençant avec un pied ou l'autre, court, peut esquiver un obstacle, augmenter ou réduire sa vitesse et changer de direction sans devoir d'abord s'arrêter. Il peut faire une dizaine de sauts à cloche-pied, voire plus. À cet âge, la plupart des enfants peuvent se hisser le long d'une échelle de corde. Ils sautent aisément : lèvent les bras pour s'élancer et s'accroupissent en atterrissant.

## VOIR AUSSI

| | |
|---|---|
| Apprendre à contrôler son corps | **82-83** |
| Assis et debout | **88-89** |
| Bébé devient mobile | **92-93** |
| Aménager un intérieur sûr | **204-205** |

**Cache-cache**
Les enfants adorent ramper dans des tunnels et réapparaître à l'autre bout. Vous pouvez acheter des tunnels pliants en accordéon ou en fabriquer vous-même avec des boîtes de carton que vous vous procurez à l'épicerie.

# Bébé devient mobile

Les enfants ne passent pas tous de la position allongée à la position assise en même temps, ils ne se mettent pas à ramper ni à se tenir debout au même âge et certains peuvent sauter une étape complète. Mais le tableau ci-dessous vous donne une bonne idée des progrès auxquels vous attendre.

| LE DÉVELOPPEMENT DES CAPACITÉS MOTRICES | | | |
|---|---|---|---|
| **Mois** | **Presque tous les enfants peuvent** | **La plupart des enfants peuvent** | **Certains enfants peuvent** |
| **1** | Lever la tête brièvement quand ils sont allongés sur le ventre. | Lever la tête à 45° quand ils sont allongés sur le ventre. | Lever la tête à 90° quand ils sont allongés sur le ventre; se déplacer un peu sur le ventre. |
| **2** | Commencer à s'étirer quand ils sont allongés sur le dos ou sur le ventre; lever la tête et la tenir brièvement quand ils sont sur le ventre. | Lever la tête et la tenir brièvement quand ils sont sur le ventre et se déplacer un peu en se tortillant. | Tenir la tête droite quand ils sont en position verticale; lever la tête quand ils sont allongés sur le dos; et quand ils sont sur le ventre, rouler sur le dos. |
| **3** | Lever la tête à 45°; s'allonger à plat sur le dos ou sur le ventre, les bras tendus le long de la tête; se déplacer un peu en se tortillant plus ou moins. | Lever la tête à 90°; lever la tête quand ils sont allongés sur le dos et rouler sur le ventre. | Tenir la tête droite quand ils sont en position verticale; lever la tête quand ils sont sur le ventre en se soutenant à l'aide de leurs bras; avancer un peu quand ils sont sur le ventre. |
| **4** | Lever la tête à 90° quand ils sont sur le ventre; lever la tête quand ils sont allongés sur le dos; avancer quand ils sont sur le ventre (la tête levée à 45°). | Tenir la tête droite quand ils sont en position verticale; lever la tête quand ils sont sur le ventre en se soutenant à l'aide de leurs bras; rouler du dos sur le ventre ou vice versa, une fois. | Garder la tête au même niveau que le corps quand on les tire doucement par les bras pour les asseoir; supporter une partie de leur poids avec les jambes; rouler du dos sur le ventre. |
| **5** | Tenir la tête droite quand ils sont en position verticale; lever la tête quand ils sont sur le ventre en se soutenant à l'aide de leurs bras; d'une position sur le ventre, rouler sur le dos. | Supporter une partie de leur poids avec les jambes; quand ils sont sur le ventre, avancer un peu en se tortillant, les épaules levées; garder la tête au même niveau que le corps quand on les tire doucement par les bras pour les asseoir. | S'asseoir sans être soutenus; quand ils sont sur le ventre, se hisser en poussant avec leur bras ou leurs jambes; rouler du dos sur le ventre et vice versa; ramper en se déplaçant comme s'ils nageaient. |
| **6** | Garder la tête au même niveau que le corps quand on les tire doucement par les bras pour les asseoir; avancer en se traînant quand ils sont sur le ventre en se servant de leurs genoux et de leurs cuisses. | Supporter une partie de leur poids avec les jambes; s'asseoir sans être soutenus; se hisser en poussant avec les bras ou les jambes. | Rester debout en se tenant ou en étant retenus; s'asseoir tout seuls; se mettre à quatre pattes et se balancer. |
| **7** | S'asseoir sans être soutenus; rouler aisément du dos sur le ventre et vice versa. | Avancer en rampant sur le ventre en ramenant le genou et la cuisse vers l'avant; se mettre à quatre pattes et se balancer. | Rester debout en se tenant ou en étant retenus; ramper à quatre pattes; se hisser en position assise quand ils sont allongés sur le ventre. |
| **8** | Supporter une partie de leur poids avec les jambes; se hisser en poussant avec les bras tendus; avancer en se traînant sur le ventre comme s'ils nageaient. | Rester debout en se tenant ou en étant retenus; se hisser en position assise quand ils sont allongés sur le ventre; se mettre à quatre pattes et se balancer. | Marcher en se tenant aux meubles; ramper; quand ils sont assis, se lever debout en se tenant aux meubles. |

Au fur et à mesure que votre enfant devient mobile, il sera ravi de tous les nouveaux endroits de la maison qu'il peut explorer. La position assise lui donne une meilleure vue de son environnement. Des habiletés manuelles accrues lui permettent de manipuler et d'examiner les choses qu'il peut ramasser. Et, finalement, le fait de marcher lui ouvre tout un monde : d'autres pièces à découvrir, le jardin et tout le monde extérieur. Pas étonnant qu'à ce stade ses capacités intellectuelles fassent aussi un grand pas.

Profitez de cette période d'exploration et de découvertes avec lui, mais soyez aussi consciente des problèmes qu'entraîne sa nouvelle mobilité : l'accès aux choses et aux endroits qui peuvent être dangereux.

**VOIR AUSSI**

| | |
|---|---|
| Apprendre à contrôler son corps | **82-83** |
| Assis et debout | **88-89** |
| Ramper et marcher | **90-91** |
| L'aménagement d'un intérieur sûr pour bébé | **204-205** |

## LE DÉVELOPPEMENT DES CAPACITÉS MOTRICES

| Mois | Presque tous les enfants peuvent | La plupart des enfants peuvent | Certains enfants peuvent |
|---|---|---|---|
| 9 | Se mettre à quatre pattes et se balancer ; se lever en se hissant sur leurs jambes tendues. | Rester debout en se tenant ou en étant retenus ; se hisser en position assise quand ils sont allongés sur le ventre et se lever debout quand ils sont assis. | Commencer à faire quelques pas en se tenant aux meubles. |
| 10 | Rester debout en se tenant à quelque chose ; passer de la position assise à la position debout ; marcher à quatre pattes. | Se hisser en position assise quand ils sont sur le ventre ; commencer à marcher en se tenant aux meubles. | Rester debout tout seuls pendant un instant ; se pencher pour ramasser un jouet en s'accrochant à quelque chose ; faire quelques pas avec un soutien minimal. |
| 11 | Se hisser en position assise, quand ils sont sur le ventre. | Marcher en se tenant aux meubles ; rester debout tout seuls pendant un instant. | Marcher tout seuls en se dandinant, les jambes écartées ; se tenir debout tout seuls. |
| 12 | Se déplacer en se tenant aux meubles, ramasser un jouet en se retenant à quelque chose. | Rester debout tout seuls pendant un instant ; ramasser un jouet en se retenant à quelque chose. | Faire quelques pas d'un meuble à un autre, et un ou deux pas le long des meubles. |
| 13 | Faire quelques pas avec un minimum de soutien ; se tenir debout pendant un instant. | Faire quelques pas le long d'un meuble. | Marcher à différentes vitesses ; changer facilement de direction. |
| 14 | Se tenir debout tout seuls. | Marcher à différentes vitesses ; tourner. | Ramasser un jouet ; marcher et transporter des jouets. |
| 15 | Marcher tout seuls. | Ramasser un jouet ; marcher et transporter des jouets. | Courir en ligne droite ; s'arrêter pour tourner. |
| 18 | Ramasser un jouet ; marcher et transporter des jouets. | Courir en ligne droite ; s'arrêter pour tourner. | Monter un escalier en posant les deux pieds sur chaque marche. |
| 21 | Courir en ligne droite ; s'arrêter pour tourner. | Monter un escalier en posant les deux pieds sur chaque marche. | Courir et changer de direction. |
| 24 | Monter un escalier en posant les deux pieds sur chaque marche. | Courir et changer de direction. | Sautiller sur place ; se tenir sur la pointe des pieds. |
| 30 | Courir et changer de direction ; monter et descendre des escaliers tout seuls. | Marcher sur la pointe des pieds. | Se tenir sur un pied pendant une seconde. |
| 36 | Marcher sur la pointe des pieds. | Se tenir sur un pied pendant une seconde ; se déplacer en sautant. | Se tenir sur un pied pendant deux secondes. |

# Tendre les mains pour saisir

Au début, bébé a presque toujours les mains fermées et sa vision ne lui permet pas de voir les détails. Même s'il voyait ses mains, il ne saurait pas qu'elles lui appartiennent et qu'il peut les utiliser à volonté.

À 1 an, votre enfant pourra prendre, pousser, caresser et passer des jouets d'une main à l'autre. Il pourra ramasser un petit pois, échapper sa tasse, tenir lui-même son biscuit et frapper son assiette avec une cuillère. Il peut prendre le jouet que vous lui tendez, gribouiller et tourner les pages d'un livre cartonné.

Avant cet âge, il a beaucoup à apprendre. Un nouveau-né ne peut pas remuer ses mains à volonté. Quand quelque chose effleure la paume de sa main, ses doigts se replient par réflexe. Au début, ses mains sont presque toujours fermées. Puis, au fur et à mesure que le réflexe s'atténue, elles s'ouvrent, mais il ne peut toujours pas contrôler ses doigts. Jusqu'à l'âge de 8 ou 9 mois, il prendra les choses en utilisant la «prise du gant», un faible réflexe de préhension.

## Voir ses mains

Au cours des premières semaines, votre bébé perd peu à peu sa position fœtale recroquevillée et il se met à remuer les bras et les jambes quand il est excité. Il adore bouger ainsi et voir ses mains, mais il ne sait probablement pas qu'elles lui appartiennent. Avec le temps, il se rend compte que lorsque ses mains bougent, il les sent bouger. Vers 16 semaines, il aime être allongé sur le dos et fixer ses mains. Si vous attachez une clochette à son blouson ou à ses mitaines, il trouvera plus facilement ses mains.

## Apprendre à contrôler

Au départ, bébé ne contrôle que sa bouche et sa langue. Au fur et à mesure que son cerveau se développe et que les différentes parties parviennent à maturité, il apprend à contrôler et à utiliser ses différents muscles. Le contrôle cérébral et le développement musculaire commencent par le cou, puis les épaules et ensuite le haut du dos et les bras. Au début, bébé frappe et son mouvement part des épaules. Son geste se précise ensuite et s'exécute à partir des poignets. Finalement, l'enfant peut remuer les doigts séparément et comme il veut.

## Apprendre à saisir

La «prise du gant» se fait avec la main à plat. Les doigts s'abaissent dans un ordre prédéterminé (3e, 2e, 1er et 4e) et puis le pouce se

**Donne !**
Après l'âge de 6 mois environ, quand bébé peut s'asseoir, il tend les bras pour saisir tout ce qui se trouve près de lui.

**Mmmmmm ! Délicieux !**
Au début, bébé porte tout à sa bouche. Il explore le monde avec ses lèvres et sa langue, car il n'est pas encore assez habile de ses mains.

referme sur le premier doigt. De cette façon, l'enfant peut prendre des objets, mais il lui est difficile de les manipuler ainsi. Cette « prise du gant » sera bientôt remplacée par une « prise digitale ».

Pour la « prise digitale », bébé utilise l'index et le pouce, un peu comme le crabe utilise sa pince, pour saisir de petits objets. Cela se fait en deux temps. D'abord, il se sert de ses doigts comme d'une pincette, puis il les plie et n'en utilise que le bout.

Quant à la « prise palmaire », il s'agit de prendre un objet dans le creux de la main, et d'utiliser le pouce en opposition aux autres doigts. Puisque bébé peut maintenant remuer chaque doigt séparément, il a plus de contrôle sur ce qu'il tient. Il peut aussi tenir quelque chose d'une main et l'explorer de l'autre.

## Tendre les mains

Tendre les mains est un mouvement complexe. Les adultes se préparent toujours avant de tendre la main vers quelque chose : ils se demandent s'ils auront besoin d'une seule ou des deux mains, ils déterminent l'angle qu'ils devront donner à la main lors du contact, et l'ouverture que chacune des mains devra avoir. En tant qu'adultes, nous évaluons tous ces critères de façon automatique, mais comme pour les autres capacités motrices, bébé doit aussi apprendre à s'en servir.

Au cours des premières semaines, les bébés réussissent étonnamment bien à tendre les mains, mais il ne s'agit là que d'un réflexe. Ils ne guident pas leurs mains à vue, ils les avancent brusquement pour saisir tout ce qui attire leur attention, même un bruit. Ce réflexe disparaît bientôt et le bébé doit commencer le long processus d'apprentissage du contrôle visuel des mains. En même temps, il commence à pouvoir contrôler ses doigts, ce qui lui permet de prendre, tenir et déposer ce qu'il voit.

Un bébé commence par élancer son bras d'un mouvement qui part de l'épaule. Et puis, un jour, en remuant les bras, il heurte un jouet. Le jouet bouge, bébé s'excite et bat des bras encore plus vigoureusement. Par hasard, il frappe de nouveau le jouet. C'est ainsi qu'il apprend à bouger ses membres de façon de plus en plus précise. Au fur et à mesure que le réflexe des poings fermés s'atténue, il utilise

sa main ouverte pour frapper et c'est à partir de ce geste que se développe la préhension volontaire.

## Pour l'aider à saisir

Les objets en forme de bâtonnet ou d'haltère sont les plus faciles à saisir. Tenez l'objet pour que bébé puisse le voir. Puis, pendant qu'il tend la main vers l'objet, voyez son regard passer de l'objet à sa main. Mais parce que sa main lui est familière et intéressante, il oublie souvent le jouet et fixe son attention sur sa main. Si c'est un hochet que vous lui présentez, vous pouvez l'agiter pour lui rappeler la présence du jouet. Avec le temps, bébé se laissera de moins en moins distraire par ses mains. En fait, au début, il approche sa main du jouet, puis le saisit les yeux fermés.

## Apprendre à relâcher

Les jeunes bébés ne relâchent pas les choses de façon intentionnelle. Quand ils aperçoivent un nouveau jouet, ils ouvrent les mains pour le prendre et, ce faisant, échappent ce qui s'y trouvait déjà. Ce n'est que vers l'âge de 8 à 10 mois que l'enfant relâche consciemment un premier jouet pour en prendre un autre. Au début, disons plutôt qu'il ouvre la main et que le jouet s'en trouve libéré. Puis, un peu plus tard, il déplie les doigts et incline sa main. Avec le temps, il tournera la main avant de l'ouvrir et il répétera ce mouvement maintes et maintes fois !

**VOIR AUSSI**

| | |
|---|---|
| Premiers jeux et jouets | **60-61** |
| Les premiers réflexes de bébé | **66-67** |
| De petites mains habiles | **98-99** |
| Aménager un intérieur sûr | **204-205** |

**Bang, bang !**
Après l'âge de 6 mois, bébé contrôle ses mains et voilà que le temps où il frappait à tout hasard est désormais révolu. Il se met à explorer ses jouets et à découvrir de nouveaux bruits !

**NE PAS**

● Donner trop de jouets à votre bébé. Tendre les mains pour saisir est certes une habileté importante, mais explorer en est une autre. Les bébés tendent automatiquement les mains vers tout ce qui attire leur attention et il est contre-productif de les inonder de jouets. Au lieu d'explorer un jouet à fond, ils se contenteront de les prendre brièvement les uns après les autres.
● Les cordes et cordons ne devraient jamais être assez longs pour pouvoir s'enrouler autour du cou de votre enfant.
● Ne laissez pas un bébé jouer avec un objet assez petit pour qu'il puisse l'avaler.
● Ne lui donnez rien qu'il pourrait enfoncer dans sa gorge ou ses yeux en essayant de porter ses mains à sa bouche.

# Apprendre à parler

Les premiers « mots » de bébé, ne sont pas des mots, mais plutôt des signes qu'il utilise pour nous faire savoir ce qu'il veut et ce qu'il sait. La plupart des enfants progressent ensuite rapidement des signes aux babillages, et des babillages aux mots et aux phrases.

**Tous les jouets sont des « couac-couac »**
Au début, il se peut que votre enfant utilise le son « couac-couac » pour désigner tous ses jouets. Ce n'est que si vous le corrigez qu'il pourra apprendre à utiliser des noms différents pour ses autres jouets.

Il se peut que bébé utilise quelques signes ou mimiques comme celui de lever les mains en l'air quand vous lui demandez : « Est-ce que tu es grand ? » ou encore qu'il porte sa tasse vide à sa bouche pour exprimer : « Je sais à quoi ça sert. » Vous reconnaîtrez sans doute une grande variété de petits signes qu'il utilise couramment. Mon fils avait l'habitude de mimer les gestes de la comptine : « Une poule sur un mur » chaque fois que nous voyions l'image d'une poule et ma fille mettait toujours son nez sur les images de fleurs comme s'il s'agissait de vraies.

## Son tout premier mot

En général, les enfants prononcent leur premier mot vers l'âge de 10 ou 11 mois et il s'agit habituellement d'une simple répétition d'un son comme « papa », « mama », « lolo » (pour l'eau), « miaou-miaou » (pour chat) ou « noum-noum » (pour nourriture) qui sont des exemples caractéristiques. Souvent, ces sons sont accompagnés d'un signe, comme le fait de tendre la main pour signifier « regarde là ».

Mais ce ne sont pas tous les bébés qui prononcent des mots aussi tôt, et une minorité significative peut ne rien dire du tout pendant trois ou quatre mois encore. Presque tous comprennent cependant beaucoup plus que ce qu'ils peuvent exprimer et, pour certains, l'écart entre ce qu'ils comprennent et expriment est plus grand que pour d'autres.

## De plus en plus de mots

À l'âge de 16 ans, votre enfant aura un vocabulaire d'environ 40 000 mots et du double si l'on tient compte des noms propres et des expressions idiomatiques. Ce qui signifie qu'il doit apprendre un nombre phénoménal d'environ 100 mots par semaine tout au long de son enfance. La seule stratégie qui fonctionne pour l'enfant est d'utiliser un mot, d'espérer qu'il convient et d'attendre qu'on le corrige au besoin : « Oui, c'est un camion » ou « Non, pas un camion, un tracteur ».

Dans la pratique, cette stratégie signifie que l'enfant commence par sur-utiliser un mot, puis il en raffine la signification. Ainsi, au début, tous les hommes sont des « papas ». Plus tard, il apprend le mot « homme » et il n'utilise le mot « papa » que pour son père.

| **LES PRINCIPALES ÉTAPES DU LANGAGE** | | | | |
|---|---|---|---|---|
| **Vers 30 semaines** | **Vers 34 semaines** | **Vers 10 mois** | **Vers 11 mois** | **Vers 1 an** |
| Il peut utiliser un signe simple comme « lever les bras » pour signifier qu'il veut se faire prendre, ou encore « serrer les lèvres et secouer la tête » pour signifier « non ». | Il crie pour attirer l'attention et manifeste ses émotions par des sons : il gémit ou pousse des cris de joie. Il réagit à des mots simples comme « non » et « bye-bye ». Il peut faire un son comme « miaou-miaou » quand il voit un chat. | Il peut dire « papa » et avoir un autre mot ou son significatif dans son vocabulaire. Ses babillages ressemblent à un langage. Il comprend bon nombre de mots et peut, par exemple, lever le pied si on lui dit : « Montre-moi ton pied. » | Il peut dire « maman » et avoir encore deux autres mots à son vocabulaire ou plus encore. Il s'agit habituellement de mots comme « veux » ou « non ». Il babille comme s'il avait l'impression de dire quelque chose de significatif. Certains enfants parsèment leurs babillages de vrais mots. | Il dit deux ou trois mots et utilise un bon nombre de sons significatifs. Il pointe, papote et comprend beaucoup plus qu'il ne parle. Un mot, pour lui, peut couvrir toute une catégorie d'objets. Ainsi, tous les animaux peuvent être des « miaou-miaou ». |

Pour la plupart des enfants, les premiers mots font référence aux choses qu'ils voient et qu'ils peuvent pointer du doigt. Et parmi les 50 premiers mots, environ 40 seront des noms communs et seulement 7, des verbes. Certains enfants parlent d'abord de leurs relations avec les autres, de leurs sentiments et de leurs besoins. Ils utilisent des mots tels que « moi » et « toi » et des jumelages tels que « moi aime », ou « moi veux » ou « faire ça ».

## La juxtaposition des mots

Vers l'âge de 21 à 26 mois, les enfants commencent à associer des mots pour faire des phrases simples à deux mots. Ces phrases enfantines sont loin d'être aléatoires. Chacune contient habituellement un mot pivot et un nom. Voici quelques exemples typiques de mots pivots : « là », « où », « ça », « donne », « bye-bye », « parti », « veux ». L'enfant associe ces pivots à des noms pour faire des phrases du genre : « papa parti », « nounours parti », « bye-bye chat », « bye-bye maman ».

## Pour aider votre enfant

● Répétez ses phrases et faites-en des plus longues : « C'est un chien », « C'est un beau chien ». Cela lui indique clairement que vous avez compris ce qu'il a dit et l'aide à apprendre à formuler de nouvelles phrases.
● Interprétez et répétez ce qu'il veut dire. Si, par exemple, il dit : « auto Louis », répondez : « Oui, c'est l'auto de Louis » ou « Où est l'auto de Louis ? »
● Utilisez des phrases courtes et complétez-les. Utilisez une grammaire simple et des phrases directes.

| Vers 21 mois | Vers 22 mois |
|---|---|
| Son vocabulaire comprend une cinquantaine de mots et il commence à les associer pour faire des phrases à deux mots. | L'enfant choisit un ou deux mots pivots qu'il associe à une grande variété de noms. Il fait des phrases telles que : « papa parti », « nounours parti », « bye-bye papa », « bye-bye chat ». |

● Mettez de l'emphase : « Voilà le nounours ! »
● Regardez les objets dont vous parlez : bébé suivra votre regard et associera le son qu'il entend à l'objet qu'il regarde.
● Parlez de ce que vous voyez et entendez. Quand vous lui montrez une image dans un livre, nommez-la.
● Parlez de ce que fait l'enfant et demandez-lui d'aller chercher des choses pour vous. Parlez-lui en lui donnant à manger, en le langeant et en le baignant. Les premières phrases des enfants concernent souvent les activités courantes et familières. Prenez le temps de vous asseoir et de causer avec lui chaque jour.
● Parlez de ce qu'il possède. Ses premières phrases porteront sans doute sur « ses » choses.
● Utilisez des mots simples pour que bébé puisse suivre le fil de ce que vous dites. N'utilisez qu'un ou deux mots nouveaux chaque jour pour qu'il puisse progresser, mais ne vous attendez pas à trop d'un seul coup.

## Quand doit-on s'inquiéter ?

● Il est important de détecter la surdité le plus tôt possible. Si vous êtes inquiète, demandez qu'on lui fasse passer un test d'audition. On devrait toujours faire évaluer l'audition des enfants au cours de la première année et entre l'âge de 12 et 18 mois, surtout s'ils ont eu des otites.
● Un enfant qui commence à parler tard n'a pas nécessairement de problèmes d'audition, et c'est souvent le cas dans les familles qui ont des antécédents de dyslexie. Si votre enfant communique bien au moyen de gestes et de sons, et que vous voyez qu'il comprend ce que vous dites, son ouïe est sans doute normale.
● Consultez un spécialiste si l'enfant ne comprend aucun mot à l'âge de 14 mois ; s'il ne dit toujours rien vers l'âge de 18 à 21 mois ; s'il commence à parler plus tôt, mais que son langage ne progresse pas ; s'il ne parle pas encore clairement à 3 ans.

**Chut ! Silence !**
Les gestes ont souvent plus de portée que les mots. Votre enfant apprendra bientôt à associer le geste du doigt sur les lèvres avec le fait de devoir se taire, peut-être aussi avec un son « shhh ».

**Jeux d'habileté**

Le nombre d'habiletés
manuelles requises pour
un simple jeu de ballon est
étonnant : il faut pouvoir
tourner les poignets,
savoir lancer et lâcher
prise, attraper, saisir
et tenir.

# De petites mains habiles

Après les réflexes précoces de préhension, votre enfant pourra bientôt tendre les mains pour prendre, saisir et tenir. Et certains jeux peuvent l'aider à progresser vers des activités qui nécessitent un plus haut degré de dextérité et de précision.

Le fait de passer d'un jouet à un autre et d'échanger des jouets avec vous ou avec un autre enfant aide votre enfant à développer une bonne coordination des deux mains.

### Placer un objet

Voilà qui requiert beaucoup de dextérité. L'enfant doit tourner sa main dans la bonne direction tout en tenant l'objet, l'aligner pour le placer et le relâcher très doucement. S'il n'arrive pas à exécuter correctement l'une ou l'autre de ces étapes, l'objet ne sera pas placé convenablement. Quand bébé vient au monde, il a très peu d'os dans le poignet et ces derniers ne commencent à se développer que lorsque l'enfant peut contrôler ses doigts. Jusqu'à ce que son poignet soit complètement développé, il ne peut tourner la main ni placer quoi que ce soit avec précision.

### Rouler

Dès que l'enfant peut poser les mains l'une contre l'autre comme pour applaudir, il peut « attraper » un gros ballon que vous roulez vers lui. Asseyez-vous devant lui, les jambes écartées, et roulez-lui le ballon de sorte qu'il se rende directement à ses mains et ses jambes tendues. Ses jambes écartées empêcheront le ballon de rouler hors de portée de main. Et bien qu'il puisse « attraper » le ballon ainsi, jusqu'à ce qu'il apprenne à lâcher prise, il lui sera plus difficile de vous le renvoyer.

### Lancer

La plupart des enfants commencent à lancer entre 12 et 18 mois. Une balle en mousse ou un aki sont les jouets les plus faciles à manier et les moins dangereux pour apprendre à lancer. Avec le temps, l'enfant maîtrisera de plus en plus ses lancers, mais même quand il commencera l'école, ceux-ci manqueront encore de précision.

### Attraper

Il est encore plus difficile d'attraper une balle que de la lancer. Apprenez-lui d'abord à attraper un ballon de plage. Tenez-vous tout près de l'enfant et lancez-lui le ballon en le posant presque entre ses mains. Puis éloignez-vous graduellement et utilisez une balle ou un ballon plus petit. À 3 ou 4 ans, la plupart des enfants peuvent attraper et lancer un ballon sur une courte distance.

### Frapper du pied

Laissez-le s'exercer avec un gros ballon immobile. Ensuite, roulez directement le ballon vers son pied. Frapper un ballon du pied est plus difficile parce que l'enfant doit pouvoir maintenir son équilibre sur un seul pied. Il se peut qu'il puisse maintenir son équilibre assez longtemps pour frapper le ballon de son pied à 18 mois, mais il ne pourra pas le faire en courant avant l'âge de 4 ans environ, alors qu'il pourra tourner et changer de vitesse en courant. Enfin, il ne pourra pas dribbler le ballon avant l'âge de 5 ou 6 ans.

## LE CONTRÔLE DES MAINS

| Mois | Presque tous les enfants peuvent | La plupart des enfants peuvent | Certains enfants peuvent |
|---|---|---|---|
| 2 | Ouvrir les mains à volonté ; saisir un doigt placé dans leur paume. | Frapper un objet avec le bras dans un grand mouvement de balayage ; serrer (et échapper) un hochet. | Lever un bras ou les deux ensemble ; regarder leurs mains ; sucer leurs doigts. |
| 3 | Joindre les deux mains ; joindre les deux mains pour prendre un objet qu'on leur montre et qui se trouve à portée de main. | Lever un bras ou les deux ensemble ; porter la main à la bouche ; se tourner (le corps) vers un objet. | Garder les mains ouvertes ; tendre une seule main vers un objet, mais sans grande précision. |
| 4 | Déplacer leur regard de leur main à l'objet ; lever un bras indépendamment de l'autre ; porter la main à la bouche. | Tendre la main vers un objet sans nécessairement le prendre comme tel ; lever les deux bras ensemble. | Regarder et jouer avec leurs mains ; utiliser la « prise du gant » ; mettre le pouce en opposition avec les autres doigts et à la paume. |
| 5 | Joindre les deux mains ; tenir un hochet ; tendre la main pour prendre un objet ; se tourner (le corps) vers un objet. | Tendre la main et prendre un objet qui se trouve au-dessus d'eux ; regarder et jouer avec leurs mains ; faire passer un jouet d'une main à l'autre ; utiliser la « prise du gant ». | Tenir leur biberon ; tendre la main vers un objet avec une assez bonne précision ; relâcher pour lâcher prise. |
| 6 | Utiliser la « prise du gant » ; tendre la main et prendre un objet qui se trouve au-dessus d'eux ; faire passer un jouet d'une main à l'autre. | Tenir leur biberon ; tendre la main vers un objet avec une bonne précision. | Prendre un objet et le porter à la bouche ; le faire passer d'une main à l'autre ; laisser tomber un objet. |
| 7 | Prendre un objet et le porter à la bouche ; tenir leur biberon ; tendre les mains avec précision. | Tendre les mains vers un jouet ; prendre un petit objet avec les poings ; le faire passer d'une main à l'autre. | Caresser avec la main ouverte ; essayer d'atteindre un jouet qui est hors de portée ; laisser tomber délibérément un objet en tournant la main. |
| 8 | Prendre un petit objet avec leurs poings ; le faire passer d'une main à l'autre. | Essayer d'atteindre un jouet qui est hors de portée ; laisser tomber un jouet en tournant la main. | Utiliser le pouce pour tenir un gros objet ; frapper deux objets l'un contre l'autre. |
| 9 | Essayer d'atteindre un jouet qui est hors de portée ; laisser tomber des jouets en les relâchant. | Utiliser les doigts pour prendre un petit pois ; utiliser le pouce pour tenir un gros objet ; frapper deux objets l'un contre l'autre. | Battre des mains et applaudir ; laisser tomber un objet en tournant la main, puis en l'ouvrant ; relâcher volontairement des objets. |
| 12 | Ramasser un petit pois avec les doigts ; relâcher volontairement un objet ; tourner la main et laisser tomber des choses ; frapper deux objets l'un contre l'autre. | Battre des mains ; placer des objets ; pousser avec les doigts ; tourner les pages d'un livre cartonné. | Enlever les couvercles des contenants ; mettre un objet dans un contenant ; faire pivoter et empiler des jouets. |
| 15 | Utiliser le bout de leurs doigts pour prendre un petit pois. | Gribouiller et pointer. | Construire une tour avec 2 blocs. |
| 18 | Gribouiller. | Construire une tour avec 2 blocs. | Frapper un ballon du pied. |
| 21 | Construire une tour avec 2 blocs. | Lancer une balle par en dessus. | Construire une tour avec 4 blocs. |
| 24 | Construire une tour avec 4 blocs ; frapper un ballon avec le pied ; lancer une balle au-dessus de leur tête. | Construire une tour avec 6 blocs ; lancer une balle par en dessus. | Compléter un puzzle simple ; attraper un ballon de plage. |

# Le perfectionnement du langage

En quelques années seulement, votre enfant apprendra la grammaire et l'intonation de sa langue maternelle. Il passera d'un « style télégraphique » à des phrases complexes, bien qu'il puisse faire quelques erreurs en cours de route.

Le langage des jeunes enfants n'inclut pas tous les petits mots habituels de la langue et quand ils sont jeunes, les enfants éprouvent certaines difficultés précises. Ils disent « veux pomme » plutôt que « je veux une pomme » et « des animals » plutôt que « des animaux ». Votre enfant entend les mots que vous dites et il sait ce qu'il devrait dire, mais il n'arrive pas à formuler des phrases complexes.

Il s'attend à ce que vous interprétiez ce qu'il dit et non à ce que vous répétiez ce qu'il vient de dire. Quand il dit « soulier maman », cela signifie « où est le soulier de maman ? », mais sa capacité de mémoire ne lui permet pas d'utiliser autant de mots, puisqu'il ne peut qu'organiser un ou deux mots à la fois.

## Capacité de mémoire

La plupart des adultes ont une capacité de mémoire d'environ sept éléments. Cette limitation influence notre façon de faire nos phrases. Nous ne pouvons en effet comprendre une longue phrase que dans la mesure où celle-ci est constituée de plusieurs courtes sections. Or, comme chez l'enfant la capacité de mémoire n'est que de deux ou trois mots, il lui est difficile de faire des phrases plus longues. C'est pourquoi il ne se concentre que sur l'essentiel et c'est aussi ce qui explique le style télégraphique de son discours.

À la naissance, le bébé est conscient de ce qu'il voit, mais lorsqu'il détourne les yeux, il oublie complètement ce qu'il vient de voir. Sa capacité de mémoire n'est que d'un instant. Au cours de la première année de vie, elle augmente graduellement et, vers l'âge de 8 mois, il peut détourner les yeux et reprendre ensuite ce qu'il faisait parce qu'il se rappelle ce qu'il était en train de faire.

À 1 an, sa capacité de mémoire lui permet de combiner des mots et des gestes comme pointer le doigt vers un autobus en disant le mot. Pour se faciliter la tâche, il commence par pointer l'index et ensuite il dit le mot plutôt que de faire les deux simultanément comme ce serait le cas s'il disait « Regarde autobus ».

À 2 ans, il peut suivre ce que vous dites et il saura comment les choses devraient être dites, même s'il n'arrive pas encore lui-même à le faire. Puis, au fur et à mesure que sa capacité de mémoire augmente, ses phrases s'allongent. Il commence à utiliser les petits mots charnières.

## L'apprentissage et la mise en pratique des règles de la langue

Les enfants peuvent apprendre beaucoup de mots. En nous écoutant, ils remarquent la manière dont nous les agençons et c'est ainsi

qu'ils déduisent les règles de la langue. Quand l'enfant peut former les passés, par exemple, et dire «chantait» au lieu de «chante», il fera encore des erreurs comme «sontaient» au lieu de «étaient», mais c'est ainsi que nous saurons qu'il a compris les bases du passé. En vous écoutant et en apprenant les différentes règles, ses phrases deviendront de plus en plus complexes.

## Les phrases complexes

À 3 ans, les enfants commencent à faire des phrases complexes mais, au début, ils le font en ajoutant simplement de courtes subordonnées : «Regarde le nounours que j'ai eu.» Ce n'est que plus tard qu'ils utiliseront les incises : «La fille avec la robe rose court vite.» Bien qu'ils maîtrisent la plupart des règles du langage à 5 ans, il y a encore des tournures complexes qu'ils ne peuvent utiliser comme : «Il a bien réussi, n'est-ce pas? Elle ne ferait pas cela, n'est-ce pas?»

## Les premières règles

- Le présent : Il mange.
- Les prépositions : Sur la chaise, dans la voiture.
- Les passés : Il jouait. Ils ont dit.
- Les possessifs : Mon ballon. Son chat.
- Les articles : Le cheval. Des chiens. Du jus.

**VOIR AUSSI**

| | |
|---|---|
| À l'écoute du monde | **76-77** |
| Apprendre à parler | **96-97** |
| L'attention et la mémoire | **104-105** |
| Comment parler aux enfants | **150-151** |

**Mon nounours dit**
C'est surtout en écoutant les adultes que les enfants apprennent les rudiments de la langue, mais ils apprennent aussi les uns des autres de même qu'en enseignant à leurs poupées et à leurs nounours à «parler».

| | COMMENT LES ENFANTS APPRENNENT À STRUCTURER LEURS PHRASES | | | |
|---|---|---|---|---|
| | **Stade 1** | **Stade 2** | **Stade 3** | **Stade 4** |
| **Grammaire de base** | Les enfants n'utilisent pas les règles de grammaire. | Les enfants apprennent certaines irrégularités telles que : «animaux» au lieu de «animals». | Ils apprennent les règles et les utilisent de façon globale, pour tout. | Ils apprennent quand appliquer certaines règles et quand en appliquer d'autres. Se trompent encore à l'occasion, jusqu'à l'âge de 7 ou 8 ans. |
| **Interroga-tions** | À partir de 12 à 30 mois, les enfants utilisent l'intonation dans leurs phrases interrogatives. «Papa vient?», «Maman veut?» | À 3 ans, ils commencent à utiliser les pronoms interrogatifs : Qui, quand, quoi, etc. Souvent, les premières phrases interrogatives sont formées de deux mots : «Quoi ça?», «Qui ça?» | Les enfants commencent à placer les mots dans le bon ordre pour les interrogations simples «Qu'est-ce qu'on fait?», «Où on va?» Ils ne maîtrisent pas encore les interrogations négatives : «Pourquoi ne manges-tu pas ta soupe?» | Ils peuvent formuler correctement les interrogations positives et négatives. |
| **Négations** | Les enfants forment le négatif en ajoutant «pas». «Pas ça», «Pas aller» «Veux pas». | Ils utilisent la forme négative, mais ne placent pas toujours tous les éléments aux bons endroits : «Moi, pas dit ça», «Moi, pas faire mal à Jojo.» | Les enfants utilisent le bon mot à la bonne place, la plupart du temps. «Je n'ai pas dit ça!», «Je n'ai pas fait mal à Jojo.» | Ils savent où placer les différents éléments de leurs phrases : «Je n'ai pas dit ça!», «Je n'ai pas fait mal à Jojo.» |

# Le dessin et la peinture

Les enfants ne dessinent pas les choses telles qu'ils les voient, mais telles qu'ils pensent qu'elles devraient être. Leurs dessins ne se veulent pas des représentations photographiques de la réalité, mais plutôt des symboles, tout comme les lettres et l'écriture que nous utilisons pour décrire le monde.

Si vous montrez une tasse avec un motif floral à un enfant, il dessinera ce qu'il considère être l'essentiel de toutes les tasses, c'est-à-dire une forme de tasse avec une anse, et puis il ajoutera un motif floral à cette forme de base. Mais, ni la « tasse universelle » ni le « motif floral universel » ne ressembleront nécessairement à la tasse qui se trouve devant lui. Celle qu'il a dessinée peut même avoir une forme différente, il peut avoir illustré des marguerites même si ce sont des roses ou du chèvrefeuille qu'il y a sur la tasse que vous lui avez montrée. Ce n'est pas avant l'âge de 8 ou 9 ans

**Artistes en herbe**

Il est fascinant de voir les progrès artistiques des enfants. De gribouillis plus ou moins circulaires et incontrôlés aux traits discontinus tracés en soulevant de plus en plus souvent la main du papier jusqu'à l'exécution de formes définies et d'images réalistes.

| LES PRINCIPALES ÉTAPES DES DESSINS DES ENFANTS | |
|---|---|
| 1 $\frac{1}{2}$ – 2 ans | Leurs dessins peuvent avoir l'air de gribouillis, mais les lignes ne sont pas futiles et le dessin est équilibré : ce qui se trouve à droite est habituellement équilibré par quelque chose à gauche. Les dessins ne se veulent pas des représentations de quoi que ce soit. À cet âge, l'enfant dessine des lignes continues et circulaires qui couvrent toute la page. |
| 2 – 2 $\frac{1}{2}$ ans | L'enfant n'essaie toujours pas de dessiner quelque chose de spécifique, mais si vous lui demandez de quoi il s'agit, il vous le dira. Le lendemain, cependant, il peut vous dire que c'est autre chose. L'enfant soulève son crayon plus souvent et parfois il dessine un cercle, soulève son crayon et en dessine un autre. Ses gribouillis deviennent moins denses. |
| 2 $\frac{1}{2}$ – 3 ans | Les enfants commencent à considérer leurs dessins comme des représentations de la réalité (probablement parce que nous nous attendons à cela et que nous leur posons souvent des questions en ce sens). Votre enfant peut vous dire ce qu'il veut dessiner avant de commencer et changer d'idée en cours de route. S'il trouve que son dessin ressemble davantage à autre chose, il changera d'idée et son dessin représentera finalement autre chose que ce qu'il avait d'abord prévu. |
| 3 – 3 $\frac{1}{2}$ ans | L'enfant fait des lignes, des points, des carrés, de gros et de petits cercles ainsi que des croix. Il commence à encercler ses dessins. Des traits irradient de ses cercles « solaires ». S'il se rend compte soudainement qu'il a dessiné une personne, il tentera de recommencer. Les choses ne sont pas toujours au bon endroit, mais il est tout de même satisfait. |
| 3 $\frac{1}{2}$ – 5 ans | La position des éléments devient importante : les yeux dans le visage ; pas de corps, mais des jambes. Il utilise des cercles pour la tête, les yeux, le nez et la bouche. À 4 ans, il ajoute des détails : des bras aux personnages et des boutons aux manteaux. Il dessine ce qu'il croit important : s'il s'est fait mal au genou, ses personnages auront tout à coup des genoux. |
| 5 – 8 ans | Ses dessins demeurent symboliques. La partie la plus intéressante occupe toujours le plus d'espace. Si l'enfant dessine un chien de profil, on verra les quatre pattes alignées et la tête, de face. Il peut aussi dessiner des choses qu'il ne voit pas, comme un bébé dans le ventre d'une femme enceinte. |

que les enfants essaient de récréer sur papier exactement ce qu'ils voient.

## Les personnages

Les enfants ne dessinent pas des bonshommes allumettes, mais plutôt des «Monsieur Patate». Ainsi, leurs personnages ont de grosses têtes, avec ou sans membres allumettes, et toujours un visage.

● Dans les premiers dessins, les visages ont des yeux (parfois plus de deux) et peut-être, mais pas nécessairement, un nez et une bouche.

● Plus tard, l'enfant ajoute des cheveux ainsi que des bras et des jambes qui partent aussi de la tête. Ceux-ci demeurent toutefois optionnels et leur nombre peut varier. L'important n'est pas où ils se trouvent ni leur taille relative, mais simplement qu'ils soient là. Si en dessinant le personnage l'enfant pense à ses bras et à ses jambes, il les ajoute, sinon, le bonhomme n'en a pas.

● Graduellement, le nombre d'éléments essentiels augmente. Il ajoute systématiquement des bras ou un corps, puis les deux. Après les bras, il ajoute les doigts, puis viennent les vêtements.

● Dans les premiers dessins, la taille relative des différents éléments est une indication de l'intérêt que l'enfant porte à ceux-ci. Lorsque les doigts deviennent importants, ils occupent presque tout l'espace du dessin. Si on demande à l'enfant de dessiner sa famille, il se représente habituellement au moins aussi grand que ses parents si ce n'est plus grand.

● Au début, il place les éléments au hasard sur le corps. Ainsi, les bras peuvent être accrochés à la taille, les visages sont toujours vus de face, tandis que les pieds sont représentés de côté.

● Vous remarquerez probablement aussi que ses personnages se trouvent généralement sur le côté droit de ses dessins.

## Des cheminées à angle

Les jeunes enfants ne considèrent que la partie du dessin sur laquelle ils travaillent à l'instant. Vous le remarquerez quand ils dessinent des choses qui devraient être verticales ou horizontales. Jusqu'à 6 ans environ, ils alignent tous les objets qu'ils dessinent par rapport à la ligne droite la plus près. Ainsi, quand l'enfant dessine une cheminée sur un toit en pente, il la place à angle droit avec le toit (même si celui-ci est en pente).

## Petits gribouillis et écriture

Bientôt, l'enfant commence à «écrire». Vous pouvez l'encourager dans ses efforts, mais ne forcez pas les choses. L'essentiel est qu'il s'amuse, car il apprend ainsi à maîtriser son crayon.

● Considérez les gribouillis de grande taille comme des dessins et les petits, comme de l'écriture. Si l'enfant vous demande à quoi ressemblent des lettres, montrez-le-lui, mais attendez qu'il vous le demande. Laissez-le écrire sa propre liste d'épicerie.

● Si, par hasard, l'enfant dessine une lettre, montrez-la-lui: «Quel beau 'O'. » S'il fait plusieurs lettres, prononcez le mot qu'il a écrit. «Ça fait 'Umooo', je me demande bien ce que ça signifie!»

**VOIR AUSSI**

De petites mains habiles    **98-99**

Apprendre à réfléchir    **106-107**

Prêt pour l'école    **108-109**

De la petite enfance à l'enfance    **186-187**

### LES POSITIONS RELATIVES DES CHOSES

Les jeunes enfants ont de la difficulté à placer correctement les choses les unes par rapport aux autres.

● Une maison est rarement nichée dans la colline. La plupart des enfants de 5 ou 6 ans perchent leur maison sur le sommet de la colline, que celle-ci soit arrondie ou pointue, ou encore ils dessinent la maison à angle droit sur la pente. Quand ils sont plus vieux, ils peuvent lui dessiner des fondations.

● Le siège d'un tabouret, par exemple, est toujours vu de haut et les pattes, de côté. L'homme flotte au-dessus de son tabouret pour ne pas le cacher.

● Un éléphant aura un visage caractéristique. L'enfant ne sait pas que sa trompe est en réalité son nez et il la place donc là où il trouve un espace libre! Il en est de même pour le cou de la girafe qui se rattache là où il y a de la place.

**«Ma» maison**

Vous pouvez être sûr que «sa» maison aura une porte centrale, deux ou quatre fenêtres, un toit en pente et une cheminée (fumante), même si sa véritable maison ne ressemble en rien à cela!

**Ça y est presque!**
À 4 ans, un enfant peut encore dessiner des bonshommes sans corps, mais habituellement ils ont des jambes et des bras directement accrochés à la tête.

# L'attention et la mémoire

Nous savons que les enfants ne pensent pas comme les adultes et qu'ils ne résolvent pas leurs problèmes comme nous le faisons. C'est d'ailleurs ce qui rend leurs explications si charmantes. Non seulement les enfants connaissent moins de choses que nous, mais leur façon de penser diffère de la nôtre.

Comparativement aux adultes, les enfants sont peu méthodiques, désorganisés et faciles à distraire ; ils se perçoivent comme le centre de tout et choisissent la première solution qui leur vient à l'esprit pour résoudre un problème.

### De l'espace pour penser

Les enfants d'âge préscolaire ne réfléchissent pas comme des adultes parce que leurs cerveaux sont différents des nôtres. Les enfants connaissent beaucoup de choses, mais leurs pensées ne sont pas organisées de façon logique parce qu'ils ne disposent pas de « l'espace de travail » nécessaire pour les organiser ainsi. C'est un peu comme de préparer un repas quand on manque de place

**Le passé imparfait**
Votre enfant sait que c'était son anniversaire et que son frère lui a offert un lapin en peluche comme cadeau, mais il ne connaît pas l'ordre relatif de ces deux événements.

pour travailler. On peut couper les légumes pour mettre dans le pot-au-feu, mais on risque fort d'oublier quelque chose. Si vous avez suffisamment d'espace de travail, vous pouvez préparer tous les ingrédients d'abord et vous assurer que vous avez bien tout avant de commencer à cuisiner. Comme lorsqu'on cuisine, il faut, pour réfléchir, disposer d'une surface de travail suffisante ou encore utiliser ce que les psychologues appellent des « blocs-notes ».

Pour résoudre un problème, nous devons réfléchir à plusieurs solutions possibles, comparer des solutions et voir laquelle fonctionnerait le mieux. Notre facilité à faire tout cela dépend de la taille et de l'organisation de nos blocs-notes. S'ils sont tout petits, comme c'est le cas chez les bébés, il est impossible de réfléchir à des choses ou à des explications complexes. Il est aussi impossible de comparer différentes solutions : ce qu'un bébé pense à un instant donné constitue la seule chose à laquelle il réfléchit. Mais quand notre bloc-notes devient plus volumineux, nous pouvons considérer différentes choses ou diverses possibilités et choisir la meilleure solution. Les adultes ne sont pas « captifs » de leurs idées du moment comme c'est le cas pour les enfants parce que leurs blocs-notes contiennent les expériences passées autant que les courantes.

### En quoi les enfants diffèrent-ils ?

● Les enfants sont dominés par ce qu'ils voient à un instant donné. Ils sont les victimes innocentes de toute illusion d'optique. Ils ne peuvent pas se servir de leur expérience passée pour interpréter ou comprendre ce qu'ils voient.

● Les enfants n'ont ni l'expérience ni les connaissances requises pour résoudre des problèmes complexes, mais ils peuvent s'avérer étonnamment connaisseurs dans un domaine particulier auquel ils ont été exposés.

## Apprendre à se concentrer

L'attention implique de pouvoir se concentrer sur certains aspects de son environnement sans s'occuper de certains autres. En vieillissant, les enfants peuvent plus facilement résister aux distractions. Nous savons que les nourrissons sont intéressés par les lignes courbes, les visages, les objets en trois dimensions, les sons et les odeurs. Toutes ces choses attirent leur attention – même si ce n'est que pendant quelques instants –, car les bébés sont facilement distraits par tout ce qui entre dans leur champ de vision.

## Stratégies de mémorisation

En vieillissant, les enfants ont recours à diverses stratégies pour les aider à mémoriser. L'une des plus simples consiste à répéter. Avant 3 ans, les enfants peuvent répéter, mais ils ne le font que si on leur dit que c'est une bonne idée, et encore, ils ne le feront que pour la tâche en cours. À 10 ans, presque tous les enfants le font spontanément pour tout ce qu'ils ne veulent pas oublier.

D'autres stratégies incluent le fait de décomposer ou de regrouper les choses. Ainsi, un numéro comme 883514 est plus facile à mémoriser si on le décompose en trois groupes : 88-35-14. Quand on leur demande de se souvenir de ce qu'ils voient sur une image par exemple, les enfants de 10 ans regrouperont les éléments semblables (comme les aliments et les gens). Ils se souviendront des divers éléments en se rappelant d'abord tous ceux d'une catégorie avant de passer à ceux d'une autre.

## Changements dans le temps

**Reconnaître.** Quel que soit l'âge, il est plus facile de reconnaître une chose qu'on a vue auparavant que de se rappeler qu'on l'a déjà vue. Quand on demande à des enfants de 2 ans de trier les choses qu'ils ont déjà vues de celles qu'ils voient pour la première fois, ils réussissent dans 80 p. 100 des cas et, à 4 ans, dans 90 p. 100 des cas. Quant aux adultes, ils ne se trompent que rarement.

**Se rappeler.** Si on demande à ces mêmes enfants de se rappeler les choses qu'ils ont vues, ceux de 4 ans ne se souviennent que de 20 p. 100 des choses, et les plus jeunes, d'une proportion encore moindre. Tous les enfants se souviennent mieux des actions et des activités (les jeux) que des choses (les jouets).

**Autobiographie.** Notre capacité à nous rappeler des événements spécifiques que nous vivons semble commencer vers l'âge de 3 ou 4 ans. Et elle s'améliore graduellement jusqu'à l'âge de 8 ans.

**Séquence des événements.** Vers l'âge de 4 ou 5 ans, les enfants peuvent se souvenir d'une séquence (comme l'ordre des vêtements sur une corde à linge), mais ils ont de la difficulté à placer des événements par ordre chronologique. Les enfants se rappellent clairement le premier événement d'une séquence, mais ils ont de la difficulté avec l'ordre des événements qui suivent.

**L'utilisation de stratégies.** Si on demande à un enfant de 2 ans de se souvenir où une chose est cachée, il vous regardera la cacher, puis, s'il détourne le regard, il oubliera où se trouve l'objet. À 3 ans, l'enfant vous regarde cacher le jouet, puis il continue à fixer l'endroit où il se trouve jusqu'à ce que vous lui demandiez où est le jouet. À 5 ans, les enfants savent que s'ils disent à quelqu'un où ils ont mis quelque chose, cela les aidera à s'en souvenir. À 7 ans, ils ont recours à une foule de stratégies pour les aider à se souvenir des choses comme la répétition et le fait de poser des questions.

### VOIR AUSSI

| | |
|---|---|
| Apprendre à réfléchir | **106-107** |
| Prêt pour l'école | **108-109** |
| Le souci des autres | **110-111** |
| Le chemin de l'indépendance | **164-165** |

### DISTRACTIONS

- Quand ils tendent les mains pour prendre un jouet, les bébés se laissent distraire par leurs propres mains et ils ferment les yeux.
- Les enfants de moins de 6 ans sont plus visuels et ils préfèrent la télé aux livres et à la musique.
- Couleurs vives et bruits forts attirent davantage les enfants.
- À l'âge préscolaire, ils apprennent mieux dans le silence.
- Ils apprennent mieux s'ils se concentrent sur une seule chose. Rangez les jouets qu'ils n'utilisent pas.

### L'ATTENTION EN FONCTION DE L'ÂGE

| 3 ans | 6 ans |
|---|---|
| Quand l'enfant regarde une image, il remarque la couleur, la forme et la taille des objets, puis il intègre ces éléments dans un «tout». | L'enfant voit l'image comme un tout dès le début. |
| Il scrute le monde de façon impulsive. | Il cherche pour trouver ce qu'il veut. |
| Il aime regarder tout simplement. | Il regarde d'une façon systématique et essaie de comprendre ce qu'il voit. |
| S'il cherche ses chaussures, il vérifie à quelques endroits, puis se met bientôt à faire autre chose. | Il regarde d'abord à l'endroit où ses chaussures «devraient se trouver», puis il cherche ailleurs. |
| Si, dans un groupe d'images, on lui demande de trouver celle qui ne convient pas, il regarde une image après l'autre dans l'espoir de trouver celle qui est différente. | Si, dans un groupe d'images, on lui demande de trouver celle qui ne convient pas, il regarde les images deux à deux et les compare jusqu'à ce qu'il trouve celle qui est différente. |

# Apprendre à réfléchir

Réfléchir implique plus que le seul fait de se souvenir d'événements passés, il faut aussi pouvoir penser à des solutions créatives. C'est très jeune que l'enfant apprend à faire le lien entre la cause et l'effet et qu'il devient capable de faire des abstractions et de se servir de symboles.

## LE PASSÉ PRÉSENT

Les bébés ont besoin de repères pour pouvoir se souvenir. Ils ont besoin d'un environnement qui leur soit familier : une pièce, des visages, des jouets, la routine. Il faut qu'ils puissent sentir qu'ils sont en territoire connu.

C'est aussi la raison pour laquelle les bébés de moins de 1 an n'aiment pas partir en vacances : tout est différent, il y a trop de choses nouvelles tout d'un coup. Si vous partez en vacances avec un jeune bébé, emmenez beaucoup d'objets familiers (couvertures, nounours, jouets) et, si possible, faites des choses qui font aussi partie de vos routines habituelles.

La résolution de problèmes nous oblige souvent à réfléchir. Et notre façon de penser en tant qu'adultes est différente de celle des enfants. Pour arriver à résoudre un problème, nous commençons par rassembler tous les éléments utiles : c'est-à-dire que nous évaluons la situation en question et nous nous demandons si nous n'aurions pas emmagasiné des informations pertinentes d'une situation antérieure similaire. Nous comparons ensuite l'ancien et le nouveau pour voir si nous comprenons mieux la situation. Nous appliquons des stratégies et prévoyons de notre mieux pour arriver à des solutions intérimaires que nous mettons finalement à l'épreuve. Tout cela se fait dans l'espace de travail de notre pensée.

## Le développement de la pensée symbolique

Entre la naissance et l'âge de 2 ans, c'est en agissant sur leur environnement que les enfants apprennent à le comprendre. La compréhension qu'ils en ont ne s'exprime pas en termes de mots ni de symboles, mais en fonction de leurs expériences sensorielles et de leurs activités. Comme adultes, une fois que nous avons appris à nager ou à faire du vélo et que la situation se présente de nouveau, nous sommes dans une situation semblable : il nous est difficile de décrire comment nous y arrivons ou d'expliquer à quelqu'un comment s'y prendre, car nous le faisons plus ou moins « automatiquement » ; mais nous pouvons dire à d'autres comment le singe que nous avons vu au zoo s'y est pris pour grimper à un arbre.

## Les premières années

À la compréhension sensorielle et gestuelle par laquelle l'enfant comprend son environnement, s'ajoute bientôt la pensée symbolique, c'est-à-dire les pensées fondées sur le langage et les symboles. La pensée symbolique permet à l'en-

**Jouer à faire semblant**
À partir de l'âge de 2 ans environ, l'enfant commence à comprendre les événements et les actions dont il n'est pas nécessairement le centre. – « Le thé pour poupée. »

fant de faire des comparaisons, de réfléchir aux événements du passé et d'utiliser le langage pour les décrire. Il peut aussi expliquer aux autres ce qu'il a fait ou ce qu'il a vu.

## L'âge préscolaire

Grâce à une capacité de pensée symbolique accrue, les enfants commencent à pouvoir distinguer les objets des événements et les pensées des actions. Ainsi, par exemple, ils savent que la chaise haute ne fait pas partie du processus de l'alimentation. Entre 2 et 4 ans, l'enfant apprend à faire des actions ou des gestes familiers avec des objets distincts de lui-même. Il n'est plus le centre de l'univers : il peut imaginer des liens et des relations entre ses jouets. Nounours peut conduire et le lapin sera passager.

## La pensée logique

Entre 4 et 7 ans, l'enfant parvient à comprendre les relations entre les gens (mère – enfant, par exemple) et les choses. Ainsi, il sait que le seau le plus lourd est celui qui contient le plus de sable. Mais rien de tout cela ne signifie qu'il puisse réfléchir de façon logique. Sa tendance à se concentrer sur un seul aspect d'une situation l'empêche d'être logique. Si vous lui montrez deux grands verres d'eau, et que vous lui demandez si les deux contiennent la même quantité d'eau, il dira : «Oui». Si maintenant vous versez l'eau d'un des grands verres dans un autre plus petit mais plus large, il pensera que ce dernier contient moins d'eau. De la même façon, l'enfant pense qu'il y a plus de boutons si vous en alignez six en les espaçant bien que si vous les rapprochez les uns des autres. À cet âge, l'enfant est encore assujetti aux illusions d'optique. Si c'est plus haut ou plus long, il y en a plus. Et parce qu'il ne se concentre que sur un aspect (hauteur) il ne tient pas compte de l'autre (largeur).

## La cause et l'effet

● Les enfants d'âge préscolaire croient qu'une chose est la conséquence d'une autre si les deux sont liées de près dans l'espace ou le temps, même s'il n'y a aucun rapport évident entre les deux et même s'il s'agit d'un lien inverse. Ainsi, un enfant peut penser que le soleil est dans le ciel parce qu'il est jaune ou encore croire qu'il est tombé de sa bicyclette parce qu'il s'était cassé le bras.

● L'enfant d'âge préscolaire généralise à partir d'une situation unique. Si, par exemple, un chien noir l'a fait tomber au parc, il croira que tous les chiens noirs le feront tomber. Si l'enfant se heurte contre la table, il croira que toutes les tables lui feront du mal.

● À cet âge, les enfants ne peuvent pas tirer les bonnes conclusions d'une séquence d'événements. Si, par exemple, vous lui dites que la balle a frappé le marteau, que le marteau est tombé de l'étagère sur la tasse et que celle-ci s'est brisée, il ne pourra pas conclure que le marteau a brisé la tasse. Si, par contre, vous lui donnez le choix entre deux réponses, il peut choisir la plus probable. Ainsi, si vous demandez: «Est-ce le marteau ou la balle qui a brisé la tasse?», il optera probablement pour le «marteau».

## Les changements qui se produisent entre 4 et 7 ans

**Théorie de la pensée.** À 3 ans, l'enfant ne peut pas se mettre dans la peau d'un autre et il ne se rend pas compte que ses pensées et ses émotions sont distinctes de celles des autres. Il est toujours au centre de tout. Si on lui demande s'il a un frère, il dira «oui», mais si on lui demande si son frère a un frère, il dira «non». Puis, vers l'âge de 4 ans, il commence à se rendre compte que ses pensées et ses sentiments sont distincts de ceux des autres.

**La notion de permanence.** Un enfant de moins de 4 ans sait qu'il est un garçon ou une fille, mais, si c'est une fille, par exemple, elle peut penser qu'elle deviendra un papa plus tard. Après 4 ans, les enfants savent qu'ils seront toujours du même sexe.

**Théorie quantitative.** La plupart des enfants d'âge préscolaire peuvent compter et savent que deux représente une quantité supérieure à un. Mais à cet âge, ils ne savent pas que sept représente une quantité supérieure à six.

**VOIR AUSSI**

Apprendre à parler **96-97**
L'attention et la mémoire **104-105**
Prêt pour l'école **108-109**
Le souci des autres **110-111**

### QUAND IL RACONTE

L'enfant a tant à apprendre de ce qu'il voit et observe qu'il lui faut quelques années avant de pouvoir faire le tri et en ressortir les bases. Ce n'est qu'à partir de l'âge de 2 ans environ que le langage jouera un rôle significatif dans sa vie et qu'il commencera à comprendre certains concepts.

Au début, il vous explique les raisons et compare les consignes qu'il commence à comprendre. À partir de 4 ans environ, il pose beaucoup de questions et comprend les réponses. Ce n'est qu'à partir de ce moment qu'il peut apprendre par ce qu'on lui dit plutôt que par l'expérience, l'essai et l'erreur.

**Laquelle en contient plus ?**
Avant 7 ans, les enfants pensent que la boule aplatie contient plus de pâte à modeler que la ronde parce qu'elle à l'air «plus grosse». Ils sont victimes des apparences trompeuses!

# Prêt pour l'école

Votre enfant a appris énormément de choses au cours de ses premières années de vie. Il a beaucoup grandi, il sait parler et se déplacer, il peut exprimer ses émotions et entretenir des liens avec les autres, mais est-il prêt pour l'école ?

Chaque enfant doit maîtriser un certain nombre d'aptitudes fondamentales avant d'être prêt à quitter le nid douillet et la sécurité affective de son foyer pour s'aventurer à l'école avec d'autres pour la première fois.

### Assis tranquille

Évidemment, les enfants doivent pouvoir rester assis tranquilles à l'école et c'est là un problème sérieux pour bon nombre de jeunes enfants. Si votre enfant ne peut rester tranquille pour plus d'une minute ou deux, il vaudrait sans doute mieux retarder son entrée à

**Le plaisir et l'imagination**
Jouer avec des blocs, des fermettes et autres scènes de la vie, « oblige » votre enfant à des moments de tranquillité. Cela lui permet de développer son imagination créative et le transporte dans un autre monde.

l'école. Un enfant perturbateur et agité qui dérange en classe peut rapidement se faire une réputation qui le suivra tout au long de ses années d'école.

Pour aider votre enfant à apprendre à s'asseoir tranquille, commencez la journée par des activités folles et vigoureuses : courir et sauter sur des musiques fortes ou le laisser sauter de l'escalier, par exemple. Puis éteignez la musique et demandez-lui de faire quelque chose qui lui demande de s'asseoir à la table. Prendre son petit-déjeuner, par exemple, ou lire une histoire, jouer avec ses blocs, dessiner ou encore approchez-le de l'évier et laissez-le jouer dans l'eau. Voilà quelques exemples de bonnes activités tranquilles. Puis faites en alternance des activités tranquilles et des activités plus folles. Mais ne vous attendez pas à ce que votre enfant puisse continuer ce manège bien longtemps. Commencez par quelques minutes de chacune et augmentez graduellement. Félicitez-le pour ce qu'il fait et ne tenez pas compte de ses écarts.

### Être attentif

Il faut apprendre aux enfants à écouter quand on leur parle, à prêter attention à ce qu'on leur dit et à faire ce qu'on leur demande. Mais cela peut s'avérer difficile pour beaucoup d'enfants, surtout les petits garçons. Pour aider votre enfant, dressez le couvert pour les repas de sorte que vous soyez face à face lorsque vous mangez et discutez ensemble. Éteignez la musique, la radio, la télé et toute source de distraction. Un enfant excité a tendance à passer superficiellement d'une activité à l'autre. Rangez la majorité des jouets dans l'armoire. Bref, aménagez un environnement qui lui permette de se concentrer et de fournir une attention soutenue.

### Concentration et persévérance

Il est beaucoup plus facile pour un enfant de se concentrer sur une tâche s'il est habitué à jouer

**La piscine**
Emmener votre enfant à la piscine est une des meilleures façons de l'aider à apprendre à jouer avec d'autres. Plaisir et socialisation assurés !

dans un espace qui n'est pas encombré de jouets. La distraction est l'ennemie de la concentration, alors maintenez toute stimulation extérieure à la tâche en question au minimum. Récompensez-le s'il réussit à compléter sa tâche sans se laisser distraire.

## Dans la foule, sans maman

L'entraînement et l'habitude sont les seules façons d'apprendre à survivre dans une foule. Tous les enfants profitent de l'expérience de faire des activités avec d'autres enfants. La piscine publique est un bon endroit bruyant où l'enfant s'habitue à être avec d'autres enfants. Avec le temps, il apprendra à ne pas toujours être avec le parent ou la personne qui le garde. Il faut qu'il ait suffisamment confiance en lui pour sentir qu'il peut se débrouiller par lui-même. Enfin, il est important qu'il sache aussi que vous reviendrez à l'heure dite.

## Se faire des amis

Les enfants ne savent pas tous comment se faire des amis quand ils commencent l'école, mais ceux qui le savent ont une longueur d'avance. À cet âge cependant, il est rare que les amitiés durent. Il suffit que l'enfant sache comment se joindre à un groupe ou à une activité et comment faire des concessions. Et la seule façon d'apprendre cela est par l'expérience dans d'autres contextes sociaux, comme la maternelle.

## Pouvoir s'exprimer

Un enfant aux prises avec des problèmes de langage est grandement désavantagé pendant les premières années d'école. Il lui sera en effet difficile de communiquer avec son enseignant comme avec les autres enfants.

## La confiance en soi

Un enfant confiant peut faire de grands pas. S'il croit qu'il peut faire quelque chose, il réussira probablement. S'il pense qu'il ne peut pas, alors il est presque certain qu'il n'y arrivera pas. Vous pouvez aider votre enfant à bâtir sa confiance en soi en lui disant à quel point il est quelqu'un de particulier et en lui répétant que vous savez qu'il saura bien se débrouiller. De plus, si votre enfant se conduit mal, critiquez le geste fautif et non l'enfant.

## Lire et écrire

Peu importe qu'il puisse écrire son nom ou qu'il sache lire pour commencer l'école, mais il devrait pouvoir manier un crayon. Il devrait aussi savoir qu'on lit des lettres et des mots, et que lire est agréable.

## Savoir qu'il est amusant d'apprendre

L'enfant qui a joué tout seul et qui a pu explorer et découvrir son environnement sera content de commencer l'école. Un enfant habitué à toujours suivre les autres attendra que l'enseignant l'y oblige, plutôt que de chercher à découvrir par lui-même.

**Manier un crayon**
Dessiner avec des crayons et des stylos de toutes les tailles permet à l'enfant d'apprendre à manier ses outils d'écriture pour obtenir les résultats voulus, même s'il ne sait pas encore écrire.

**VOIR AUSSI**

| | |
|---|---|
| Le perfectionnement du langage | **100-101** |
| L'attention et la mémoire | **104-105** |
| Apprendre à réfléchir | **106-107** |
| Le souci des autres | **110-111** |

**DE BONS JEUX**

- **Le détective.** Écouter les sons et les associer à des objets.
- **L'observation d'insectes.** Observation et découverte.
- **Puzzles.** Reconnaître les formes ; compléter une tâche.
- **Coloriage.** Contrôle du crayon ; sens des couleurs.
- **Trouver la différence.** L'attention au détail ; comparaison.
- **Rimes folles.** Reconnaître les sons, rires garantis.
- **Faire une bande dessinée.** Observation ; suites et séquences.

# Le souci des autres

Quand il est jeune, l'enfant ne sait pas qu'il peut réfléchir. Pour le savoir, il doit comprendre que ses pensées et ses expériences lui sont uniques. Il doit aussi apprendre que les autres ont leurs propres pensées et qu'il ne les connaît pas.

Les jeunes enfants ne se rendent pas compte que leurs pensées et leurs émotions sont différentes des nôtres. Ils savent que le fait de frapper un enfant à la tête le fera pleurer, mais ils ne comprennent pas le concept de la douleur de l'autre s'ils ne la ressentent pas eux-mêmes. Voilà pour les premières années. Quand votre enfant vous raconte son avant-midi avec grand-maman (pendant que vous étiez sortie), il vous en parle comme si vous y étiez. Il ne vous explique pas qu'il a vu un gentil toutou au parc, mais se contente de vous dire : « Le chien était mon ami » et c'est à vous de déchiffrer le reste. De la même façon, il vous parlera de ce qui se trouve derrière vous comme si vous le voyiez aussi. Mais tout cela change entre l'âge de 3 ½ ans et 4 ans, alors que l'enfant commence à prendre note de vos pensées et de vos expériences. Ainsi, il dira plutôt « Tu sais, celle avec qui j'aime jouer… eh bien, nous… », en précisant les détails dont vous avez besoin pour suivre le fil de son histoire.

Avant que l'enfant ne comprenne que nous pouvons ressentir et expérimenter les choses séparément de lui, il est incapable de compassion et d'empathie. Il peut faire des choses parce qu'on lui a dit de les faire, parce qu'on sera

**Et puis, j'ai pris mon vélo…**
Ce n'est que vers l'âge de 4 ans que les enfants se rendent compte que vous ne partagez pas les mêmes expériences qu'eux quand vous n'êtes pas là et qu'ils doivent vous expliquer ce qui s'est passé.

fier ou content s'il les fait, ou fâché s'il ne les fait pas, mais il ne peut pas développer d'éthique ni de sens moral avant de se rendre compte que ses gestes peuvent faire de la peine aux autres. La morale n'est pas une question de punition ni de récompense, mais plutôt de règles à suivre quand on vit en société, une volonté de ne pas faire des choses qui pourraient nuire aux autres, même si personne ne le saura jamais.

## Les autres : leurs sentiments et leurs pensées

Les psychologues disposent de nombreux tests pour vérifier si les enfants ont compris que les autres ont aussi des sentiments et des pensées. En voici un tout simple que vous pouvez essayer. Montrez une boîte de Smarties à un enfant de 3 ans (ou un sac de croustilles) et demandez-lui ce qu'il y a à l'intérieur. Il répondra des Smarties parce qu'il reconnaît la boîte. Mais la boîte ne contiendra pas des Smarties parce que vous les aurez remplacés par de petits cochons en plastique. Maintenant, laissez l'enfant regarder à l'intérieur pour voir les petits cochons. Faites-en sortir quelques-uns et remettez-les dans la boîte devant l'enfant. Demandez-lui de nouveau ce qu'il y a dans la boîte ; il répondra : « Des cochons ».

Si vous lui demandez alors ce que les autres enfants croiront qu'il y a dans la boîte, à 3 ans, l'enfant présumera qu'ils sauront ce qu'il sait lui-même, c'est-à-dire que la boîte contient des petits cochons. Ce n'est que vers l'âge de 4 ans qu'il se rendra compte que les autres s'attendront à y trouver des Smarties.

Vous vous apercevrez de ce changement dans sa façon de jouer et, notamment, quand il s'amuse à faire semblant. En effet, une fois que l'enfant a compris que les gens ne partagent pas tous les mêmes pensées ou émotions, il commencera à expliquer ce qu'il fait lorsqu'il joue à faire semblant.

## Les notions de bien et de mal

Avant d'aller à l'école, l'enfant sait distinguer le bien du mal. Il peut dire que tel geste n'est pas « beau » ou encore que c'est « gentil » de faire telle chose, mais à cet âge, les enfants ont tendance à penser que la mauvaise conduite se mesure à l'action et au geste, et non à l'intention. Ainsi, le fait de lancer délibérément une assiette par terre est moins grave que d'en échapper cinq par accident. La règle est la suivante : « Il est vilain de briser les choses. » Ce n'est que lorsqu'il commence à jouer avec d'autres que l'enfant se rend compte que l'on peut parfois faire une entorse à un règlement et que les règles ne sont pas absolues, mais qu'elles ont plutôt été instaurées pour le bien collectif. Quand l'enfant comprend que le fait de désobéir consciemment à une consigne est pire que de passer outre de façon accidentelle, il franchit une étape qui lui permet de s'approcher de ce qu'on qualifie de comportement moral.

## L'importance d'aider

Se conduire de façon morale signifie bien plus que de suivre aveuglément des règles et des consignes. La morale nous incite à faire « ce qui est bien » même lorsque personne ne nous regarde. En tant qu'adultes, nous savons que ce n'est pas le comportement ou le geste qui est moral, mais bien la raison du geste. Ainsi, on peut donner à une œuvre de charité pour profiter d'un allégement fiscal ou parce que l'on s'émeut des difficultés des gens dans le besoin. Mais seul le dernier don est véritablement un geste moral. Les enfants ne peuvent apprendre ce qu'est l'éthique ou la morale simplement en se conformant à des règlements. Ils doivent développer leur empathie et comprendre comment leur comportement peut affecter ou influencer les autres.

## Les étapes du développement de l'éthique

● **Les enfants de moins de 4 ans** ne comprennent pas les raisons des consignes. Ils savent qu'un bon ou un mauvais comportement attirera l'attention de leurs parents, et c'est ce qu'ils souhaitent. Au lieu d'aider ou d'être gentils parce qu'ils savent que c'est bien, ils agissent bien pour attirer l'attention ou faire plaisir à ceux qu'ils aiment.

● Entre 4 et 7 ans (et même jusqu'à 10 ans pour plusieurs), les enfants se comportent souvent comme nous venons de le décrire, mais ils commencent à s'inquiéter des besoins physiques, matériels et émotionnels des autres, même quand ces besoins entrent en conflit avec leurs propres besoins. L'enfant manifeste tout cela de façon très simple. Sa façon de coopérer et de partager est souvent manipulatrice (pour s'attirer l'approbation) et non fondée sur un sens de l'équité, de la sympathie ou de la compassion.

● **Certains enfants de 8 à 10 ans** pensent que le fait de bien se comporter est ce qui leur permet de mériter l'approbation des autres et de maintenir de bonnes relations avec eux. Même si l'enfant dépend encore des autres pour former ses opinions, c'est leur approbation plutôt que leur pouvoir qui lui importe à cet âge. Les enfants ont encore des idées stéréotypées concernant les notions de bien et de mal.

● **Quelques enfants de 8 à 10 ans** (et beaucoup de plus vieux) pensent qu'il faut accepter aveuglément les conventions sociales. À ce stade, l'enfant ne se conforme plus aux normes de ses parents ni à ceux d'une autorité quelconque, mais plutôt à ceux de la société en général. Tant et aussi longtemps que son comportement est conforme à une série de règles strictes, il le considère comme bon.

**VOIR AUSSI**

Comment les bébés
apprennent      **80-81**

Apprendre à réfléchir   **106-107**

Élever un enfant aimable **146-147**

Les écarts de conduite   **192-193**

**AUJOURD'HUI**

En Occident, la plupart des tâches qui étaient auparavant réservées aux enfants sont maintenant faites par des machines. Les enfants n'ont plus à s'occuper de frères et de sœurs plus jeunes, et ils n'apprennent pas à se soucier des autres comme avant. Les bois sont silencieux et, dans les villes, de moins en moins d'enfants jouent dehors. Ils s'ennuient et ne connaissent pas les bandes d'amis avec leur innocence et leur sens de la coopération, leur espièglerie et leur malice. Les farces sont choses du passé. Aujourd'hui, les enfants s'écrasent devant la télé ou un écran d'ordinateur.

**Je peux aider**
Les études révèlent que les enfants d'âge scolaire à qui l'on donne certaines responsabilités et qui aident aux tâches ménagères deviennent, en grandissant, plus coopératifs et conscients des autres et de leurs besoins.

# CHAPITRE 3

# L'enfant en tant qu'individu

En dépit du fait qu'il soit petit et impuissant, nous considérons le nouveau-né comme un individu à part entière. Tout comme nous regardons son visage pour y découvrir quelque chose d'unique, nous scrutons son caractère pour voir un peu ce qu'il deviendra. Il est difficile d'expliquer cela, mais la plupart des parents s'entendent pour dire que « cela » existe. Ceux qui ont plus d'un enfant savent que chacun est différent. Le caractère unique d'un enfant, sa personnalité qui est présente dès le début, influence son développement autant que son rang dans la famille.

**Des familles unies**
Les enfants héritent des gènes de leur père et de leur mère même s'ils peuvent ressembler davantage à un oncle ou à une tante qu'à l'un ou l'autre de leurs parents.

# Dans ses gènes !

Une foule de critères et d'éléments influencent ce qu'est un individu : les gènes qu'il hérite de ses deux parents et de ses ancêtres, le milieu utérin dans lequel il se développe, la manière dont on l'élève, le fait qu'il soit aimé ou non de son entourage et, finalement, là où le destin l'a placé dans le temps et dans l'espace.

Votre enfant dispose d'un certain potentiel et, en vieillissant, d'autres facteurs viennent aussi l'influencer. Ses gènes déterminent des limites et son environnement influence ce qu'il devient à l'intérieur de celles-ci. Par exemple, ses gènes définissent la taille maximale qu'il peut atteindre, mais la taille finale qu'il atteint réellement (s'il atteint vraiment sa taille maximale) dépend aussi de facteurs externes, dans ce cas-ci, de son alimentation. Pour la plupart des caractères physiques, ces limites sont passablement restreintes et l'inverse est probablement vrai en ce qui concerne la personnalité et le comportement. Les capacités physiques et mentales, l'intelligence, le tempérament, la personnalité et la santé ont des bases génétiques évidentes, mais l'environnement joue, pour chacun de ces traits, un plus grand rôle que les gènes. L'enfant hérite d'une prédisposition qui influence la manière dont il agit avec le monde qui l'entoure, mais il ne contrôle pas toujours la façon dont son entourage agit avec lui.

## Des gènes actifs, d'autres inactifs

On pourrait penser que les enfants nés des mêmes parents et qui sont élevés de la même façon se ressembleraient beaucoup, mais ce n'est pas le cas. En effet, les enfants peuvent tenir plus d'un oncle ou d'une tante que de l'un ou l'autre de leurs parents et ce, tant sur le plan physique que psychologique. Cela s'explique par le fait que tous les gènes viennent par paires. Chaque parent transmet donc à son enfant l'un des gènes d'une paire. La moitié des gènes de l'enfant provient donc de sa mère et l'autre moitié, de son père (mais frères et sœurs ne reçoivent pas exactement les mêmes combinaisons et, en général, ils n'ont que 50 p. 100 de leurs gènes en commun).

De plus, un seul des deux gènes d'une paire est habituellement activé, ce qui signifie que près de la moitié des gènes que nous avons n'ont aucune influence sur nous. Ainsi, pour la couleur des yeux, une personne peut avoir une paire de gènes constituée d'un gène pour les yeux bleus et d'un pour les yeux bruns, mais seul celui pour les yeux bruns, qui est dominant, sera actif. Le gène pour les yeux bleus, qui

## LES CARACTÈRES CACHÉS

|  | Caractères provenant de gènes « actifs » | Caractères provenant de gènes « inactifs » |
|---|---|---|
| **Yeux** | Bruns, noisette ou verts | Bleus |
|  | Cils longs | Cils courts |
|  | Astigmatisme | Vision normale |
|  | Hypermétropie | Vision normale |
|  | Vision normale | Myopie |
|  | Vision normale des couleurs | Daltonisme |
| **Nez** | Arête crochue | Arête droite ou retroussée |
|  | Étroit | Large |
|  | Narines dilatées | Narines étroites |
|  | Bout droit | Bout retroussé |
| **Visage** | Lèvres charnues | Lèvres minces |
|  | Fossette au menton | Menton sans fossette |
|  | Joues à fossettes | Joues sans fossettes |
|  | Menton normal | Menton fuyant |
|  | Pommettes saillantes | Pommettes normales |
|  | Taches de rousseur | Pas de taches de rousseur |
|  | Sourcils broussailleux | Sourcils normaux |
| **Cheveux** | Foncés | Blonds |
|  | Absence de reflets roux | Reflets roux |
|  | Ondulés | Frisés |
|  | Frisés | Droits |
|  | Calvitie | Pas de perte de cheveux |
|  | Pilosité corporelle abondante | Pilosité corporelle légère |

**Les gauchers**
La prédisposition à utiliser la main gauche plutôt que la droite est héréditaire. Chez les jumeaux identiques, si l'un des deux est gaucher, il y a une chance sur deux que l'autre le soit aussi.

est récessif, sera inactif et la personne aura donc les yeux bruns.

Le gène que l'enfant reçoit d'un de ses parents peut être le gène dominant et actif, ou encore celui qui est récessif et inactif. Ainsi, bien que l'enfant ait reçu 50 p. 100 des gènes de sa mère, il peut n'avoir reçu que 25 p. 100 de gènes actifs. Il en va de même pour les gènes qu'il hérite de son père et l'enfant peut ressembler plus à son grand-père qu'à sa mère.

## Les gènes par rapport au milieu

L'une des controverses les plus anciennes porte sur l'influence des gènes par rapport à celle du milieu (la famille et l'environnement) sur le développement de l'enfant.

Une façon d'élucider le mystère consiste à étudier les jumeaux. Les jumeaux identiques proviennent du même ovule fertilisé par un seul spermatozoïde. Ils ont donc exactement les mêmes gènes. Les jumeaux non identiques proviennent quant à eux de deux ovules et de deux spermatozoïdes différents, et ils ne sont pas plus semblables que des frères et sœurs nés de grossesses différentes. Ils ont environ 50 p. 100 de leur bagage génétique en commun. L'étude des différences entre ces deux types de jumeaux devrait faire ressortir les influences distinctes des gènes et du milieu de vie. Bien sûr, ce n'est pas tout à fait aussi simple, les jumeaux identiques se ressemblent tellement physiquement qu'on les traite souvent comme s'ils étaient pareils, tandis qu'on présume que les jumeaux non identiques sont différents.

## Dans la lignée féminine

Les filles héritent de deux chromosomes X, l'un provenant de leur mère et l'autre de leur père, qui portent chacun des gènes dominants et des gènes récessifs. Quant aux garçons, ils héritent d'un des chromosomes X de leur mère et d'un Y de leur père. Parce qu'il est plus court, le chromosome Y permet à certains gènes récessifs de la mère de pouvoir s'exprimer. Ce qui signifie que les garçons ont tendance à être un peu plus comme leur mère (et leurs ascendants maternels) que les filles. Cela signifie aussi que les garçons sont plus susceptibles de souffrir de certains troubles récessifs tels l'hémophilie ou le daltonisme.

## La thérapie génique

Les progrès scientifiques qui nous permettent de mieux comprendre le fonctionnement des gènes nous aideront sans doute un jour à guérir plusieurs maladies héréditaires. Les gènes défectueux (ou ceux responsables d'une maladie) pourraient être remplacés par des gènes normaux. Quelques essais avec un virus transportant de « bons » gènes jusqu'aux tissus pulmonaires affectés ont d'ailleurs donné des résultats prometteurs dans le cas de la fibrose kystique, par exemple. Qui sait, peut-être qu'un jour, cette maladie pourra être guérie par simple pulvérisation nasale.

**Tellement semblables**
Les jumeaux et jumelles identiques se ressemblent beaucoup physiquement et ils ont à peu près la même taille et le même poids. Ils commencent à marcher en même temps et arrivent aux divers stades de développement à peu près au même moment. Enfin, ils grisonnent et rident aussi en même temps.

### LES JUMEAUX

● Habituellement, la tendance à avoir des jumeaux identiques n'est pas héréditaire (bien qu'elle puisse l'être). En général, la fréquence des jumeaux est d'environ une naissance sur 80 et, de ce nombre, 20 p. 100 sont identiques.

● Mais la tendance à avoir des jumeaux non identiques, elle, est héréditaire. Les femmes Antillaises ont plus de chances d'avoir des jumeaux non identiques (une naissance sur 70) et les Chinoises, moins (une naissance sur 300). En Europe, le taux est de une naissance sur 86.

● Les jumeaux non identiques ne sont pas plus semblables que des frères et sœurs nés de grossesses différentes. De plus, les deux parents peuvent transmettre la tendance à avoir des jumeaux non identiques à leurs filles. Et finalement, cette tendance ne « saute » pas de génération, mais la probabilité d'avoir des jumeaux augmente avec l'âge.

# Tous adorables !

Ce ne sont pas tous les enfants qui ont des talents ou des dons particuliers, cachés ou non. La plupart font partie de la moyenne et ont des capacités moyennes. Mais tous cependant méritent l'attention et l'amour inconditionnel de leurs parents.

L'une des pires bêtises que des gens bien intentionnés puissent dire à des parents, c'est que « chaque enfant a tout ce qu'il faut pour gagner ». De telles affirmations sont non seulement fausses, mais peuvent même être dommageables. Bien sûr, des étirements aideront votre enfant à améliorer sa souplesse, mais cela ne signifie pas qu'il deviendra contorsionniste pour autant ! Les parents ne devraient jamais avoir besoin d'une raison quelconque pour aimer leur enfant et aucun enfant ne devrait avoir à gagner l'amour de ses parents par des performances quelconques. Tous les enfants méritent d'être aimés, qu'ils soient dans la moyenne ou exceptionnels. Les enfants que les parents considèrent comme exceptionnels du seul fait qu'ils soient les leurs sont les plus chanceux.

### Se détacher de la moyenne

Quel que soit le talent que l'on considère, la grande majorité des gens sont dans la moyenne. Les personnes exceptionnellement douées sont très rares. C'est d'ailleurs pourquoi la société en fait autant de cas. Vous ne pouvez pas prévoir ni faire en sorte que votre enfant ait des talents exceptionnels. Mais vous pouvez l'aider à s'épanouir et à atteindre son plein potentiel sans nécessairement qu'il se retrouve parmi les meilleurs.

### La vie n'est pas juste

La nature n'a rien d'équitable. Les personnes intelligentes sont souvent belles, tandis que les moins douées sont souvent ordinaires. « Elle est aussi très gentille », dit-on souvent quelque peu surpris après avoir rencontré une femme belle et douée. Un enfant peut être meilleur dans certaines choses que dans d'autres sans être particulièrement doué dans quoi que ce soit. Ainsi, la plupart des enfants sont juste sous la moyenne dans certaines choses et juste au-dessus dans d'autres. Mais tous n'en méritent pas moins d'être aimés.

### Comme tu es doué !

Ne cataloguez pas vos enfants. Même des étiquettes positives peuvent être nuisibles. Une étiquette peut empêcher l'enfant de se voir tel qu'il est vraiment. Si l'enfant ne pense pas qu'il peut réussir quelque chose il est peu probable qu'il essaie. S'il croit qu'on l'aime pour ce qu'il peut faire, il manquera d'assurance : on pourrait ne plus l'aimer s'il ne réussit pas. L'enfant qui se voit catalogué comme « doué » peut ne jamais faire la fête et ne pas toujours faire de son mieux si on s'attend à ce qu'il ne réussisse pas quelque chose. Il peut croire que s'il essaie, il faut absolument qu'il gagne. Les étiquettes véhiculent aussi des sous-entendus quant aux attentes des parents et de ce qu'ils jugent important. Il est difficile d'avoir une bonne opinion de soi-même quand on vous répète sans cesse que vos talents et vos aptitudes sont plus importants que la personne que vous êtes.

### Bête et paresseux…

Les étiquettes négatives sont particulièrement dommageables. Elles ont aussi tendance à s'avérer des prédictions qui se réalisent. Il n'est pas facile de se maîtriser quand les gens autour de vous s'attendent à ce que vous vous mêliez à une bagarre ou de persévérer dans une tâche quand tout le monde s'attend à ce que vous abandonniez ou que vous ne réussissiez pas. Il est difficile d'avoir une bonne opinion de soi-même quand les gens sont toujours en train de dire qu'on ne vaut rien.

**Le lac des cygnes**
Même si votre fille répète son ballet pendant des heures, cela ne signifie pas qu'elle deviendra nécessairement une grande ballerine, mais il se peut fort bien qu'elle aime et apprécie la danse plus que d'autres.

## L'intelligence

Bien que le sujet soulève la controverse depuis des années, la plupart des scientifiques croient maintenant que l'intelligence a aussi des bases génétiques. Cinquante-deux études distinctes ont montré que les QI des membres d'une même famille étaient beaucoup plus semblables qu'on pourrait s'y attendre s'il n'y avait vraiment aucune influence des gènes et qu'il ne s'agissait que d'une question de hasard. Chez les jumeaux identiques (qui ont les mêmes gènes), les QI diffèrent rarement de plus de quelques points et les domaines dans lesquels les jumeaux réussissent le mieux sont toujours exactement les mêmes.

Mais, de toute évidence, il n'y a pas que les gènes qui influencent l'intelligence. Chaque enfant naît avec un potentiel de base (son bagage génétique). Pour certains, ce bagage est exploité au maximum tandis que pour d'autres, l'utilisation est minimale.

## Prenez garde de ne pas juger

Ce ne sont pas tous les enfants qui sont doués. Quand ils commencent l'école, les enfants se rendent compte que certains réussissent mieux ou sont plus rapides qu'eux. Cela est inévitable. Mais veillez à protéger l'estime de soi de votre enfant. Plus il se sent aimé pour ce qu'il est, et non pour ses exploits, plus votre enfant sera sûr de lui.

## Pour aider un enfant timide

Quand on se sent bien de ne pas être au premier plan, la timidité n'est pas un problème, mais elle l'est pour ceux qui veulent être le centre de l'attention. On peut aider un enfant timide en se montrant accommodant et en le soutenant dans ses démarches. Il ne faut jamais forcer un enfant à faire quelque chose parce qu'on pense que ça pourrait l'amuser. Mais cela ne signifie pas pour autant qu'on doive accepter passivement qu'il se replie sur lui-même. Protégez votre enfant des situations stressantes et aidez-le à s'adapter tranquillement. Parlez de ses craintes lorsque vous êtes tout près l'un de l'autre. Les histoires portant sur des enfants timides peuvent aussi aider. La timidité peut être surmontée, du moins en certaines occasions.

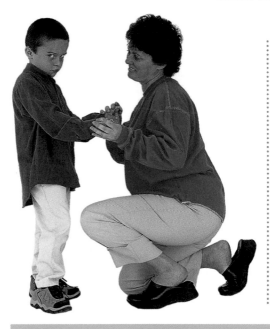

**VOIR AUSSI**

| | |
|---|---|
| Tous des enfants uniques ! | **118-119** |
| Prendre conscience de soi | **124-125** |
| L'estime de soi | **126-127** |
| Uniques et distincts | **176-177** |

**Ne vous en faites pas**
Les enfants timides peuvent avoir besoin d'aide pour se faire des amis. Allez-y doucement et ne leur demandez pas de faire des choses comme chanter ou danser devant les autres.

### C'EST DE FAMILLE !

Certaines données laissent supposer que les types de comportement suivants seraient de famille. Mais bien que personne n'ait encore prouvé qu'ils soient transmis des parents aux enfants, il a été démontré que la plupart d'entre eux réapparaissaient souvent d'une génération à l'autre. Mentionnons aussi qu'ils semblent faire partie de la nature et de la personnalité de l'enfant, plutôt que de phases de développement quelconques.

| | |
|---|---|
| **Réaction au stress** | Se sent vulnérable et sensible OU se sent invulnérable et ne se vexe pas facilement. |
| **Conventionnel** | Se conforme aux règlements et à l'autorité OU les défie. |
| **Durée d'attention** | Passe rapidement d'une tâche à une autre OU persévère dans une même tâche. |
| **Persévérance** | Continue d'essayer OU abandonne facilement. |
| **Distractivité** | S'obstine OU accepte de faire des compromis. |
| **Absorption** | Est imaginatif OU a peu d'imagination. |
| **Intensité** | Rit ou pleure fort OU avec moins d'intensité. |
| **Appréhension** | A une grande peur des dangers et des malheurs OU adore le danger et le risque. |
| **Leadership** | Aime mener et être le centre d'attention OU préfère suivre et ne pas se faire remarquer. |
| **Sociabilité** | Extraverti OU introverti et renfermé. |
| **Niveau d'activité** | Occupé, recherche les stimulations OU placide et contemplatif. |
| **Besoin de contacts** | Aime les contacts physiques, est apaisé quand on le prend dans ses bras OU résiste aux contacts physiques et est apaisé par la musique, le bercement et autres. |
| **Timidité** | Anxieux ou n'aime pas les choses ou les gens qui ne lui sont pas familiers OU audacieux et intrépide. |
| **Humeur** | Positif et heureux OU négatif, capricieux et facile à contrarier. |
| **Rythme** | Mange, dort ou pleure à peu près aux mêmes heures tous les jours OU est imprévisible. |
| **Adaptabilité** | S'adapte facilement aux changements OU préfère la routine. |

# Tous des enfants uniques !

Nous croyions auparavant que les nouveau-nés étaient des êtres à réflexes qui ressentaient très peu la douleur ou le plaisir. Mais nous savons maintenant que c'est faux. Votre bébé peut prendre du temps à réagir quand l'infirmière lui pique le talon pour lui prélever un échantillon de sang, mais il réagit.

Les nouveau-nés font face aux mêmes problèmes que les adultes : ils ont besoin d'équilibre émotionnel. Lorsque nous devenons trop calmes, nous nous endormons. Et quand nous devenons trop excités, la crainte nous guette du coin de l'œil. Habituellement, nous pouvons contrôler nos émotions tout en nous intéressant au monde qui nous entoure. Or, chez un bébé, quand des choses qui avaient l'habitude de l'exciter lui deviennent familières, elles peuvent aider à l'apaiser. Le nounours, qui au début l'excite, peut plus tard aider à le tranquilliser et à le rassurer. L'inconnu lui fait toujours un peu peur, ce qu'il connaît moins peut l'exciter, tandis que ce qui lui est familier l'ennuie.

Dans les premières heures, ce sont les gens qui sécurisent le bébé. Il aime entendre les voix féminines, la respiration de la personne qui s'occupe de lui et le battement de son cœur. Ces sons familiers l'apaisent. Un visage, l'éclat des

cheveux, la proximité d'autres personnes sont des éléments nouveaux qui l'excitent, mais s'il se trouve dans les bras familiers de sa mère, il se sent suffisamment rassuré pour rester calme. Quand un malaise survient, nous le berçons et le serrons contre nous et, ce faisant, nous recréons pour lui un environnement semblable à celui qu'il a connu avant de venir au monde. Il entend mieux notre respiration et les battements de notre cœur. Apaisé dans le creux de nos bras, il peut de nouveau regarder le monde qui l'entoure et qui lui faisait peur quand il était tout seul.

## Divers degrés de stimulation

Un enfant a besoin du degré de stimulation qui correspond à son humeur du moment. Quand il est réveillé, il veut un environnement intéressant et excitant, mais sans excès. Trop d'excitation finirait par lui faire peur. Quand il est fatigué, il préfère un environnement plus calme. La régulation est un concept qu'il doit apprendre. Il doit rechercher les choses qui l'excitent et trouver celles qui l'apaisent. Les enfants aux prises avec des douleurs ou de l'insécurité ont plus de difficulté avec ce concept. C'est toujours plus facile pour un bébé si ceux qui s'en occupent sont assez sensibles et à l'écoute pour prévoir ses besoins. Et, malgré cela, la régulation n'est pas toujours possible.

## La motivation et la stimulation

Il nous faut de l'énergie pour nous mettre en train ! Ou encore pourrait-on dire de la stimulation. Sans stimulation, nous tombons dans un état comateux. Mais si la stimulation est trop forte, nous risquons de devenir paralysés par la panique, l'indécision et la peur. Il nous faut donc essayer de garder un degré de stimulation moyen. Les actions et les gestes que nous faisons peuvent avoir une influence sur notre degré d'éveil. Nous nous sommes tous déjà

**Bien protégé**
Quand vous prenez votre bébé et que vous le serrez tout contre vous, vous recréez pour lui un environnement semblable à celui qu'il a connu avant de venir au monde et vous lui offrez ainsi le réconfort dont il besoin pour affronter la vie.

retrouvés dans une situation qui nous a figés et fait paniquer. Puis, dès que nous nous sommes mis à faire quelque chose, nous avons commencé à nous sentir apaisés. De la même façon, nous avons l'expérience d'activités qui accroissent notre degré d'éveil ou d'excitation : la danse et les relations sexuelles en sont des exemples évidents.

Les moments d'éveil minimal (comme lors de la relaxation) et de grande excitation (comme un tour de montagnes russes) sont tous les deux salutaires. C'est pourquoi il est si difficile de juger du degré de stimulation qui nous convient le mieux et, chose plus difficile encore, de juger de celui qui convient à nos enfants. La seule façon de deviner ce dont un bébé a besoin, c'est de l'observer attentivement et d'agir sur ce qu'on voit.

## Des besoins différents

Selon une théorie, les différences individuelles résulteraient de réglages très différents dans les mécanismes cérébraux de l'excitation. Ainsi, les gens dont le degré d'excitation de base est très bas ont besoin de beaucoup de stimulation pour se sentir bien. Voilà, par exemple, le cas des alpinistes et de ceux qui sautent en parachute. À l'inverse, chez ceux dont le degré de base est élevé, même une quantité modérée de stimulation peut s'avérer excessive. Et c'est le cas des plus timides et des plus renfermés d'entre nous.

## Les émotions

Le nouveau-né manifeste du dégoût pour une odeur ou un goût désagréable et il sursaute à tout ce qui est inattendu, soudain ou fort. Après quelques semaines, il nous gratifie d'un grand sourire quand on lui caresse la joue et il réagit à un changement du degré d'excitation dans son sommeil. Un peu plus tard encore, un visage, un mouvement, une voix ou un son aigu le feront sourire. Vers 12 à 16 semaines, il rit franchement quand il entend des bruits soudains ou lorsqu'on le chatouille. À 3 ou 4 mois, il manifeste de la surprise et de l'étonnement. Mais, dès sa naissance, il réagit à la contrainte par des accès de colère et, plus tard, il se fâche lorsqu'il a mal. Quand il est en âge de marcher, sa colère peut prendre la forme de crises. La tristesse apparaît dès la petite enfance lors de séparations prolongées et la peur des étrangers commence à se manifester entre l'âge de 6 et 8 mois.

**VOIR AUSSI**

Dans ses gènes !  **114-115**
Le tempérament de bébé  **122-123**
L'affirmation de soi  **128-129**
Les enfants agressifs  **162-163**

| L'ÉVALUATION DES BESOINS DE STIMULATION DE VOTRE ENFANT | | | |
|---|---|---|---|
| | La plupart des bébés | Bébés facilement excitables | Les plus impassibles |
| **Quand ils entendent des sons aigus** | Sont ravis lorsque leur mère lève le ton de sa voix ou quand elle agite un hochet. | Ont tendance à se renfermer ou à s'inquiéter quand ils entendent des bruits ; peuvent frémir et pleurer en entendant certains sons. | Ne s'animent pas toujours quand leurs parents leur parlent, bien qu'ils les entendent ; peuvent ne pas réagir à un hochet. |
| **Dans une pièce normalement éclairée ou quand ils regardent un visage animé** | Manifestent de l'intérêt, regardent, battent des pieds et tendent les mains vers les choses que vous leur montrez. | Sont parfois (ou souvent) irritables et pleurent. | Paraissent souvent mornes et dépourvus d'expression ; peuvent ne pas réagir à des jouets ou au visage de leur mère. |
| **Quand on leur caresse doucement le ventre** | Sont réconfortés et se calment. | Donnent parfois l'impression de ne pas aimer les caresses. | Réagissent très peu. |
| **Quand on les berce vivement ou qu'on les lance en l'air** | Sont contents et ravis. | Paniquent si on les lance en l'air. | Réagissent très peu quand on les berce et ne réagissent qu'à des activités plus vigoureuses. |
| **Quand on les tient à la verticale** | Préfèrent cette position quand ils sont réveillés. | N'aiment pas cette position ; préfèrent être plus à l'horizontale. | Préfèrent habituellement cette position. |

## L'INSÉCURITÉ

Environ un tiers des enfants ne forment pas de liens solides avec la principale personne qui s'occupe d'eux. Certains ont des mères inconstantes, c'est-à-dire qu'elles s'occupent de leurs bébés à certains moments et pas à d'autres. De telles mères ont tendance à être insensibles aux besoins de leur bébé et elles peuvent ne pas apprécier du tout les contacts physiques. Leurs enfants agissent comme s'ils ne savent pas ce qu'ils veulent : ils pleurent pour se faire prendre et pleurent ensuite pour qu'on les dépose.
D'autres parents oscillent entre aimer chaleureusement leurs enfants et les ignorer complètement. Leurs enfants vieillissent sans jamais savoir à quoi s'attendre. Ils ont tendance à surveiller les humeurs de leur mère qu'ils considèrent comme imprévisible. En grandissant, ils restent plus dépendants de leurs parents que les enfants qui ont formé un attachement solide.

**L'amour, ça prend du temps**
Au début, votre bébé sourit à tout le monde et il est heureux dans les bras de tous ceux qui veulent bien le prendre. Mais bientôt, il se blottit d'un peu plus près dans vos bras à vous et son visage s'anime quand il vous voit.

# En amour avec votre bébé

Il est si bon d'être entouré de gens que l'on aime et qui nous aiment. On se sent en sécurité et en confiance. Votre bébé a besoin de votre amour exactement de la même manière : comme d'une doudou.

Dès la naissance, votre bébé a un grand besoin d'être avec des gens et, au début, peu lui importe avec qui. Puis, vers l'âge de 2 mois, il commence à manifester plus d'intérêt pour les personnes de son entourage. C'est aussi vers cet âge qu'il commence à savoir qui vous êtes, bien qu'il ne vous aime pas encore comme vous l'aimez, mais au cours des 18 prochains mois, son amour grandira. Vers 2 ou 3 mois, vous serez la personne la plus gentille, celle qu'il préfère à 1 an, il ne voudra que vous et personne d'autre. Ce n'est que vers l'âge de 7 ou 8 mois que ses sentiments à votre égard commenceront à égaler la passion que vous éprouvez pour lui. Il se peut qu'à 1 an son amour pour vous soit aussi fort que le vôtre pour lui et, à 2 ans, ce sera certainement le cas.

### La création de liens avec votre bébé
La seule différence entre créer des liens et tomber en amour tient à ce que la création de liens se fait plus rapidement et que l'amour qui en résulte dure toute la vie. Il est peu probable que les hormones jouent un rôle dans la création de ces liens, car les pères aiment leurs enfants avec la même intensité et la même passion que les mères, et c'est souvent aussi le cas des frères, sœurs et grands-parents. L'amour n'est pas nécessairement instantané et il n'y a rien de dramatique s'il lui faut quelque temps pour se développer. C'est en apprenant à mieux connaître ceux que nous aimons que notre amour pour eux grandit et s'épanouit. Et un amour qui grandit avec le temps n'en est pas moins passionné. La plupart des parents aiment passionnément leur bébé dès le premier mois de sa vie. Si, après un mois, vous ne sentez pas d'amour pour votre bébé, consultez.

Mon fils aîné était tout à fait le bébé dont j'avais rêvé : il ressemblait aux autres bébés de ma famille, blond aux yeux bleus avec des airs bien familiers. Il est né à peu près à terme et ça a été un véritable coup de foudre, je l'ai aimé dès que je l'ai vu. Je m'attendais donc à la même chose lorsque j'ai eu mon deuxième bébé, mais ma fille était si petite et si foncée qu'elle m'était complètement étrangère. Elle ne me ressemblait pas, ne ressemblait pas à son frère ni à son père. Avant sa naissance, j'avais vécu quatre années de traitement pour infertilité ainsi qu'une fausse couche. Aujourd'hui, avec le recul, je suppose que j'avais trop peur de croire que cette fois mon rêve se réalisait enfin. Je n'étais pas prête. Elle est née trois semaines plus tôt que prévu et j'ai accouché dans la salle d'attente de l'hôpital après moins d'une heure de travail. Six heures plus tôt, j'étais encore au bureau. L'élan d'amour que j'avais ressenti quand son frère est né n'était pas là. Une semaine plus tard, j'avais repris le boulot, son moïse à côté de moi sur ma table de travail. Je n'ai commencé mon congé de maternité qu'au moment où il avait d'abord été prévu, c'est-à-dire trois semaines plus tard. Et, à ce moment-là, j'aimais déjà ma fille autant que son frère.

## L'attachement

La plupart des enfants (65 à 70 p. 100) établissent des liens solides avec leurs parents au cours des 18 premiers mois. Nous en voyons d'ailleurs les premiers signes quand bébé commence à ramper. Dans un environnement qu'il ne connaît pas ou en présence d'étrangers, il rampe jusqu'à vous et reste tout près. Il s'inquiète si vous le laissez. Cette anxiété de la séparation atteint un sommet vers l'âge de 18 mois.

## L'enfant apprend à s'apprécier

À 2 ans, votre enfant commencera à savoir à quoi s'attendre des personnes qui s'occupent de lui. Avec le temps, il se sert de ces attentes pour s'évaluer lui-même : «Maman aime bien que je joue avec mes blocs : je suis bon pour faire des tours» ou «Papa m'aime parce que je suis gentil.» Si ses parents ne tiennent pas compte de ses besoins d'amour, l'enfant essaiera non seulement d'attirer leur attention par d'autres moyens (en étant désagréable, par exemple),

mais il finira aussi par croire qu'il ne mérite pas d'être aimé. Sa mauvaise conduite peut pousser ses parents à perdre patience, à se fâcher et à le traiter de certains noms, ce qui amplifie l'image négative qu'il a de lui-même. L'amour et l'affection des parents jouent un rôle crucial dans le développement de l'enfant à cause de la portée de leur influence sur la manière dont l'enfant agit avec les autres et sur son estime de soi. Si un enfant a une mauvaise opinion de lui-même, il est possible de l'aider à changer son image de lui-même, mais plus l'enfant vieillit, plus l'image s'enracinera et plus elle sera difficile à modifier.

### Chaque enfant est unique
Quand on a appris à connaître son enfant, on ne veut pour rien au monde l'échanger ou le remplacer par un autre. Et on sait que cette passion profonde durera toute la vie.

## POUR AIDER VOTRE ENFANT

| À établir des liens avec vous | À réagir à votre présence | À se sentir en sécurité | À rendre la pareille | À réagir pleinement |
|---|---|---|---|---|
| ● Soyez chaleureux et intéressez-vous à lui.<br>● Rassurez-le pour qu'il se sente en sécurité ; s'il a besoin de vous voir, restez dans son champ de vision.<br>● Soyez attentif à ses besoins.<br>● Ne prenez pas trop de place ; s'il manifeste le désir d'être seul, laissez-le prendre ses distances.<br>● Faites-lui plaisir comme vous le faites pour tous ceux que vous aimez.<br>● Apprenez-lui à aimer en l'aimant. | ● Adaptez-vous à lui : s'il est irritable et grognon, soyez calme et apaisez-le avec votre amour. S'il a plutôt à tendance à être renfermé, manifestez clairement vos émotions et essayez de le faire sortir de sa coquille. | ● Notez ce qui l'apaise et l'excite. Sachez lire ses humeurs.<br>● Réservez-vous des moments pour échanger plaisir et affection ensemble.<br>● Vous pouvez cesser de lui prêter attention, mais jamais de l'aimer. Dites-lui : «Je t'aimerai toujours, mais je n'aime pas ce que tu viens de faire.»<br>● N'ébranlez jamais son opinion de lui-même. Son comportement peut être vilain, mais pas lui. | ● Passez du temps avec votre enfant et faites des choses ensemble.<br>● Attirez son attention, attendez qu'il réponde. Privilégiez la coopération plutôt que la dictature.<br>● Souriez et parlez-lui quand vous êtes à l'autre bout de la pièce pour qu'il apprenne à se sentir en sécurité même si vous êtes loin.<br>● Serrez-le souvent contre vous. Donnez-lui amplement d'occasions de faire et de recevoir des câlins. | ● Réagissez à ses manifestations d'émotions.<br>● Respectez ses émotions. Aidez-le à exprimer ce qu'il ressent.<br>● Aidez-le à se calmer. Un enfant capable de se calmer peut se permettre beaucoup d'excitation. |

# Le tempérament de bébé

Souvent, quand les parents se rappellent le passé, ils disent que ce que leur enfant est maintenant se devinait déjà lorsqu'il était bébé. Il peut avoir progressé d'un bébé difficile à un enfant capricieux ou encore être aussi enjoué qu'il l'a toujours été.

En parlant de leur enfant devenu chercheur, des parents diront : « Il a toujours été curieux et voulait toujours tout savoir » et ils auront sans doute raison. Encore aujourd'hui, la controverse perdure à savoir si les bébés poursuivent simplement la voie qui leur était prédestinée par leurs gènes ou encore s'ils y sont encouragés par ceux qui les entourent.

Or, les deux perspectives sont plausibles. Bien sûr, certains bébés viennent au monde difficiles et le demeurent. Leurs « 2 ans » tiennent vraiment du cauchemar ; ce sont des enfants grincheux, des adolescents acariâtres et des adultes fantasques. D'autres sont difficiles à cause de la maladie ou de la douleur qui les afflige. On comprend que bébé pleure s'il a mal à l'oreille et on compatit à sa douleur, mais chez certains enfants, le mauvais caractère devient une habitude de vie.

Les bébés apprennent à nous manipuler, que ce soit par des sourires ou par des pleurs. Ceux qui naissent souriants (ou que l'on fait sourire tout jeunes) apprennent à obtenir ce qu'ils veulent par leurs sourires. Ils sourient toute leur vie. Il n'y a pas de raison pour qu'ils changent de tactique. À l'inverse, ceux qui naissent avec une tendance à pleurer, apprennent à obtenir de l'attention et du réconfort par le biais de leurs larmes. Quand ils ont besoin de nous, ils pleurent et nous réagissons. Si nous tenions un peu moins compte de leurs larmes, ces bébés essaieraient peut-être de sourire.

## Des tempéraments différents

Devant une situation identique, certains d'entre nous explosons, tandis que d'autres bouillent de rage et d'autres encore haussent simplement les épaules et restent calmes. Certaines personnes ne trouvent pas facilement le bonheur et celui-ci leur semble toujours fugace ; pour d'autres,

**Veux du jus !**
L'enfant apprend à crier pour obtenir ce qu'il veut si c'est ce à quoi sa mère réagit. Or, si elle ne s'occupe pas de ses cris, mais qu'elle répond quand il le demande doucement, il apprendra à demander gentiment.

| LES TYPES D'ENFANTS | | |
|---|---|---|
| **Les enfants faciles** | 40 p. 100 | Enjoués et généralement heureux, ils s'adaptent bien aux situations nouvelles et établissent facilement des routines. Des bébés radieux qui s'endorment facilement, sont ouverts aux changements et sont rarement fâchés pendant longtemps. |
| **Ceux qui mettent du temps à se fâcher** | 15 p. 100 | Timides et renfermés, il leur faut du temps pour s'adapter aux routines. Peuvent être difficiles à sevrer, mais ne sont pas capricieux. Passablement inactifs, souvent un peu négatifs. Réagissent de façon timide plutôt qu'enthousiaste. |
| **Les enfants difficiles** | 10 p. 100 | Pleurent beaucoup ; généralement négatifs. Ont de la difficulté à s'adapter aux routines et un rien les perturbe. Pleurent beaucoup pendant la première année de leur vie et dorment peu quand ils commencent à marcher. Sont difficiles à sevrer et s'habituent difficilement à la garderie ou à l'école. |
| **Ceux au tempérament mixte** | 35 p. 100 | Parfois faciles, parfois difficiles ; s'adaptent bien à certaines situations et pas à d'autres. Le bébé enjoué qui dort peu, le bébé mécontent qui dort beaucoup. Facile à coucher ; difficile à sevrer ou vice versa. |

une joie toute simple peut imprégner toute une journée. Il y a ici deux composantes qui influencent le tempérament. D'abord, les tendances émotionnelles « de base » ne sont pas les mêmes chez tout le monde : certaines personnes explosent rapidement, tandis que d'autres maîtrisent mieux leurs émotions. Puis, parmi les personnes promptes, certaines restent de mauvaise humeur pendant des heures, tandis que d'autres retrouvent leur bonne humeur en quelques minutes. En ce qui concerne les bébés, puisque leur capacité de mémoire ne leur permet pas de se souvenir très loin en arrière, s'ils réagissent promptement, ils oublient presque aussi vite. Néanmoins, les tendances de base sont différentes chez les uns et les autres : chez les enfants de 18 mois, par exemple, les crises de colère ne durent habituellement que quelques minutes. Certains en font une ou deux par semaine, d'autres quatre ou cinq par jour. À 3 ans, la fréquence peut encore être la même, mais certains enfants resteront maussades pendant des heures, tandis que d'autres n'auront besoin que de quelques minutes pour pardonner et oublier.

## Les affinités

L'interaction ne se fait pas toujours dans les deux sens. Un bébé exige certaines choses de ceux qui s'occupent de lui et il réagit à ce que ces personnes exigent de lui. Certains types de personnalités parentales peuvent causer des problèmes d'affinités :

**Des parents déprimés ou renfermés.** La dépression est la cause la plus fréquente de retrait chez un parent. Un parent déprimé peut traiter son bébé de façon mécanique, sans éveiller l'intérêt de l'enfant. Un parent qui n'est pas disponible sur le plan affectif peut ne pas encourager l'intérêt que manifeste l'enfant pour le monde qui l'entoure. Et, parce que le bébé se renferme à son tour sur lui-même, il ne peut plus susciter l'intérêt de son parent déprimé. C'est un cercle vicieux qui peut, à long terme, affecter l'attachement du bébé à ses proches.

**Des parents trop moroses.** Le fait d'être morose n'est pas toujours lié à la dépression ou à un repli actif sur soi-même. Certaines personnes ne manifestent tout simplement pas leurs émotions. Elles regardent leur bébé sans expression émotive et leur parlent sur un ton monotone qui n'éveille pas l'intérêt du bébé. En tant que

**Les enfants enjoués**
Qu'il soit enjoué de nature ou que vous l'ayez incité à le devenir, un enfant facile aura moins de difficulté à se faire des amis et ce, tout au long de sa vie.

parent, ce genre de personne doit faire un effort pour surmonter cette tendance à ne pas manifester ses émotions. Si on ne peut changer l'habitude de toute une vie, il faut savoir que même une demi-heure par jour d'interaction animée sera bénéfique pour l'enfant. Heureusement, rares sont les personnes qui sont toujours « sombres » et, pour la plupart, le repli est un signe de stress temporaire ou de dépression. L'animation vient en effet plus facilement quand on est détendu.

**Des parents qui stimulent à l'excès.** Les bébés ont besoin de stimulation, mais ils ont aussi besoin de calme. Trop d'excitation peut laisser l'enfant à bout de nerfs et il aura besoin d'une issue de secours. Si certains parents sont trop sombres, d'autres au contraire doivent s'efforcer de se calmer et de calmer leurs enfants. Souvenez-vous simplement que toute période d'excitation doit être compensée par une période équivalente de tranquillité. Un enfant excitable peut très bien avoir besoin de plus de stimulation ; un autre plus difficile ou plus lent à se mettre en train aura besoin, quant à lui, de plus longs moments de tranquillité. Quelles que soient leurs dispositions naturelles, tous les enfants ont besoin des deux : des moments d'excitation et d'autres de calme et de tranquillité.

### VOIR AUSSI

| | |
|---|---|
| Tous des enfants uniques | **118-119** |
| L'affirmation de soi | **128-129** |
| Votre façon à vous | **144-145** |
| Les richesses | **148-149** |

### POUR TOUJOURS ?

Nous savons que les bébés héritent d'une tendance à réagir d'une certaine façon, car les jumeaux identiques sont très semblables et que leur comportement est souvent constant. On peut encourager un bébé difficile à être moins difficile, mais cela ne signifie pas qu'il deviendra facile. Au fur et à mesure que les enfants grandissent, de nombreux traits de caractère changent. La sociabilité, la timidité, le degré d'activité et l'irritabilité sont cependant les caractères les plus stables du tempérament de l'enfant.

**Les nouveaux aliments**
Les enfants faciles sont plus ouverts aux nouveaux goûts et aux nouvelles textures, tandis que les enfants plus difficiles refusent systématiquement tout ce qui est inhabituel.

# Prendre conscience de soi

Nous avons, en tant qu'adultes, un sens de notre identité qui nous distingue des autres et qui fait en sorte que nous sommes conscients de nous-mêmes. « C'est bien moi et je suis ici. » Voilà le point de départ de nos expériences de vie. Nous sommes les héros et les héroïnes de notre propre vie.

Nous sommes conscients d'une chaîne d'expériences qui part de notre enfance et qui s'étend jusque dans l'avenir. Nous sommes les auteurs de notre vie et nous l'écrivons à partir d'une perspective centrale unique : nous sommes le « je » du récit.

### Le héros de l'histoire

Dès que l'enfant commence à percevoir le monde qui l'entoure, il voit les choses de son point de vue bien à lui, mais au début, il ne se rend pas compte de cela. Il n'a conscience ni de son corps ni d'une continuité de vie et d'expériences. Quand il aperçoit un objet, il pense que celui-ci n'existe que pendant qu'il le voit, puisque l'objet disparaît lorsqu'il détourne les yeux. Quand il l'aperçoit de nouveau, il pense qu'il s'agit d'un nouvel objet.

Ce n'est que lorsque nous voyons l'enfant surveiller ses mains en les tendant pour saisir un jouet que nous pouvons savoir qu'il comprend qu'il est distinct de ce qui l'entoure.

### LES ENFANTS ET LES MASQUES

À 4 ans, l'enfant sait qu'il est et qu'il sera toujours « lui ». Mais il peut encore se demander s'il deviendra quelqu'un d'autre en revêtant un masque. Il a beau savoir qu'il ne change pas, si ce qu'il voit est différent, il peut encore être trompé par ce qu'il voit ! S'il revêt un masque de Batman, il sait qu'il est encore « Guillaume », mais il peut tout de même s'inquiéter de devenir Batman, puisque le visage qu'il aperçoit maintenant dans le miroir est celui de Batman et non le sien ! Avant l'âge de 6 ou 7 ans, ce qu'il voit l'emporte sur ce qu'il sait.

### Savoir qu'il y a une histoire

Pour vraiment avoir l'impression d'être le personnage principal qui se déplace dans le temps et dans l'espace, l'enfant doit d'abord se rendre compte qu'il y a bel et bien une « histoire ». Il faut qu'il comprenne qu'il existe un « avant » et un « après » et d'autres endroits que le seul « ici ». Quand il est assis avec vous, il faut qu'il puisse se rendre compte qu'il y a quelques minutes, il était dans vos bras et, avant cela, dans son lit, dans une autre pièce. Or, un bébé ne peut pas comprendre tout cela. Avant l'âge de 9 mois, l'enfant ne reconnaît que ce qu'il voit au moment où il le voit. Quand il est dans son lit, il oublie le reste de la maison.

### La remémoration et la mémoire

Entre 6 et 14 mois, deux nouvelles aptitudes voient le jour. La première est la remémoration : occasionnellement dans l'entourage de bébé, quelque chose semble lui rappeler un événement. Si, par exemple, vous vous promenez dans le parc et qu'un chien lui fait peur, à 5 mois, il est possible que l'enfant ait peur la prochaine fois qu'il verra un chien. À 9 mois, il peut être inquiet en s'approchant du parc, même s'il n'y a aucun chien en vue. Il peut se rappeler de ce qui s'était passé à cet endroit. Le deuxième changement est la capacité de se souvenir : l'enfant commence à penser à des choses même lorsqu'il ne peut les voir. Cela est très évident quand il se pend à votre cou lorsque vous le quittez. Il sait que vous lui manquerez.

### Se définir

À l'âge où l'enfant arrive à faire de courtes phrases, il comprend le concept du « moi » et du « toi ». Il utilise le « je », le « moi » et son prénom de façon interchangeable et il fait référence à celui à qui il parle en utilisant son nom ou le pronom « toi ». Quand on s'adresse à un enfant, on ne lui parle jamais en termes de « moi », on

## IMAGES DE SOI

À partir de l'âge de 4 ans environ, on reconnaît mieux ce que l'enfant dessine. Souvent, il inclut dans ses illustrations un personnage qui lui ressemble et devient ainsi le héros de son histoire, apparaissant dans la plupart des scènes. La manière dont il s'illustre nous donne, en outre, plusieurs indices sur la façon dont il se perçoit.

Est-il grand ou petit par rapport aux autres éléments et personnages du dessin ? Y a-t-il certains aspects de son corps ou de ses vêtements qui prennent plus de place que d'autres ? Par exemple, ses longs cheveux roux ou ses nouveaux souliers bleus ? Tous les enfants se concentrent davantage sur ce qui leur importe le plus à un certain moment donné. Ainsi, si l'enfant s'est fait mal au doigt, il aura sans doute dessiné son doigt beaucoup plus gros qu'il ne devrait l'être, toutes proportions gardées.

utilise ce pronom pour parler de soi. Ainsi, lorsqu'un enfant commence à utiliser le pronom « moi », c'est signe qu'il peut désormais transposer ce qu'il entend et qu'il comprend la notion du « je ».

Outre le « je », il existe un « moi » plus public. Je connais ce « moi » en tant que femme, mère, amie. Elle habite Londres, enseigne la psychologie et écrit des livres. Elle a une voiture bleue et un joli jardin. Elle est plutôt négligée, optimiste et impulsive. Voilà qui j'ai l'impression d'être, ce que je suis, ce que je fais, ma personnalité, les biens que je possède. Vous utilisez, vous aussi, beaucoup de ces choses qui forment ma conscience de moi-même pour créer l'image que vous avez de moi et je les utilise à mon tour pour bâtir ma propre image de moi-même qui non seulement peut changer, mais qui change effectivement avec le temps.

### La prise de conscience de soi

C'est presque certainement en observant ses propres actions que l'enfant prend conscience de lui-même. Tout jeune, il examine la main qu'il tend pour prendre une chose ; il ajuste son comportement pour manipuler ceux qui l'entourent, mais il n'est pas encore clair s'il pense à lui-même en termes de « moi » avant l'âge de 1 an environ. À cet âge, l'enfant s'intéresse plus à une image vidéo de lui-même qu'à celle d'un autre

bébé, bien qu'il ne sache pas encore qu'il s'agit de lui. En fait, ce n'est que vers l'âge de 2 ans que les enfants peuvent se reconnaître en photo ou dans un miroir.

Si vous faites un trait de rouge à lèvres sur le front d'un enfant et que vous le placez devant un miroir, le bébé frottera la surface du miroir, tandis que l'enfant de 2 ans se reconnaîtra et se frottera le front. À 3 ans, la prise de conscience de l'enfant ne fait plus de doute : il se définit par ce à quoi il ressemble et se reconnaît sur des photos, peut expliquer ce qu'il aime faire et décrire les biens qu'il possède en termes de « à moi » ou « miens ».

### Le concept de soi d'un enfant

Ensemble, le « je » (le héros de l'histoire de l'enfant) et le « moi » (la somme de ses caractéristiques) forment le soi véritable. C'est ainsi que l'enfant bâtit sa conscience de lui-même. Son moi est défini par sa propre interprétation de son comportement et teinté par sa façon de voir ses propres succès et échecs ainsi que par la façon dont il se considère physiquement. Les adultes et les enfants plus âgés sont capables de faire abstraction d'échecs sans importance et de considérer un tableau dans son ensemble. Mais la perception que le jeune enfant a de lui-même est catégorique : tout est très blanc ou très noir. Il est gentil ou vilain, intelligent ou bête, selon ce qu'il fait à un moment ou à un autre. Et nous influençons l'opinion qu'il a de lui-même. Ma mère était très douée pour me dire combien j'étais intelligente, belle et gentille. Mais tous les parents ne sont pas aussi généreux.

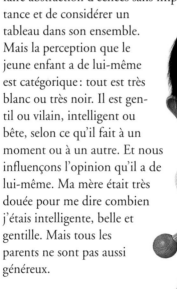

**C'est moi**
À 3 ans, l'enfant se décrit par ses traits physiques, par ce qu'il aime et ce qu'il fait. « Je suis une petite fille aux cheveux noirs qui aime jouer du xylophone. »

# L'estime de soi

L'indépendance et la sécurité de l'enfant dépendent de la perception qu'il a de sa propre valeur. Un enfant qui se sent bien par rapport à ce qu'il est n'a pas constamment besoin d'attirer notre attention. Même quand nous sommes occupés à autre chose, il sait que nous l'aimons.

## QU'EST-CE QUE C'EST ?

L'estime de soi, c'est un peu l'amour que nous avons pour nous-mêmes. Notre estime de soi dépend du mérite et de la valeur que nous nous accordons. Nous nous jugeons par rapport à ce qui nous importe le plus. Les critiques et les éloges des autres, nos échecs, et la façon dont nous jouons les rôles que nous nous imposons comme ceux que les autres nous imposent influencent aussi notre estime de soi. Certains de ces critères nous aident à nous bâtir une image positive, d'autres, une image négative. Et nous faisons un montage de ces aspects contraires comme nous les voyons et comme ils sont perçus par les autres.

À 7 mois, l'enfant s'aime. Et parce qu'il s'aime, il pense que les autres l'aiment aussi. Il ne distingue pas encore ses sentiments de ses actions, ni ses actions des vôtres. Du moment qu'il a votre attention, il se sent aimé. Mais, en vieillissant, il perd cette assurance et se met à vous surveiller de près. Il s'inquiète quand vous n'êtes pas avec lui et peut paniquer quand vous partez. Si vous lui répondez avec amour et affection, il finira par pouvoir affronter les séparations. Il n'aime toujours pas que vous partiez, mais vers l'âge de 18 mois, il se sent suffisamment confiant pour savoir que vous reviendrez. Peut-il être aussi certain de votre amour ? Si les liens entre vous sont solides, la question ne se posera pas avant l'âge de 18 mois. En effet, jusqu'à cet âge l'enfant se prend pour le nombril du monde.

### Le sentiment de sécurité

Au cours de sa deuxième année de vie, l'enfant prend de plus en plus conscience de lui-même et il se rend de plus en plus compte qu'il est une personne distincte. Sur certains plans, cela lui est évident, mais sur

**Papa, reste !**

Votre enfant se sentira en sécurité dans votre amour jusqu'à ce qu'il se rende compte que vous et lui êtes des êtres distincts. Quand il s'aperçoit de son individualité, il comprend aussi qu'il peut se retrouver seul.

d'autres, c'est moins clair. Et, parce que sa capacité de mémoire est si restreinte, il ne peut réfléchir qu'à une seule chose à la fois. Il présume que vous voyez ce qu'il voit parce qu'il est complètement captivé par ce qu'il a devant les yeux et qu'il ne peut pas penser en même temps que vous êtes une personne distincte qui peut voir des choses différentes. Si tout à coup il pense à vous, il regarde pour voir où vous êtes. Vous lui souriez et lui dites : « Comme il est beau ton dessin ! » Il se sent rassuré de savoir que vous l'aimez et reprend ce qu'il faisait.

### Les crises et les fessées

L'essentiel est de se rappeler que les jeunes enfants ont besoin de beaucoup d'attention. Ils n'aiment pas faire des crises. Quand ils se couchent par terre et qu'ils battent des pieds en hurlant, ils nous disent qu'ils sont malheureux, désespérés. Pendant leurs crises, beaucoup d'enfants parfaitement normaux se mordent les bras ou se frappent la tête contre le sol jusqu'à ce qu'ils saignent. L'enfant a beau savoir que vous crierez, son besoin est tellement grand qu'il ne sera pas dissuadé pour autant. Dans un tel contexte, une fessée ne signifie qu'un surplus de douleur.

Du point de vue de l'enfant, ce qu'il demande en faisant sa crise n'est pas exagéré. Maintenant qu'il se perçoit comme distinct de vous, il a besoin d'être rassuré et de savoir que vous l'aimez. Il le faut ! Il veut être certain de ce qu'il a cru jusqu'alors : même s'il est distinct de vous, il est encore au centre de votre univers. C'est parce qu'il se rend de plus en plus compte qu'il est distinct et séparé de vous qu'il éprouve ce besoin d'être rassuré. Et, dans ce contexte, ce qu'il vous demande n'a rien de déraisonnable. Mais son comportement est inacceptable.

Il vous demande de l'attention et si vous lui donnez une fessée, vous lui donnez aussi de l'attention. Jusqu'à un certain point, la fessée comble une partie de son besoin d'attention. Il vous a fâchée. Il est devenu l'objet de votre attention. Sa tactique a fonctionné. Il est rassuré de se savoir le centre de votre univers. La prochaine fois qu'il aura besoin d'attention, il saura quoi faire. Il a votre attention, mais pas votre amour. Alors, tandis que vous le rassurez d'une part, son besoin d'amour augmente. Il demeure vigilant ; il vous surveille. Est-ce qu'elle m'aime ? Si, après lui avoir donné une fessée, vous l'embrassez et lui dites que vous l'aimez, vous comblez ce besoin sous-jacent, mais il aura vite compris qu'il vaut la peine de faire une crise.

## Apprendre à se connaître

Quand un enfant se rend compte qu'il est un être distinct, il entame le long processus pour comprendre ce qui le distingue des autres. Il commence par regarder ce qui distingue les gens qui l'entourent les uns des autres et par définir où il se situe dans tout cela. À 3 ans, il peut regrouper des images de « petits » et de « grands » enfants et il sait qu'il appartient au groupe des « petits ». Il devient possessif. « C'est à moi », dit-il en enlevant rudement son jouet des mains d'un ami. Il insiste pour faire les choses lui-même, même s'il sait qu'il n'est pas capable. Il veut mettre ses chaussettes, il insiste pour dire qu'il peut conduire la voiture et veut monter les escaliers si vous devez prendre l'ascenseur. Ce puissant élan vers l'indépendance est une façon de s'explorer lui-même. Quand il se demande « Qu'est-ce que je peux faire ? », il veut aussi savoir « Comment suis-je différent des autres ? », « Qui suis-je et comment suis-je par rapport aux autres ? » Vers l'âge de 4 ans environ, il connaît beaucoup de réponses à ces questions. Il peut se comparer à d'autres pour une foule de choses et, avec le temps, il apprend à juger.

## Les étiquettes : utiles ou dommageables ?

Pendant les deux premières années, le sentiment de sécurité de l'enfant lui vient du lien d'amour et de confiance qu'il établit avec sa famille. Et ce n'est que si ce lien est solide qu'il se sent en sécurité. Au fur et à mesure que se développe son sentiment de séparation, sa perception de lui-même en tant que personne lui vient de plus en plus des comparaisons qu'il fait avec les autres. Certaines sont anodines : il est le garçon au manteau bleu dont la grand-mère habite près de la mer. D'autres sont plus troublantes : il est le garçon qui ne peut pas courir aussi vite que... ou qui ne peut pas grimper aussi haut que... Même un enfant confiant apprend qu'il n'est pas toujours le meilleur. S'il croit que vous l'aimez pour ce qu'il fait et qu'il ne réussit pas, il aura l'impression que vous l'aimez moins. Tout son sentiment de sécurité peut s'effondrer. Si vous le traitez de certains noms ou que vous utilisez des étiquettes pour le définir, il dispose de critères supplémentaires pour se juger. Si vous lui dites « Tu es le meilleur Hugo du monde entier ! », alors il sait que sur ce point, il est le meilleur. Mais si vous lui dites « Vilain garçon ! C'est bien toi d'agir aussi bêtement ! », vous le mettez en tête d'une liste beaucoup moins flatteuse.

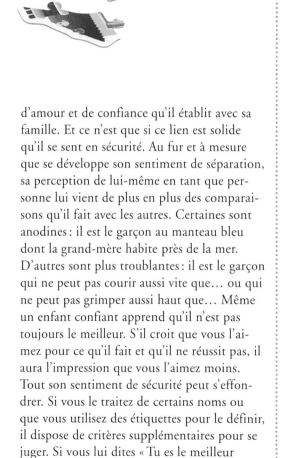

**VOIR AUSSI**

Prendre conscience
de soi **124-125**

L'affirmation de soi **128-129**

Votre façon à vous **144-145**

Les richesses **148-149**

**Je réussis bien les puzzles**
Avec sa conscience de lui-même qui se développe, l'enfant apprend à se définir par ce qu'il peut faire. Les étiquettes peuvent aider ou nuire.

## MAÎTRE DE LUI-MÊME

Un enfant qui s'aime n'a pas besoin de savoir si les autres l'aiment pour se sentir rassuré. Il ne sent pas le besoin de faire toujours plaisir aux autres pour se rassurer sur sa propre valeur ou de mal se comporter pour attirer leur attention. Un enfant qui s'aime peut rendre l'amour qu'il reçoit en étant d'une générosité assurée. Cette amabilité le rend populaire auprès des autres et il a suffisamment d'amour en lui pour prendre l'initiative et se montrer aimant envers les autres. Il se maîtrise, il est maître de lui-même.

# L'affirmation de soi

Il n'est pas toujours facile de s'occuper d'un enfant de 2 ans, mais ne vous découragez pas : ses accès de colère et son comportement apparemment déraisonnable sont aussi des signes qu'il vieillit et qu'il se sépare de vous. Et surtout, c'est tout à fait normal.

**Rage inaccessible**
Quand votre enfant est en pleine crise de rage, il n'y a pas grand-chose à faire ou à dire pour faire cesser la crise. Reconnaissez sa colère ou sa frustration, puis allez-vous-en et laissez-le se calmer.

Avant que votre enfant ne se rende compte qu'il est distinct de vous, il vous suffisait d'un regard pour le rassurer. Et quand ce n'était pas suffisant, il rampait jusqu'à vous et se pendait à vos chevilles jusqu'à ce que vous le preniez dans vos bras. Mais, au fur et à mesure qu'il comprend qu'il est un être distinct, son besoin d'être rassuré augmente.

## Pour public seulement

Quand l'enfant progresse vers une crise d'envergure, il se jette par terre en battant des pieds, il arque le dos et crie à tue-tête. On peut croire qu'il est frustré, on dit souvent que c'est un enfant têtu, il n'en demeure pas moins que l'enfant ne fait ses crises que s'il a un public, et encore seulement si ce public comprend ses proches et ceux à qui il tient le plus. Si on le laisse seul, il s'arrête. À 3 ans, l'enfant peut faire durer ses crises un peu plus longtemps, mais à 2 ans, il oublie vite la raison pour laquelle il avait commencé. Quoi qu'il en soit, si on l'embrasse et qu'on lui pardonne, il reprend vite ses esprits, rassuré une fois de plus qu'on l'aime. De l'amour et du soutien indéfectible qu'on lui manifeste, il apprend qu'on l'aime pour ce qu'il est et non pour ce qu'il fait.

## Les deux côtés de la médaille

On peut considérer le problème du « cauchemar » des 2 ans de deux façons. D'une part, l'enfant a besoin d'être rassuré quand il se rend compte qu'il est un être distinct de vous. D'autre part, il faut s'occuper de ce genre de comportement tout à fait inacceptable.

Vous ne pouvez pas le punir, le cajoler, le tyranniser ou lui faire du chantage à cause de son besoin d'amour. Vous ne pouvez pas non plus faire disparaître ce besoin ni le mettre de côté. Quoi que vous fassiez, il vous demandera de l'amour. Ses demandes ne cesseront ou, du moins, ne deviendront plus raisonnables que lorsqu'il sentira que vous tenez à lui comme à la prunelle de vos yeux, malgré le fait qu'il soit un être distinct.

Et vous ne pouvez pas lui donner ce sentiment de sécurité « une bonne fois pour toutes ». Il aura constamment besoin d'être rassuré et de savoir que vous l'aimez d'un amour inconditionnel et pour toujours quoi qu'il arrive et quoi qu'il dise ou fasse. Vous devez lui faire comprendre que vous ne l'aimez pas pour ce qu'il peut ou ne peut pas faire, mais bien pour ce qu'il est.

## Comment réagir à une crise de colère

Le comportement déraisonnable de votre enfant est cependant une tout autre question. N'oubliez pas qu'avec sa crise, il cherche à attirer votre attention. Or, il préférerait de beaucoup attirer votre attention aimante et favorable, mais s'il ne réussit pas, il prendra n'importe quelle autre forme d'attention. Quand un enfant trouve le moyen d'obtenir ce qu'il veut, faut-il se surprendre qu'il réutilise ce même moyen quand il veut de nouveau quelque chose?

Si vous ne vous occupez pas de lui ou que vous lui donnez moins d'attention qu'il n'en voudrait (peut-être parce que vous vous concentrez sur vos achats d'épicerie ou sur votre conversation téléphonique) et qu'il peut d'un coup attirer toute votre attention en se couchant par terre et en battant des pieds en criant, alors il le refera certainement la prochaine fois qu'il aura besoin d'attention. L'enfant ne planifie pas nécessairement cela à l'avance, car ce genre d'apprentissage ne requiert pas une prise de conscience (nous ne sommes pas toujours conscients des petits trucs auxquels nous avons recours pour satisfaire nos besoins émotionnels). Sinon, beaucoup de psychologues et de conseillers socio-psychologiques devraient fermer boutique!

La meilleure façon de réagir aux exigences de l'enfant qui hurle est de feindre de l'ignorer. Gardez un air impassible, restez détendue et allez-vous-en. Si vous ne pouvez pas laisser l'enfant, prenez-le dans vos bras et emmenez-le dans une autre pièce ou dans un endroit où il sera en sécurité. Ne dites rien et ne faites rien qui pourrait lui laisser croire que vous êtes contrariée ou fâchée par la manière dont il agit.

## Comment ne pas perdre l'esprit

Les luttes de pouvoir à l'heure des repas ou du coucher ou au beau milieu d'un centre commercial peuvent être extrêmement fatigantes pour des parents, surtout quand les autres se mettent à vous prodiguer leurs « bons conseils » sur la manière d'agir avec un enfant aussi « vilain ». Ignorez ces bonnes gens de la même façon que vous feignez d'ignorer les crises de votre enfant. Et surtout, ne succombez pas à la tentation de lui donner une fessée.

● Commencez tôt. Désamorcez les situations risquées en habituant votre enfant à différentes personnes ou gardiennes et à différents environnements pour ne pas qu'il soit frustré ou qu'il s'inquiète quand vous êtes séparés l'un de l'autre.

● Si tout ce que l'enfant vous répond est « non », posez-lui des questions pour lesquelles il ne pourra pas répondre par oui ou non. Ainsi, au lieu de lui dire de s'habiller, demandez-lui:

« Veux-tu mettre ton manteau bleu ou ton blouson rouge? »

● Si votre enfant est très actif, et que son niveau d'activité peut marquer le début d'une crise, assurez-vous de lui fournir suffisamment d'occasions de se défouler avant que sa colère n'explose.

● Si votre enfant a de la difficulté à s'adapter aux nouveaux environnements, aux situations et aux gens, il peut être préférable pour lui de jouer avec de petits groupes d'enfants, avec des enfants plus âgés ou même tout seul.

● Si votre enfant est facilement contrarié, et qu'il lui est difficile de persévérer dans une tâche, décomposez les tâches qu'il doit faire en plusieurs plus petites. Demandez-lui, par exemple, de mettre tous ses vêtements dans le panier à linge, et tous les crayons dans la boîte au lieu de lui demander de « ranger sa chambre ».

● Enfin, rappelez-vous qu'il ne s'agit pas uniquement d'une lutte pour attirer votre attention ou pour se séparer de vous, mais qu'il s'agit aussi d'un bon signe indiquant que l'enfant mûrit.

### LES MEILLEURS MOYENS

● Vous avez beau essayer, à 2 ans, votre enfant ne comprend pas comment « partager ses jouets » avec d'autres. Il acceptera plus volontiers de laisser un autre jouer avec son jouet si vous lui dites : « Chacun son tour. D'abord toi, ensuite, Jonathan. »

● De la même façon, il vaut mieux lui expliquer les conséquences de ses gestes : « Si tu lances ta nourriture par terre, je vais t'enlever ton assiette et tu auras faim. » Mais ne lui faites pas de menaces que vous n'êtes pas prête à exécuter!

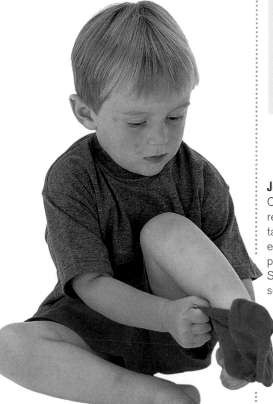

**Je peux le faire tout seul!**
Outre le fait de vouloir attirer votre attention, l'insistance obstinée de votre enfant fait aussi partie du processus de séparation. S'il veut mettre ses chaussettes tout seul, laissez-le au moins essayer!

**Mamans et papas**

Même si les parents essaient d'élever leurs enfants sans succomber aux jouets stéréotypés, les filles finissent souvent par jouer avec des poupées et les garçons, avec des ballons.

## DES JOUETS POUR CHAQUE SEXE

Si, de nos jours, les rôles des hommes et des femmes sont de plus en plus semblables, les jeux des enfants, sont de plus en plus différents de ceux d'antan. L'une des explications pourrait être que les jeunes enfants n'ont plus de modèles aussi clairs et définis selon le sexe qu'auparavant. Autrefois, les hommes travaillaient pour subvenir aux besoins de la famille et les femmes s'occupaient des enfants et des tâches ménagères. Aujourd'hui, les deux parents portent des pantalons, travaillent aux mêmes endroits, cuisinent, nettoient la maison et s'occupent des enfants. Il ne reste plus que les poupées Barbie qui résument ce qu'il y a d'unique aux femmes et les héros d'action, en ce qui a trait aux hommes.

# Garçons et filles

Bien sûr, nos enfants ne correspondent pas toujours aux stéréotypes liés aux sexes, mais si vous avez eu des filles et des garçons, vous avez sans doute remarqué qu'il y avait tout de même un peu de vrai dans ces vieux clichés.

Le sexe féminin domine dans la nature. Tous les fœtus sont programmés pour se développer en filles à moins de recevoir «d'autres directives». Les deux cellules sexuelles, tant l'ovule que le spermatozoïde, portent des chromosomes sexuels. Chaque ovule formé dans les ovaires de la femme porte un chromosome X, tandis que chaque spermatozoïde formé dans les testicules de l'homme porte ou bien un chromosome X ou bien un Y. Lors de la fertilisation, si deux chromosomes X se rencontrent, l'enfant sera une fille, mais si la fusion se fait entre un X et un Y, ce sera un garçon.

## Comment les garçons se développent

Le chromosome Y donne l'ordre à un groupe de cellules de devenir des testicules. Sans ces directives précises, ces cellules deviendraient des ovaires. Lorsque les testicules se développent, ils sécrètent de la testostérone, une hormone mâle, responsable du développement d'un corps masculin, avec des organes génitaux internes et externes masculins. Sans la testostérone, le bébé devient une fille avec des organes génitaux internes et externes féminins.

## Qu'est-ce qui peut mal aller?

Il peut parfois arriver que l'organisme se méprenne sur certaines substances prises par la mère et qu'il les considère à tort comme de la testostérone: une petite fille se met alors à développer des organes génitaux mâles. La même chose peut arriver si les glandes surrénales de la mère sont trop actives. Par ailleurs, si les testicules du petit garçon ne sécrètent pas assez de testostérone, les organes génitaux de l'enfant risquent d'être incomplets. Tous ces cas sont rares et peuvent être corrigés après la naissance.

## L'identité sexuelle

L'identité sexuelle est le sentiment que nous avons d'appartenir à un sexe ou à l'autre. Dans la plupart des cas, ce sentiment correspond au sexe de nos organes génitaux. Nous avons l'air d'une femme et nous nous sentons femme. À l'occasion, cependant, le corps et l'identité sexuelle diffèrent et certaines personnes se sentent prises au piège d'un corps qui ne correspond pas à leur identité sexuelle: les hommes se sentent femmes et, à l'inverse, les femmes se sentent hommes. Dans certains cas, leur sentiment est si fort que ces personnes ont recours à des opérations chirurgicales pour changer de sexe.

De tels sentiments peuvent parfois aussi être présents chez des enfants. Personne ne sait exactement ce qui détermine notre sentiment d'appartenance à un sexe plutôt qu'à l'autre. On croyait auparavant qu'il s'agissait d'une question de milieu et d'éducation, mais la situation est beaucoup moins claire depuis quelques années. Si certains croient que l'identité sexuelle est totalement acquise, d'autres pensent plutôt qu'on naît avec une forte prédisposition à se sentir ou bien homme ou bien femme.

## Le développement de l'identité sexuelle

Dès qu'un enfant peut vous dire s'il est un garçon ou une fille, il le fait et avant même qu'il ne puisse parler, il peut manifester plus d'intérêt pour les bébés et les enfants du même sexe que lui. Cependant, même si un enfant de 2 ans dit être un garçon, cela ne signifie pas qu'il sait, d'une part, qu'il deviendra un homme et, d'autre part, qu'il a toujours été un garçon. Le garçon de 2 ans qui a une petite sœur peut penser que tous les bébés sont des filles. Il peut aussi croire qu'il deviendra une «maman» plus tard. À 3 ou 4 ans, il aura probablement compris qu'il est né garçon et qu'il deviendra un homme plus tard, mais il peut encore avoir l'impression que, s'il met une robe, il pourrait devenir une fille. Et il se dit sans doute que ce serait ridicule et probablement mal de faire cela. À 6 ans, il ne peut dire que même s'il ne veut pas porter de robe, il ne voit rien de mal à ce que d'autres garçons le fassent s'ils le souhaitent.

## Les garçons sont des garçons

Il y a eu des centaines, voire des milliers d'études sur les différences entre les garçons et les filles, les hommes et les femmes. On a trouvé de nombreuses différences, mais seules quelques-unes sont conséquentes. Les hommes sont plus agressifs, commettent des crimes plus violents que les femmes. Ils risquent plus que les femmes de se retrouver en prison et ils étudient plus volontiers l'ingénierie que les langues. Leurs aptitudes spatiales (lire des cartes routières, stationner une voiture) sont habituellement meilleures que celles des femmes, malgré qu'il y ait beaucoup de chevauchement entre les sexes.

Partout dans le monde, ce sont presque toujours des hommes qui détiennent les postes d'autorité et les femmes qui font la plus grande partie des tâches ménagères. À 3 ans déjà, les enfants comprennent ces rôles sexuels. « Les mamans s'occupent des enfants », disent-ils même lorsque leurs parents partagent ces tâches. Les filles jouent beaucoup « à la mère » et accomplissent souvent des tâches domestiques dans leurs jeux, tandis que les garçons revêtent des rôles traditionnels et machos.

## L'orientation sexuelle

Les homosexuels disent souvent que leurs préférences sexuelles étaient claires dès leur jeune âge. Certains disent qu'ils se savaient différents dès l'âge de 6 ou 7 ans. Mais il ne semble pas que cela ait été aussi évident pour tous les hommes gays. Par ailleurs, ce ne sont pas tous les garçons qui préfèrent jouer avec des filles ou avec des jouets de filles qui deviennent des hommes efféminés, mais certains si. Quoi qu'il en soit, faut-il le mentionner, les hommes gays ne sont pas nécessairement efféminés.

Au cours des dernières années, des recherches ont permis de comparer des cerveaux d'hommes homosexuels et hétérosexuels, et les chercheurs pensent qu'il pourrait y avoir des différences dans certaines parties du cerveau. D'autres études se sont penchées sur des jumeaux de même que sur le nombre d'hommes gays dans certaines familles. Les résultats suggèrent une prédisposition génétique liée à la préférence sexuelle, malgré que les deux études en question ne soient pas absolument claires et qu'elles soulèvent beaucoup de controverse.

On s'entend cependant pour dire qu'il y a probablement une prédisposition génétique, mais que ce critère serait loin d'être le seul qui influence l'orientation sexuelle. Enfin, les raisons pour lesquelles certaines femmes sont lesbiennes sont encore plus complexes, puisque beaucoup de femmes ne deviennent lesbiennes qu'assez tard dans la vie.

**Jeux masculins et féminins**
Les différences entre les jeux des garçons et des filles sont relativement minimes et il y a beaucoup de chevauchement. En général, cependant, les filles préfèrent jouer par petits groupes de deux ou trois, tandis que les garçons ont tendance à former des groupes plus nombreux. Les filles s'adonnent à des jeux orientés sur le langage ; les garçons à des jeux plus sportifs, voire agressifs.

### GARÇON OU FILLE ?

Il y a quelques années, aux États-Unis, deux jumeaux identiques ont été circoncis. Lors de la circoncision, le pénis de l'un des garçons a été gravement brûlé au point où on a jugé préférable d'opérer l'enfant pour changer le sexe de ses organes génitaux. Celui-ci a ensuite été élevé comme une fille. À 7 ans, tout semblait normal. Le jumeau garçon voulait être pompier, la fille, médecin. Le garçon était dur, la fille douce, même si elle l'était un peu moins que sa mère inquiète l'aurait souhaité.

À 14 ans, les problèmes ont commencé. L'adolescente se faisait traiter de certains noms par ses camarades qui disaient qu'elle marchait comme un homme. Personne ne s'étonnait vraiment de ses problèmes.

Récemment, tout est revenu au point de départ. À 30 ans, la fille est redevenue un homme. Ce dernier parle d'une enfance au cours de laquelle les choses n'allaient pas très bien et d'une adolescence pendant laquelle tout allait très mal. Il a subi un deuxième changement de sexe et est maintenant marié et père de quatre enfants adoptés.

● **Rechercher ceux qui peuvent comprendre.** L'hôpital peut vous référer à des groupes de parents qui ont vécu la même expérience que vous.

● **Communiquer.** Il est parfois plus facile de parler à des étrangers qu'à son conjoint. La brèche dans le couple peut se transformer en gouffre si l'un des deux conjoints s'échappe dans une vie à l'extérieur du milieu familial, tandis que l'autre devient très absorbé par l'enfant.

● **Vous laisser le temps.** Il n'est pas facile d'accepter que son enfant ait des problèmes. Il est normal d'être en colère et de se sentir coupable.

● **Demander de l'aide.** La plupart de vos amis voudront vous aider, mais hésiteront de peur de s'ingérer dans votre vie privée.

● **Parler.** Trouvez quelqu'un qui vous écoute et parlez-lui. La réponse à une question comme «Pourquoi moi?» est peut-être «Pourquoi pas toi?», mais cela ne vous empêchera pas de vous la poser.

● **Aimer.** Votre enfant a besoin de plus et non de moins d'amour.

● **Renforcer son estime de lui-même.** Tant de choses l'accableront, il aura constamment besoin de rebâtir son estime de lui-même.

# Pas comme les autres

La naissance d'un enfant ayant des besoins particuliers est inattendue et traumatisante. Les parents devront apprendre à s'occuper d'un enfant différent et, surtout, il leur faudra apprendre à vivre avec leur déception et leurs sentiments de culpabilité.

Certains parents sont tellement bouleversés d'avoir un enfant handicapé qu'ils évitent tout contact avec lui. Dans certains cas, l'enfant passe de longues périodes à l'hôpital, ce qui peut nuire à la création de liens parents-enfant. Dans d'autres cas, le bébé n'a pas une longue espérance de vie, et les parents veulent faire tout ce qu'ils peuvent pour l'enfant, même s'ils savent qu'il n'en a pas pour longtemps.

## L'enfant n'est pas une tragédie

Ce qui est arrivé à l'enfant est tragique, mais l'enfant lui-même n'est pas une tragédie et il ne faut pas le traiter comme tel. Il est normal d'être triste de ne pas avoir eu l'enfant dont on avait rêvé, mais pas de continuer à le pleurer. Les parents doivent accepter l'enfant qu'ils ont. Leur humeur et la manière dont ils agissent avec leur bébé ont une grande importance. Les mères heureuses ont des bébés plus heureux et elles créent plus facilement des liens avec leur enfant que celles qui sont malheureuses. Quand la mère est malheureuse, le bébé l'est aussi.

Très souvent les amis ne savent ni quoi faire ni quoi dire. Certains font semblant que l'enfant n'existe pas; beaucoup croient que si un enfant ayant des besoins particuliers meurt, c'est un soulagement. Ce n'est pas que leur intention soit mauvaise, mais leurs sentiments sont complexes. Ils ressentent une profonde sympathie et, en même temps, ils sont soulagés que cela ne leur soit pas arrivé à eux.

Il peut être difficile d'établir des rapports avec certains enfants ayant des besoins particuliers parce que souvent ils ne réagissent pas beaucoup et que leurs visages n'expriment pas toujours leurs émotions. À ce titre, le sens du toucher peut s'avérer utile et pourrait, semble-t-il, avoir des effets positifs à long terme. Ainsi, un bébé qui aurait eu plus de contacts physiques pourrait pleurer moins à l'âge de 6 mois qu'un autre qui n'en aurait pas eu.

## Les lésions cérébrales et la paralysie cérébrale

Il y a des centaines de sortes de handicaps et d'incapacités, mais la majorité peuvent être classés en deux groupes principaux: les problèmes moteurs et de mobilité et la déficience mentale. La paralysie cérébrale, un trouble neuromusculaire qui cause une perte du contrôle moteur, est habituellement causée par des lésions cérébrales qui surviennent lors de naissances difficiles. Ainsi, la position du bébé qui s'apprête à venir au monde, un travail difficile, un détachement prématuré du placenta et la strangulation par le cordon ombilical sont les causes les plus courantes de lésions cérébrales. Les prématurés, surtout ceux pesant moins d'un kilo, peuvent aussi souffrir de lésions cérébrales. La paralysie cérébrale est parfois, bien que pas toujours, accompagnée d'un retard mental et de troubles de l'apprentissage. Les symptômes varient de légers à graves. Les enfants atteints peuvent aussi souffrir de convulsions, de problèmes d'élocution, de l'audition ou de la vision.

## Des problèmes qui se multiplient

Beaucoup d'enfants atteints de paralysie cérébrale ont de la difficulté à coordonner leur respiration avec leurs mouvements comme s'ils couraient toujours trop vite ou trop loin. Il leur est difficile de marcher et de parler en même temps, alors ces enfants ne cherchent pas à parler avec ceux qui les entourent quand ils essaient de se déplacer.

À cause de ces difficultés de communication, les adultes parlent souvent de l'enfant à la troisième personne, comme s'il n'était pas là, ce qui nuit beaucoup à l'opinion que l'enfant se fait de lui-même. Plusieurs enfants atteints de paralysie cérébrale ne peuvent pas faire deux choses à la fois comme tenir un verre de jus et parler. Ceux qui ne peuvent se déplacer par eux-mêmes sont dépendants des autres pour pousser leur fauteuil roulant ou les porter d'un endroit à un autre.

La vie est difficile et notre envie de les aider, énorme. Pourtant, si on veut que l'enfant puisse se bâtir une confiance en lui, il faut parfois le laisser se débrouiller tout seul. Mais cette dureté doit toujours être accompagnée d'amour de même que d'admiration pour ce que l'enfant accomplit.

### La trisomie 21 (syndrome de Down)

La trisomie 21 est caractérisée par un retard de développement, un retard mental qui varie de léger à modéré et une apparence physique particulière. Ainsi, les trisomiques ont les yeux plus ou moins bridés, le visage rond, le cou court, la langue volumineuse et le nez petit. Ils marchent les pieds complètement à plat au sol. Enfants, ils sont sujets aux troubles cardiaques et aux infections des voies respiratoires; en tant qu'adultes, ils vieillissent prématurément. Ce sont des personnes affectueuses, placides, enjouées et aimables qui créent des liens solides avec leurs parents. Il est rare que leurs capacités intellectuelles soient gravement atteintes, mais seule une minorité de trisomiques peuvent mener une vie vraiment indépendante.

Leur développement suit un cours normal jusqu'à l'âge de 6 mois environ, puis il ralentit. Les enfants trisomiques ont beaucoup de difficulté à gérer des informations complexes ou subtiles et, bien que plusieurs commencent l'école dans le système traditionnel, rares sont ceux qui peuvent y compléter leurs études. On peut aider ces enfants à se concentrer sur ce qu'ils font en réduisant les distractions autour d'eux.

### Déficits sensoriels

Les problèmes graves sont habituellement découverts immédiatement, mais les problèmes visuels ou auditifs moins graves peuvent ne pas être détectés de si tôt. Si votre enfant ne semble pas porter beaucoup d'attention visuelle aux choses, s'il semble regarder çà et là sans s'attarder sur les choses, s'il louche et que ses yeux ne reprennent pas leur position normale, il se peut qu'il souffre de troubles de la vision. En outre, si votre enfant ne sursaute pas quand il y a un bruit fort et soudain, s'il ne se tourne pas vers les voix, s'il semble souvent rêvasser, il se peut qu'il ait un problème d'audition. Faites examiner votre enfant, les déficiences partielles sont difficiles à détecter, mais plus faciles à traiter au cours des premiers mois de la vie.

### Un problème après l'autre

La vie n'est pas juste et un enfant qui souffre d'un problème quelconque en aura souvent un deuxième qu'on ne détectera pas tout de suite. Ainsi, une de mes amies qui avait un enfant atteint de paralysie cérébrale ne s'est pas rendu compte que son fils avait aussi un problème d'audition avant que celui-ci n'ait 8 ans. Cherchez aussi au-delà de ce qui est évident et faites examiner votre enfant.

**VOIR AUSSI**

Est-ce que tout est normal ?     **68-69**

Tous des enfants uniques **118-119**

Ce qui inquiète les parents     **142-143**

Comment réanimer un enfant     **210-211**

### NE JAMAIS, JAMAIS

● Parler de votre enfant comme s'il n'était pas là. Même s'il ne comprend pas encore, le jour viendra où il comprendra. Habituez-vous dès le début à le traiter comme un individu à part entière.

● Vous attendre à ce qu'il ne puisse pas faire quelque chose. Plus vous serez exigeante, plus votre enfant deviendra indépendant. Il y a une limite à ce qu'il peut faire, mais votre but, en tant que parent, est de repousser cette limite et non l'inverse.

● Laisser passer un mauvais comportement. La socialisation est très importante pour ceux qui dépendront toujours des autres.

● Feindre d'ignorer votre colère. Trouvez une façon de venir à bout de votre colère et d'accepter la situation. Sinon, vous risquez de passer votre colère réprimée et vos frustrations sur votre enfant.

● Ignorer la colère de votre enfant. Trouvez un moyen de l'aider à l'exprimer.

● Isoler votre enfant d'autres enfants avec un handicap. Il aura besoin d'amis qui soient en mesure de comprendre.

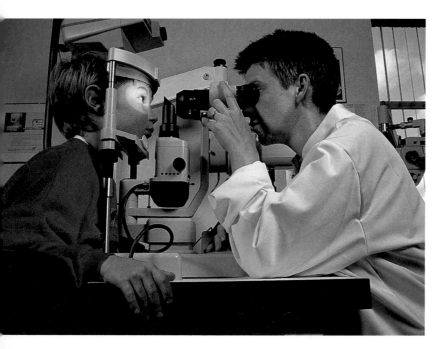

**Qu'est-ce que tu vois ?**
Les troubles visuels et auditifs sont tous les deux héréditaires, bien que la plupart des enfants malentendants ou malvoyants naissent dans des familles qui ne connaissent pas ce genre de problèmes. Surveillez de près le développement de votre enfant et faites-le examiner régulièrement afin de détecter rapidement tout problème sensoriel.

# CHAPITRE 4

# L'art d'être parents

Rares sont les nouveaux parents qui ont déjà une expérience de la manière de s'occuper d'un enfant. Pour la plupart, nos premiers indices nous viennent de nos propres parents : il est plus facile d'être parents si nous avons nous-mêmes eu de bons parents. Pour ceux qui n'ont pas eu la chance d'avoir de bons exemples parentaux, ce sera plus difficile, mais pas impossible. Il importe de se rappeler que personne n'est parfait, ni les parents ni les enfants, et qu'il serait difficile, voire impossible de suivre les traces de parents parfaits. Si vous aimez vos enfants et que vous êtes attentifs à leurs besoins, vous vous débrouillerez sans doute très bien la plupart du temps.

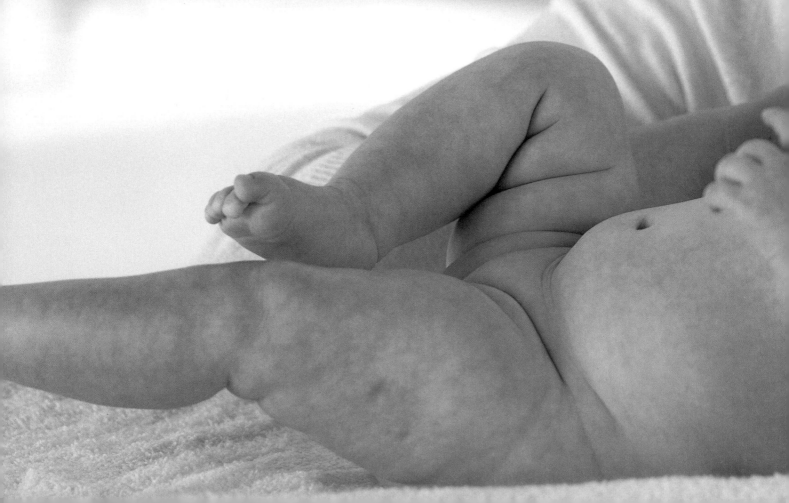

# L'ABC d'être parents

Avant d'avoir un enfant, il est difficile de comprendre tout le pouvoir que votre bébé aura sur vous et à quel point ses besoins seront accaparants. Vous apprendrez bientôt à le connaître et vous trouverez qu'il est l'être le plus merveilleux, le plus exigeant et le plus exaspérant qui soit !

**Reconstituez votre passé**
Quand vous attendez un bébé, les rapports que vous entretenez avec vos parents ne sont probablement pas au cœur de vos réflexions, mais ils peuvent vous donner une idée du genre de parent que vous serez.

Il est impossible de prévoir la panique qu'on ressent si notre bébé est malade ni le ravissement que suscite son premier sourire. Vous ne pouvez pas imaginer comment cet enfant vous accaparera ni le fait que ce que vous ressentez pour lui durera toute la vie. La force et la puissance de ces émotions surprennent et nous prennent au piège. Il est difficile d'expliquer à ceux qui n'ont pas d'enfants comment on se sent de savoir que quelqu'un aura toujours un tel pouvoir sur nos émotions et d'expliquer avec des mots à quel point cette vulnérabilité peut faire peur.

Tandis que vous vérifiez une fois de plus (encore et encore) s'il respire toujours, il serait sage de reconnaître que ce genre de comportement compulsif est une façon d'accepter l'énormité de notre engagement. Le deuxième bébé est toujours plus facile ne serait-ce que parce que lorsqu'il arrive, nous avons déjà accepté les chagrins potentiels ainsi que le fait que cet enfant marquera notre vie à jamais.

## Nos racines

Les bébés viennent au monde complètement nus et dépouillés, mais nous, les adultes, sommes porteurs de tout un bagage de relations et de rôles passés : nous avons déjà été enfants et nous avons nous-mêmes eu des parents. Les rapports que nous avons entretenus l'un et l'autre avec nos parents influencent profondément notre vie affective. En effet, c'est dans l'enfance que nous avons vécu nos premières expériences avec l'amour, la dévotion, le désespoir, la colère, la jalousie, la fierté, l'oppression, le rejet, l'embarras, la honte et plus encore. Que nous agissions à notre tour comme nos parents ou différemment pour ne pas refaire les mêmes erreurs, les expériences que nous avons vécues avec nos parents ne peuvent faire autrement que d'influencer notre manière de nous y prendre avec nos propres enfants. Nous sommes donc destinés à revivre certains des succès et des échecs de nos parents, tout comme ils ont eux-mêmes revécu certains succès et échecs de leurs propres parents. Si, tous les deux, nous avons eu de bons parents qui nous ont habitués à faire des choses par nous-mêmes, le résultat sera sans doute moins traumatisant que dans le cas contraire. Mais cela ne signifie pas pour autant que ceux qui n'ont pas eu de bons parents ne réussiront pas. En effet, nombreux sont les enfants qui grandissent déterminés à ne pas répéter les mêmes erreurs que leurs parents et qui y parviennent. Mais ce n'est pas facile.

Dans des moments de stress, le chemin le plus facile est celui que l'on connaît, c'est-à-dire que nous avons alors tendance à agir avec nos enfants comme nos parents ont agi avec nous. Quand les deux parents ont eu des expériences très différentes, ce genre de retour au « type primitif » peut causer d'importants désaccords.

## Exposer les fantômes

Au cours de ces premières semaines, une grande partie de l'agitation que nous vivons en tant que nouveaux parents tourne autour des fantômes du passé : la manière dont nous avons vécu notre enfance et ce que nous avons retenu de la manière d'élever des enfants.

**Examinez votre propre expérience.** Souhaitez-vous que votre enfant vive la même chose ? Que ferez-vous de différent ? La grossesse nous donne le temps de rêver. Maintenant nous nous retrouvons devant la réalité. Qu'allons-nous faire ?

**Examinez l'expérience de votre conjoint.** Souhaitez-vous la même chose pour votre enfant ? Est-ce que vos opinions correspondent à celles de votre conjoint ? Aussi étrange que cela paraisse, peu de couples discutent de ce genre de choses. Pourtant, le fait de devenir parents constitue la plus importante responsabilité qu'on puisse assumer.

**Rappelez-vous que la mémoire n'est pas infaillible.** Repassez votre enfance avec vos frères et sœurs, cousins, cousines et amis d'enfance. Essayez d'obtenir un tableau réaliste de votre enfance. Dans les moments difficiles, on a tendance à recréer les mêmes scénarios. Il est donc bon de savoir à quoi on peut s'attendre et de savoir ce qu'on aimerait éviter.

**Prenez garde de ne pas surcompenser.** Si vous avez l'impression d'avoir manqué d'amour quand vous étiez enfant, il est facile de tomber dans l'excès contraire et d'étouffer votre enfant au lieu de prendre un peu de recul et de le laisser s'épanouir. Évitez par contre d'être trop

indépendants, votre enfant risquerait de se sentir abandonné. Visez un juste milieu.

**Acceptez les changements dans votre relation.** Nous avons tous appris à aimer en aimant nos parents. Quand, dans une relation, nous aimons, nous ne pouvons éviter le modèle parental que nous avons connu. Dans une relation de couple, chacun est tour à tour enfant et parent. Comment la venue d'un véritable enfant affectera-t-elle cet aspect de la relation de couple ? Il ne faut pas croire que parce qu'on a maintenant un enfant, il n'est plus approprié de prendre de temps en temps le rôle de l'enfant dans le couple.

**Rappelez-vous que l'amour et les relations humaines sont complexes.** Notre besoin de jouer tour à tour les rôles de parent et d'enfant fait partie de la richesse d'une bonne relation. À long terme, le fait de devenir parents ne doit pas ébranler ces rôles. Néanmoins, il faut du temps pour s'adapter.

**N'oubliez pas d'être un couple.** Il faut être patients et se réserver des moments pour réaffirmer notre relation de couple, même si on est fatigués. Rappelez-vous que vous avez tous les deux besoin de temps pour vous adapter aux changements qui se produisent dans vos vies et de temps pour votre couple. Faites garder votre bébé et sortez, même si ce n'est que pour aller marcher ou vous promener dans le quartier.

**Soyez patients.** La plupart des nouveaux parents trouvent le temps de renégocier leur relation de couple et de la redéfinir avec de nouvelles richesses. Ne vous pressez pas, et ne vous attendez pas à ce que tout soit parfait dès le début.

**Libérez l'enfant en vous.** À partir de notre adolescence et jusqu'à ce que nous ayons un bébé, nous sommes si occupés à devenir adultes que nous perdons souvent de vue l'enfant qui est en nous. Il est étrange de se rendre compte qu'on n'a pas vraiment changé juste au moment où on ressent toute l'ampleur des responsabilités de la vie adulte. Reconnaissez que ce sont vos qualités d'enfant (votre sens de l'émerveillement, votre empressement à aimer et à faire confiance) qui feront de vous un bon parent.

**Sachez que vous ne serez jamais un parent parfait.** Être un parent parfait serait ce qu'il y a de plus ennuyant sur terre et constituerait un modèle impossible à suivre pour vos enfants.

## À FAIRE

Les enfants ont besoin d'amour, de compréhension, de sécurité, de fermeté et de discipline. Il devrait toujours être clair pour l'enfant qu'il n'y a pas de limites à l'amour que vous avez pour lui ni au soutien que vous êtes prêts à lui accorder. Mais il devrait aussi être clair qu'il y a des limites à votre tolérance et aux genres de comportements que vous êtes prêts à accepter.

## À NE PAS FAIRE

Les enfants n'ont pas besoin d'incohérence, d'insécurité, de rejet ni de critiques constantes. Ils ne devraient jamais sentir que vous ne les aimez pas ni craindre que vous puissiez cesser de les aimer à cause de la manière dont ils agissent. Ils ne devraient pas avoir l'impression qu'il n'y a jamais moyen de vous faire plaisir ni penser qu'ils peuvent faire ce qu'ils veulent, quand ils veulent et s'en tirer à tous coups. Fixez des limites raisonnables.

# Le partage équitable des tâches

Hommes et femmes ont des rôles biologiques différents. Le rôle de l'homme est de féconder la femme. Celui de la femme est d'abriter et de nourrir l'œuf fertilisé pendant qu'il se développe et devient un bébé et de s'occuper du bébé quand il devient un enfant.

En plus des impératifs biologiques, il y a bien sûr les attentes sociales, tant modernes qu'historiques, concernant la manière dont on devrait agir en tant qu'homme ou femme, mari ou épouse, père ou mère. Or, les rôles biologiques et les attentes sociales ont changé de façon radicale au cours des deux derniers siècles. Les femmes abritent et nourrissent encore le fœtus qui se développe mais, après la naissance, presque tout le reste peut désormais être différent. Et dans deux cents ans, les choses seront fort probablement différentes de ce qu'elles sont aujourd'hui.

**Excellent sur toute la ligne**
Si le père participe et partage tout ce qui a trait aux soins à donner à l'enfant, du changement des couches aux « quarts » de nuit, il a une bien meilleure chance de créer des liens avec son enfant, et vous pourrez profiter d'un repos bien mérité !

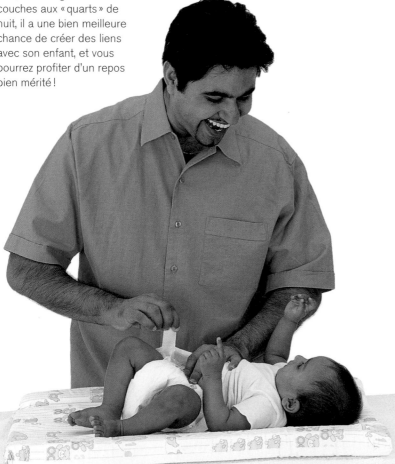

## Les rôles parentaux traditionnels

Il n'y avait auparavant aucun doute quant à celui des deux parents qui s'occuperait des enfants. Il était convenu que c'étaient les femmes qui s'occupaient des enfants, tandis que les hommes subvenaient aux besoins de la famille, la protégeaient et punissaient les enfants. Ils enseignaient beaucoup de choses à leurs fils, mais les femmes s'occupaient des soins quotidiens tant de leurs garçons que de leurs filles. Elles prenaient soin des enfants et avaient un programme de tâches domestiques chargé. Lavage, nettoyage, cuisine, couture, raccommodage, toutes des tâches qui exigeaient de longues heures du temps où les familles comptaient six enfants ou plus, où les appareils électroménagers étaient encore primitifs et l'argent pour les vêtements, rare.

En plus des travaux ménagers, les responsabilités domestiques des femmes incluaient aussi des tâches que la « culture » de l'époque réservait aux femmes. En Europe, cela signifiait que les femmes allaient puiser l'eau, vendre le poisson et les légumes du potager, qu'elles s'occupaient des poules et du potager (elles plantaient et sarclaient), trayaient les vaches, aidaient aux récoltes, cueillaient les fruits mûrs et amassaient le petit bois. C'étaient elles encore qui soignaient les malades et qui s'occupaient des personnes âgées et des handicapés. Ces tâches pouvaient varier un peu d'une culture à l'autre dans le monde, mais la liste était (et est) toujours longue.

## Autres temps, autres mœurs

Aujourd'hui, ces divisions traditionnelles des rôles réservés aux uns et aux autres ne sont plus aussi prononcées et beaucoup de couples s'attendent à partager les tâches domestiques et ménagères ainsi que la responsabilité et les soins des enfants. Mais comme tout ce qui relève d'un code de conduite volontaire ou facultatif, dans la pratique, cela ne fonctionne pas toujours comme prévu. En théorie, quand les femmes ont pris en charge une partie du rôle des hommes et qu'elles ont commencé à pourvoir, elles aussi, aux besoins de la famille, les hommes auraient dû s'occuper d'une partie des tâches domestiques et de l'éducation des enfants. Quand l'enfant vient au monde, son père peut faire tout ce que fait sa mère sauf, bien sûr, lui donner le sein, mais les traditions ont la vie dure. D'après la majorité des sondages, les mères sont encore celles qui s'occupent principalement des tâches quotidiennes concernant les enfants, tandis que le rôle du père à l'égard des enfants se limite surtout à jouer avec eux.

## Une pomme de discorde

Quand les femmes retournent sur le marché du travail, comme elles le font pour la plupart lorsque leurs enfants vont à l'école, cette distribution inégale des tâches peut facilement devenir une pomme de discorde et les différends sont difficiles à éviter. La plupart des hommes savent cuisiner, faire le lavage et le ménage, toutefois, quand les enfants arrivent dans le couple, ils en font de moins en moins et passent moins de temps encore à s'occuper des enfants.

● Une partie du problème tient à ce que les femmes ont déjà une longueur d'avance quand elles sortent de l'hôpital avec le nouveau-né. Bien qu'elles aient généralement peu d'expérience, elles en ont tout de même un peu plus que le père. Tous les nouveaux parents ont peur de faire mal à leur bébé en le prenant et beaucoup de mères ont tendance à surveiller de près leur conjoint quand il essaie de faire sa part, ce qui peut entraîner chez celui-ci un manque d'assurance ou un sentiment d'incompétence.

● Une partie du problème peut survenir parce que les hommes ne peuvent pas allaiter leur bébé au sein. La majorité des bébés, en effet, sont réconfortés par le sein et parce que les hommes n'ont pas cet «objet de réconfort», ils peuvent moins facilement apaiser un bébé qui pleure.

● Une autre partie du problème vient du fait que les femmes font plus de tâches ménagères parce qu'elles gagnent moins ou pas d'argent pendant leur congé de maternité. Un homme voit peut-être la fatigue accrue, le stress et les tensions qui accompagnent l'arrivée d'un nouveau bébé, mais il ne se rend pas toujours compte que la femme fait maintenant aussi une partie des tâches ménagères qui lui étaient auparavant réservées.

## QUI FAIT QUOI ?

Maintenant que bébé est là, vous pouvez faire les comptes. Quelles sont les tâches que vous faites tous les deux ? Lesquelles devraient être faites par votre conjoint ? Cette liste change-elle quand vous travaillez tous deux à l'extérieur ? Cochez les cases, faites le total de chaque colonne et discutez des résultats avec votre conjoint.

### Tâches concernant le bébé

| | Attentes de la mère vis-à-vis du père | Attentes du père vis-à-vis de la mère |
|---|---|---|
| Réconforter bébé | ☐ | ☐ |
| Prendre bébé dans ses bras | ☐ | ☐ |
| Changer sa couche | ☐ | ☐ |
| Habiller bébé | ☐ | ☐ |
| Donner le bain de bébé | ☐ | ☐ |
| Nourrir bébé | ☐ | ☐ |
| Préparer la nourriture de bébé | ☐ | ☐ |
| Coucher bébé | ☐ | ☐ |
| Se lever pendant la nuit | ☐ | ☐ |
| Aller promener bébé | ☐ | ☐ |
| Jouer avec bébé | ☐ | ☐ |
| Laver les vêtements du bébé | ☐ | ☐ |
| Emmener bébé chez la gardienne | ☐ | ☐ |
| Aller le chercher chez la gardienne | ☐ | ☐ |

### Autres tâches domestiques et familiales

| | Attentes de la mère vis-à-vis du père | Attentes du père vis-à-vis de la mère |
|---|---|---|
| S'occuper de l'autre enfant | ☐ | ☐ |
| L'emmener à l'école | ☐ | ☐ |
| Le ramener à la maison | ☐ | ☐ |
| Faire les courses | ☐ | ☐ |
| Préparer les repas | ☐ | ☐ |
| Faire le ménage | ☐ | ☐ |
| Faire le lavage | ☐ | ☐ |
| Gérer les finances | ☐ | ☐ |
| S'occuper de la décoration | ☐ | ☐ |
| Prévoir les événements sociaux | ☐ | ☐ |
| Laver la vaisselle | ☐ | ☐ |
| S'occuper des réparations | ☐ | ☐ |
| Entretenir le jardin | ☐ | ☐ |

**VOIR AUSSI**

| Bébé vient au monde | **12-13** |
| Le partage des soins | **52-53** |
| L'ABC d'être parents | **136-137** |
| Élever des enfants à deux | **140-141** |

## ÉVITEZ LES DISPUTES

● Dites-vous que vous êtes aussi compétents l'un que l'autre. Les hommes peuvent très bien s'occuper d'un enfant, mais il faut qu'ils apprennent à le faire.

● Si vous prévoyez retourner travailler au cours des six premiers mois, introduisez un biberon pendant les premières semaines, sinon votre bébé pourrait refuser de prendre une tétine. Le biberon permet aussi au père de nourrir son bébé et de créer des liens avec celui-ci.

● Parlez des changements en ce qui concerne la charge de travail et les tâches domestiques ; lesquelles sont temporaires, lesquelles sont permanentes ? Parlez-en avant la naissance et avant de retourner travailler.

● Faites les choses à tour de rôle : l'un fait les courses et les repas, l'autre fait le lavage. Et changez d'une semaine à l'autre.

● Occupez-vous aussi en alternance des soins du bébé : lui donner ses boires ou ses repas, son bain, changer sa couche, l'habiller et le réconforter. Changez chaque semaine.

Vous avez l'impression d'être enrégimentés ? Oui, mais c'est mieux que de se disputer au sujet de qui fait quoi. Et, à moins de faire les choses à tour de rôle, qui peut dire lequel s'occupe des tâches les plus difficiles ?

## NE VOUS INQUIÉTEZ PAS

Si vous travaillez à l'extérieur, ne vous inquiétez pas si:
- Vous n'êtes pas celle qui s'occupe de votre enfant toute la journée.
- Il aime sa gardienne plus que vous. Ne quantifiez pas son amour.
- Il fait des siennes quand vous rentrez à la maison. Il éprouve simplement vos limites.
- Il joue la gardienne contre vous. Tous les enfants le font, n'en tenez pas compte, il cessera.
- Vous pensez qu'il manque d'amour maternel. L'affection de la gardienne ou l'amour de grand-maman lui apporte beaucoup.

## INQUIÉTEZ-VOUS

Si vous travaillez à l'extérieur, préoccupez-vous:
- De la qualité de votre gardienne et du fait qu'elle réussisse ou non à établir un lien chaleureux avec votre enfant.
- Du moment où vous pourriez perdre votre gardienne. Si votre enfant l'aime, il sera malheureux si elle part. Pour les plus jeunes, l'effet sera passager si le reste est stable, mais trop de changements peut susciter de l'insécurité.

# Élever des enfants à deux

Malgré que la mère soit habituellement la principale personne à s'occuper des enfants, elle est rarement la seule. Autrefois, d'autres membres féminins de la famille aidaient au soin des bébés. Mais aujourd'hui, les pères jouent un rôle beaucoup plus actif qu'auparavant.

Le fait d'élever un enfant à deux n'a rien de nouveau. Ce qui a changé au cours des cinquante dernières années, ce sont les personnes visées par le partage de ces responsabilités ainsi que la nature de ces responsabilités partagées. Autrefois, c'était la mère qui s'occupait de l'enfant, mais quiconque connaissait l'enfant se sentait libre de le punir ou de le réconforter et de rapporter à ses parents ce qu'il avait pu faire ou ne pas faire. Quiconque se souciait de l'enfant avait un certain contrôle. Plus aujourd'hui. De nombreux parents décident ensemble qui s'occupera de l'enfant et comment ils entendent l'élever. Ils s'attendent à ce que ceux qui s'occupent de leur enfant le fassent selon leurs règles et leur philosophie, ce qui signifie, bien sûr, que les deux parents doivent avoir une idée claire et s'entendre sur ce qu'ils souhaitent.

## Comment élever un enfant à deux

- Ne vous attendez pas à ce que l'autre sache d'emblée ce que vous voulez. Dites-lui ce que vous pensez et ce que vous souhaitez. Rien ne sert de bouder parce qu'il n'a pas fait quelque chose que vous auriez aimé qu'il fasse si vous ne lui en aviez pas parlé.
- Discutez de la manière dont vous voulez élever vos enfants avant qu'ils ne viennent au monde. Essayez de faire des concessions. Ne soyez pas rigides, la réalité ébranle beaucoup de nos plans.
- N'essayez pas de vous cramponner à des rôles ou à des responsabilités quand vous déléguez des tâches. Le père n'est pas l'homme à tout faire de la mère ni une aide familiale.
- Les sucettes et les biberons n'ont pas été inventés pour rien. Sachez vous en servir pour vous offrir un répit.
- Reconnaissez que le fait d'avoir un bébé peut être stressant pour n'importe qui, surtout s'il s'agit d'un bébé grognon et souvent mécontent.

- Les enfants réagissent au stress et ont tendance à être très désagréables quand nous aurions le plus besoin qu'ils soient gentils. C'est naturel. Nos propres problèmes minent leur sentiment de sécurité, suscitent en eux l'insécurité et leur causent du stress et de l'inquiétude, ce qui entraîne des comportements difficiles.
- Sachez reconnaître que, dans des moments de stress, nous retombons tous en enfance. L'enfant de 7 ans se conduit comme un enfant d'âge préscolaire, celui d'âge préscolaire, comme un bébé aux couches. Même les parents perdent une bonne partie de leur allure d'adultes. Soyez patients avec vous-mêmes et l'un avec l'autre.
- Ne vous blâmez pas l'un l'autre si le stress vous fait agir tous les deux comme des adolescents ou encore si vous avez tendance à revenir aux modèles de rôles liés aux sexes qui vous ont été inculqués dans l'enfance. Personne n'est complètement à l'abri des stéréotypes culturels, même les féministes les plus ardentes peuvent soudain vouloir jouer «à la maman et au papa». Il faut un effort conscient pour résister aux stéréotypes. Et quand on est fatigués et qu'on manque de sommeil, on n'a pas toujours l'énergie nécessaire pour ce genre d'effort.
- Parlez de ce qui vous dérange, expliquez le problème, puis pardonnez et oubliez. La rancune exige aussi de l'énergie et ne vaudrait-il pas mieux utiliser cette denrée rare pour avoir du plaisir ensemble?
- Discutez de vos nouveaux rôles et réservez-vous, l'un et l'autre, des moments de loisirs et de liberté sans enfant et sans travail. Si, par exemple, il prend congé le samedi après-midi, elle pourrait se réserver le dimanche matin. Faites preuve de souplesse. Il y aura aussi des périodes pendant lesquelles l'un ou l'autre vivra de grandes tensions au travail et aura besoin que l'autre prenne temporairement la relève pour lui, côté famille. Mais ce genre d'arrangement ne fonctionne pas très bien s'il est toujours fait dans un seul et même sens.

## RECONNAÎTRE ET AFFRONTER LES ZONES DE CONFLIT

| Problème | Solution |
|---|---|

**L'argent**

Avoir un enfant coûte cher et cette dépense s'accompagne souvent de la perte temporaire (ou à long terme) d'un des deux revenus. La combinaison de ces deux facteurs fait souvent l'objet de disputes.

Parlez de vos problèmes. La solution la plus facile est de répartir l'argent dans des comptes différents : un pour les dépenses domestiques, les soins du bébé et les dépenses d'auto ; un pour les vacances, la nouvelle voiture, le mobilier, les électroménagers, et l'épargne ; un pour les vêtements et autres nécessités de votre conjoint et un pour vos vêtements à vous et vos dépenses personnelles. Séparez ce qui reste en deux parties égales et ajoutez ces montants à vos comptes personnels.

**Le temps**

Il faut investir beaucoup de temps pour s'occuper d'un bébé. S'agira-t-il de votre temps ou de celui de votre conjoint, et où prendrez-vous ce temps ? Avant que bébé ne vienne au monde, vous aviez le temps de travailler, d'être ensemble, de vous détendre, de voir des amis, de faire de l'exercice et de parler. Maintenant que vous devez accorder beaucoup de temps au bébé, il faut trouver ce temps quelque part. Quelles activités réduirez-vous ? L'iniquité de ce que chacun laisse tomber pour consacrer du temps au bébé constitue une source importante de conflit.

Discutez à fond des problèmes et des solutions. Tenez compte des circonstances particulières qui vous affectent l'un et l'autre. Comment diviser les temps libres de façon équitable ? Quels sont les besoins de contact social de chacun ? Les besoins d'exercice pour le corps et l'esprit ? Puisqu'il n'y aura pas assez de temps pour tout faire, quelles seront les priorités ?

**La sexualité**

Pendant la grossesse, les femmes voient leur désir sexuel s'accroître et la vie sexuelle du couple peut être très bonne. La naissance vient bouleverser tout cela. Les exigences constantes d'un nouveau bébé peuvent entraîner une diminution du désir sexuel chez la femme qui a donc rarement tendance à faire les premiers pas. Le désir sexuel de son conjoint peut même lui paraître déraisonnable.

Un équilibre se crée avec le temps. Il n'y a rien de mal à l'occasion à donner du plaisir qu'on ne partage pas nécessairement avec la même intensité ni à prendre du plaisir qu'on ne donne pas nécessairement en retour. Les rapports sexuels peuvent être difficiles au début et les exigences du nouveau bébé peuvent sembler illimitées. Les hommes se sentent souvent rejetés et exclus de l'intimité que partagent la mère et l'enfant. Ils ont l'impression de ne pas être aimés et d'être abandonnés. Ils ont besoin du réconfort que leur procure la sexualité. Personne dans cette situation n'a complètement tort ni raison. Il faut absolument en parler.

**L'attention**

On a tous besoin de sentir qu'on est quelqu'un de particulier de temps en temps. Il y a un temps pour chaque chose.

Parfois, il faut être à l'avant-scène et parfois, il faut savoir rester dans les coulisses. Chacun d'entre nous, homme, femme ou enfant, a le droit d'être à l'avant de la scène de temps en temps. Et chacun doit savoir se contenter de l'arrière-scène pour un temps, y compris le bébé. Il faut parfois qu'il attende, même s'il pleure.

**Les amis et la parenté**

Tout le monde veut voir le bébé. Si des membres de la parenté viennent habiter avec vous, ils devraient faire leur part pour aider et essayer de s'entendre avec les autres. Les personnes autoritaires et dominatrices de même que celles qui ont des idées très arrêtées peuvent faire plus de mal que de bien.

Veillez à ce que les visiteurs ne s'éternisent pas et que leurs visites ne causent surtout pas de conflit. Vous pouvez sans doute éviter les affrontements le temps d'un week-end, mais peut-être pas pendant un mois. Vous pourrez vous occuper des problèmes quand vous aurez l'esprit plus clair. C'est votre bébé et votre vie. Vous devez prendre vos propres décisions et les autres doivent les respecter.

**Doubles mixtes**

Il arrive parfois que toute la famille fasse des choses ensemble puis, à d'autres occasions, qu'on ne sorte pas tous ensemble. Certaines personnes peuvent alors se sentir frustrées et jalouses. Dans une famille, l'un des parents doit arriver à faire le pont entre les générations, dans un sens comme dans l'autre et ce rôle peut porter à confusion et entraîner des conflits.

Les relations triangulaires sont toujours plus problématiques. Prenez le temps de vous asseoir pour parler et discuter. Acceptez ce que l'autre ressent, sans pour autant accepter aveuglément son comportement par rapport à ses sentiments. Si les émotions sont souvent pénibles et que l'on n'arrive pas toujours à les contrôler, on doit cependant rester maître de ses actes.

**LES VACCINS**

● Le risque d'effets indésirables liés au vaccin contre la polio administré par voie orale est de un pour 8,7 millions.
● Après le triple vaccin contre la diphtérie, la coqueluche et le tétanos (DCT), on constate souvent une douleur, de la rougeur et de l'enflure au site d'injection. L'enfant peut aussi avoir un peu de fièvre, être grincheux ou somnolent et il n'est pas rare qu'il vomisse.
● Consultez votre médecin si votre enfant est très somnolent, s'il pousse des cris aigus, s'il devient inerte ou s'il se met à faire des convulsions. Ces symptômes sont révélateurs d'une infection au cerveau qui peut n'apparaître qu'après une semaine. Mais de telles infections sont très, très rares et risquent peu de produire des effets nocifs à long terme (lésions cérébrales permanentes).

**Dormir en toute sécurité**
Il semblerait qu'il y ait un risque accru de syndrome de la mort subite du nourrisson chez les bébés qui dorment sur le ventre, surtout lorsqu'ils sont enrhumés. Veillez à ce que votre enfant dorme sur le dos.

# Ce qui inquiète les parents

Il y a toujours quelque chose qui nous inquiète en tant que parents. Et plus on « cherche », plus on trouve. Bien sûr, vous aimez votre enfant, mais vous ne pouvez pas le protéger de tous les malheurs du monde.

Vos craintes en tant que parents comprennent les maladies infantiles extrêmement rares et les difformités, les abus sexuels et les enlèvements d'enfants. De telles inquiétudes sont le reflet de la profondeur de votre amour. Affrontez vos peurs, informez-vous des réalités et profitez de votre bébé sans vous inquiéter de façon excessive.

## Les inquiétudes courantes

**Le syndrome de la mort subite du nourrisson.** Le syndrome de la mort subite du nourrisson n'est pas aussi courant que le croient de nombreux parents. Et il semble moins fréquent dans les pays où l'on porte son bébé sur soi et où l'on dort avec lui. Enfin, le syndrome affecterait un plus grand nombre de bébés allaités au biberon, bien qu'on ne sache pas encore pourquoi.

**Les ravisseurs d'enfants.** C'est le thème de bon nombre de séries télévisées. Mais c'est tellement rare dans la réalité qu'on peut même ne pas en tenir compte, le risque est négligeable. Votre bébé risque plus d'être frappé par la foudre que de se faire enlever. D'ailleurs, tous les cas d'enlèvement d'enfants font la une des nouvelles et combien en avez-vous compté depuis que vous êtes enceinte ? Allons, détendez-vous.

**Les problèmes cachés.** Un enfant sur dix vient au monde avec un problème mineur ; la plupart sont faciles à corriger. La majorité des problèmes graves sont décelés rapidement, dans les quelques jours qui suivent la naissance (sauf en ce qui concerne la surdité et l'autisme). Si on ne vous a parlé de rien lorsque vous avez quitté l'hôpital, c'est fort probablement parce que votre bébé n'a aucun problème.

## Les craintes profondes

**Les accidents.** Les accidents graves impliquant de jeunes enfants sont rares et peuvent être minimisés en aménageant votre intérieur de façon sûre pour l'enfant, en l'attachant dans sa poussette, dans sa chaise haute et dans son siège d'auto et en demeurant vigilants.

**Les dangereux personnages.** Il est très, très rare qu'un enfant soit victime de mauvais traitements de la part d'étrangers et les chiffres n'ont que très peu augmenté depuis cinquante ans. Les pédophiles s'en prennent rarement à des enfants qu'ils ne connaissent pas. Demandez-vous s'il arrive souvent que les enfants de votre quartier soient victimes d'agressions sexuelles ou de méfaits de la part d'étrangers.

**Les mauvais traitements par une personne que l'on connaît.** De tous les dangers auxquels votre enfant est exposé, voilà habituellement celui qui nous inquiète le moins ; pourtant, c'est celui qui risque le plus de se produire. La plupart des enfants qui sont maltraités, qu'il s'agisse d'abus physiques ou de sévices sexuels, le sont par un parent, un membre de la famille, un voisin, une gardienne ou un ami de la famille. Enfin, il est excessivement rare que de jeunes bébés soient victimes de sévices sexuels. Le risque augmente au fur et à mesure que l'enfant grandit pour atteindre un sommet au début de l'adolescence. Quant aux sévices physiques, ils touchent surtout les bébés, les jeunes enfants et ceux d'âge préscolaire. À moins que vous n'ayez de raison de croire que votre enfant est en danger, le fait de surveiller quelqu'un et d'attendre de le prendre en flagrant délit serait très néfaste pour une relation, quelle qu'elle soit. Néanmoins, si vous voyez

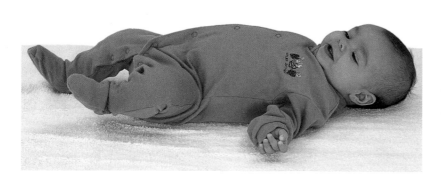

qu'un enfant présente souvent des blessures invraisemblables (comme deux yeux au beurre noir ou des ecchymoses qui sont toujours cachées par ses vêtements), demandez-vous sérieusement si les explications fournies sont plausibles et si elles collent bien à la réalité. Enfin, si un enfant vous semble en connaître beaucoup sur la sexualité, ou encore s'il se conduit avec une ouverture sexuelle suspecte, soyez très attentifs.

**Les mauvais traitements qu'on inflige nous-mêmes.** Ce n'est que lorsqu'on a soi-même entendu un bébé crier pendant deux heures qu'on peut commencer à entrevoir comment quelqu'un peut finir par faire du mal à un tout petit bébé. Une fois qu'on a ressenti la frustration, l'inquiétude et le désespoir d'essayer de maîtriser des pensées incontrôlables, on ne comprend que trop bien. Heureusement, l'envie effrayante de lancer ce paquet de hurlements par la fenêtre n'a rien à voir avec la réalité. Si nous savons que, dans certaines situations, nous pourrions faire du mal à un enfant, la grande majorité d'entre nous ne le faisons jamais. La plupart des parents savent de quoi je parle et ils savent maîtriser leurs impulsions. De fait, très peu de parents et de gardiennes font du mal aux enfants. Mais si vous pensez que vous pourriez succomber, consultez avant de vous laisser emporter par vos émotions.

**Votre enfant est perdu.** Les enfants risquent plus de se perdre dans une foule, à la plage, au parc ou dans un magasin que de s'enfuir de la maison. On les retrouve habituellement rapidement. Quand vous allez dans ce genre d'endroits, un bracelet avec votre nom, adresse et numéro de téléphone (celui de votre cellulaire, notamment, peut s'avérer utile. Et convenez à l'avance d'un point de rencontre au cas où vous vous perdiez de vue.

**Les endroits dangereux.** La plupart des accidents surviennent à la maison ou dans la voiture. Connaissez-vous beaucoup de gens qui ont eu un accident grave ailleurs? Détendez-vous. Cela est très, très improbable.

**Les vaccins.** Dans le but d'éradiquer des maladies qui tuaient ou estropiaient des milliers d'enfants, on doit maintenant vacciner tous les enfants et même ceux qui souffrent de troubles neurologiques, de paralysie cérébrale et de convulsions qui ne résultent pas d'une affection neurologique. Quand vous évaluez le risque lié à la vaccination, n'oubliez pas que chez les enfants de moins de 6 mois, la coqueluche tue un enfant infecté sur 100. De nombreux parents s'inquiètent notamment du vaccin contre la rougeole, les oreillons et la rubéole (ROR). En effet, ce vaccin suscite souvent quelques réactions bénignes. Ainsi, environ un enfant sur cinq aura un peu de fièvre, environ un sur sept, une éruption cutanée ou une inflammation des ganglions et un

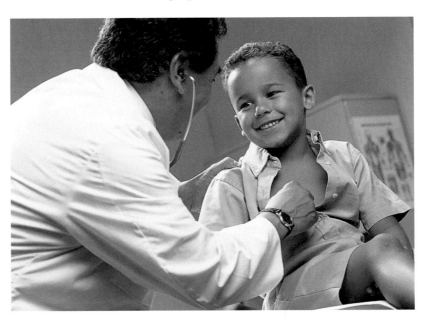

sur vingt, des douleurs articulaires qui peuvent durer jusqu'à trois semaines. Il y a aussi une faible possibilité que le ROR cause une encéphalite (infection du cerveau), des convulsions et une surdité nerveuse, mais cela est extrêmement rare. Vous ne devriez pas faire vacciner votre enfant s'il a un rhume ou une fièvre parce que le vaccin ROR serait alors moins efficace. Et vous devriez vous renseigner auprès d'un médecin ou d'une infirmière si votre enfant souffre d'une maladie ou s'il prend des médicaments immunosuppresseurs ou encore s'il est allergique aux antibiotiques.

La rougeole peut entraîner des complications graves et parfois même mortelles. Quant à la rubéole et aux oreillons, bien qu'il s'agisse de maladies relativement bénignes, elles peuvent avoir des conséquences graves chez les adultes. La rubéole peut causer des anomalies congénitales et les oreillons, la surdité et la stérilité chez les adultes. Et on peut éviter tout cela grâce à un simple vaccin.

**VOIR AUSSI**

Est-ce que tout est normal ?  **68-69**

Pas comme les autres    **132-133**

Problèmes caractéristiques aux bébés    **178-179**

Problèmes caractéristiques aux jeunes enfants **180-181**

**Promouvoir la santé**
Tous les enfants qui peuvent être vaccinés sans danger devraient l'être. Pour la majorité, le risque d'attraper la maladie l'emporte, et de loin, sur les risques du vaccin. Ce n'est que dans le cas de maladies graves que votre médecin vous déconseillera de faire vacciner votre enfant.

● Les parents permissifs sont chaleureux et aimants, mais ils n'exigent que peu de leurs enfants. Ces derniers ont donc tendance à être moins autonomes et à être moins maîtres d'eux-mêmes que les enfants élevés par des parents plus autoritaires.

● Les parents intransigeants gardent la tête froide. Ils ont tendance à restreindre, contrôler et punir. Ils exigent aussi une obéissance absolue. Leurs enfants sont souvent plus renfermés, agressifs, malheureux et méfiants.

● Les parents autoritaires sont pour la plupart sûrs d'eux-mêmes, chaleureux, raisonnables et autocorrecteurs. Ils encouragent l'autonomie et la curiosité chez leurs enfants, mais ils appliquent les règlements de manière ferme et ils s'attendent à un haut rendement de la part de leurs enfants. Ces derniers ont généralement tendance à être plus indépendants que les enfants de parents intransigeants ou permissifs.

**Les parents ont besoin de temps**

Assurez-vous que votre enfant comprenne dès le début qu'il doit parfois attendre que vous finissiez ce que vous êtes en train de faire, que ce soit parler au téléphone ou boire un café.

# Votre façon à vous

La permissivité, l'intransigeance et l'autorité parentales ont tour à tour été à la mode. Mais, en réalité, il n'y a pas de règles absolues. Il faut que vous trouviez votre propre style afin que vos enfants puissent s'épanouir dans une atmosphère saine et harmonieuse.

La plupart des parents sont sévères pour certaines choses et plus permissifs pour d'autres. Quelques-uns sont stricts pour presque tout et d'autres presque toujours permissifs. Or, il n'y a pas de « bonne » ni de « mauvaise » façon, du moment qu'il y a de la constance, du respect mutuel, de la tolérance et beaucoup d'amour. Les familles sont plus harmonieuses quand les enfants s'intègrent bien au style familial. Si vous avez horreur du désordre, mais qu'il vous importe peu que les enfants restent debout jusqu'à minuit, très bien. Si vous pouvez tolérer qu'il y ait du désordre, mais que vous avez besoin de tranquillité à la fin de la journée, très bien aussi. C'est l'inconstance surtout qui pose problème parce que l'enfant ne s'y retrouve plus.

## Parents d'un bébé

● Aimez vos enfants, non pas pour ce qu'ils font, mais pour qui ils sont et dites-leur que vous les aimez autant par vos gestes qu'avec des mots.

● Les enfants de moins de 2 ans ne comprennent pas les notions de bien et de mal ni de

bonne et de mauvaise conduite. Mais ils peuvent comprendre qu'une chose en entraîne toujours une autre. Soyez conséquents dans ce que vous faites et sachez prévoir les conséquences de vos choix et de vos gestes. Si vous voulez que votre enfant s'endorme rapidement, couchez-le et sortez de la chambre. Ne le laissez pas utiliser le sein comme objet de réconfort si vous voulez le sevrer à 10 mois.

● Si votre enfant insiste pour obtenir ce qu'il a l'habitude d'avoir, comprenez bien qu'il ne s'agit ni d'entêtement ni d'exagération.

● Chaque enfant est différent. Vous ne pouvez pas empêcher certains d'être exubérants ni d'autres de se montrer prudents ou timides. Vous pouvez réussir à faire de petits changements et l'aider à faire face aux situations qui lui paraissent difficiles, mais sa nature et ses aptitudes sont le reflet de ce qu'il est et non de ce que vous aimeriez qu'il soit. Plus vous le forcez à s'adapter à votre propre moule, plus vous minez sa confiance en lui.

● Pardonnez-lui sa mauvaise humeur, mais ne cédez pas à ses colères.

● Les parents ont aussi des besoins, ne serait-ce que de se parler tous les deux ou encore d'avoir du temps pour lire le journal, et vos besoins devraient parfois avoir priorité.

● Ne vous imposez pas à l'avance des consignes ridicules. Si votre bébé dort mieux avec une sucette, alors soit. Ce ne sont pas tous les principes qui valent qu'on s'y astreigne.

● Si vous avez de la difficulté à aimer votre enfant ou à vous en occuper, consultez et faites-vous aider.

## Parents d'un jeune enfant

● Au fur et à mesure que l'enfant prend conscience qu'il est un être à part entière, il commence à pouvoir distinguer ce qu'il veut, par rapport à ce que ses parents veulent. Or, cela entraîne inévitablement des affrontements et des actes de défi. On entend aussi de plus en plus de «Moi faire ça!» et «Non!». Il veut de l'attention et il apprendra à l'obtenir. Si vous vous inquiétez de son alimentation, de son désordre ou du fait qu'il utilise des «gros» mots, il peut très bien jouer sur ces aspects et faire des choses que l'on peut difficilement feindre d'ignorer. Mais la meilleure stratégie demeure celle du «sans commentaire». La meilleure façon de discipliner un jeune enfant est de ne pas lui donner d'attention quand il se conduit mal et de ne jamais mordre à l'hameçon. Prenez un air impassible, une attitude neutre et allez-vous-en (ou prenez l'enfant et amenez-le dans une autre pièce). Attendez un moment, le temps qu'il se calme, puis allez le voir. Souriez, parlez, pardonnez-lui et oubliez. S'il semble troublé, réconfortez-le.

● Les jeunes enfants ne comprennent pas encore les consignes, mais ils peuvent apprendre à associer la cause à l'effet. Si sa mauvaise conduite attire votre attention, il apprend à mal se conduire plus souvent. S'il obtient votre attention quand il est gentil, il apprend à être gentil. Naturellement, il fera toujours un peu des deux, mais vous pouvez faire pencher la balance d'un côté ou de l'autre.

● Certaines personnes trouvent que de tenir l'enfant bien serré contre soi, pendant un certain temps chaque jour, peut aider à réduire les mauvais comportements. On dirait un peu une technique pour faire sortir le «mauvais»! Vous ne perdez rien à l'essayer, même s'il est possible qu'elle ne fonctionne pas pour vous. Prenez-le dans vos bras, serrez-le contre vous et, même s'il se tortille, restez calme et tenez-le jusqu'à ce qu'il se détende, puis tenez-le encore pendant cinq à dix minutes. Relâchez votre prise et parlez-lui.

● Les jeunes enfants ont besoin de se défouler. Si vous avez un horaire régulier, faites en alternance des jeux tumultueux et d'autres plus tranquilles et, vous verrez, votre enfant sera plus docile. La stimulation excite. Si vous voulez qu'il puisse s'asseoir tranquille, faites le silence dans la pièce, fermez la radio, diminuez l'intensité lumineuse et parlez-lui doucement.

● Aimez-le pour ce qu'il est et dites-lui: «Tu es le meilleur Jojo du monde entier!»

● Vos enfants seront plus serviables si vous leur montrez ce qu'ils doivent faire. Rappelez-vous que les enfants imitent leurs parents.

**Laissez-le grandir**
S'il veut vous aider à mettre le couvert, n'insistez pas pour le faire vous-même. Montrez-lui comment, avertissez-le qu'il doit faire attention et il apprendra rapidement.

**VOIR AUSSI**

Tous des enfants uniques **118-119**

L'estime de soi **126-127**

Les chercheurs d'attention **172-173**

Ne pas empirer les choses **174-175**

## Parents d'un enfant de plus de 3 ans

● Comme avec les plus jeunes, aimez-le et manifestez-lui votre amour.

● Donnez-lui de l'attention quand il se conduit bien et qu'il est gentil. Continuez à utiliser votre visage impassible et votre attitude de neutralité quand il se comporte mal. Ne restez pas près de lui dans ces moments-là.

● Soyez tolérants. Personne ne peut toujours être gentil. Laissez passer les petites choses sans faire de commentaire.

● Traitez-le comme un individu à part entière et ajustez vos attentes en fonction de l'enfant et non d'un idéal.

● Établissez des limites qui tiennent compte de son indépendance croissante. Ses capacités et son sens des responsabilités influencent la vitesse à laquelle son indépendance évolue. N'oubliez pas que si l'enfant est constamment dominé et contrôlé, il ne développera pas son indépendance. Si vous ne lui faites jamais confiance, il ne deviendra jamais digne de confiance. Donnez-lui une structure, déterminez les règles, mais laissez-le faire ses propres choix. Son degré de maturité pourrait vous surprendre.

### POUR RÉSUMER

● Aimez-le de façon unique et manifestez-lui cet amour.

● Soyez conséquents.

● Aussi sévères ou permissifs que vous soyez, essayez de valoriser l'individualité de votre enfant et sa façon de s'exprimer.

● Ne demandez jamais deux fois et ne faites pas de menaces que vous n'exécuteriez pas. Vos enfants apprendraient rapidement à ne pas en tenir compte.

● Si ce n'est pas important, n'intervenez pas.

● Laissez vos enfants se débrouiller quand ils ont des conflits entre eux.

● Ne vous attendez pas toujours à ce que toute la famille fasse la même chose en même temps.

**L'ENCOURAGEMENT**

● Si votre enfant s'en prend aux autres et que vous le punissez ou l'arrêtez sans lui expliquer ce qu'il a fait de mal, il n'apprendra pas à être aimable.

● Si vous partez lorsque votre enfant s'en prend aux autres ou encore si vous l'arrêtez sans lui expliquer pourquoi, il aura tendance à être moins aimable.

● Si vous lui expliquez les conséquences de ses gestes pour la victime : « Thomas pleure parce que tu l'as poussé », il a plus de chance d'être aimable.

● Si vous expliquez à l'enfant les conséquences psychologiques de sa mauvaise conduite : « Quand tu fais mal à Thomas, il ne veut plus jouer avec toi », l'enfant a plus de chance d'aller réconforter l'autre.

# Élever un enfant aimable

Quand un petit bébé veut quelque chose, il pleure jusqu'à ce qu'il l'obtienne. À 7 ans, un enfant peut se comporter ainsi à l'occasion, mais il aura aussi appris à se soucier des autres et à leur rendre service, plutôt que de toujours exiger des choses.

Les bébés sont conscients de l'humeur de ceux qui s'occupent d'eux, mais ils ne tiennent pas compte de leurs sentiments. Si vous êtes préoccupée, votre bébé le sera aussi et son comportement reflétera son humeur. À 18 mois, l'enfant qu'on a félicité parce qu'il était sensible aux autres et qui a vu les gens autour de lui s'occuper des autres peut parfois agir comme ceux qui l'entourent et chercher à les réconforter, mais habituellement, son comportement reflète simplement l'humeur de ceux qui l'entourent. Au cours des 18 prochains mois, il sera de plus en plus influencé par ce que nous faisons et par la manière dont nous récompensons sa conduite, il se souciera de plus en plus des autres et deviendra de plus en plus serviable.

Une étude constate qu'en général, les enfants d'âge préscolaire se montraient obligeants ou encore qu'ils avaient tendance à avoir une attitude de partage une fois toutes les dix minutes. Malheureusement, tous les enfants ne sont pas aussi gentils et attentionnés. Les enfants qui se voient tout donner par ceux qui s'occupent d'eux apprennent que l'égoïsme paie mieux que l'attention mutuelle et un enfant qui a des parents égoïstes et égo-

**En voici pour toi**
Un jeune enfant ne partage pas toujours ses bonbons avec sa sœur, mais si elle tombe et se fait mal au genou, il lui en offrira presque certainement.

centriques aura tendance à suivre leurs traces. Vers l'âge de 3 ½ ans, les enfants commencent à comprendre que les autres sont des êtres distincts qui ont des pensées et des sentiments qui leur sont propres. Au fur et à mesure qu'ils se rendent compte de leur individualité, ils développent leur empathie et leur sympathie envers les autres.

## LES PRINCIPALES ÉTAPES DU DÉVELOPPEMENT DE L'AMABILITÉ

| De la naissance à 6 mois | 6 à 12 mois | 2 ans | 3 ans |
| --- | --- | --- | --- |
| Un bébé réagit positivement aux autres, s'adonne à des jeux sociaux comme cache-cache. La détresse des autres le touche et le fait réagir sur le plan affectif. Ainsi, il pleure si d'autres pleurent autour de lui. | L'enfant joue un rôle actif dans les jeux sociaux. Il commence à partager avec les autres et manifeste de l'affection à ceux qu'il connaît. | L'enfant montre des choses à ceux qu'il connaît et se conforme à des demandes simples. Il peut comprendre les règles de certains jeux de coopération simples ; il sait s'occuper des autres et les réconforter et il aime venir en aide à ses amis et aux membres de sa famille. | L'enfant attire l'attention des gens par ses mots autant que par ses gestes. S'il se montre serviable et attentionné, il agit de façon délibérée. Il offre son aide et il a une bonne idée de ce qu'aider implique. |

## Aider un enfant à être aimable

**Faites l'éloge de sa bonne conduite.** Voilà probablement la méthode la plus efficace pour les enfants plus jeunes et elle s'avère aussi excellente pour les plus vieux. Et même en tant qu'adultes, nous aimons tous nous sentir appréciés.

**Critiquez les mauvais comportements.** C'est aussi efficace, surtout si on y associe des éloges pour la bonne conduite.

**Expliquez les notions de bien et de mal.** Les résultats de recherches incitent à penser qu'il n'est pas très utile de dire à un enfant ce qu'il devrait faire dans une situation donnée, notamment pour les plus jeunes. Mais quand ils vieillissent, ils peuvent mieux comprendre.

**Donnez l'exemple.** Il est beaucoup plus efficace de présenter un modèle positif à l'enfant, surtout pour les plus jeunes. Les études suggèrent en effet qu'après l'âge de 5 ans, l'exemple parental est de loin le meilleur moyen de s'assurer que les enfants soient aimables.

**Rien que pour toi**
Ne leur donnez pas les mêmes choses aux mêmes moments : offrez à votre fils un nouveau pull quand il en a besoin et à votre fille, le livre qu'elle veut lire.

## Réduire la compétitivité

La compétitivité varie selon les différentes cultures. Les enfants élevés dans des villes sont généralement plus compétitifs que ceux de la campagne et les garçons ont tendance à l'être plus que les filles. Plus la société dans laquelle ils évoluent est compétitive, moins les enfants se montreront coopératifs.

● Donnez l'exemple. Les enfants ne coopèrent pas si ceux qui les entourent sont en compétition les uns avec les autres.

● Si vous êtes de nature compétitive, ou encore si votre conjoint et vous vous disputez la suprématie de votre relation de couple, attendez-vous à ce que vos enfants vous imitent et qu'ils soient eux aussi compétitifs.

● Créez un environnement « d'entraide » : encouragez vos enfants à vous aider et à s'entraider non pas comme s'ils vous faisaient une faveur, mais automatiquement, de façon naturelle.

● Faites des choses ensemble. Faites participer vos enfants aux tâches domestiques (ranger les jouets, nettoyer, faire les courses), aux repas (mettre le couvert, nettoyer, débarrasser la table, cuisiner) et au jardinage (arroser, sarcler, etc.).

● Encouragez-les à être coopératifs et attendez-vous à ce qu'ils le soient. Les études montrent que ceux qui participent aux tâches domestiques à 3 ans ont plus de chance d'aider à l'âge de 10 ans.

● Montrez-leur tout jeunes comment aider ceux qui ont plus de difficultés (que ce soit parce qu'ils sont plus jeunes, plus âgés, frêles ou malades).

● Donnez selon les besoins de chacun et non selon un quelconque principe d'équité. Les enfants voient très bien quel morceau du gâteau est le plus gros. En essayant de toujours être équitable, vous encouragez le contraire : la compétition intense. Si vos enfants ont peu d'occasions de comparaisons, ils ont aussi moins de raisons d'être en compétition les uns avec les autres.

● Aimez chacun de façon unique. Ne dites jamais que vous les aimez tous les deux autant, ils ne passeront que plus de temps à comparer et à vérifier si c'est bien vrai.

**VOIR AUSSI**

| | |
|---|---|
| Le souci des autres | **110-111** |
| Les richesses | **148-149** |
| Diriger une famille | **166-167** |
| Les douze règles d'or | **170-171** |

## LA COMPÉTITION

En grandissant, les bébés deviennent de plus en plus serviables. Ils vous imitent, vous et les autres, et il leur fait plaisir de faire des choses pour vous. Les problèmes surviennent parce que, dans notre société occidentale, le fait de gagner est tellement valorisé. Nous valorisons le succès plutôt que la coopération.

Les jeux traditionnels de hasard sont de plus en plus remplacés par des versions pour les jeunes de jeux d'adultes : mini-rugby, mini-football et les activités comme la danse dans lesquelles les trophées, examens et diplômes permettent aux gagnants de se démarquer des perdants. Avec le temps, la compétitivité étouffe l'inclination naturelle des enfants à aider les autres. La plupart des enfants de 7 ans sont moins obligeants qu'ils ne l'étaient quand ils ont commencé l'école.

**Un ami en vacances**
Veillez à ce que votre enfant ait quelque chose de familier pour le rassurer quand il se retrouve dans un nouvel environnement. Son jouet ou son livre préféré sont plus importants qu'un tee-shirt supplémentaire.

# Les richesses

L'amour est la plus grande richesse que nous pouvons offrir à notre enfant, mais comme un manteau bien ajusté, cet amour doit être façonné pour convenir à l'enfant. Il ne devrait pas s'agir d'un amour du genre « taille unique », universel et multi-usages. Il faut que ce soit un amour « sur mesure ».

Notre amour pour chacun de nos enfants doit être unique et l'enfant devrait le considérer ainsi. Il faut aimer nos enfants pour ce qu'ils sont, les juger selon leurs propres critères, les gâter, les punir, leur céder et les traiter de façon unique, exclusive. Ce n'est pas tant le fait que vous aimiez votre enfant de façon unique qui est importante, mais que celui-ci sache que c'est ainsi que vous l'aimez.

## L'estime, le cadeau essentiel

Il est difficile de survivre et de prospérer sans estime. Pour chacun d'entre nous, les bases les plus sûres et les plus solides viennent de l'intérieur. Le plus beau cadeau que vous puissiez donner à votre enfant est de lui apprendre à s'aimer de façon inconditionnelle. Pas seulement quand il est gentil et qu'il réussit, mais toujours. L'estime de soi, c'est de s'aimer pour ce qu'on est. Si l'amour ne vient pas de l'intérieur, il doit alors être créé ou réclamé aux autres. Et ces deux voies sont pour le moins risquées. La réussite peut entraîner l'estime de soi, mais seulement si le succès se maintient. Nous pouvons réclamer des autres, mais ils peuvent aussi refuser.

## Protéger l'estime de soi

**Pas d'humiliation.** Faites en sorte qu'il soit interdit de se traiter de certains noms.
**Confrontez les membres de la famille qui tiendraient des propos blessants.** Apprenez à votre enfant à s'arrêter quand quelqu'un lui dit quelque chose de blessant, à dire « Aie! », à siffler comme un serpent, ou à demander ce qui ne va pas. Une pause déstabilisera la personne blessante et la question ou le commentaire la prendra au dépourvu.
**Ne restez pas là.** Quand c'est une personne qui ne fait pas partie de la famille qui tient des propos blessants, la meilleure chose à faire est de partir sans rien dire et sans rien faire d'autre. Apprenez à votre enfant à maintenir un visage impassible, à ne pas s'occuper d'une telle personne et à s'en aller tout simplement. Les tyrans ont besoin de victimes. L'enfant qui refuse de jouer ce rôle risque moins qu'on s'en prenne à lui.

## Sécurisez votre enfant

La sécurité d'un enfant tient à la constance de son environnement : ses parents, sa famille, son foyer, sa routine quotidienne. Et cela est particulièrement important pour un jeune enfant dont la mémoire encore fragile dépend des indices que lui fournissent son environnement. À 1 an, il ne se souviendra du jeu auquel vous avez joué hier que lorsque vous serez de nouveau assis ensemble dans le même fauteuil pour y jouer aujourd'hui.

## Entretenez son sentiment de sécurité

● Établissez une routine et conformez-vous à celle-ci, surtout dans les périodes de stress et de changement.
● Exprimez votre amour pour votre enfant autant physiquement que par des mots.
● Ne partez pas en vous en fuyant pendant qu'il regarde ailleurs. Dites-lui clairement

que vous partez et faites-lui aussi savoir lorsque vous êtes de retour. S'il est assez vieux, expliquez-lui combien de temps vous prévoyez être partie. Faites-lui un schéma ou dessinez une horloge pour qu'il puisse voir quand vous reviendrez.

● Donnez-lui quelque chose de particulier (une photo, un porte-bonheur) pour qu'il sache que vous pensez toujours à lui.

● Donnez-lui les moyens d'affronter la séparation, comme un nounours à câliner s'il se sent un peu triste.

## Encouragez l'indépendance

L'indépendance devrait se développer naturellement, mais vous devrez sans doute encourager votre enfant dans ce sens. Si vous rangez toujours ses jouets pour lui, il s'attendra à ce que vous continuiez. Tôt ou tard, vous devrez lâcher prise. Il peut être difficile d'accepter qu'un enfant qui a toujours tout partagé avec vous ne veuille plus vous dire ce à quoi il pense ou ce qu'il vient de faire.

**Respectez son intimité.** Ne vous attendez pas à ce qu'il vous dise tout.

**Respectez son besoin d'espace.** Il n'apprendra pas à devenir responsable de sa propre sécurité, si vous ne lui en donnez jamais l'occasion.

**Allez-y progressivement.** À 2 ans, soulevez-le pour qu'il puisse poster une lettre ; à 3 ans, laissez-le marcher tout seul pour les derniers mètres et ouvrir la boîte aux lettres lui-même. À 4 ans, il peut acheter quelque chose au magasin du coin. À 8 ans, la plupart des enfants peuvent aller à l'école tout seuls. À 10 ans, ils peuvent prendre l'autobus de la ville. Avec le temps, il sortira de plus en plus, se débrouillera de plus en plus tout seul, fera ses propres erreurs, affrontera ses propres problèmes et créera son propre bonheur.

## Un environnement stimulant

Un environnement stimulant n'est pas inondé de choses excitantes. C'est un milieu dans lequel le degré d'excitation varie et où les activités sont présentées une à la fois. Les jeunes enfants se laissent facilement distraire. Si la télé est allumée et que le coffre à jouets au milieu de la pièce déborde, l'enfant passera d'une chose à l'autre. S'il n'a que du papier et des crayons, il dessinera.

## Pour des rapports harmonieux entre les membres de la famille

Pour les plus vieux, des méthodes plus formelles peuvent être utilisées pour assurer l'harmonie des rapports familiaux.

**Règlements de la maison.** Établissez des règles claires pour définir comment chaque personne de même que ses biens doivent être traités, comment chacun peut s'attendre à ce qu'on lui parle, que faire dans les cas d'impolitesse, etc. Écrivez les consignes et assurez-vous que chacun comprenne les conséquences d'une entorse aux règlements. «On ne fait pas mal au chat. C'est la consigne. Va dans ta chambre pour réfléchir à la raison pour laquelle il est vilain de faire cela. »

**Les contrats familiaux.** Un contrat peut s'avérer intéressant parce que les enfants ont un sens intrinsèque de l'équité. Deux personnes acceptent un accord qui les lie, par exemple : «Louis accepte de ne pas emprunter les crayons de Léa sans le lui demander. Léa accepte de prêter ses crayons à Louis quand elle ne les utilise pas. En échange, Louis accepte de prêter son vélo à Léa quand il ne l'utilise pas. » Les enfants signent et on garde le contrat dans une boîte.

**Les réunions de famille.** Chaque membre de la famille a le droit de parler et de présenter ses arguments pendant que les autres l'écoutent. Les membres de la famille doivent ensuite prendre des décisions concertées. L'idée de ce genre de réunions peut paraître un peu idéaliste, mais beaucoup des principes en valent l'essai.

**Une indépendance croissante**
Reconnaissez le fait que votre enfant devient de plus en plus indépendant et donnez-lui des tâches à faire et des responsabilités à assumer, comme de nourrir la tortue ou de faire la toilette du chien.

**VOIR AUSSI**

| | |
|---|---|
| L'estime de soi | **126-127** |
| L'affirmation de soi | **128-129** |
| Le chemin de l'indépendance | **164-165** |
| Diriger une famille | **166-167** |

### LES ÉTOILES DE LA SEMAINE

La meilleure façon de changer le comportement d'un enfant est de lui faire des éloges quand il agit bien et de feindre de l'ignorer quand il se conduit mal. Les tableaux de mérite sont des marques de reconnaissance de l'effort et de l'amélioration du comportement. Commencez par lui en demander très peu, puis augmentez peu à peu vos exigences.
L'enfant mérite une étoile quand il atteint son objectif. Par exemple, il pourrait obtenir une première étoile s'il n'élève pas le ton avec son frère pendant une demi-heure, ensuite une heure et ainsi de suite. Après avoir complété un tableau d'étoiles, l'enfant peut avoir droit à une petite récompense.

● Ne dites jamais : « Je t'aime autant que j'aime Léa. » La réaction normale à une telle déclaration serait : « Comment peux-tu être sûre de ne pas aimer Léa un tout petit peu plus ? »

● Ne dites pas : « Vois-tu comment ton frère agit ? » Le comportement de son frère ou de sa sœur n'a rien à voir avec le sien ; ce n'est pas son problème, à moins que le comportement en question ne l'affecte directement.

● Ne dites jamais à votre enfant : « Ne fais pas l'idiot ! » Votre enfant ne peut s'empêcher de ressentir ce qu'il ressent ; il ne peut que contrôler ses gestes et ses actions.

**Les repas en famille**
Tâchez de manger tous ensemble quand c'est possible, même si vous rentrez à des heures différentes. La table est un endroit idéal pour les discussions en famille.

# Comment parler aux enfants

L'éducation est basée sur le langage. Un enfant qui n'arrive pas à bien s'exprimer risque de prendre du retard à l'école. Il faut que votre enfant apprenne à parler et à écouter, et c'est à vous de lui montrer comment.

Un enfant qui est incapable de dire ce qu'il veut aura tendance à prendre ce dont il a besoin même si cela signifie mal se conduire. Les enfants ont besoin d'aide pas seulement en ce qui concerne le langage. Il faut aussi les aider à exprimer leurs émotions et leurs besoins.

## Comment écouter ce que disent les enfants

● Donnez toute votre attention à l'enfant et assurez-vous qu'il sache que vous la lui accordez. Fermez la télé, faites-lui face, regardez-le dans les yeux et réagissez à ce qu'il vous dit. Un simple « Mmmm » suffit parfois.

● Ne niez pas et ne rejetez pas ce qu'il vous dit. Si, par exemple, il a peur d'aller en haut tout seul, reconnaissez ce qu'il dit et essayez de penser à des moyens de l'aider. Le fait de nommer un sentiment ou une émotion peut être utile, mais lui dire qu'il est ridicule ne l'aidera pas.

● Expliquez-lui ce que vous attendez de lui. « Je m'attends à ce que tu t'occupes de tes jouets. »

● Assurez-vous que votre enfant connaisse et comprenne vos sentiments. Il doit aussi savoir que vous avez, vous aussi, certains droits.

● Ne le laissez pas abandonner.

● Acceptez et exprimez avec des mots ce que l'enfant doit ressentir pour l'aider à clarifier ses émotions.

● Dites-lui que tout le monde fait des erreurs. En riant des bêtises que vous avez faites, vous l'aiderez à accepter ses propres insuccès.

## Trouver les occasions pour parler

Les jeunes enfants aiment nous regarder dans les yeux quand ils nous parlent, et c'est sans doute l'une des raisons pour lesquelles un si grand nombre d'enfants ont encore des problèmes à s'exprimer quand ils commencent l'école. Beaucoup de nos enfants passent leur vie à voir leurs parents de dos dans la voiture ou de côté en regardant la télé. Nous devons faire un effort pour trouver le temps de nous asseoir avec nos enfants pour les écouter et parler avec eux.

Quand des garçons jouent ensemble, ils ont tendance à se crier de courtes phrases. Les filles, quant à elles, parlent plus doucement et utilisent des phrases plus longues. Pour aider votre fils à communiquer, donnez-lui l'occasion de parler plus souvent.

**Une conversation mère – fils**
Certains garçons parlent plus avec leur père qu'avec leur mère. Si c'est le cas pour votre fils et que son père est souvent absent, prévoyez des moments pour parler avec lui.

## Faire des éloges aux enfants

Il y a un vieux dicton qui dit que peu importe que l'on gagne ou que l'on perde, ce qui importe, c'est la façon dont on joue. Ce n'est certes pas un dicton que beaucoup de gens adoptent de nos jours, mais c'est un bon modèle à suivre pour apprendre à apprécier les autres membres de la famille. Ce n'est pas seulement ce qu'ils accomplissent qui compte, mais aussi l'effort qu'ils ont fourni. Les enfants ont besoin qu'on les guide, mais pas que l'on prenne toutes les décisions à leur place.

## Prêcher par l'exemple

Dans les premiers mois, il faut habituer notre enfant à faire les choses un peu comme si nous dressions un animal domestique, c'est-à-dire en le récompensant quand il agit bien et en l'ignorant ou en le punissant quand il fait quelque chose de mal. À partir de 1 an, l'enfant imite de plus en plus ce que nous faisons, et l'exemple que nous lui donnons prend d'autant plus importance. Si nous disons une chose, mais que nous agissons autrement, les enfants suivront l'exemple de ce que nous faisons plutôt que de ce que nous disons, simplement parce qu'ils comprennent mieux les gestes que les idées. En vieillissant, ils font ce qu'ils considèrent comme bien et ce qui, à leur avis, a le plus de chance de nous plaire.

## Parler avec d'autres

Si votre enfant n'apprend pas l'art de la conversation à la maison et qu'il ne prend pas l'habitude de parler avec sa famille, il aura beaucoup de difficulté à communiquer avec les autres lorsqu'il commencera à fréquenter une garderie ou qu'il ira à l'école.

● Laissez-lui le temps de répondre. Soyez patients. Il peut être difficile pour un enfant de s'exprimer.

● Expliquez toujours les choses simplement. Aidez votre enfant en interprétant et en élaborant sur ce qu'il essaie de dire.

● Faites-lui la lecture. N'oubliez pas que les jeunes enfants sont plus visuels qu'auditifs, alors si l'enfant regarde la télé, il ne porte pas attention à ce que vous dites. L'une des raisons pour lesquelles l'enfant vous regarde dans les yeux quand il vous parle tient de ce qu'il veut éliminer toute distraction.

● Encouragez votre enfant à parler à d'autres gens. Ne laissez pas des peurs irréalistes des étrangers miner toutes les occasions qui se présentent. Il n'est pas nécessaire de dire à un enfant qu'il ne doit pas parler aux étrangers si vous ne le laissez pas aller dehors tout seul. Il s'en souviendrait et ne répondrait pas même s'il est avec vous. Quand vous êtes ensemble et qu'il parle avec des gens, l'enfant développe sa confiance en lui. En effet, les conversations avec des gens qui ne le connaissent pas peuvent s'avérer plus exigeantes, puisque ces personnes auront plus de difficulté à interpréter ce qu'il essaie de leur communiquer. Quand il est assez vieux pour aller dehors tout seul, vous pouvez lui expliquer pourquoi il vaut mieux ne pas parler à des gens qu'il ne connaît pas.

**Lisons ensemble**
Lisez avec votre enfant. Vous écouter l'aide à améliorer son vocabulaire et quand il est assis avec vous, il peut suivre les mots que vous lisez tout en regardant les images.

**TOUJOURS**

● **Attendre.** Il peut être difficile pour lui de dire ce qu'il a à dire, mais il doit essayer.

● **Réagir.** Il n'est pas nécessaire que ce soit avec des mots, mais il faut manifester de l'intérêt.

● **Lui donner de l'interaction.** Posez des questions. Discutez de ce que vous venez de lire ou voir à la télé.

● **Lui faire des éloges.** Si vous lui vantez ses propres mérites, il sera mieux disposé à parler.

● **Lui laisser son indépendance.** Les décisions prises par l'enfant l'encouragent à réfléchir et à discuter de ce qu'il pense.

# CHAPITRE 5

# Une place dans la famille

La famille nucléaire est une réalité plutôt récente. Auparavant, les parents, frères et sœurs mouraient jeunes, les mères travaillaient dur à la maison et aux champs, et les pères allaient à la guerre ou partaient travailler au loin. Les enfants des villes allaient souvent vivre avec leurs grands-parents à la campagne, les veufs se remariaient et c'était souvent les aînés qui s'occupaient de leurs frères et sœurs plus jeunes. La plupart des problèmes auxquels font face les familles modernes – les rivalités entre frères et sœurs, la jalousie, l'éclatement des familles, les enfants pris en charge par d'autres que les membres de la famille immédiate et l'isolement des enfants par rapport à l'un de leurs parents ou aux deux –, n'ont rien de nouveau. Et les méthodes utilisées pour affronter ces problèmes, non plus.

# Les liens de parenté

La plupart des enfants viennent au monde dans des familles qui comptent deux parents. Et bien qu'ils aient rarement leurs quatre grands-parents, tous leurs oncles, tantes, cousins et cousines à proximité, ils développent un sentiment d'appartenance et trouvent leur place dans la famille étendue.

**LE CHAMP DE BATAILLE**

Le milieu familial a toujours été un terrain d'entraînement pour les batailles à venir. Les enfants se chamaillent pour des jouets, l'attention de leurs parents, des questions d'équité, etc. et ils se disputent avec leurs parents sur des questions d'indépendance. Ces querelles peuvent être plus ou moins sérieuses selon les cas et parfois insignifiantes. Quand j'étais jeune, nous pouvions nous disputer pour des choses dérisoires comme le fait de regarder à travers la mauvaise fenêtre, de dire un mot que ma sœur « se réservait pour elle seule », de toucher la porte de chambre d'un frère ou d'une sœur, et d'être le premier à monter l'escalier. La manipulation est à la base de la majorité de ces disputes. Et c'est aussi ce qui est à la base de beaucoup des conflits entre parents et enfants. Dans une relation triangulaire, il y a habituellement une des trois personnes qui se sent exclue.

**Tu te souviens de moi ?**
Si un parent doit partir pour un certain temps, pour son travail par exemple, une bonne façon de ne pas perdre le contact avec les enfants est de leur écrire régulièrement et de leur envoyer des photos ou des cassettes audio.

Dans les sociétés occidentales où les divorces sont fréquents, la plupart des enfants viennent tout de même au monde dans des familles nucléaires à deux parents, mais pour un grand nombre d'entre eux, la famille étendue comptera un jour un beau-père, une belle-mère ainsi que des demi-frères et des demi-sœurs.

Pour un enfant qui grandit seul avec un ou deux parents, ce n'est souvent qu'en commençant la maternelle qu'il comprendra les nombreuses facettes de la vie de groupe. Ainsi, il peut très bien ne pas se rendre compte que les adultes doivent partager leur attention entre les différents membres d'un groupe, ni que les enfants doivent souvent attendre leur tour, ou encore que ce n'est pas tout le monde qui a envie de faire ce qu'il a envie de faire au moment où il le voudrait, comme il en a peut-être eu l'habitude s'il est enfant unique.

## Laisser son enfant entre les mains de quelqu'un d'autre

Si vous êtes mère pour la première fois, il vous sera difficile de croire que quelqu'un d'autre peut s'occuper de votre bébé aussi bien que vous ou encore que votre enfant puisse être très bien et très satisfait avec quelqu'un d'autre. Personne ne peut vous remplacer, ni vous ni la relation particulière que vous avez avec votre enfant, mais cela ne signifie pas que l'enfant soit malheureux avec d'autres. L'amour a le don de proliférer. Plus on aime, plus on reçoit d'amour en retour. Moins on aime, plus on est privé d'amour. Un bébé qui aime les autres est aimé en retour. Il a de bonnes chances d'être heureux et de se sentir en sécurité, et il ne vous en aimera que davantage.

## Des voix et des images

Après que mon mari et moi nous soyons séparés, mes enfants recevaient chaque semaine une cassette audio sur laquelle leur père leur racontait une histoire. S'il était à l'extérieur, il y ajoutait de ses nouvelles ainsi qu'un nouveau chapitre du livre qu'il leur lisait à ce moment. Il leur a lu ainsi des classiques comme *L'île au trésor, Bilbo le Hobbit,* et plusieurs autres. Les enfants écoutaient ces histoires le soir avant de se coucher et elles constituaient toujours un bon sujet de conversation quand ils parlaient au téléphone avec leur père. De nos jours, on peut aussi utiliser des cassettes vidéo.

## Les rapports avec les grands-parents

Les relations entre les différentes générations peuvent être très solides. Les grands-parents peuvent revivre avec leurs petits-enfants certains des plus beaux moments qu'ils ont vécus avec leurs enfants sans tous les soucis et responsabilités.

Et puisque maintenant les gens ont tendance à avoir leurs enfants plus tard et à prendre leur retraite plus tôt, les grands-parents sont souvent à la retraite quand arrivent les petits-enfants.

Si les grands-parents habitent loin, vous devrez encourager les rapports avec ceux-ci. S'ils ne voient leurs grands-parents qu'une ou deux fois par année, les jeunes enfants risquent fort de les oublier entre les visites. Mais en vieillissant cela changera, surtout quand ils pourront leur parler au téléphone et savoir qui ils sont, ou encore qu'ils les reconnaîtront sur des photos.

## Pour garder le contact

Accrochez des photos des membres de la famille sur un tableau de liège et expliquez à vos enfants de qui il s'agit. Au début, ces photos ne signifieront pas grand-chose pour eux, mais avec le temps, ils associeront les gens avec lesquels ils parlent au téléphone aux personnes sur les photos. Ma mère avait pris l'habitude de nous envoyer des cartes postales et de petits cadeaux surprises. Il lui en coûtait probablement plus pour poster les petits paquets de bonbons que pour les acheter, mais les enfants étaient toujours ravis. Elle leur envoyait régulièrement des livres, de l'argent de poche, des jouets et des décorations de Noël.

## Les visites chez les grands-parents

Pour maintenir des relations malgré la distance, il faut nécessairement garder le contact. Idéalement, les enfants devraient voir leurs grands-parents au moins deux fois par année. S'ils habitent loin, comme c'est souvent le cas de nos jours, les visites peuvent durer des semaines plutôt que seulement quelques jours. Mais les longues visites perturbent les routines. Réduisez les risques de frictions en organisant beaucoup d'activités et en passant aussi du temps loin les uns des autres. Par exemple, si vos parents habitent toujours le village dans lequel vous avez été élevée, vous pouvez aussi rendre visite à de vieux amis ou aller revoir les endroits que vous fréquentiez quand vous étiez jeune. Sinon, il peut être préférable de partager des vacances que de venir habiter les uns chez les autres pendant de longues périodes.

## Les oncles, tantes, cousins et cousines

Autrefois, la plupart des gens d'un endroit avaient grandi ensemble. Et il était rare qu'ils ne se marient pas entre eux. Les gens côtoyaient quotidiennement leurs cousins, petits-cousins et amis d'enfance. Il était facile pour un enfant de développer un sens d'appartenance à la communauté, un sentiment qui durait habituellement toute la vie.

Aujourd'hui, c'est quand nous sommes avec nos frères et sœurs, cousins et cousines, que nous pouvons retrouver un peu de ce sentiment d'appartenance. Quand nous déménageons, nous perdons le contact avec nos amis d'enfance, mais tant que la génération précédente survit, nous maintenons au moins le contact avec nos cousins et cousines, même si nous ne les voyons que lors de mariages ou de funérailles. Il est rare qu'un enfant aime tous ses cousins et cousines et, d'une certaine façon, c'est aussi pourquoi les relations avec les membres de la famille étendue sont si importantes. Le fait de devoir s'entendre avec des gens qu'il aime moins et de se rendre compte que ceux qu'il adore ne sont pas aussi extraordinaires constituent des leçons importantes pour un enfant. Il est aussi bon que les enfants apprennent à s'intégrer à des groupes d'enfants d'âges différents.

**VOIR AUSSI**

Le partage des soins **52-53**

L'attention et la mémoire **104-105**

Prendre conscience de soi **124-125**

Divorce et remariage **160-161**

## L'ALBUM PHOTO

Avant l'âge d'environ 18 mois, l'enfant ne comprend pas que les photos représentent des personnes précises. À 2 ans, il se reconnaît ainsi que les membres de la famille qu'il a rencontrés. Ce n'est pas avant l'âge de 3 ans qu'il peut comprendre qu'un bébé a vieilli ou qu'un cousin a déjà été tout petit. Mais, même si l'enfant ne connaît pas les gens qu'il y voit, il aime regarder des photos, notamment celles d'autres enfants.

### La préparation et les souvenirs

Si ses grands-parents habitent loin, préparez votre enfant à leur visite en lui montrant l'album de famille. Après leur départ, regardez de nouveau l'album pour l'aider à associer grand-papa et grand-maman aux personnes qu'il voit sur les photos.

**Des familles unies**
Plus une famille est grande, plus elle constitue un groupe social complexe aux relations qui, avec le temps, peuvent évoluer dans un sens positif ou négatif.

# Le deuxième enfant

Après avoir eu votre premier enfant, les gens commenceront à vous demander si vous prévoyez en avoir un autre et ils vous conseilleront sur la meilleure différence d'âge. Mais votre conjoint et vous êtes les seuls à savoir ce qui convient le mieux à votre famille.

Des enfants qu'on dit «uniques» deviennent des adultes parfaitement sains et équilibrés qui réussissent souvent très bien dans la vie. Toutes les listes de «grands hommes», qu'il s'agisse de scientifiques, de politiciens, d'auteurs ou d'hommes d'affaires, comprennent un bon nombre d'enfants «uniques». Mais l'histoire ne dit pas s'ils réussissent mieux sur le plan social, s'ils sont de meilleurs amis ou amants ni s'ils sont plus heureux et épanouis. Personnellement, je ne voudrais pas avoir vécu sans mon frère et mes sœurs. Et, bien que nous nous entendions comme chiens et chats quand nous étions enfants, mes sœurs et moi avons toujours été très proches en tant qu'adultes. Bien sûr, tous ne ressentent pas la même chose envers leurs frères et sœurs.

## La «bonne» différence d'âge
On entend souvent dire que des enfants qui n'ont pas une grande différence d'âge s'entendent bien. Pourtant, je connais des frères et sœurs qui sont très proches les uns des autres et qui ont une bonne différence d'âge. La personnalité et le mode de vie jouent aussi des rôles importants. Un aîné autoritaire et dominateur

peut avoir bien des conflits avec un deuxième enfant à l'humeur changeante, tandis qu'un aîné enjoué et accommodant sera plus tolérant envers une sœur ou un frère cadets particulièrement émotifs. Les pires conflits de l'enfance ont tendance à survenir entre enfants du même sexe, généralement chez les garçons, qui sont plus querelleurs que les filles. Enfin, les enfants qui se chamaillent le plus quand ils sont jeunes deviennent souvent, une fois adultes, les meilleurs amis du monde.

## Le premier et le deuxième enfant
Les aînés sont généralement plus orientés vers la réussite. Ils sont souvent plus capables, plus conformistes, plus résolus, plus responsables et plus sûrs d'eux-mêmes que leurs frères et sœurs plus jeunes et ils risquent moins d'entrer en conflit avec leurs parents. Les plus jeunes sont habituellement plus spontanés, plus accommodants, plus diplomates, plus détendus et moins impulsifs que leurs aînés, peut-être parce qu'ils ont souvent de meilleures aptitudes sociales.

## Des rôles qui persistent au-delà de l'enfance
L'aîné est le gardien de nos rêves. Le deuxième enfant a plus de chances d'être aimé pour lui-même. Parce qu'ils sont toujours en compétition avec un frère ou une sœur plus âgé (et par conséquent plus habile), les cadets sont habitués à obtenir la deuxième place, ce qui peut expliquer pourquoi ils sont souvent moins compétitifs. Le plus jeune de la famille doit quant à lui apprendre à survivre dans des conditions inégales et peut, en l'occurrence, devenir particulièrement manipulateur.

## Apprendre de ses frères et sœurs
C'est surtout par le biais de nos relations avec nos frères et sœurs que nous affinons nos aptitudes à tromper, à manipuler, à dissimuler nos

sentiments et à comprendre les autres. Quand on a déjà vu nos parents perdre patience, s'inquiéter, paniquer ou se faire duper par nos frères et sœurs, on se rend compte qu'ils ne sont pas infaillibles. Il n'est donc pas surprenant que les enfants élevés avec d'autres aient habituellement une perception plus réaliste de leurs parents que les enfants uniques. Ils ont aussi plus tendance à voir les autres tels qu'ils sont et à être plus sûrs d'eux-mêmes dans des relations superficielles.

## L'harmonie entre frères et sœurs

Il y a des moments où les enfants s'entendent très bien entre eux et d'autres où c'est la pagaille. Les différences d'âge entre les frères et sœurs influencent moins l'harmonie des rapports que leurs tempéraments respectifs. Les enfants se développent à un rythme régulier, mais aussi par bonds. En outre, pour deux mêmes enfants, une différence de deux ans peut paraître insignifiante à certains moments, alors qu'à d'autres, elle s'avère très importante.

## Chiens et chats

Les garçons sont probablement plus querelleurs que les filles et il va sans dire que les enfants de même sexe se chamaillent plus que ceux de sexes différents. Les garçons ont plus tendance à en venir aux coups que les filles qui, elles, se disputent plus, font des choses méchantes, griffent, donnent des coups de pied et se tirent les cheveux. Mentionnons toutefois qu'il s'agit ici de grossières généralisations.

**VOIR AUSSI**

Le souci des autres **110-111**

Prendre conscience
de soi **124-125**

Diriger une famille **166-167**

Problèmes caracté-
ristiques aux jeunes
enfants **180-181**

**Ma petite sœur**
Les enfants de 3 et 4 ans sont habituellement affectueux avec les bébés. Ils peuvent toutefois leur faire mal quand on ne les voit pas.

| DES ÂGES FACILES ET D'AUTRES PLUS DIFFICILES | | | | |
|---|---|---|---|---|
| **1 an** | **2 ans** | **3 ans** | **4 ans** | **5 ans** |
| L'enfant communique, se déplace et développe chaque semaine un nouveau talent; les bébés de 1 an sont charmants, mais ils exigent aussi beaucoup d'énergie de ceux qui les entourent. Ils aiment leurs frères et sœurs plus âgés, mais ne savent pas comment jouer avec eux et ont besoin d'être guidés. Les plus vieux aiment bien avoir l'attention du bébé, mais ils peuvent aussi avoir un certain ressentiment à son égard à cause de l'attention constante que l'adulte lui porte. | L'enfant veut à tout prix être indépendant et il fait face à beaucoup de frustrations : il veut tout, tout de suite. À 2 ans, les enfants sont confiants et ils s'émerveillent devant un rien. Ils peuvent étreindre un nouveau bébé et l'instant d'après, le frapper. Ils adorent être avec leurs frères et sœurs plus âgés et peuvent prendre part à des jeux simples de faire semblant. | Habituellement pacifiques, les enfants de 3 ans s'entendent bien avec des frères et sœurs plus vieux (qui vont déjà à l'école) ou des bébés. Ils sont souvent contrariés par un frère ou une sœur de 2 ans qui brise et leur arrache leurs jouets et par les enfants un peu plus vieux (4 ans) qui leur posent problème parce qu'ils réclament les jouets avec lesquels ils sont en train de jouer. | Ils ont déjà une certaine conscience sociale et un grand besoin de se défouler. D'ailleurs, ils se chamaillent s'ils n'ont pas l'occasion de le faire. Ils peuvent être gentils et affectueux avec un bébé ou un plus jeune, mais autoritaires et violents avec des plus vieux (de 3 à 6 ans). Ils peuvent jouer les innocents lors de disputes, saboter les jeux des autres et exagérer dans leurs demandes. | Plus tranquilles et moins exigeants, c'est le calme avant la tempête (6 ans). À 5 ans, l'enfant s'entend habituellement très bien avec ses frères et sœurs plus jeunes. Il veut votre approbation, mais peut mal se conduire quand vous ne regardez pas. Il s'entend bien avec ses frères et sœurs plus âgés (et vice versa) parce qu'il veut faire plaisir. |

Aujourd'hui, il n'est pas rare que l'on perde son emploi à un certain moment de sa vie. On se sent rejeté (pourquoi moi ?) et on se retrouve souvent aux prises avec des problèmes financiers.

● Sachez que le fait de perdre son emploi constitue un stress majeur dans la vie de quelqu'un. Mettre de la pression sur votre conjoint risque alors plus d'aggraver les choses que d'aider. Suggérez-lui de consulter s'il (ou elle) se sent déprimé.

● Soyez affectueux avec les enfants et sachez que l'inquiétude entraîne la mauvaise conduite. Ils ont besoin de plus d'attention dans cette période difficile.

● Ne vous attendez pas à ce que votre conjoint se mette tout à coup à s'occuper de toutes les tâches domestiques et des soins des enfants parce qu'il n'a pas d'emploi.

● Ne vous précipitez pas pour changer vos arrangements relatifs aux soins des enfants, mais fixez une limite de temps.

● Planifiez pour réduire vos dépenses. La planification aide à éviter bien des disputes.

● Veillez à obtenir de l'aide professionnelle pour affronter ce genre de stress.

# Les stress de la vie familiale

Les premiers jours des nouveaux parents sont remplis de joie et de ravissement. Il est difficile d'imaginer comment on puisse ne pas être heureux. Néanmoins, les événements extérieurs et même le simple fait d'être parents peuvent causer passablement de stress et sérieusement compromettre votre vie familiale.

Les changements nous rendent plus vulnérables. Quand les médecins se sont penchés sur ce qui pouvait prédisposer à la dépression, ils ont trouvé que ce n'était pas que les changements « négatifs » comme le divorce ou la perte d'un emploi qui déprimaient les gens, mais que même des événements « positifs » comme le mariage, un nouvel emploi, une nouvelle maison ou des vacances pouvaient aussi causer du stress.

## Le stress d'être parents

Devenir parent est un événement majeur dans la vie et il serait stressant même si vous aviez le bébé le plus parfait et le plus gentil du monde. Quand on y ajoute le manque de sommeil, la nécessité de quitter son travail et de laisser tomber une partie des revenus familiaux ainsi que les changements dans nos relations avec les autres, faut-il s'étonner que les nouveaux parents soient souvent stressés ?

Pendant les deux premiers mois, on peut se demander où est passée la personne si bien organisée qu'on était. Pourquoi achetons-nous maintenant des repas cuisinés ? Pourquoi la maison est-elle toujours en désordre et la pelouse trop longue ? Pourquoi ai-je l'air d'un épouvantail ? Tandis que la personne responsable des tâches domestiques ressent tous ces stress, celui qui travaille à l'extérieur critique plus, ou du moins est-ce l'impression que nous avons. Si vous retournez au travail quand le bébé est jeune, outre les horaires à respecter, vous devrez emmener bébé chez la gardienne ou à la garderie, vous vous inquiéterez de son bien-être et puis il y aura le retour à la course le soir pour aller le chercher, la panique devant le moindre bouchon de circulation, le retard d'un train ou un autobus manqué.

## La vulnérabilité au stress

Pour la majorité des gens, ce n'est pas le fait d'être parents qui pose problème, mais plutôt la vulnérabilité aux autres stress qu'entraîne justement le fait d'avoir des enfants. Nous sommes trop à bout de nerfs pour affronter les soucis du quotidien s'ils se mettent à s'accumuler et encore moins capables de faire face à un stress majeur comme la perte d'un emploi, un déménagement dans une nouvelle région ou la mort d'un être cher. Tous les couples passent des moments difficiles. Quand les enfants sont jeunes, il nous est plus difficile d'essuyer les tempêtes.

## Comment aider un enfant à comprendre la mort

Même quand on s'y attend, il est difficile de comprendre la mort d'un être cher. Nous réagissons d'abord par le déni de la réalité, puis viennent les étapes de la colère et des protestations et finalement celles de la dépression et du chagrin. Avant l'âge de 5 ans, les enfants saisissent difficilement la finalité de la mort. Ils croient que la personne décédée reviendra, car normalement ceux qui disparaissent de leur vie reviennent effectivement. Chez l'enfant, la perception de la mort ressemble un peu à ce qu'ils ont l'habitude de voir dans les dessins animés : les personnages meurent pour un certain temps, puis ils se relèvent et continuent comme avant.

● Si quelqu'un est très malade, préparez l'enfant à la possibilité de la mort. Ne le gardez pas à l'écart, laissez-le faire ses adieux. Il n'est pas nécessaire de l'empêcher d'approcher si la mort est imminente, ni par la suite. Donnez-lui le choix.

● Quand un parent meurt, l'enfant s'inquiète aussitôt. Le parent survivant pourrait mourir, lui aussi, et l'abandonner. Il se cramponnera à vous pendant cette période difficile. Avec le temps, la routine aidant, il finira par comprendre que vous êtes toujours là et il se sentira rassuré.

● Quand un frère ou une sœur meurt, parlez des jalousies et des conflits que les enfants ont vécu avant sa mort. Tous les enfants souhaitent parfois la mort de leur frère ou sœur. Et de voir ce « souhait » réalisé peut être très dévastateur : ils se sentiront responsables de sa mort.

## Comment expliquer la mort à un enfant

Les euphémismes comme « reposer en paix », « s'éteindre » ou « s'endormir à jamais » entretiennent l'idée que la mort n'est pas permanente. Ces expressions portent à confusion et peuvent même être sources d'inquiétude. Il vaut mieux utiliser le mot « mort ». L'utilisation de termes moins directs ne change d'ailleurs rien à l'horrible finalité de la mort.

● Ne dites pas : « Dieu est venu la chercher parce qu'elle était bonne » ni « parce qu'il l'aimait tellement ». Vous ne feriez qu'effrayer l'enfant.

● Expliquez-lui en termes simples que la personne ne reviendra pas. S'il le demande, expliquez-lui que son corps a cessé de fonctionner et qu'on ne peut plus la voir. Dites-lui que son souvenir restera toujours bien vivant dans nos cœurs. Il est difficile pour un jeune enfant de comprendre qu'une personne qui a joué un rôle important dans sa vie puisse tout simplement cesser d'exister.

● Soyez honnête. Répondez à ses questions, mais ne faites pas semblant de comprendre. La réponse au « Pourquoi ? » que nous nous posons tous est peut-être que la vie ne pouvait pas continuer, que la personne était trop malade. Et parfois, il n'y a pas de réponse.

## Aidez-le à pleurer et à exprimer son chagrin

● Laissez-le vivre son chagrin à sa façon.

● Ne refoulez pas vos émotions. Partagez votre chagrin. Expliquez-lui combien il est difficile de vivre avec son chagrin. Dites-lui que vous savez qu'il est triste de vous voir si malheureuse. Les enfants réagissent mieux s'ils peuvent partager leur tristesse.

● N'essayez pas de les garder à l'abri du chagrin. Parlez de la personne qui est morte. Rappelez-vous des bons moments et des joies que vous avez partagés. Dites à votre enfant que la vie continue et qu'il y aura d'autres bons moments.

● Dites-lui qu'il a le droit d'être en colère. Même si cela signifie en vouloir à la personne qui vient de mourir. Il faut exprimer sa colère : « Pourquoi as-tu couru dans la rue ? », « Pourquoi as-tu conduit si vite, alors que tu étais fatigué ? » sont des questions légitimes.

● Acceptez le soutien de vos proches et de vos amis. Obtenez l'aide d'un professionnel pour vous-même et pour vos enfants si vous pensez que cela peut vous faire du bien.

● Si c'est votre neveu ou votre beau-frère qui meurt, il est normal que vous ressentiez un mélange de soulagement (que ce ne vous soit pas arrivé à vous) et de chagrin (compassion). La nature humaine est ainsi faite.

## Se souvenir de la personne décédée

● Gardez des photos de la personne décédée bien à la vue. Les enfants ne sont pas toujours capables de se faire une bonne représentation et il faut leur rappeler à quoi ressemblait la personne décédée.

● Parlez de la personne décédée et du fait qu'elle souhaiterait que vous soyez tous heureux. Faites comprendre à l'enfant que vos sentiments pour la personne demeurent intacts malgré sa mort.

● N'inventez pas la perfection. Que les morts soient à la fois pécheurs et saints comme ils l'étaient de leur vivant. Et cela est d'autant plus important si vous pleurez la mort d'un enfant. Les enfants ne peuvent pas vivre avec le souvenir d'un frère ou d'une sœur décédé si celui-ci était parfait.

● Pendant les premières années, les anniversaires et les jours fériés seront difficiles à affronter. N'ayez pas peur de vivre ces jours à votre façon. Certaines familles aiment se souvenir. D'autres préfèrent changer leurs routines. Quels que soient vos choix, chacun devrait dire ce qui le préoccupe.

**Le chagrin : un apprentissage**
N'empêchez pas votre enfant de faire semblant d'être mort ou de tuer ses jouets. Quand une chose lui fait peur, il l'inclut dans ses jeux. Cela l'aide à réfléchir à ses peurs dans des moments de détente.

**VOIR AUSSI**

Le souci des autres **110-111**

Divorce et remariage **160-161**

Diriger une famille **166-167**

La jalousie et la peur
de perdre votre amour **188-189**

## LA MORT D'UN ANIMAL DOMESTIQUE

La perte d'un animal domestique constitue souvent le premier contact de l'enfant avec la mort. N'essayez pas de minimiser son chagrin ni de déprécier la situation. Bien que la mort d'un animal domestique ne le prépare pas à la perte d'un être cher, elle peut au moins l'aider à comprendre le processus du chagrin et lui apprendre qu'il finit par s'atténuer et que les beaux jours finissent par revenir.

● Expliquez-lui que tous les êtres vivants naissent, vivent et meurent. Rien ne peut changer ce cycle.

● Apaisez ses propres craintes de la mort : expliquez-lui que les petites créatures vivent moins longtemps. La femelle hamster porte ses bébés pendant deux semaines. Par rapport à la durée de vie d'un hamster, l'enfant est déjà très vieux.

● Faites des « funérailles » et enterrez le corps de l'animal.

● Expliquez à l'enfant que ses souvenirs resteront bien vivants. Laissez-le décider si oui ou non il veut un autre animal de compagnie.

**LE REMARIAGE**

● Environ 75 à 80 p. 100 des personnes qui divorcent se remarient et 25 p. 100 des enfants passent une partie de leur temps avec un beau-père ou une belle-mère. Plus de la moitié des parents remariés divorceront de nouveau, ce qui finit par créer des familles très complexes.

● Le remariage n'a rien de facile. Les enfants plus jeunes ont tendance à l'accepter plus facilement. Les filles plus âgées ont plus de difficulté à accepter le nouveau conjoint de leur père ou de leur mère. Quant aux garçons plus jeunes, c'est habituellement le conjoint de la mère qui leur pose problème.

● N'imposez pas votre nouvelle relation à vos enfants. Laissez-leur d'abord le temps de s'habituer à l'idée du divorce. Un enfant malheureux ou plein de ressentiment peut être très perturbateur.

● Ne jubilez pas si votre ex-conjoint traverse des moments difficiles dans sa nouvelle vie de couple. Le bonheur ou le malheur d'un parent touche les enfants. Ceux-ci peuvent avoir le cœur brisé, surtout s'ils aimaient le nouveau conjoint de votre ex.

**Prenez le temps**
Vos enfants auront besoin de temps avec chacun de leurs parents, et surtout pendant les premières semaines. Sortez seuls avec vos enfants, sans le nouveau conjoint.

# Divorce et remariage

Aujourd'hui dans le monde occidental, un grand nombre de couples divorcent ou se séparent. Le fait d'avoir de jeunes enfants ne protège pas contre les ruptures, au contraire, la probabilité est sans doute plus grande dans ce cas.

Les enfants ne peuvent pas grand-chose contre la rupture de leurs parents, mais ils ont souvent l'impression qu'ils ont pu y être pour quelque chose. De plus, avec le stress d'une séparation qui nous met souvent dans tous nos états, leurs sentiments de culpabilité ne s'en trouvent que renforcés.

## Les enfants devant la rupture

Les enfants ne choisissent pas avec qui ils vivent ni où ils vivent. Ils ne choisissent pas non plus les nouveaux conjoints de leurs parents et n'ont pas de contrôle sur le fait que les membres de la parenté restent ou non en contact avec eux. Les fondements de leur sécurité affective peuvent être anéantis par la séparation, le divorce et le remariage.

Dans certains pays occidentaux, la moitié des mariages se terminent par un divorce et beau-

coup de ces familles comptent de jeunes enfants. Il s'agit de moments difficiles pour tous ceux qui sont concernés. Dans des moments comme ceux-là, il nous arrive à tous d'avoir des comportements excessifs et déraisonnables et c'est encore pire pour les enfants. Préparez-vous à voir vos enfants souffrir de troubles du sommeil et d'alimentation, à reprendre des comportements puérils, à mouiller leur lit et à se replier sur eux-mêmes. Ils seront malheureux et il est possible que leur comportement à l'école laisse tout à coup à désirer ; il se peut qu'ils commettent des actes de vandalisme ou qu'ils volent et qu'ils se battent avec leurs frères et sœurs. Mais surtout, attendez-vous à beaucoup, beaucoup de larmes.

Les enfants ont le droit d'être en colère à cause de la séparation de leurs parents et ils ont aussi droit à une explication (simplifiée) pour cette séparation. Tenez-vous-en aux faits, mais ne dénigrez pas votre ex-conjoint et ne le blâmez pas non plus. Il se peut qu'il soit plus à blâmer que vous pour la situation, mais les enfants ont le droit de respecter et d'aimer leurs deux parents même s'il est difficile pour vous d'encourager de tels sentiments. Vous souhaitez peut-être que votre ex disparaisse de votre vie, mais vos enfants en souffriraient s'il le faisait.

## Restez en contact

Il est difficile pour le parent qui a la garde des enfants de veiller sur eux à travers le brouillard de chagrin qui l'assaille. Mais il est encore plus difficile pour celui qui ne vit plus avec eux d'endurer la douleur des courtes visites et des départs émouvants. Beaucoup de parents ne tiennent pas le coup. Plus d'un tiers de tous les pères (et mères) qui se séparent de leurs enfants ne gardent pas le contact. Beaucoup des ex-conjoints ont directement ou indirectement encouragé ces ruptures. Or, il incombe autant au père qu'à la mère de faire en sorte que le contact entre les enfants et le parent qui ne vit pas avec eux soit le plus direct et le moins perturbateur possible sur le plan affectif. Si c'est trop difficile pour vous et votre nouveau conjoint, tant pis!

Les adultes doivent se conduire en adultes. Les enfants n'ont pas à payer le prix des enfantillages des adultes. Peu importe à qui la faute ou ce que l'autre a fait ou n'a pas fait. Il s'agit après tout du parent de l'enfant et, pour ce dernier, c'est tout ce qui compte. En tant que parents, nous devons tenir compte de ce qui est important pour nos enfants. Un adulte sensé feindra d'ignorer le mauvais comportement d'un autre adulte de même que les gestes faits dans le seul but d'attirer l'attention tout comme il le ferait dans le cas d'un enfant.

Céder à la jalousie et aux enfantillages d'un nouveau (ou d'un ancien) conjoint nous place dans la même situation que celle du parent d'un enfant gâté. Ne pensez pas aux difficultés, mais rappelez-vous plutôt que le contact entre l'enfant et le parent qui n'en a pas la garde permet aussi un répit à celui qui vit toujours avec l'enfant.

## Pour aider vos enfants

**Dites-leur.** Parlez-leur de ce qui se passe. Il vaut mieux en effet qu'ils apprennent votre séparation de vous plutôt que de la bouche d'amis ou de voisins ou encore d'autres membres de la parenté en écoutant aux portes. Veillez à ce qu'ils ne vous entendent pas en parler avant qu'ils ne soient eux-mêmes au courant.

**Rassurez-les.** Beaucoup d'enfants se sentent coupables de la séparation de leurs parents parce qu'ils ont souvent été au cœur des soucis de leurs parents ou la raison de leurs colères et la cause de leurs inquiétudes. Le repli sur soi et l'inattention de leurs parents dans ces moments difficiles ne font d'ailleurs que renforcer ce sentiment de culpabilité.

**Laissez-les s'exprimer.** Laissez les enfants exprimer leur colère et leur tristesse : ne cherchez pas à étouffer leurs émotions avec des platitudes.

**Sachez vous taire.** Il n'est peut-être qu'une sale brute, un bon à rien égoïste et infidèle, mais il est aussi le père de vos enfants et vous ne devriez pas les laisser vous entendre parler de lui de cette façon.

**Vos enfants ne sont pas des espions.** Naturellement, vous voulez savoir ce qu'il fait et connaître ses intentions, mais résistez à la tentation de questionner vos enfants.

**Un seul père.** Un nouveau conjoint n'est pas un « nouveau papa » ou une « nouvelle maman ». Les enfants n'ont qu'un seul père et une seule mère. D'entendre ses enfants parler d'un ou d'une autre en termes de « papa » ou de « maman » ne peut que causer de la douleur inutile.

**Réglez hors cour.** Plus vite vous cesserez de vous battre, plus vite la vie pourra reprendre son cours normal pour tout le monde. Aussi pénible que cela vous paraisse, faites de votre mieux pour que la relation entre vos enfants et votre ex soit bonne. Des enfants heureux et équilibrés seront source d'enrichissement pour vous, tandis que des enfants instables vous causeraient du chagrin. Il peut être difficile d'être aimable avec un nouveau conjoint au début mais, à long terme, c'est ce qui vous causera le moins de douleur.

**VOIR AUSSI**

Comment parler
aux enfants                 **150-151**

Les stress de la
vie familiale               **158-159**

La jalousie et la peur
de perdre votre amour       **188-189**

Les écarts de conduite      **192-193**

### LES ENFANTS DU NOUVEAU CONJOINT

● Les enfants préféreraient sans doute ne pas avoir de beaux-parents. Ils n'ont aucune raison d'aimer leur beau-père ou leur belle-mère ni les enfants de ceux-ci. Il est irréaliste de penser que vous formerez tous une grande famille unie.

● Attendez-vous à ce qu'il y ait de la jalousie. Les enfants de l'un et de l'autre ont vécu des moments difficiles et les conditions pour l'épanouissement des nouvelles amitiés ne sont certes pas les meilleures.

● Si vos enfants se plaignent, écoutez-les, mais encouragez-les aussi à devenir amis avec les enfants de votre nouveau conjoint.

● Offrez-leur dans l'imaginaire ce qu'ils ne peuvent avoir dans la réalité : « Tu aimerais que papa vive encore avec nous. Je comprends. Veux-tu dessiner toute la famille réunie ? »

**Laissez-leur le temps**
Dans la plupart des cas, les membres des familles reconstituées apprennent à vivre ensemble. Vous ne pouvez rien faire cependant pour que deux personnes s'aiment, mais vous pouvez exiger que tous se conduisent de façon courtoise et civilisée.

# Les enfants agressifs

Une certaine dose d'agressivité est salutaire. Sans agressivité, un enfant ne pourrait pas s'engager dans une trêve avec ses amis ou une « guerre froide » avec ses ennemis. Néanmoins, certains enfants se battent sans cesse avec tous leurs amis et particulièrement avec leurs frères et sœurs.

**Ça suffit, les gars !**
Dès leur plus jeune âge, les garçons sont plus agressifs que les filles et ils ont tendance à le demeurer toute leur vie. Quoi qu'il en soit, n'intervenez pas dans leurs querelles, sauf s'ils en viennent aux coups.

En se battant, les enfants apprennent à maîtriser et à utiliser leur colère. Il n'est pas rare que ceux qui se querellent le plus entre eux deviennent, plus tard, les meilleurs amis du monde. Mais le fait de savoir tout cela n'aide pas beaucoup les parents aux prises avec des enfants furieux qui se battent.

### De jeunes enfants en colère

Les jeunes enfants dirigent la plus grande partie de leur colère contre eux-mêmes ou contre leurs parents. Ils crient, sont impolis et désagréables, et ils peuvent même donner des coups de pied et cracher. Leur but est d'attirer l'attention et plus nous leur en donnons, plus ils se conduisent mal. Souvent, la meilleure façon de réagir à ce genre de comportement est d'ignorer les deux opposants et de quitter la pièce sans rien dire. Les enfants manifestent aussi de la colère et de la jalousie envers leurs frères et sœurs. Ils leur arrachent des jouets des mains, les tapent et se bousculent les uns les autres. Si vous punissez toujours l'agresseur et consolez la victime, vous mettez en place un scénario que les deux peuvent utiliser pour attirer votre attention : le tyran utilise l'agression, la victime, la manipulation et les larmes de crocodile.

### La colère à l'extérieur du foyer

Les enfants d'âge préscolaire en viennent souvent aux coups parce qu'ils ne savent pas comment agir avec les autres enfants de leur âge. L'enfant essaie de traiter ses pairs de la même façon qu'il vous traite, vous. Quand ça ne fonctionne pas, il perd la maîtrise de lui-même. Et plutôt que de se défendre avec des paroles blessantes, sa colère le pousse à cracher, à donner des coups de pied et de poing, à mordre et à griffer. Il se met rapidement en colère, mais se calme aussi vite.

### La colère chez les enfants plus âgés

À la maison, frères et sœurs se battent pour toutes sortes de raisons : par simple plaisir, parce qu'ils se sentent mal aimés, pour prendre le contrôle d'une situation ou encore pour réparer une injustice. Et ils se battent aussi pour attirer notre attention. Les enfants de même sexe se battent plus entre eux, et les garçons plus que les filles. Les enfants peuvent délibérément et systématiquement se contrarier les uns les autres. Ils le font même s'ils savent que les choses dégénéreront et qu'ils finiront par se fâcher pour vrai. Habituellement, les enfants se battent quand ils sont fatigués et qu'ils ont chaud, quand ils s'ennuient, sont malades ou inquiets. Dans la plupart des cas, la meilleure chose à faire est de les laisser se défouler.

En vieillissant, ils parviennent à mieux maîtriser leur agressivité et, si elle éclate rapidement, il arrive aussi qu'elle couve et s'accumule pendant un bon moment. Mais, plus ils vieillissent, plus ils gardent rancune et se souviennent des injustices.

### Pour éviter les conflits

Quand ils atteignent l'âge scolaire, la plupart des enfants en viennent moins souvent aux coups parce qu'ils ont appris à maîtriser leur colère. Beaucoup d'entre eux peuvent aussi reconnaître les signes de conflits imminents et s'éloigner de ce genre de situation. Quand ils atteignent 7 ou 8 ans, la majorité des enfants sont capables d'évaluer les intentions malveillantes d'un autre, surtout s'ils ont perfectionné cette aptitude à la maison avec leurs frères et sœurs. En sachant prédire ce qu'un autre s'apprête à faire, même si on se trompe parfois, on peut éviter bon nombre de conflits et de bagarres.

## Le rôle de la famille

La plupart des parents n'enseignent pas délibérément l'agressivité à leurs enfants, mais leur façon de les discipliner peut jouer un rôle majeur dans le degré d'agressivité de leur progéniture. La brutalité engendre la brutalité. Bien que rien ne prouve qu'une gifle occasionnelle fasse d'un enfant un tyran, il semble évident que des punitions corporelles fréquentes surtout si elles sont inconstantes, irrégulières et sévères tendent à avoir des effets négatifs. La majorité des tyrans dans les cours d'école, comme dans la vie, sont ou ont été victimes de brutalité de la part de leurs parents. Les études suggèrent que certains enfants s'attirent délibérément les punitions. Dans un monde où l'attention est difficile à obtenir, l'agressivité et la mauvaise conduite peuvent facilement devenir un excellent moyen d'en obtenir.

## Comment réagir aux bagarres

● N'intervenez que lorsque c'est vraiment nécessaire.

● Ne jugez pas. Sinon l'un d'entre eux trouvera que c'est injuste et n'en sera que plus fâché (et vindicatif).

● Ne protégez pas le plus jeune. Vous ne réussiriez qu'à l'encourager à contrarier son frère jusqu'à ce que ce dernier en vienne aux coups.

● Ne blâmez pas le plus vieux. Celui qu'on traite de petite brute finit souvent par le devenir.

● Clarifiez la situation : « S'agit-il d'une véritable bagarre ? » Décrivez ce que vous voyez : « Je vois deux enfants de très mauvaise humeur. » Rappelez-leur les règlements de la maison : « Dans cette maison, on ne frappe pas les autres. »

● Séparez les enfants : « Dans vos chambres, tous les deux. »

● Dites-leur comment mettre fin à leurs conflits. « Vous pourrez revenir au salon quand vous aurez tous les deux décidé de vous calmer. »

● Ne criez pas. Cela ne ferait qu'envenimer la situation.

● Ne frappez pas les enfants. N'oubliez pas qu'ils ont tendance à vous imiter, et ils ne se battraient que davantage.

## La violence à la télévision

À 16 ans, l'Américain moyen a passé plus de temps à regarder la télévision qu'il n'en a passé à l'école et il a vu environ 13 000 meurtres violents à l'écran. Aux États-Unis, on compte 17,6 actes violents par heure à la télé pendant le temps d'écoute destiné aux enfants. On en compte moins en Grande-Bretagne et ailleurs en Europe, puisque souvent la législation en vigueur ne permet pas de diffuser des émissions violentes pendant la journée ni tôt en soirée.

Selon des études menées dans différents pays (Grande-Bretagne, Finlande, Pologne, Australie, États-Unis), les enfants qui voient de la violence à la télé finissent par croire qu'il s'agit d'une façon acceptable et efficace de résoudre des conflits. Ces études suggèrent aussi que la violence à l'écran pourrait être responsable de l'augmentation du niveau de violence dans les jeux des enfants et que ceux qui regardent régulièrement des émissions violentes finissent par être moins sensibles à la violence. Notre expérience de la violence à la télé a probablement aussi influencé notre perception du niveau de violence sur la rue et c'est sans doute l'une des raisons pour lesquelles nous craignons de laisser jouer nos enfants dehors.

**VOIR AUSSI**

| | |
|---|---|
| L'estime de soi | **126-127** |
| Frères et sœurs | **190-191** |
| Les écarts de conduite | **192-193** |
| Les problèmes de l'amitié | **194-195** |

### LES QUERELLES

● N'intervenez que s'ils en viennent aux coups. Autrement, gardez un air impassible et quittez la pièce.

● Si la querelle est plus sérieuse, reconnaissez leur colère : « Vous me semblez tous les deux très fâchés. » Laissez-les expliquer ce qui ne va pas. Dites-leur que vous savez qu'ils peuvent réussir à résoudre ce conflit entre eux.

● Si la situation se reproduit, parlez à chacun des enfants séparément. Proposez-leur des stratégies : « Si tu tournes ta chaise, tu ne verras plus Jonathan. » Dites-leur encore une fois que vous savez qu'ils sont capables de régler ce différend.

● Ne criez jamais. Ne demandez jamais qui a commencé (vous encourageriez alors vos enfants à se blâmer mutuellement) ni de quoi il s'agit (cela n'a pas d'importance).

● Ne les accusez pas de toujours se chamailler et ne faites pas semblant que cela vous rend malade.

### Séparez les enfants

Envoyez vos enfants dans des pièces différentes s'ils se battent. Ne les laissez pas répartir les torts ou le blâme, mais aidez-les à surmonter leurs querelles et à revenir à la « normale ».

# Le chemin de l'indépendance

En grandissant, votre enfant deviendra de plus en plus indépendant. C'est à vous de le guider doucement vers cette indépendance, sans le brusquer, quand il est prêt et sûr de lui. Si vous lui refusez cette liberté, il l'exigera et la prendra de toute façon.

Allez-y graduellement. À 5 ans, votre enfant ne devrait pas demander la permission pour tout ce qu'il fait et il n'a pas à toujours jouer sous vos yeux. Vous ne devriez pas intervenir dans chacune de ses querelles et vous ne devriez pas non plus vous attendre à ce qu'il vous explique tout ce qu'il pense ou ressent. Il faut que vous commenciez à lâcher prise et ce, sur tous les fronts. Tôt ou tard, il le faudra.

## L'école

Aujourd'hui, commencer l'école est rarement une étape majeure dans la vie d'un enfant. La plupart, en effet, ont fréquenté la garderie, un jardin d'enfants et, de nos jours, les écoles sont beaucoup plus accueillantes qu'elles ne l'étaient auparavant.

● Assurez-vous que votre enfant comprenne qu'il doit aller à l'école tous les jours.

● Il sera plus heureux à l'école s'il a appris à rester tranquille, à se concentrer et à attendre son tour. Tout cela ne vient pas automatiquement et le jeune enfant a besoin de s'exercer.

● L'enfant doit savoir que vous ne serez pas avec lui. Donnez-lui un petit porte-bonheur pour les moments où vous lui manquerez. Dites-lui : « Quand tu le toucheras, je penserai à toi. » Il peut, par exemple, garder le porte-bonheur dans sa poche.

● Ne vous attendez pas à ce que votre enfant vous dise tout et ne vous inquiétez pas si c'est ce qui se passe. Il est parfois trop fatigué ou il préfère peut-être vous raconter des choses qu'il considère comme plus intéressantes.

● Mais s'il vous raconte toujours ses journées et qu'il cesse soudain de le faire, informez-vous auprès de ses enseignants pour savoir s'ils ont noté certains problèmes. C'est surtout un changement dans ses habitudes qui importe ici.

## Les amis

Entre l'âge de 1 et 2 ans, les enfants deviennent de plus en plus sociables, même s'ils ne jouent pas avec d'autres avant l'âge de 2 ans environ. Avant cet âge en effet, ils privilégient plutôt ce qu'on appelle les jeux parallèles : assis les uns

**À l'école**
Votre enfant peut être joyeux et enjoué à la maison, mais étonnamment renfermé et agressif à l'école.

---

### LA MAUVAISE CONDUITE

Plus il devient indépendant, plus il peut réfléchir à ce qu'il veut et s'apercevoir que cela ne correspond pas nécessairement à ce que les autres exigent de lui. Il apprend aussi que son comportement peut influencer vos sentiments. Ainsi, il peut consciemment vous inquiéter, vous contrarier ou vous punir. Si les gens de son entourage trouvent difficile de l'aimer (ou s'ils n'ont jamais vraiment essayé), mal se conduire peut devenir une façon de vivre pour lui.

---

### LE MANQUE D'AMIS

Certaines personnes semblent ne jamais se faire d'amis. Il n'y a là rien d'inhabituel. Environ un enfant sur cinq n'a pas de « meilleur ami » ou se voit souvent exclu.

● Trouvez la source du problème. Votre enfant sait-il comment se faire des amis ? Serait-il bon de l'inscrire à un club ou à une activité après l'école ? Est-ce qu'il agace les autres ? Si c'est le cas, que pouvez-vous faire pour l'aider à changer d'attitude ?

● Parlez à son enseignant ou aux surveillants. Ils peuvent savoir ce qui pose problème ; les enfants agissent souvent très différemment à l'école.

● Laissez l'enfant choisir les amis qui lui conviennent, puis invitez-les à la maison. Demandez à l'enseignant s'il n'y aurait pas un autre « solitaire » avec qui votre enfant pourrait se lier d'amitié.

**Un talent pour le sport**
Les enfants qui réussissent bien à l'école ou qui se démarquent dans un certain domaine, la gymnastique par exemple, sont habituellement plus populaires auprès de leurs pairs.

près des autres, ils s'observent, s'échangent des jouets à l'occasion et se disent un mot ici et là. Plus les enfants passent de temps ensemble, plus ils progressent. Vers l'âge de 3 ans, ils commencent à participer à des jeux coopératifs et à découvrir l'amitié. Les occasions de conflits et de coopération se font plus fréquentes quand ils jouent avec d'autres. Ce qui à 2 ans ne constitue qu'un intérêt modéré pour un autre enfant se transforme en une solide amitié à 3 ans. À cet âge, en effet, les enfants commencent à avoir des amis plus importants que d'autres, des « meilleurs » amis. Ces amitiés ne sont peut-être pas aussi durables ni aussi intenses que celles qu'ils formeront plus tard, mais elles sont tout de même importantes.

## À l'écart

Certaines personnes semblent avoir un don pour s'attirer des amis. D'autres passent leurs journées seuls. Au fur et à mesure que les enfants vieillissent, leurs amitiés prennent de plus en plus de place dans leurs vies. Ceux qui n'ont pas d'amis se retrouvent souvent isolés et très malheureux.

● Observez votre enfant quand il est avec d'autres. Est-il délibérément exclu du groupe par un autre ? Est-ce sa faute ou celle d'un autre ? Y a-t-il de petits tyrans dans sa classe ou est-il simplement trop dominateur et autoritaire ? Est-il agressif ? S'en prend-il aux autres ? Si oui, il faut aborder ces problèmes.

● Aidez-le en inventant des jeux de rôles et faites en sorte qu'il joue parfois son propre rôle et, qu'à d'autres moments, il vous regarde parfois jouer son rôle à lui. Aidez-le à trouver des solutions et à les éprouver grâce à ces jeux.

● Est-ce que l'enfant écoute quand les autres parlent ou se contente-t-il de parler sans les écouter ? Veillez à ce qu'il apprenne à écouter et à commenter ce que disent les autres. Ce sont là des problèmes que vous pouvez attaquer en encourageant votre enfant à jouer avec d'autres. Encouragez aussi les concessions mutuelles entre les membres de votre famille (et apprenez à votre enfant à donner plus qu'à recevoir). Les personnes égocentriques ne sont jamais très populaires.

● Votre enfant craint peut-être les foules, surtout s'il s'agit d'un enfant « unique ». Habituez-le à jouer avec des plus vieux et emmenez-le dans des endroits publics, comme la piscine ou le terrain de jeu pour l'aider à surmonter ses craintes. Emmenez-le au centre commercial, utilisez les transports en commun et faites de vos sorties des excursions et des occasions spéciales.

**VOIR AUSSI**

| L'estime de soi | **126-127** |
| Uniques et distincts | **176-177** |
| De la petite enfance à l'enfance | **186-187** |
| Les problèmes de l'amitié | **194-195** |

**Mon meilleur ami**
Entre 4 et 6 ans environ, les enfants se découvrent habituellement un « meilleur ami ». Ils veulent alors passer le plus de temps possible ensemble et disparaissent dans un monde qui leur est propre.

| LA POPULARITÉ D'UN ENFANT | |
|---|---|
| **La gentillesse** | Plus un enfant est gentil avec les autres, plus il a de chance d'être populaire. |
| **L'ouverture aux autres** | Ceux qui s'ouvrent aux autres sont plus populaires que ceux qui sont renfermés. |
| **Le succès** | Il n'est pas nécessaire qu'un enfant soit le meilleur de sa classe, mais les enfants qui sont populaires réussissent habituellement bien à l'école. |
| **Le rang dans la famille** | Les cadets sont habituellement plus populaires que les aînés. |
| **La taille** | Les enfants qui sont grands et de corpulence moyenne ont tendance à être plus populaires que les plus petits. |
| **L'attrait physique** | Plus l'enfant est attrayant physiquement, plus il a tendance à avoir d'amis. Un nom à la mode du moment ajoute aussi à sa popularité. |
| **Les talents particuliers** | Les enfants qui ont du talent pour les sports ou toute autre activité valorisée ont aussi tendance à être populaires. |

# Diriger une famille

Maintenant que vous êtes tous ensemble, vous devez trouver votre propre façon d'organiser la vie familiale. Ainsi, vous devrez établir certaines règles, être consciente des besoins de chacun, tant à la maison qu'ailleurs.

Pour qu'une famille fonctionne bien, il faut que les adultes sachent communiquer avec leurs enfants et entre eux. Il faut que les enfants sachent à quoi on s'attend d'eux, comment s'organiser, se concentrer et persévérer.

## L'organisation du foyer

**Un temps et un endroit pour les jouets.**
Veillez à ce que tous les jouets soient rangés à la fin de la journée, de préférence dans une armoire. Même ceux que l'enfant préfère devraient vivre dans l'armoire, mais on devrait leur permettre d'occuper la tablette inférieure pour qu'il puisse les prendre quand il veut. Encouragez votre enfant à ranger ce dont il ne se sert plus avant de sortir autre chose pour jouer.

**Un temps et un endroit pour l'exubérance.**
Tous les enfants ont besoin de se défouler, et souvent. Laissez-les se défouler, faire des folies et des activités physiques relativement vigoureuses au moins toutes les deux heures. Les enfants pleins d'énergie refoulée auront de la difficulté à se concentrer. Et certains ont besoin de se défouler plus souvent que d'autres. Permettez-leur. En outre, les enfants plus jeunes tendent à avoir besoin de se défouler plus souvent, et les garçons plus encore que les filles.

**Un temps et un endroit pour jouer.** Les enfants aiment bien jouer près de nous. Les salles de jeux ne les attirent pas, à moins que nous n'y soyons aussi. Il vous sera plus facile de laisser jouer votre enfant près de vous si vous limitez le nombre de jouets qu'il peut sortir à la fois.

**Un temps et un endroit pour dormir.** Gardez les chambres à coucher exemptes de tout ce qui pourrait exciter l'enfant. Il est plus facile de dormir dans un endroit morne. Une chambre peut être attrayante même si on n'y voit pas de jouets.

## Ne traitez pas tous vos enfants de la même façon

Les enfants essaient toujours de mesurer l'amour, de noter les privilèges et les faveurs, et de lire tout signe de favoritisme. Ils savent exactement combien vous avez passé de temps avec leur frère ou sœur et avec eux. C'est un signe d'insécurité. Ils ont peur de perdre votre amour. La question qu'ils se posent est la suivante : « Qui aime-t-elle le plus ? »

● Ne leur accordez pas votre attention en parts égales. Donnez plutôt en fonction des besoins de chacun. Les échelles de l'amour devraient être basées sur des semaines et des mois et non sur des minutes et des heures.

● Ne cherchez pas à acheter des cadeaux de valeur égale. Cette semaine, faites un cadeau à un de vos enfants, et la semaine prochaine,

**Chaque jour un nouveau jouet**
Rangez tous ses jouets dans une armoire. S'il ne les voit plus, il n'y pensera plus. Puis n'en sortez qu'un à la fois, quand il est prêt à jouer. La plupart des enfants ont suffisamment de jouets pour en avoir chaque jour un « nouveau ».

à l'autre. Évitez qu'ils ne comparent la valeur ou la taille du cadeau.

● Ne dites pas que vous les aimez de la même façon. Dites : « Je t'aime parce que tu es le meilleur petit garçon du monde » et « Je t'aime parce que tu es la meilleure fillette de taille moyenne du monde. »

● Ne leur demandez pas les mêmes choses aux mêmes moments. Ainsi, si Jonathan aide à débarrasser la table après le petit-déjeuner, Susie peut ranger les jouets. C'est toujours une bonne idée de faire les différentes tâches à tour de rôle et cela permet aussi d'éviter les comparaisons. Quand vous leur faites partager des tâches et que vous leur demandez de les faire en même temps, vous les encouragez à calculer leurs efforts relatifs et à faire les mouchards.

## Dites à votre enfant que vous l'aimez

● Votre amour devrait être unique et spécialement adapté à chacun de vos enfants et non égal et universel.

● Vous devriez toujours vanter les efforts déployés par l'enfant, même s'il ne réussit pas ce qu'il tentait de faire.

● Vous devriez lui montrer que vous l'aimez pour ce qu'il est et non seulement pour les bonnes choses qu'il accomplit.

● Dites-lui que vous êtes fière de lui quand il réussit une chose, si petite soit-elle.

● Si votre enfant se conduit mal, critiquez son comportement et non l'enfant lui-même.

## Dites-lui qu'il est unique

Les enfants ont besoin de savoir qu'on les aime pour ce qu'ils sont et tels qu'ils sont. La force de caractère se développe de l'intérieur et ne peut s'épanouir si on ne la nourrit pas adéquatement. Dites-lui qu'il est unique et dites-le-lui tous les jours.

● « Je suis si contente de t'avoir. Tu es vraiment unique, mon précieux trésor. »

● « Tu es le meilleur Jonathan du monde entier. »

● « J'adore tes taches de rousseur. J'ai toujours souhaité avoir un petit garçon avec des taches de rousseur. C'est vraiment particulier et très mignon. »

## Dites à votre enfant qu'il peut être lui-même

Il nous arrive à tous de faire des erreurs. Dites à votre enfant que c'est normal et que vous faites des erreurs, vous aussi.

● Il est difficile de toujours être bon et gentil. Dites-lui que vous savez qu'il fait beaucoup d'efforts pour être gentil.

● Votre enfant peut se sentir triste. Dites-lui qu'il peut pleurer et qu'il n'y a rien de mal à exprimer ce que l'on ressent.

● S'il est en colère, laissez-le se défouler : « Je vois bien que tu es fâché. Peux-tu crier aussi fort que ta colère est grande ? Montre-moi. Si fâché que cela ? Je pense que tu as besoin de frapper sur des coussins. »

● Il est parfois bon de se relaxer et de ne rien faire. Dites-lui qu'il peut le faire et faites-le aussi.

● Assurez-vous qu'il comprenne qu'il n'y a pas de honte à ne pas réussir quelque chose, mais qu'on doit essayer.

● Acceptez qu'il n'ait pas envie de faire d'effort. « Je suppose que tu n'as pas envie d'essayer aujourd'hui. On a tous de telles journées. Moi aussi, il m'arrive de me sentir comme toi. Alors, on remet ça à mercredi ? »

## Dites à votre enfant ce à quoi vous vous attendez

Il lui sera plus facile de vous faire plaisir s'il connaît vos attentes. Dites-lui à quoi vous vous attendez et dites-lui aussi que vous savez qu'il fera de son mieux pour y arriver.

● « J'ai confiance en toi. Je sais que tu vas vraiment faire de ton mieux. »

● « Je m'attends à ce que tu règles cette querelle et j'ai confiance que tu peux réussir. »

● « Tu peux aller faire du vélo sur le trottoir. Je te fais confiance, car je sais que tu n'iras pas dans la rue et que tu ne dépasseras pas le coin. »

● « Tu peux toucher les cadeaux sous l'arbre, et je sais que tu es assez grand pour ne pas déchirer les emballages. »

● « C'est toi qui es responsable de débarrasser la table et de mettre la vaisselle dans le lave-vaisselle après le dîner, cette semaine. Je m'attends à ce que tu le fasses sans avoir à te le rappeler chaque fois. »

### SANS SOUCIS

● Les gens sont, pour la plupart, de bonnes personnes. Mais étant donné qu'on ne sait jamais, mieux vaut être prudent.

● Tu ne dois jamais accepter de bonbons ni de cadeaux de quelqu'un, ni monter en voiture sans demander d'abord à papa ou à maman. Tu ne vas pas jouer chez un ami sans en avertir d'abord papa ou maman.

● Ne t'arrête pas pour parler à des gens que tu ne connais pas, à moins d'être accompagné d'un adulte.

● Tu peux demander de l'aide en cas d'urgence.

● Si quelqu'un te suit ou si tu as peur, va sonner à la porte la plus près et dis-le à la personne qui t'ouvrira. N'entre pas si tu ne connais pas la personne, mais demande-lui de téléphoner à tes parents.

● Si quelqu'un te demande de toucher ton pantalon ou de mettre sa main dans ta culotte, dis-le immédiatement à un adulte.

● Quand tu réponds au téléphone, ne dis jamais : « Il n'y a personne ici. » Dis plutôt : « Maman est en haut, puis-je prendre un message ? »

● Après l'école, reviens avec des enfants plus âgés et rentre directement.

# CHAPITRE 6

# L'avis de l'expert

La majorité des problèmes peuvent être résolus en appliquant quelques principes de base que résument les six énoncés suivants. Un : si on récompense un enfant pour un comportement, il le répétera ; si on n'y prête pas attention, il ne le répétera pas. Deux : les enfants ont besoin de règles précises et ils réagissent à des consignes claires et à des limites cohérentes. Trois : les enfants ont besoin d'attention et ils préfèrent avoir la vôtre même si vous êtes de mauvaise humeur que de ne pas l'avoir du tout. Quatre : tous les enfants veulent être traités de façon unique et chacun mérite un amour particulier. Cinq : l'estime de soi sert de point d'ancrage à l'enfant et le protège dans les moments difficiles. Six : ce que l'on croit au sujet de soi-même, que ce soit positif ou négatif, finit par se réaliser.

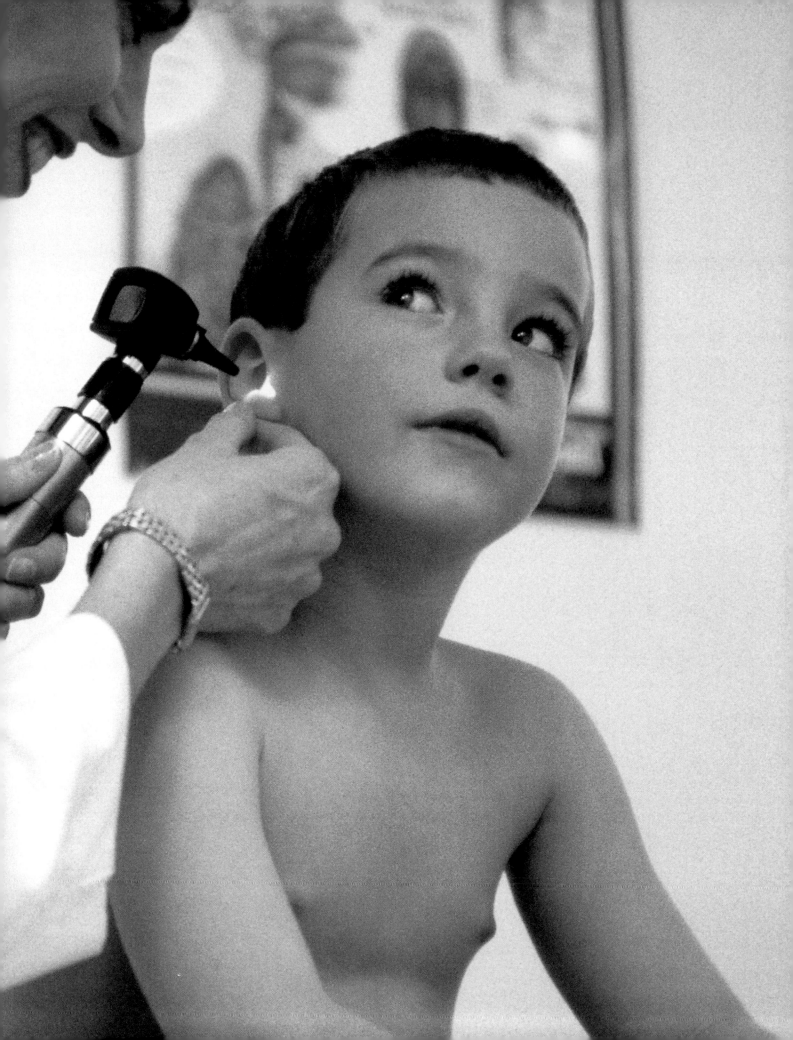

# Les douze règles d'or

Il y a différentes façons d'élever des enfants et ceux-ci se distinguent les uns des autres par leurs besoins et leurs tempéraments. Cependant, les douze maximes suivantes s'appliquent pratiquement à tous.

**TOUJOURS**

- Traiter un enfant de façon unique, et non pas de manière égale ou universelle.
- Critiquer le comportement, jamais l'enfant. La critique mine l'estime de soi et une mauvaise opinion de soi est à l'origine des mauvais comportements.
- S'attendre à ce que l'enfant ait les capacités voulues. Cela l'aide à bâtir sa confiance en lui.
- Équilibrer l'indépendance que vous laissez à l'enfant par des responsabilités et la confiance. Progresser régulièrement sur tous les fronts.
- Se rappeler que chacun a ses problèmes. Vous ne pouvez pas, et vous ne devriez pas, essayer de résoudre tous les problèmes de votre enfant. En vieillissant, il doit apprendre à les résoudre par lui-même.

Savoir comment un enfant réagira et pour quelle raison il réagit de la sorte peut vous aider à prévoir votre propre réaction et ainsi, éviter les pires problèmes.

### Règle n° 1

Un enfant d'âge préscolaire ne peut réfléchir qu'à une chose à la fois et ce qu'il voit et entend à un moment donné a priorité sur le reste. Plus l'enfant devient excité, plus sa capacité de raisonner est repoussée à l'arrière-plan. Il ne se rend pas compte que le danger est à deux pas de lui. C'est cette incapacité à voir plus loin quand il est excité et non l'imprudence qui l'empêche de penser que la glace risque de se rompre. C'est aussi ce qui l'empêche de prévoir avec justesse notre réaction par rapport à ce qu'il fait. Cette incapacité à voir plus loin que le bout de son nez explique aussi sa vulnérabilité à la distraction. Le bébé oublie complètement ce qu'il faisait lorsqu'il détourne les yeux. L'enfant a la mémoire un peu plus longue, mais il ne lui est pas toujours facile de se souvenir, surtout s'il est entouré de distractions bruyantes, colorées et excitantes. Ce qui se passe à un moment précis l'emporte, même à 5 ans.

### Règle n° 2

Les enfants sont un peu comme des autocuiseurs, tôt ou tard, ils doivent laisser échapper un peu de vapeur. Un enfant sous pression remue sans cesse, il ne tient pas en place et se laisse facilement distraire. Il a besoin de quelqu'un avec qui se défouler : un parent pour le pourchasser ou des camarades pour lutter et se bagarrer amicalement. La plupart des petits animaux de compagnie aiment bien ce genre de jeux turbulents. Les enfants qu'on empêche de se défouler seront hyperactifs et se laisseront facilement distraire.

### Règle n° 3

Plus l'enfant est jeune, plus il est persuadé qu'il devrait toujours être le premier à obtenir votre attention. Sauf quand il est absorbé dans ses propres activités, l'enfant veut que ses parents ou ceux qui prennent soin de lui soient toujours à ses côtés et s'occupent de lui. Il ne veut pour rien au monde être ignoré. N'oubliez pas que s'il ne peut obtenir vos sourires, il manigancera pour attirer votre attention sous quelque forme que ce soit.

### Règle n° 4

Les enfants surveillent attentivement la place qu'ils occupent dans la file pour obtenir l'amour et l'attention. Derrière de nombreuses choses qu'ils font se trouve une question toute simple : « Est-ce moi qu'il (ou elle) aime le plus ? » Et ce n'est pas bête comme question si on considère que l'enfant se demande : « Qui sauverait-elle en premier lors d'une situation d'urgence, ou à qui donnerait-elle la dernière bouchée s'il y avait une famine ? » Rappelez-vous qu'il n'y a pas si longtemps nos ancêtres devaient affronter des loups, des ours et d'autres gros prédateurs tandis qu'ils cueillaient les petits fruits ou ramassaient le petit bois pour le feu et même quand ils s'occupaient tout simplement de leurs troupeaux, ils se retrouvaient parfois devant des récoltes désastreuses sans avoir pu faire de réserves.

**Les jeux turbulents**
L'enfant prend plaisir à se défouler et cela le rend aussi plus docile. En outre, cela peut l'empêcher de devenir hyperactif et de se laisser distraire trop facilement.

### Règle n° 5

Il est impossible d'être parfaitement juste, du moins selon le point de vue de celui qui reçoit. Vous ne pouvez pas aimer vos enfants également parce que vous les aimez de façon unique. Le défi consiste à faire en sorte que chacun d'entre eux sente que vous l'aimez de façon unique et particulière.

### Règle n° 6

Un enfant qui a une bonne estime de soi a plus de chance de bien se conduire et risque moins d'avoir des problèmes de comportement qu'un autre qui n'a qu'une faible estime de soi. Évitez de critiquer l'enfant, cela compromettrait son estime de soi.

### Règle n° 7

Un des principes de base de l'apprentissage veut qu'on évite les choses pour lesquelles on écope d'une punition (quand on nous enlève quelque chose qu'on aime, par exemple) et qu'on répète celles pour lesquelles on est récompensé (quand on nous donne quelque chose qu'on aime). La prochaine fois qu'on voudra avoir la même récompense, on refera les mêmes choses. Plus on est sûr d'avoir une récompense, plus on répétera la chose qui l'a entraînée. Ce que les jeunes enfants veulent le plus, c'est notre attention pleine et entière. S'ils l'obtiennent plus facilement quand ils se conduisent mal, qu'ils sont désagréables ou dérangeants, ce sont ces comportements qu'ils répéteront.

### Règle n° 8

Si on ne récompense pas l'enfant quand il fait quelque chose qu'on ne veut pas qu'il fasse, il risque moins de recommencer.

### Règle n° 9

Les enfants imitent ceux qui s'occupent d'eux. Si vous criez quand vous vous adressez à eux, ils crieront probablement en s'adressant à leurs frères et sœurs. Si vous vous disputez avec votre conjoint, vos enfants se querelleront plus entre eux. Si vous malmenez ou frappez votre conjoint, vos enfants auront plus tendance à être agressifs et brutaux.

### Règle n° 10

Les enfants doivent développer leur indépendance. De nombreux problèmes de l'enfance surviennent parce que nous ne savons pas très bien comment négocier la naissance de l'indépendance. Quand l'enfant est jeune, il est difficile de satisfaire ses besoins d'indépendance : il veut parfois en faire trop tout seul et, à d'autres moments, il semble moins indépendant qu'on le souhaiterait. Il est extrêmement difficile de trouver le juste équilibre. Au cours des dernières années, les parents sont devenus trop prudents et ils ne laissent plus leurs enfants jouer dehors ou revenir de l'école tout seuls, mais ils leur permettent de manger ce qu'ils veulent, de choisir leurs vêtements et leurs émissions de télé.

### Règle n° 11

On ne peut rien contre ce que l'on ressent, mais on peut contrôler ses gestes et les actions que l'on fait. Acceptez que votre enfant soit en colère. Laissez-le vous exprimer à quel point il est fâché, mais n'acceptez jamais un comportement qui surgit de cette colère. Il peut être fâché contre sa sœur parce qu'elle joue avec ses jouets, mais il ne peut pas la frapper pour autant.

### Règle n° 12

Les étiquettes qu'on colle aux gens ont tendance à devenir réalité. Qu'il s'agisse d'étiquettes négatives comme «petit tyran» ou positives telles «enfant futé», les étiquettes finissent toujours par nous limiter.

**VOIR AUSSI**

| | |
|---|---|
| L'estime de soi | **126-127** |
| Les richesses | **148-149** |
| Le chemin de l'indépendance | **164-165** |
| Diriger une famille | **166-167** |

**Le sien est plus gros!**

Il vaut mieux ne pas essayer d'être parfaitement équitable. Un des deux morceaux de gâteau semblera toujours plus gros que l'autre et ce sera toujours celui que l'enfant n'a pas eu!

**NE JAMAIS, JAMAIS**

- Ne jamais critiquer ou rabaisser un enfant.
- Ne jamais lui coller d'étiquette, surtout si celle-ci le déprécie.
- Ne dites jamais à votre enfant de ne pas ressentir quelque chose. On ne peut rien contre ce que l'on ressent, mais on est responsable des gestes qu'on fait par rapport à ses sentiments.
- Ne faites jamais de menaces en l'air. Avertissez, puis agissez. Toute menace qui n'est pas mise à exécution demeure futile. Si vous demandez toujours trois fois, votre enfant n'agira jamais avant la troisième fois.
- Ne restez pas là à le regarder quand il se conduit mal. Allez-vous-en.
- Ne feignez jamais d'ignorer la cruauté ou un comportement violent.
- Ne cédez jamais à un mauvais comportement.
- Ne forcez pas votre enfant à endosser vos luttes et vos batailles. Les enfants sont très conformistes.

- La meilleure chose à faire avec un enfant qui recherche votre attention de manière déplaisante consiste à ne pas la lui accorder et à quitter la pièce tout simplement. N'en faites pas tout un plat. Levez-vous simplement, gardez un air impassible et sortez de la pièce. Un visage impassible ne doit pas trahir d'émotion et veillez à ce que votre langage corporel soit neutre, lui aussi. Si l'enfant vous suit, ne vous en occupez pas. Attendez quelques minutes, puis expliquez-lui brièvement pourquoi vous avez quitté la pièce : « Je n'aime pas être là quand tu dis des mots grossiers. »

- Si vous ne pouvez pas quitter la pièce (parce que vous écoutez une émission de télé ou que vous êtes en train de cuisiner), prenez simplement l'enfant dans vos bras sans faire de commentaire et sortez-le de la pièce, puis retournez-y et continuez ce que vous faisiez. Quand il reviendra, dites-lui : « Je vois que tu as décidé d'être gentil. Je suis bien contente. Quand j'aurai fini, je vais te lire une belle histoire. »

- Si vous êtes à l'extérieur, dans un magasin par exemple, prenez l'enfant et tenez-le bien serré dans vos bras. Regardez-le droit dans les yeux avec un visage complètement dépourvu d'expression ou encore regardez ailleurs. Il se débattra certainement, mais tenez-le bien serré jusqu'à ce qu'il cesse de se débattre.

# Les chercheurs d'attention

Les enfants ne peuvent pas toujours être gentils et dociles, et toute personne sensée le comprend très bien. Même en tant qu'adultes, il nous arrive souvent d'être égoïstes et égocentriques, alors comment pourrions-nous nous attendre à mieux d'un jeune enfant ?

Il n'existe pas d'enfant sans problème, mais certains d'entre eux sont plus difficiles que d'autres, plus contestataires, plus désobéissants et plus désagréables. Il y a une grande différence entre un enfant qui est parfois effronté et désobéissant et un autre qui est toujours difficile et impoli.

Or, pour la plupart de ces enfants, il ne s'agit pas uniquement d'une question d'éducation ou de caractère difficile inné ni de problèmes de comportement qui auraient été aggravés par leurs parents ou ceux qui se sont occupés d'eux. C'est habituellement un mélange de tout cela conjugué au fait que l'enfant sait tirer les ficelles qui nous font réagir. Les enfants vieillissent et changent tout au long de l'enfance ; notre façon de les traiter aujourd'hui ne conviendra probablement plus l'année prochaine. À certains moments, nous leur en demandons trop et à d'autres, pas assez. Si vos attentes à l'égard de vos enfants correspondent toujours à la réalité, vous êtes bien les premiers parents à viser aussi juste !

## Pourquoi les enfants recherchent l'attention

De nombreux parents encouragent involontairement des comportements

### Éprouver vos limites

Quand un enfant lance ses jouets par terre, il essaie d'attirer votre attention et il veut voir si vous mettez vos menaces à exécution ou s'il ne s'agit que de chantage. C'est aussi une manière pour lui de s'affirmer.

désagréables de la part de leurs enfants parce qu'ils leur accordent plus d'attention quand ils se conduisent mal que lorsqu'ils se comportent bien. Il est facile de tomber dans ce piège : les parents ont besoin de répit et le meilleur moment pour prendre ce répit est lorsque l'enfant est sage. La dépression aggrave les choses. Il nous est alors difficile de nous investir dans des jeux ou des activités avec l'enfant, sauf dans les moments où il devient trop exigeant ou que son comportement laisse à désirer. Les enfants apprennent vite à faire ce qui leur assure le plus facilement l'attention dont ils ont besoin. Le même genre de situation peut survenir à l'école pour l'enfant aux prises avec des problèmes d'apprentissage. En effet, parce qu'on vante rarement ses succès, l'enfant apprend à attirer l'attention de son enseignant et de ses camarades en étant désobéissant, effronté ou en dérangeant en classe.

## Comment les enfants peuvent attirer votre attention

**Les crises de colère.** Toutes les crises de colère constituent des tentatives pour attirer votre attention. Les enfants ne font presque jamais de crise quand la personne qui s'occupe le plus souvent d'eux est absente. En outre, l'enfant fait habituellement ses crises lorsque cette personne est occupée et qu'il se sent temporairement exclu : quand sa mère parle avec quelqu'un ou qu'ils font des courses ensemble, par exemple. Il y a évidemment d'autres facteurs qui entrent en jeu dans les crises de colère. Ne pas prêter attention à la crise constitue toujours la meilleure façon de réagir.

**Les caprices alimentaires.** Comme les crises de colère, le comportement sous-jacent est provoqué par des causes diverses, mais il est amplifié par la facilité avec laquelle votre enfant attire votre attention en refusant de manger des aliments « sains » et par son empressement à consommer des « calories vides ». Le régime alimentaire est une obsession des temps modernes. N'oubliez pas que si on nourrissait les jeunes enfants tel que l'avait voulu « Dame Nature », on les allaiterait jusqu'à ce que leurs dents permanentes commencent à percer. Le lait maternel, cet aliment naturel pour les enfants d'âge préscolaire, contient des matières grasses et des sucres mais aucune fibre alimentaire. Il vaut toujours mieux instaurer de bonnes habitudes alimentaires dès le plus jeune âge, néanmoins tant et aussi longtemps qu'on leur fournit amplement de lait, ils n'ont pas besoin de beaucoup de légumes frais ni d'aliments riches en fibres.

À partir du moment où l'on reconnaît que des enfants sont capricieux en ce qui concerne la nourriture, ceux-ci savent qu'ils peuvent attirer l'attention en refusant de manger certaines choses. D'après mon expérience, quand on les laisse faire, en général, la plupart d'entre eux ne font plus de caprices quand ils atteignent l'adolescence. Des études ont montré que les enfants choisissent toujours de manger de manière équilibrée, car autrement ils sont malades. Bien sûr, les enfants mangeront quand même trop d'aliments gras et sucrés, mais vous pouvez limiter leur consommation de tels aliments en n'en achetant pas.

**Les niaiseries, les jurons, la grossièreté.** L'enfant a besoin d'un auditoire pour ce genre de choses. Bien qu'il ne soit pas facile de feindre d'ignorer de tels comportements, ceux-ci ont plus de chance de disparaître si vous en faites peu de cas. Mais cela ne signifie pas que vous deviez les supporter avec le sourire.

**Les doigts dans le nez, les pets, les rots et autre comportements embarrassants.** Encore une fois, l'origine du problème peut provenir d'ailleurs, mais de toute évidence, ce genre de comportement empire lorsque l'enfant apprend qu'il peut, ce faisant, attirer votre attention, ne serait-ce que votre désapprobation.

## Jouer avec ses organes génitaux

« Il n'y a rien de mal à se masturber en privé, mais ce n'est pas quelque chose que l'on fait en public. » Voilà le message qu'il faut transmettre à nos enfants. Même les jeunes enfants peuvent faire la part des choses. Après tout, ils apprennent bien à aller aux toilettes. Ne vous occupez pas de la masturbation si elle est pratiquée en privé, sinon suggérez à l'enfant d'aller dans un endroit plus intime. La façon la plus facile de régler un problème de masturbation publique est de faire comprendre à l'enfant que c'est quelque chose

qu'il peut faire dans son lit, mais non en public. Soyez très neutre en lui expliquant cela, puis changez-lui les idées pour ne pas qu'il s'y remette.

## Quand les enfants s'adonnent à des jeux sexuels

Ne les grondez pas, ne les sermonnez pas, ne les embarrassez pas non plus et n'y accordez pas trop d'attention. Expliquez-leur la différence entre leur corps et celui des autres : s'ils peuvent toucher leurs propres organes génitaux, il vaudrait mieux qu'ils attendent d'être adultes avant de toucher ceux des autres et de se laisser toucher. Soyez ferme et évitez toute répétition de ce genre de jeu sexuel en surveillant les enfants de près. Dites-leur que la sexualité est réservée aux adultes et non aux enfants, comme le fait d'aller travailler. Discutez de ce qui est arrivé avec les parents de l'autre enfant. Il faudra qu'ils parlent eux aussi à leur enfant. Si vous les reprenez encore à ces jeux, dites-leur que vous êtes déçu de leur comportement et demandez-leur d'arrêter immédiatement.

Le fait d'être ferme ne réprimera pas les enfants sur le plan sexuel. Il est normal que les enfants fassent de telles expériences une fois ou deux, mais s'ils s'y adonnent fréquemment ou qu'ils se prêtent à ces jeux sexuels avec des enfants plus âgés, vous devriez y voir. La précocité sexuelle peut être signe d'abus sexuels. Les parents devraient prendre cela très au sérieux, puisque la plupart des enfants victimes de sévices sexuels sont agressés par des

### Un régime de choix
Un enfant actif et en bonne forme, qui se développe normalement et qui est rarement malade, mange tout ce dont il a besoin, même si vous lui servez de la nourriture en pot.

**MISES EN GARDE**

Si vous lui faites des menaces à répétition, votre enfant finira vite par connaître le temps que vous mettez avant d'agir. Essayez plutôt ce qui suit.

● Exposez les faits : « Je n'aime pas qu'on lance des jouets dans le salon. Tu risques de briser quelque chose et c'est dangereux. »

● Donnez-lui le choix : « Tu peux lancer le ballon dans ta chambre ou tu peux jouer dans le salon sans lancer. »

● S'il lance encore, envoyez-le dans sa chambre.

● Quand il reviendra, assurez-vous qu'il sache qu'il ne peut pas lancer des choses dans le salon : « Je vois que tu as décidé de ne plus lancer. Je suis bien content car tu m'as manqué. »

# Ne pas empirer les choses

Parfois, même avec la meilleure volonté du monde, nous entravons plus que nous n'aidons le développement de notre enfant à cause de notre façon de communiquer avec lui. Mais un regard critique sur ce que nous disons et faisons nous montrera comment améliorer les choses.

**Bonne fille, mauvaise fille**
Même les étiquettes « positives » peuvent avoir une influence négative sur votre enfant en limitant ses choix dans la vie. Quant aux étiquettes « négatives », elles peuvent sérieusement compromettre son épanouissement et le développement de ses pleines capacités.

Il est important pour les parents d'essayer de voir les choses du point de vue de l'enfant. Néanmoins, il n'est jamais facile de s'observer soi-même et certains parents seront trop critiques vis-à-vis d'eux-mêmes, tandis que d'autres seront trop indulgents.

## Ce qu'il ne faut pas dire

● Au lieu de dire : « Tu ne peux pas faire cela », dites plutôt : « C'est tellement difficile, je suis étonnée que tu essaies même de le faire. Si tu as besoin d'aide, dis-le-moi. »

● Bien sûr, c'est frustrant lorsqu'un enfant fait un dégât, mais si l'enfant passe son temps à s'in-quiéter du risque de dégât, il lui sera plus difficile de réussir. Au lieu de le gronder, dites-lui : « Je vais chercher une vadrouille et nous allons nettoyer tout cela. » Et ne l'envoyez pas à la garderie ou à la prématernelle dans ses plus beaux atours.

● Ne lui dites jamais qu'il est idiot. Le comportement peut être idiot, mais l'enfant ne l'est pas. S'il est négligeant, ne le rabaissez pas : « Julia, tu as oublié de recouvrir la table d'une toile. La toile sert à empêcher que la peinture ne tache ou salisse la table. » Et si elle est encore insouciante, dites-lui : « Je sais que tu comprends et que tu vas faire de ton mieux. »

● Ne lui collez pas d'étiquettes. Décrivez plutôt ce que vous voyez : « Je sais que tu es fâchée contre Thomas, mais on ne frappe pas quelqu'un, même quand on est en colère. C'est la consigne. » Renforcez sa confiance : « Je sais que tu peux être gentille avec ton frère. » Et dites-lui ce à quoi vous vous attendez : « Je me fie à vous deux pour régler ce conflit sans vous bagarrer. » Reconnaissez la colère de l'enfant : « Je sais combien tu dois être fâchée. Veux-tu donner des coups de pied sur les coussins pour me montrer à quel point tu es en colère ? Tant que cela ? Thomas a vraiment dû te contrarier. » Attendez-vous à ce que l'enfant réussisse à résoudre son différend sans en venir aux coups et félicitez-la si elle réussit. « Julia, je suis vraiment fière de la façon dont tu t'es occupée de tout cela. »

## Les problèmes liés au manque d'estime de soi

Les enfants ont besoin d'amour et d'attention. Un enfant qui est sûr de lui ne sent pas le besoin de faire des bêtises pour attirer votre attention. Il peut entreprendre et essayer des choses, même difficiles, parce qu'il sait qu'un échec ne fera qu'ébranler son estime de soi sans l'anéantir complètement. Les enfants qui manquent d'assurance abandonnent facilement et ont recours à des comportements bêtes et idiots,

voire désagréables pour attirer l'attention. Cela les rend aussi plus susceptibles de se laisser entraîner par d'autres et de s'attirer des ennuis. Les enfants qui n'ont pas une bonne opinion d'eux-mêmes ont de la difficulté à se faire de bons amis. En effet, un enfant qui ne s'aime pas beaucoup verra difficilement comment d'autres pourraient l'aimer.

### L'aider à s'estimer

● Apprenez-lui la confiance. Interdisez les remarques humiliantes. Une bonne technique consiste à dire : «Aie !» ou à siffler comme un serpent quand d'autres le rabaissent.
● Apprenez-lui à s'arrêter et à demander si quelque chose ne va pas quand les autres ne sont pas gentils avec lui.
● Apprenez-lui à faire une remarque légère mais significative si on le traite de certains noms : «Cela en dit plus sur toi que sur moi !»
● Apprenez-lui à s'en aller lorsque les autres sont désagréables. Les tyrans et les petites brutes ont besoin de victimes. Si votre enfant refuse de jouer ce rôle, ils devront trouver quelqu'un d'autre.

### Les enfants étiquetés

Pourquoi être gentil si tout le monde vous croit mauvais ? Pourquoi essayer si personne ne remarque vos efforts ? Si tout le monde croit que vous êtes bête, ne vaut-il pas mieux jouer le jeu que d'essayer et de manquer son coup ? Cela ne ferait que prouver qu'ils ont raison…

Même si nous n'avons pas de pouvoir direct sur les étiquettes dont nous sommes affublés, celles-ci peuvent avoir un effet important sur notre comportement. Une étude a ainsi révélé que des hommes à qui on avait annoncé (par erreur) qu'ils souffraient de maladie cardiaque étaient devenus malades trois mois plus tard. Chaque jour, des parents et des enseignants cataloguent et étiquettent des enfants. Assurez-vous de toujours renforcer les capacités de vos enfants. Les seuls mots dont vous ayez besoin sont : «Je sais que tu es capable.»

### Un environnement distrayant

En général, un enfant qui est entouré de tentations et de distractions a de la difficulté à se concentrer sur la tâche qu'il doit faire. Il ne fait qu'effleurer la surface et finit par s'ennuyer rapi-dement. Parce qu'il n'a jamais pu se concentrer sur des «activités tranquilles», il s'en croit incapable et est persuadé que, de toute manière, il n'aimerait pas cela. Alors, il choisit de ne pas essayer. Plus l'enfant vieillit, plus cela devient problématique, surtout à l'école.

Et les choses sont encore pires s'il ne peut pas se défouler. Il devient agité et ne tient pas en place. Toute tâche pour laquelle il lui faut s'asseoir tranquille, qui nécessite une attention soutenue et la capacité de travailler du début à la fin est compromise. La confiance de l'enfant s'amenuise et le problème s'intensifie.

Bien que certains enfants soient hyperactifs avant de commencer l'école, d'autres ne développent ce problème que lorsqu'ils commencent à essuyer des échecs répétitifs. Ne risquez pas cela : vous pouvez facilement aider votre enfant. Commencez par structurer son environnement et sa journée. Rangez les jouets avec lesquels il ne joue pas, fermez la télé et la radio, faites-lui face quand vous lui parlez. Veillez à ce qu'il ait souvent l'occasion de se défouler et après ce genre d'activités turbulentes, prévoyez une activité tranquille. Lui lire une histoire constitue un bon choix. Quand l'enfant a appris à rester tranquille pendant que vous lisez, passez à d'autres activités comme le dessin, le découpage ou la construction. Maintenez les stimulations extérieures au minimum.

### Prendre des gants avec les enfants

Certains enfants sont bien sûr plus difficiles que d'autres, mais les parents qui prennent des gants avec leurs enfants ne font qu'amplifier le problème. Si vous laissez vos enfants vous contrôler par leurs crises, vous risquez de laisser s'implanter une stratégie qui durera toute leur vie : des enfants au mauvais caractère deviennent souvent des adultes désagréables. En général, les enfants difficiles ne sont pas désagréables vingt-quatre heures sur vingt-quatre. Il peut être plus difficile de renforcer leurs bons comportements que de feindre d'ignorer leur mauvaise conduite, mais ce n'est pas impossible.

**VOIR AUSSI**

| | |
|---|---|
| Tous adorables ! | **116-117** |
| L'estime de soi | **126-127** |
| Les richesses | **148-149** |
| Les chercheurs d'attention | **172-173** |

**De vrais sauvages**
Les garçons sont souvent désavantagés parce qu'on ne leur apprend pas à jouer tranquillement. Apprenez à votre fils comment se défouler en donnant des coups de pied sur des coussins, et donnez-lui ensuite l'occasion d'être calme et de se concentrer.

# Uniques et distincts

Tous les enfants devraient être traités comme des individus uniques et distincts et cela devient d'autant plus important lorsqu'ils vieillissent. Vous pouvez aider votre enfant à développer son sentiment d'individualité et à affronter les douleurs de la séparation.

Les rapports qui existent entre un enfant et ses parents ou ceux qui s'occupent de lui influencent la manière dont celui-ci agit avec le reste du monde et ce, pour le reste de sa vie. Jusqu'à 2 ans environ, l'enfant ne se considère pas comme une personne distincte, mais quand il atteint 4 ans, il sait que ses pensées et ses sentiments sont distincts de ceux de ses parents et qu'il est, lui-même, distinct des autres.

## Comment développer son individualité

● Adressez-vous à lui en utilisant son nom : « Samuel, mon grand garçon », « Jonathan, mon fils que j'aime ».

**Un cadeau juste pour toi**
Faites un cadeau à votre enfant quand vous sentez qu'il en a besoin ou lorsque vous voyez quelque chose qui lui convient. N'essayez pas de donner les mêmes choses à vos enfants aux mêmes moments. Traitez-les de façon distincte et individuelle.

● Offrez-lui un mot d'encouragement quand il cherche à être rassuré : « Oui, bien sûr, Samuel, tu peux avoir le ballon. »
● Faites-lui savoir que vous comprenez ce qu'il essaie de communiquer. Nommez ce qu'il demande afin qu'il sache que vous avez bien compris.
● Nommez ses émotions et réagissez à celles-ci : « Joseph, je vois que tu es très triste, viens, je vais te faire un câlin. »

## En sécurité dans l'amour

Les études suggèrent que des liens d'attachement faibles sont à l'origine d'une foule de problèmes de comportement. Les enfants qui ne forment pas de bons liens d'attachement ont tendance à être moins curieux, à moins bien s'intégrer avec leurs pairs et à être plus dépendants. Ils recherchent constamment l'approbation et l'affection des adultes. Se sentir aimé et en sécurité dans cet amour aide l'enfant à développer sa confiance en lui et sa maîtrise de lui-même. Être jugé pour lui-même et non pour ce qu'il accomplit lui donne l'assurance nécessaire pour essayer de faire de son mieux et réessayer s'il ne réussit pas la première fois. L'amour et le sentiment de sécurité forment la base du bon comportement qu'il aura plus tard.

## Pas facile de vieillir

La transition entre se sentir une partie intégrante de ses parents et se savoir un être distinct ne se fait pas sans heurts. La plupart des problèmes que nous associons au « cauchemar des 2 ans » surgissent lors de cette transition. Quand l'enfant commence à comprendre qu'il est un être distinct et séparé de vous, il devient plus indépendant tout en se cramponnant encore à la dépendance qu'il a connue jusqu'ici. Parce qu'il ne connaît pas encore ses propres capacités et qu'il ne peut pas planifier ses actions, il est inévitablement frustré.

## Comprendre les sentiments distincts

Vers l'âge de 21 à 24 mois environ, les enfants commencent à se percevoir comme des êtres distincts de nous. À 3 ½ ans, ils savent que leurs pensées, leurs sentiments et leurs idées sont distincts des nôtres. Au fur et à mesure que l'enfant prend conscience de son individualité, il devient plus critique envers lui-même. À 3 ans, il commente son apparence, fait des remarques sur ce qu'il possède et sur ce qu'il sait faire. Les parents peuvent aider leur enfant en s'adressant à lui par son nom, en commentant son comportement et en précisant les différents rôles que joue l'enfant dans la vie : frère, ami, cousin, écolier. Les enfants de moins de 6 ans ont une confiance quasi absolue dans leurs capacités, mais il est presque trop facile pour les parents et autres adultes qui les entourent de détruire cette confiance.

## Une indépendance croissante

● Rappelez-vous que même ses gestes délibérés ne sont pas prémédités, ils sont faits sur l'impulsion du moment : s'il blesse son frère ou sa sœur ou qu'il vous contrarie, ce n'est pas planifié, il ne fait que jongler avec la dépendance. Les seuls sentiments qu'il comprend sont les siens. Pardonnez-lui toujours, essayez d'oublier aussi rapidement que lui et réconfortez-le. Les émotions profondes peuvent faire peur.

● Si vous réagissez à un comportement en prêtant plus attention à l'enfant, il se conduira sans doute de cette façon plus souvent. Et cela est vrai quelle que soit votre réaction : que vous le « récompensiez » (sourires, éloges, rires) ou que vous le « punissiez » (cris, fessée).

## Quand les enfants sont stressés

L'amour, la sécurité affective et l'estime de soi agissent comme des pare-chocs et protègent l'enfant du stress qui mine son bien-être. L'enfant qui ne se sent pas bien dans sa peau manque de confiance en lui ; il recherche l'attention et peut agir en petit tyran ou jouer les victimes. Le seul fait d'être différent des autres peut stresser un enfant, tout comme les échecs scolaires répétitifs et les bouleversements de la vie familiale comme un divorce, la naissance d'un frère ou d'une sœur, un déménagement ou la perte d'un être cher. Si les fondements sont solides et que vous continuez à manifester votre amour pour cet enfant unique, ses problèmes ne seront que passagers. Mais s'il manque d'assurance, ils peuvent avoir des effets dévastateurs à long terme.

**VOIR AUSSI**

| | |
|---|---|
| Prendre conscience de soi | **124-125** |
| L'estime de soi | **126-127** |
| Les richesses | **148-149** |
| Les stress de la vie familiale | **158-159** |

**«Faisons semblant!»**
Habituez votre enfant à se mettre à la place des autres. Il apprendra ainsi ce qui différencie les gens les uns des autres et découvrira ce qu'est l'empathie.

---

## COMMENT ABORDER SON INDÉPENDANCE CROISSANTE

### Prise de conscience de lui-même

Quand l'enfant commence à se rendre compte qu'il est un individu distinct, il faut que vous lui manifestiez votre amour de façon unique. Voici ce que vous pouvez lui dire :
● « Tu es mon fils chéri. »
● « Julia aime beaucoup son grand frère. »
● « Tes câlins sont vraiment extraordinaires. »
● « Jojo, tu es mon meilleur fils et Julia, ma meilleure fille. »
● « Je t'aime parce que tu es une personne unique. »
● « Qu'est-ce qui pourrait me faire plus plaisir que de te voir sourire ? »

### Les débuts de la séparation

Au fur et à mesure qu'il commence à se détacher de vous, il a besoin de savoir que vous l'aimez toujours.
● Ne dites pas : « Vilain garçon ! », mais plutôt « Ce que tu as fait est vraiment très vilain. » Son comportement est mauvais, mais l'enfant, lui, est bon.
● « Les gens peuvent vraiment être mesquins. Je te connais mieux qu'eux et je sais qu'ils ont tort. »
● « Je suis si fier de toi. C'était très difficile et tu as vraiment fait de ton mieux. »
● « Tu dois être très fâché. »
● « Cela a dû te faire peur ! »
● « Je sais que tu peux résoudre ce problème toi-même et je m'attends à ce que tu essaies de le faire. »
● « Tu t'es mal conduit, mais tu es un garçon raisonnable et je vois bien que tu es désolé. Allez, on oublie ça. J'aime bien quand on est amis. »

### Éviter la compétition

Éliminez la compétition entre les enfants en traitant chacun de façon unique.
● Accordez à chacun le temps dont il a vraiment besoin et non le même temps qu'aux autres.
● Ne les aimez pas de façon égale, mais plutôt de façon unique. Ne dites jamais : « Je t'aime tout autant », dites plutôt « Je t'aime pour ce que tu es… Jojo, mon précieux trésor. »
● Accordez le temps nécessaire aux besoins particuliers de chacun de vos enfants.
● Ignorez les enfants qui cherchent à s'accaparer l'attention de celui qui est le prochain sur votre liste.
● Attendez-vous à ce que les enfants se querellent et qu'ils règlent eux-mêmes leurs conflits. Intervenez le moins possible. N'oubliez pas que les conflits peuvent être résolus, mais pas les luttes pour attirer votre attention.

# Problèmes caractéristiques aux bébés

Même si vous avez un bébé en or, vous vous buterez tôt ou tard à des difficultés. Parmi les problèmes les plus courants, mentionnons les coliques, les pleurs, les problèmes de sommeil et de sevrage.

Les bébés et les très jeunes enfants apprennent par stimulation. Ce qui signifie que la manière dont vous réagissez à leurs comportements et à leurs problèmes a une grande importance. Par ailleurs, les associations que font les bébés entre l'endroit où ils dorment et le fait d'avoir sommeil, ou entre les gens et les choses qu'ils voient autour d'eux quand ils se sentent bien en sécurité jouent aussi un rôle considérable.

## Pleurs incessants

Un bébé qui pleure de façon intermittente pendant la journée n'est pas heureux. Il y a une raison à ses pleurs : il a peut-être faim ou mal, il se sent seul ou encore il a peur. Néanmoins, certains bébés ont plus tendance à être malheureux que d'autres.

● Notez les moments où il pleure. Qu'avez-vous mangé ? Qu'a-t-il mangé ? Y a-t-il quoi que ce soit qui le fait pleurer plus qu'à l'habitude ?

● Est-ce une période dite de croissance et de changements rapides ? La croissance, comme nous l'avons vu, peut être douloureuse et les changements peuvent l'inquiéter. Tous les bébés sont plus difficiles lors de ces périodes. S'il a de la douleur, un analgésique peut aider à le soulager et à l'apaiser.

● Pleurer peut devenir une habitude. S'il pleure toujours quand il se trouve à un certain endroit, changez-le de place.

● Parfois, bébé a seulement besoin de compagnie. Si vous ne pouvez pas le garder contre vous, donnez-lui un de vos pulls à tenir et à caresser.

● Si tout semble normal, mais qu'il pleure chaque fois que vous le déposez et s'arrête quand vous le prenez, vous êtes en train de le récompenser pour ses pleurs. Encore une fois, si tout est normal, laissez-le pleurer. Prenez-le quand il s'arrête et donnez-lui beaucoup d'attention quand il sourit et est heureux.

**Les aliments faciles**
Si vous avez récemment introduit les aliments solides, vérifiez pour voir si c'est ce qui le dérange. De façon générale, les céréales de riz pour bébés et les pommes de terre ne causent pas de problèmes.

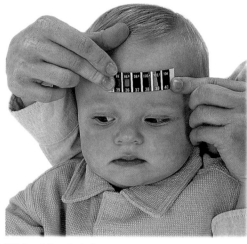

**Bébé est-il malade ?**
Si votre bébé n'a pas l'habitude de pleurer et que vous n'arrivez pas à l'apaiser, il se peut qu'il soit malade. S'il fait de la fièvre et que ses oreilles sont rouges, emmenez-le chez le médecin.

Les bébés ne peuvent pas nous dire ce qu'ils veulent. Si nous réagissons à leurs pleurs plutôt qu'à leurs sourires, nous risquons de nous retrouver avec des enfants pleurnicheurs.

## Les pleurs causés par les coliques

Personne ne sait pourquoi certains bébés souffrent de coliques. Tous les bébés pleurent plus entre l'âge de 6 et 12 semaines, surtout en soirée. Les coliques intensifient cette tendance. Les pleurs surviennent à la même heure chaque jour, habituellement en début de soirée et peuvent durer une heure ou plus.

● Si vous allaitez, vérifiez ce que vous avez mangé. Essayez de remplacer le lait de vache par du lait de brebis, de chèvre ou une boisson de soja. Puis éliminez tour à tour d'autres produits pour voir si la situation s'améliore. Ensuite, réintroduisez les produits un à un pour voir si les coliques recommencent.

● Certains pensent que le fait de porter l'enfant aide à l'apaiser. Bien que ce moyen ne fonctionne pas pour tous les bébés, il vaut la peine de l'essayer. Emmaillotez-le, prenez-le dans vos bras ou bercez-le et vous pouvez aussi essayer de lui faire entendre des sons rythmiques pour l'apaiser.

● La siméthicone, un médicament pour traiter l'indigestion, soulage certains bébés. Votre médecin peut vous en prescrire. Ce médicament n'est pas absorbé, il est donc sans danger. L'eau digestive peut aussi soulager les coliques de votre bébé.

● Occupez-vous tour à tour du bébé, vous et votre conjoint. Acceptez le fait que souvent il n'y a pas grand-chose que vous puissiez faire pour l'aider. Si vous n'en pouvez plus, couchez-le dans son lit et fermez la porte de sa chambre pendant quelques minutes, le temps de vous calmer.

## Problèmes liés au sevrage

On a tous une tendance innée à éviter les nouveaux aliments et celle-ci est particulièrement forte chez les jeunes enfants. Cette attitude protectrice peut cependant entraîner de futurs caprices alimentaires.

● Un enfant qui a tendance à vomir peut associer la nausée à un aliment particulier. Vos efforts pour passer outre cette indisposition risquent de rendre l'enfant encore plus prudent.

● Vous avez essayé d'introduire trop d'aliments nouveaux à la fois, ce qui a provoqué chez l'enfant un rejet systématique de tout nouvel aliment.

● Si l'alimentation de votre bébé vous inquiète trop, il peut le sentir et jouer sur vos inquiétudes. Il ne s'agit pas d'un problème grave, mais voyez-y, car cela pourrait donner le ton à son comportement futur.

● L'enfant n'aime pas la texture des aliments solides. Cela risque plus de survenir chez un enfant allaité au sein. Si votre bébé n'est pas prêt pour les aliments solides, attendez. Quand il commencera à explorer le monde avec sa langue, ses lèvres et ses gencives, il aimera sans doute mieux manger à la cuillère.

## Réussir le sevrage

**Choisir le bon moment.** Les bébés allaités au sein peuvent ne pas être prêts pour l'alimentation solide avant l'âge de 7 ou 8 mois. Si vous commencez à sevrer votre bébé avant qu'il n'ait 6 mois, n'utilisez pas d'aliments pour bébés à base de blé.
**Introduire très graduellement les aliments solides.** Mélangez un peu du nouvel aliment avec un autre

que l'enfant aime bien, puis augmentez graduellement la proportion du nouvel aliment.
**Si bébé est malade.** Évitez les nouveaux aliments que vous avez introduits juste avant qu'il ne tombe malade. Réessayez-les dans un mois environ.

## Problèmes de sommeil

Certaines personnes, et certains bébés, dorment plus que d'autres. Le manque de sommeil est rarement problématique pour l'enfant. Il finit toujours par rattraper le sommeil qui lui manque. Pas vous. Il y a deux solutions possibles.
**Des boires de nuit faciles et rapides.** Procurez-vous un grand lit et placez le berceau de bébé tout près. Quand il se réveille, prenez-le immédiatement, tournez-vous sur le côté et donnez-lui le sein. N'essayez pas de rester éveillée. Oubliez le rot et le changement de couche. Si vous lui donnez le biberon, apportez deux biberons avec vous quand vous vous couchez et laissez-les sur la table de nuit. L'un d'entre eux contiendra la préparation en poudre et l'autre, l'eau stérile et tiède. Ajoutez l'eau à la poudre quand bébé se réveille et donnez-lui son biberon. Si vous ne dormez pas quand il aura terminé, remettez-le dans son berceau. Si vous trouvez qu'il dort mieux dans votre lit, laissez-le dormir avec vous.
**Apprenez-lui à s'endormir.** Lui apprendre à s'endormir sans vous est la clé de vos nuits de sommeil, parce que ainsi il ne pleurera pas quand il se réveillera au milieu de la nuit. Faites en sorte que la chambre de bébé soit si terne qu'il n'ait d'autre choix que de se rendormir. Enlevez tous les jouets. Une chambre complètement noire est aussi recommandée. Enlevez les lumières qui nuisent à ses yeux et mettez des rideaux épais ou doubles. Si votre bébé sait se rendormir tout seul et qu'il ne trouve rien pour le distraire, c'est fort probablement ce qu'il fera.

## VOIR AUSSI

| | |
|---|---|
| Les bébés qui ne dorment pas | **36-37** |
| Bébé pleure | **38-39** |
| Établir une routine | **40-41** |
| Comment sevrer un bébé allaité au sein | **46-47** |

### CONDITIONNEMENT

Vous pouvez apprendre à un chien à faire le beau grâce à la méthode de récompense (caresse ou nourriture) pour quelque chose qu'il a fait. De la même manière, vous pouvez conditionner un enfant pour que ses actions (crise de colère, par exemple) entraînent les conséquences qu'il souhaite (chocolat). Vous pouvez l'habituer à crier pour que vous veniez dans la pièce où il se trouve ou à cracher sa nourriture pour vous arrêter de parler avec votre conjoint à table. Ou vous pouvez lui apprendre à dire « s'il vous plaît » quand il veut quelque chose, à rire et à sourire et à secouer la tête pour dire « non » d'une façon si mignonne que vous lui achetez la tablette de chocolat qu'il vous tend.

### Grand dormeur

Apprenez à votre enfant à s'endormir par lui-même. Couchez-le et souhaitez-lui bonne nuit, puis allez-vous-en. Il protestera au début, s'il n'est pas habitué, mais il suffira de quelques jours pour qu'il apprenne.

# Problèmes caractéristiques aux jeunes enfants

Les enfants veulent notre attention. Ils la veulent à l'instant et en tout temps. Ils ont parcouru moins de la moitié du chemin vers l'indépendance et s'ils veulent déjà faire des choses par eux-mêmes, ils tiennent encore à ce que nous en faisions certaines pour eux.

Même si un enfant plus âgé peut s'amuser tout seul pendant un bon moment, celui qui n'a que 2 ou 3 ans a encore besoin qu'on l'anime et qu'on lui apprenne à jouer. Sa façon de jongler avec l'indépendance et l'autonomie ainsi que son besoin d'attention constante sont à l'origine de nombreux problèmes de comportement typiques aux jeunes enfants.

## Problèmes de sommeil

La plupart des tout-petits ont encore besoin d'un somme pendant la journée, mais un seul suffit généralement. Si votre enfant se couche plus tard que vous ne le souhaiteriez ou s'il se réveille encore pendant la nuit, pensez à éliminer son somme du matin. Il semble en effet que lorsqu'on répartit son sommeil en plusieurs tranches plutôt qu'en une seule et longue période, on a besoin de moins d'heures de sommeil au total. Pour ceux et celles qui s'occupent d'un enfant à temps plein, si ce dernier veille tard, faites la sieste avec lui. Nous avons tous une inclination naturelle à dormir en début d'après-midi et, avec le temps, nous pouvons apprendre à faire la sieste. De bons rideaux opaques et des exercices de relaxation peuvent vous aider.

**Il refuse de se coucher.** Avertissez-le que c'est bientôt l'heure du dodo et donnez-lui une échéance pour «ranger ses jouets». Quand vient l'heure prévue, mettez de la musique et voyez si, ensemble, vous ne pouvez pas tout ranger avant la fin de la pièce musicale. Commencez la routine du coucher. Veillez à ce que sa chambre soit démunie de distractions, tirez les rideaux, bordez-le et éteignez la lumière. Embrassez-le, souhaitez-lui bonne nuit, sortez de la chambre et fermez la porte derrière vous. Assurez-vous d'avoir une barrière pour bloquer l'escalier. Ne vous occupez pas de ses protestations. Il peut lui falloir quelques jours pour apprendre à s'endormir ainsi, mais il finira par s'y habituer. Cependant, si vous retournez le voir quand il pleure, il pleurera tous les soirs.

**Il a peur de l'obscurité.** Commencez la routine du coucher, mais au lieu de le quitter, restez avec lui pendant une heure. Caressez-lui le front et tenez sa main pour qu'il soit calme. Racontez-lui une histoire ou chantez-lui une chanson. Faites la même chose le soir suivant, en raccourcissant graduellement le temps que vous passez avec lui jusqu'à ce que vous ne fassiez plus que l'embrasser, lui caresser la tête et lui serrer la main avant de partir. Pour beaucoup d'enfants, la peur de l'obscurité provient de la peur des ombres et une pièce à moitié éclairée est souvent plus effrayante qu'une chambre sombre.

**Il se réveille la nuit.** Un enfant qui dort dans une pièce sombre et sans distractions, qui sait comment s'endormir par lui-même, se rendormira si jamais il se réveille pendant la nuit. Par contre, un enfant qui dort dans une chambre bien éclairée et pleine de distractions a de bonnes raisons de se réveiller dès qu'il ouvre les yeux et s'il a besoin de vous pour s'endormir il vous appellera pour que vous veniez auprès de lui. La première chose à faire dans ce cas est d'instaurer une bonne routine du dodo. Si après trois semaines, il se réveille encore pendant la

## ABSENCE DE PEUR

Si sa témérité vous fait peur tout à coup, ne criez pas, ne le blâmez pas et ne lui donnez pas de fessée. Votre panique risque de l'exciter davantage et il ne pourra plus s'arrêter.
● Parlez-lui doucement mais fermement. Vous aurez ainsi plus de chance de l'arrêter.
● Maintenez un air neutre, prenez-le et emmenez-le dans un endroit sûr. Puis expliquez-lui le danger et les risques qu'il a courus en termes simples. Ne le sermonnez pas, mais assurez-vous qu'il comprenne ce que vous lui dites. Parlez-lui aussi des dangers de la circulation automobile, des hauteurs, de l'eau et du feu. Dites-lui que des accidents «peuvent» se produire. Si vous lui dites que des accidents se produiront, il aura tôt fait de remarquer s'il n'en survient pas. Et votre «mensonge» ne ferait que lui donner un faux sentiment de sécurité.

**Un temps pour dormir**
Si vers l'âge de 2 ou 3 ans votre enfant ne fait plus ses nuits, il serait peut-être temps de couper le nombre de sommes qu'il fait pendant la journée.

nuit et vous appelle, songez à vous procurer un plus grand lit pour le laisser dormir avec vous. Le problème n'est pas son manque de sommeil (il le rattrapera pendant la journée), mais bien le vôtre.

**Il vient vous rejoindre dans votre lit.** L'arrivée de mes enfants dans ma chambre le matin constituait pour moi un des grands plaisirs de la vie familiale. Le fait d'avoir un grand lit ajoute au charme. Si la chambre des enfants est sombre et dépourvue de distractions, et qu'ils ont appris à s'endormir par eux-mêmes, ils resteront probablement dans leur lit jusqu'au matin.

## Problèmes d'alimentation

● Cessez de vous inquiéter de son alimentation. Si l'enfant est heureux, en bonne santé, actif et qu'il se développe bien, son régime alimentaire est adéquat.

● Les enfants ont plus de chance de manger s'ils sont assis à table pour leurs repas que devant la télé. Et ils mangeront probablement mieux si vous ne leur donnez rien entre les repas.

● Les enfants ont besoin de plus de gras que les adultes. Un régime alimentaire bien équilibré pour un jeune enfant actif contiendra des quantités modérées de gras et de sucre.

● Les enfants peuvent avoir des allergies alimentaires, notamment au blé, aux œufs, au chocolat, au lait de vache et aux poivrons. Ces allergies peuvent causer des éruptions cutanées, de l'eczéma, de l'enflure, des problèmes respiratoires et des dérangements d'estomac. Si vous pensez que votre enfant souffre d'allergies, consultez votre médecin.

● On ne devrait jamais récompenser un enfant par des sucreries. Elles deviennent alors encore plus tentantes.

● Quand vous lisez les étiquettes des produits alimentaires, n'oubliez pas que le miel, le glucose et le fructose sont aussi des sucres.

● Les problèmes de poids sont en grande partie héréditaires. Si des membres de votre famille ou de celle de votre conjoint souffrent d'excès de poids, veillez à prévenir ces problèmes chez vos enfants. Encouragez l'activité physique ; si l'exercice n'empêche pas les excès de poids, il aide au moins à mieux les contrôler.

● Les graisses et les sucres nous aident à contrôler notre consommation de nourriture. Notre organisme met un certain temps pour absorber les aliments dont on le nourrit et le cerveau doit

donc évaluer si oui ou non nous avons suffisamment mangé. L'une des façons par lesquelles il peut poser ce jugement, c'est en mesurant la quantité de graisses et de sucres ingérés. Donc, si vous éliminez ces éléments de votre alimentation, vous devrez manger plus avant de vous sentir rassasié.

● Servez moins d'aliments préparés.

● L'excès de poids chez les enfants est souvent cause de rejet et de moqueries. Aidez votre enfant à cultiver son estime de soi.

## Problèmes de langage

Si un enfant ne dit toujours rien vers l'âge de 15 mois, faites examiner son ouïe. Les problèmes auditifs sont très difficiles à détecter sans des tests professionnels et certains enfants ont des difficultés particulières qui se limitent à certaines gammes de sons. S'il a encore des problèmes à 18 mois, parlez-en au médecin ou à une infirmière, surtout s'il a aussi présenté des retards dans d'autres domaines. Dans les familles qui ont des antécédents de dyslexie, il arrive souvent que les enfants parlent plus tard, mais même si vous croyez que c'est la raison de son retard, vous devriez consulter. Si l'enfant ne regarde pas dans la direction où vous pointez le doigt ou s'il ne suit pas la direction de votre regard, parlez-en à votre médecin. Ce genre de problème, conjugué à un retard de langage, peut être signe d'autisme.

**VOIR AUSSI**

Les habitudes de sommeil **58-59**

La croissance de bébé :
son poids **70-71**

Apprendre à parler **96-97**

Dehors en toute sécurité **206-207**

**Encouragez l'activité physique**
Prévoyez des « séances d'entraînement » comme de la natation, du trampoline à la maison, des courses dans le jardin ou inscrivez-le à des classes d'exercices pour tout-petits.

## L'ENFANT MALADROIT

Certains enfants maladroits sont aussi impatients et impulsifs. D'autres ne maîtrisent tout simplement pas suffisamment leur motricité fine.

● Apprenez à l'enfant à être moins impulsif.

● Apprenez-lui à structurer et à planifier ses activités : quand il est jeune, il vous faudra le faire pour lui.

● Faites-lui répéter ses mouvements.

● Encouragez l'activité physique. Les enfants ont besoin de se défouler. Et s'ils ne le font pas, ils ont de la difficulté à faire certaines des tâches qui nécessitent des gestes lents, mesurés et soutenus.

● Laissez-lui faire des choses pour lui-même.

● Inscrivez-le à une classe d'exercices pour tout-petits et laissez-le courir et faire du tricycle. Quand il comprend mieux comment son corps bouge, l'enfant devient moins maladroit.

● Consultez un professionnel si vous pensez qu'il est exceptionnellement maladroit.

# Au-delà du «cauchemar» des 2 ans

Si les 2 ans peuvent sembler terribles (comme c'est souvent le cas quand vous faites la queue au supermarché), les enfants de cet âge peuvent aussi être très charmeurs. Ils sont affectueux et chaleureux, toujours ravis de nous voir, ils savent se faire entendre et sont de plus en plus organisés et serviables.

À 2 ans, le comportement de votre enfant est une source intarissable de récits drôles et touchants dont certains compteront parmi vos meilleurs souvenirs. Par contre, du côté des inconvénients, il aura besoin d'attention constante. Vous ne pouvez plus le laisser assis dans son siège en toute sécurité. Et, parce qu'il ne comprend pas encore les conséquences de ses actes, il peut faire des choses dangereuses : descendre l'escalier avec un gros jouet dans les bras ou lancer des choses dans le feu.

Il devient plus indépendant et vous entendez de plus en plus de «Moi faire ça!» et de «Non!». En même temps, il est encore dépendant. S'il pouvait nous dire ce qu'il veut, on pourrait sans doute le laisser faire quand il veut faire les choses par lui-même et

l'aider quand il a besoin de nous. C'est un moment de transition et puisqu'il est difficile de toujours bien évaluer ses besoins, les affrontements sont inévitables.

## Comment minimiser les désagréments

C'est surtout lorsque les besoins des uns et des autres entrent en conflit que surgissent les problèmes : vous êtes occupé et les enfants sont fatigués. Les problèmes surviennent souvent lorsqu'on restreint l'enfant (dans son siège d'auto, par exemple), quand on l'habille, quand on fait les courses ou des activités qui font partie de notre horaire à nous plutôt que du sien.

● **Évitez les étincelles.** N'allez pas faire des courses quand l'enfant est fatigué ou a très chaud.

● **Laissez-le se défouler** avant de le confiner à son siège d'auto. Vous réduirez ainsi les problèmes. Les jours de pluie, sortez et allez patauger dans les flaques d'eau. Essayez de trouver une activité qu'il aime faire entre vos courses. L'enfant est en pleine croissance et il a besoin de manger souvent. Ainsi, quand vous partez, apportez quelque chose à boire et à manger au cas où vous seriez partis plus longtemps que prévu.

● **Changez-lui les idées.** Puisque sa capacité de mémoire est courte, vous pouvez lui dire que vous verrez sans doute un chat pendant le trajet en voiture et vous aurez ainsi plus de facilité à lui mettre ses chaussures.

● **Choisissez des vêtements faciles à enfiler** pour qu'il puisse les mettre lui-même : des chaussettes sans talon, des pantalons avec élastiques à la taille qu'il n'a pas besoin d'attacher et des pulls dont l'encolure s'étire facilement.

**Rafraîchissez votre enfant**
L'excès de chaleur nous rend tous maussades. Si votre enfant a trop chaud et qu'il est agité, aspergez-le doucement d'eau tiède avec un linge mouillé ou donnez-lui un bain ou une douche tiède pour le calmer.

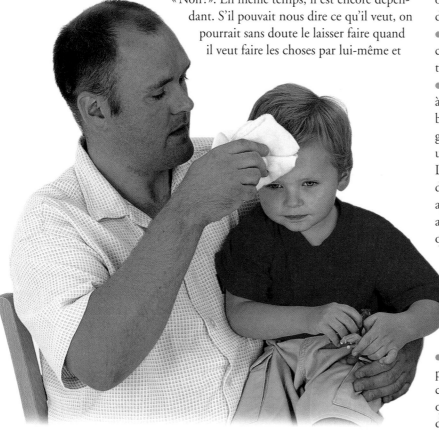

## Indépendance croissante

Comme une plante, l'enfant se développe mieux en terrain fertile. Si son lien d'attachement à ses parents est fort et solide, la transition vers l'indépendance se fera aisément. L'attachement se fait plus facilement lorsque ceux qui s'occupent de l'enfant peuvent exprimer ouvertement leurs sentiments et leurs émotions et qu'ils manifestent de la chaleur humaine. L'enfant ne sait pas toujours ce dont il a besoin et il dépend souvent des autres pour interpréter ses sentiments et ses émotions. Il est difficile pour un enfant de former des liens d'attachement avec une personne qui n'aime pas les contacts physiques, qui n'exprime pas ses sentiments, qui est renfermée et jamais disponible.

## Commencez à lâcher prise

● Encouragez-le à choisir.
● Ne dites jamais : « Tu ne peux pas faire cela. » Si vous pensez que c'est trop difficile pour lui, dites-lui que c'est très, très difficile, mais que vous êtes prêt à lui donner un coup de main s'il a besoin d'aide.
● À 3 ans, vous pouvez lui offrir des choix quand vous le disciplinez : « Tu peux jouer ici tranquillement ou tu peux aller faire du bruit au sous-sol. »
● Sachez apprécier ses efforts : « Tu as presque réussi ! Et c'est vraiment quelque chose de très difficile. Je ne pensais pas qu'on pouvait en faire autant à 2 ans ! »
● Dites-vous qu'il est capable.
● Laissez-le essayer. N'intervenez pas trop rapidement pour l'aider ou répondre à sa place. Laissez-le se débrouiller tout seul.
● Laissez-lui poster la lettre. Surveillez-le tandis qu'il se rend à la boîte aux lettres. Ses premiers gestes d'indépendance seront modestes, puis l'enfant progressera régulièrement. Marcher jusqu'au coin pour poster une lettre, faire les derniers 200 mètres jusqu'à l'école tout seul, etc. L'indépendance s'acquiert graduellement et devrait être accompagnée de responsabilités croissantes.

## Les enfants impulsifs

Certains enfants, comme certains adultes, s'élancent d'abord et regardent après. La plupart étaient sans doute des bébés impulsifs et deviendront probablement aussi des adultes impulsifs. Les enfants qui agissent de manière impulsive s'habituent à faire des erreurs. Ils ont donc plus

de chance de se relever après un échec et de recommencer. Comparativement à d'autres enfants, ils ont plus besoin de jeux physiques rudes et turbulents et de moins de stimulation. Ne freinez pas leur enthousiasme. Laissez-les découvrir par eux-mêmes ce qui fonctionne et ce qui ne fonctionne pas. Apprenez-leur cependant à ralentir et à compter « un, deux, trois » avant de se précipiter dans quelque chose. Vous préviendrez ainsi bon nombre de blessures physiques et de souffrances morales.

**VOIR AUSSI**

| | |
|---|---|
| L'affirmation de soi | **128-129** |
| Le chemin de l'indépendance | **164-165** |
| Les chercheurs d'attention | **172-173** |
| Problèmes caractéristiques aux jeunes enfants | **180-181** |

**Je peux sonner à la porte**
Laissez votre enfant développer son indépendance. S'il veut appuyer sur la sonnette ou presser le bouton pour faire changer le feu de circulation, laissez-le essayer. Il saura bientôt comment s'y prendre et sera fier de lui !

## LES CRISES DE COLÈRE

De 60 p. 100 à 80 p. 100 des enfants de 18 à 24 mois font des crises de colère. En général, ils en font de trois à sept par semaine et ce, pendant environ un an et demi. Plus ils commencent tard à faire des crises, moins ils en feront. Si la plupart des crises sont brèves, elles peuvent toutefois être violentes : l'enfant tombe par terre, arque le dos, donne des coups de pied et crie. Certains se blessent délibérément en se frappant la tête contre le sol ou « peuvent même provoquer une crise d'épilepsie ». Aussi incroyable que cela paraisse, même des comportements aussi violents n'ont absolument rien d'anormal et font partie du processus de développement normal des enfants.

● L'enfant se sert des crises de colère pour manipuler et obtenir de l'attention. Si vous cédez à ses demandes et lui accordez l'attention qu'il réclame, vous l'encouragez en fait à continuer à utiliser ce moyen pour obtenir ce qu'il veut.
● Les crises de colère surviennent quand l'enfant n'arrive plus à maîtriser ses émotions, une chose qui nous effraie tous. Les études suggèrent que le fait de réconforter et de dorloter l'enfant après une crise peut réduire leur fréquence.
● Souvent, les parents savent lorsqu'une crise couve et ils peuvent même l'éviter. Mais une fois qu'elle commence, allez-vous-en et laissez l'enfant. Si ce n'est pas possible, serrez-le contre vous jusqu'à ce qu'il cesse de se débattre.
● Les rapports provenant de plus de 1 000 familles indiquent que les fessées ne font qu'envenimer les choses : les crises des enfants à qui l'on donne des fessées seraient plus longues et plus fréquentes.

# Accepter les différences

Certains enfants naissent faciles, d'autres difficiles. Malgré que l'on puisse modeler et influencer leur tempérament, les bases demeurent et nous devons apprendre à les accepter.

Les variations de caractère sont souvent plus faciles à distinguer dans les familles nombreuses dans lesquelles les différents membres sont proches les uns des autres : les personnalités et les ressemblances physiques peuvent rappeler celles d'autres membres de la parenté. Si l'on reconnaît le petit nez de grand-maman chez un enfant, on peut voir son caractère soupe au lait chez un autre.

## L'enfant timide

Nous ne savons pas encore pourquoi certains enfants sont plus timides que d'autres. Peut-être qu'ils sont nés avec un système d'éveil et de stimulation trop actifs. Les enfants introvertis sont déjà passablement stimulés. Ils atteignent donc rapidement des niveaux qui les incitent à éviter la compagnie des autres. Puisque la conjoncture sociale augmente la stimulation de manière imprévue, ces enfants ont tendance à être prudents quand ils sont avec d'autres. Quant aux enfants extrovertis, c'est tout à fait l'opposé. Leur niveau de stimulation étant chroniquement bas, ils cherchent l'excitation. Malheureusement, cette théorie ne peut pas expliquer entièrement la timidité d'un enfant. Certains enfants timides deviennent en effet acteurs ou alpinistes, des métiers et des activités extrêmement exigeants et qui ne conviendraient pas à la majorité d'entre nous.

### Comment aider un enfant timide

Il n'est pas nécessaire que l'enfant soit un boute-en-train, mais il a besoin d'amis.

● Aidez-le à prendre de l'assurance. Faites-lui savoir combien il vous est cher, dites-le-lui et manifestez-le-lui. Si les autres le traitent de « timide », réajustez leur tir : « pas timide, mais très indépendant ».

● Ne le poussez pas. Permettez-lui de refuser et acceptez son refus : « Tu peux rester avec moi et regarder. » Nommez les sentiments qu'il ressent : « Je comprends que tu sois un peu craintif », et acceptez-les : « Je sais que tu te joindras aux autres quand tu te sentiras prêt. »

● Aidez-le à s'armer de courage : « Viens, chuchotons les mots magiques. Prends ton courage à deux mains. » Au fur et à mesure qu'il vieillit, habituez-le à faire confiance à sa voix intérieure et positive : « Je suis capable. »

● Aidez-le à résister à la peur : « Ne t'occupe pas de la voix qui dit que tu es incapable. Ne l'écoute pas. »

● Les enfants ont tendance à penser que tout est noir ou blanc. Habituez le vôtre à penser en termes de tons intermédiaires de gris. Il n'a peut-être parlé à personne aujourd'hui, mais s'est-il assis à table avec d'autres ? Voilà un bon gris.

● Encouragez-le à réagir de toutes les manières possibles : laissez-le payer quand vous allez au magasin, invitez des enfants pour jouer à la maison. Il aura sans doute plus de facilité à échanger avec un seul enfant à la fois.

● Jouez à faire semblant : s'il y a quelque chose qu'il n'arrive pas à faire, faites semblant qu'il le peut. Faites des jeux dans lesquels il fait semblant d'être capable. Après quelques simulations, il aura peut-être suffisamment d'assurance pour essayer réellement.

## Les enfants irritables

De nombreux facteurs influencent l'irritabilité, parmi ceux-ci, mentionnons le stress, la douleur, la fatigue, la maladie et, bien sûr, l'habitude et l'exemple. Ceux qui s'attirent de l'attention en s'emportant et en sortant de leurs gonds auront tendance à être plus irritables. Néanmoins, nous ne naissons pas tous pareils : certains enfants ont beaucoup plus de difficulté que d'autres à se maîtriser.

**Camouflage**

Votre enfant peut utiliser certaines activités pour ne pas avoir à affronter des situations précises. Ainsi, il peut prendre un temps fou à attacher ses lacets pour échapper à l'attention des autres dans des situations sociales. Aidez-le à s'armer de courage.

**Prendre confiance**
Les enfants timides peuvent « s'extérioriser » en prenant des cours qui leur permettent de faire une activité par eux-mêmes, l'équitation ou la natation, par exemple.

## Comment aider un enfant irritable

● Si un bébé est malheureux et irritable, assurez-vous qu'il n'a pas mal quelque part. Les bébés qui sont souvent malades ont tendance à devenir des adultes irritables.

● Les enfants nous imitent. Si nous manifestons de la mauvaise humeur, ils auront plus tendance à faire de même.

● Ne récompensez pas la mauvaise humeur d'un enfant en lui accordant votre attention, mais faites-lui savoir que vous comprenez pourquoi il est fâché.

● Sachez distinguer les émotions des actions. Attendez-vous à ce qu'il apprenne à maîtriser ses humeurs. Un enfant qui se croit incapable de le faire n'apprendra jamais. Celui à qui l'on répète qu'il le peut, essaiera.

● Pardonnez-lui toujours, une fois qu'il est calmé. Louez ses efforts.

● Donnez-lui des trucs pour l'aider à rester calme plus longtemps et à ne pas s'emporter : inspirer profondément, dire un mot magique, penser à ses doigts qui bougent. Il ne suffit bien souvent que d'un moment pour que passe la tempête.

● Apprenez-lui à décompresser, à être actif et à se détendre.

## Hyperactifs et facilement distraits

Tous les jeunes enfants sont passablement actifs, ils ont en général de courtes durées d'attention et sont facilement distraits. Mais en vieillissant, ils apprennent à se concentrer et à rester tranquilles.

● Étonnamment, ce n'est que vers l'âge de 7 ou 8 ans que les garçons deviennent plus actifs que les filles. Cependant plus de garçons que de filles ont de la difficulté à rester tranquilles à l'école.

● Les jeunes enfants sont facilement distraits. Si vous veillez à ce que la musique soit douce, la télé pas toujours allumée, les jouets excitants rangés, votre enfant pourra mieux se concentrer.

● Les enfants répètent plus souvent les comportements que l'on renforce. Si vous prêtez attention à un comportement, l'enfant continuera. Apprenez à rester calme.

● Attendez-vous à des difficultés quand l'enfant est stressé, et trouvez des activités lui permettant de se défouler, sauter et crier, par exemple. Puis faites suivre ce genre d'activité par d'autres plus calmes.

## Les jeux et la compétitivité

La plupart des enfants de moins de 5 ans ne peuvent jouer qu'à des jeux de hasard. Ils sont en effet incapables de planifier et d'élaborer des stratégies. Et, parce qu'ils ne se souviennent pas toujours des règles des jeux, ils doivent habituellement jouer avec un adulte.

● Les jeux d'équipe et de coopération sont les plus faciles pour les jeunes enfants.

● La plupart des jeux peuvent être adaptés, de sorte que vous puissiez jouer en équipes de deux.

   Certains enfants doivent toujours gagner, sinon ils boudent. Si vous en laissez gagner un, vous vous attirerez les protestations des autres qui crieront à l'injustice. Si vous le laissez perdre, il fera une crise de colère.

● Dédramatisez la compétition. Jouez pour le score le plus faible. « Pas aussi faible que moi. Je suis toujours le gagnant des perdants. »

● Ne comparez pas un enfant qui boude avec un autre qui réagit mieux. (Certains parents sont aussi mauvais perdants et des jeux innocents peuvent rapidement dégénérer en querelles.)

● La compétitivité est aussi une affaire de famille. Il faut apprendre à la supporter.

**VOIR AUSSI**

| Les enfants agressifs | **162-163** |
| Le chemin de l'indépendance | **164-165** |
| Les chercheurs d'attention | **172-173** |
| Les problèmes d'attention | **200-201** |

**L'heure de la pause**
Si votre enfant n'arrive plus à se maîtriser pendant un jeu, laissez-le se calmer. Faites une pause et préparez un goûter afin qu'il puisse réintégrer le groupe sans trop se faire « remarquer » avant que vous ne repreniez le jeu.

# De la petite enfance à l'enfance

Il est difficile de savoir exactement quand l'enfant n'est plus un tout-petit, mais quand il atteint 3 ans, on ne peut certainement plus le traiter comme un bébé. D'ailleurs, il marche d'un pas souple et non plus comme un canard.

**Les règles de la maison**
Si un enfant contrevient aux règles de la maison qui ont été acceptées à l'unanimité, il faut le punir.

### IL VOUS FAIT MARCHER

● **Ne vous emportez pas.** Il essaie de vous agacer, ne le laissez pas gagner.

● **N'intervenez pas.** S'il en fait marcher d'autres, laissez-les se débrouiller entre eux.

● **Ne faites jamais l'arbitre.** Si vous commencez à jouer les arbitres, vous vous engagez dans un rôle ingrat.

● **Laissez tomber.** Il ne sert à rien de toujours essayer d'aller au fond des choses : votre temps de loisir est plus précieux !

À 5 ans, il court et saute, s'arrête et repart, sautille, monte et descend les marches en utilisant ses deux pieds à tour de rôle. Son discours est composé de phrases, il parle du passé et de l'avenir, de ce qu'il aime et n'aime pas, de ses besoins, de ses sentiments et de ses rêves. Il peut être désagréable ou sage, et s'avérer passablement moralisateur. Il a encore une conception primitive de la mauvaise conduite, en ce sens qu'il ne comprend pas que l'intention fait toute la différence.

### La discipline pour les 3 – 5 ans

À cet âge, vous devriez les aimer sans limites. Mais vous devriez aussi leur faire comprendre les limites de votre tolérance. Pour les enfants de cet âge, tout est noir ou blanc, bien ou mal, ami ou ennemi. La liberté totale les inquiète ; ils ont besoin de règles définies et claires et d'un environnement d'amour et de tolérance, où l'importance de faire de son mieux l'emporte sur la réussite, et d'un milieu dans lequel, si on ne tolère pas la mauvaise conduite, on la pardonne facilement.

**Fixez des limites.** Les limites doivent être établies en fonction de ses capacités croissantes. Après tout, il ne peut pas apprendre si on ne lui laisse aucune liberté. Il faut que son indépendance se développe graduellement à l'intérieur d'un cadre structuré. Il ne peut pas toujours prévoir les conséquences de ses gestes, mais on doit l'aider à en prendre conscience. Vous devriez aussi lui apprendre à reconnaître ses erreurs sans pour autant lui en rebattre les oreilles. Enfin, valorisez ses efforts autant que ses succès.

**Établissez des règles.** Faites en sorte que celles-ci conviennent à votre mode de vie. Déroger aux règles de la maison constitue une infraction qui doit être punie. Les règles les plus impor-

tantes concernent les interactions entre les différents membres de la famille. « Il est interdit de se traiter de certains noms », « On discute de ce qui ne va pas, on ne donne pas de coups de poing », « On ne fait pas mal aux autres ou aux animaux, et on ne brise pas les choses », « Chacun peut décider de la manière dont il veut que ses choses soient utilisées ». Les règles de ce genre ne nécessitent pas d'explications. Ce sont des règles claires auxquelles doivent se soumettre tous les membres de la famille. On ne peut déroger à ces règles et elles ne sont pas négociables. Si un enfant traite quelqu'un d'idiot ou brise les crayons d'un autre, il enfreint le règlement, point à la ligne.

D'autres règles sont plus souples. Ainsi, vous pourriez exiger que vos enfants enlèvent leurs souliers en entrant, qu'ils ne courent pas dans le salon et, enfin, qu'ils demandent la permission avant de sortir de table. Et vous pouvez aussi trouver ce genre de consignes trop restrictives. C'est votre droit. Et vous avez le choix.

**Temps morts et arrêts de jeu.** Les principaux outils de discipline sont toujours les mêmes : quitter la pièce quand l'enfant se conduit mal ou le faire changer de pièce, bref, ne pas lui prêter attention quand son comportement laisse à désirer. Demandez qu'il s'excuse et, une fois qu'il l'a fait, pardonnez-lui. Si l'enfant est bouleversé, réconfortez-le. Apaisez-le de façon positive : « Je pense que tu as besoin de décompresser, reviens quand tu seras plus calme. » Ou dites « J'ai besoin de temps pour me calmer parce que je suis en colère » en sortant de la pièce où se trouve l'enfant.

**Apprenez-lui à bien se conduire.** Au fur et à mesure que l'enfant vieillit, ses raisons pour faire quelque chose deviennent de plus en plus importantes, tout comme vos attentes à son égard. Avertissez-le des conséquences de ses gestes, mais faites ce que vous dites. Ne proférez jamais de menaces en l'air. « Si tu t'assois tranquille dans la voiture, nous nous arrêterons à la gare pour regarder passer les trains, mais si tu continues, nous rentrons directement à la maison. Je te laisse choisir. » Soyez positif et essayez de maîtriser la situation avant que tout ne bascule. « Viens ici, et laisse-moi baisser le son de ta voix » ; « Je vois des enfants fâchés. Je crois qu'il vaudrait mieux s'arrêter et se calmer. »

**Offrez-lui plus de choix.** « Je veux que tes jouets soient rangés quand la grande aiguille sera sur le six. Tu peux le faire maintenant ou tu peux attendre que la grande aiguille soit sur le cinq. Je te le dirai, mais tu devras alors faire vite si tu attends jusque-là ».

**Évitez les situations de conflit.**

**N'intervenez pas dans leurs prises de bec.** À moins que les choses ne dégénèrent sérieusement, il est toujours préférable de laisser les enfants se débrouiller entre eux.

**Récompensez-les.** Les tableaux d'honneur peuvent aider à modeler leur comportement. L'enfant peut, par exemple, obtenir une étoile chaque jour (ou chaque matin et chaque après-midi) s'il se conduit bien ou s'il n'a pas de mauvais comportement. À la fin de la semaine, il peut échanger ses étoiles contre une petite récompense.

## Lui faire faire ce que vous voulez

**Ne le harcelez pas.** Si ce n'est pas important, laissez tomber.

**Ne faites pas les dictateurs.** Laissez-lui avoir son mot à dire dans ce qu'il doit faire. Décidez quels points sont négociables et lesquels ne le sont pas. Offrez-lui le choix quand c'est possible.

**Dites-lui ce que vous voulez qu'il fasse.** Quand il se conduit mal, décrivez ce que vous voyez et informez-le : « Il y a des crayons partout par terre ; c'est dangereux, on peut trébucher et se blesser. » Dites-lui ce que vous voulez : « Je veux que tu les ramasses. »

**Soyez raisonnable.** Dans certains cas, il vaut mieux attendre avant de lui faire ranger ses choses. « Nous allons manger bientôt, si tu veux terminer ton dessin, nous rangerons plus tard. » Si l'enfant a tendance à toujours reporter à plus tard les tâches qu'il ne veut pas faire, prévoyez

des sanctions : « Si tu ne ranges pas tes choses plus tard, je vais te confisquer tes crayons jusqu'à jeudi. » Puis, après le repas, rappelez-le-lui brièvement. S'il ne les range pas, tenez parole et faites comme vous aviez dit.

## Écouter, demander et refuser

Quand les enfants peuvent exprimer ce qu'ils ressentent et demander ce qu'ils veulent, les conflits se font moins nombreux et le climat plus favorable pour apprendre à maîtriser leurs émotions. Les enfants qui peuvent parler librement de leurs sentiments ont moins besoin de se quereller, puisqu'ils peuvent obtenir notre attention sans mal se conduire.

**Ne jugez pas.** Respectez le point de vue de l'enfant, même si vous n'êtes pas du même avis. Essayez de voir les choses de son point de vue. Attendez qu'il ait fini de vous expliquer ce qu'il pense avant de répondre. Ne l'interrompez pas pour lui imposer vos idées.

**Sachez lire entre les lignes.** Verbalisez ce qu'il ne réussit pas à dire, malgré ses efforts.

**Inspirez-vous des règles du tennis pour vos discussions.** Vous pouvez lui accorder votre attention comme un privilège et l'encourager à discuter. Les seules interruptions acceptables sont les signes et les sons amicaux pour l'encourager à s'exprimer.

**Considérez ses sentiments.** Il aura encore de la difficulté à exprimer ses sentiments avec justesse. Même si vous n'êtes pas d'accord, ou si votre enfant vous agace, respectez ses sentiments.

**VOIR AUSSI**

Le chemin de
l'indépendance **164-165**

Les douze règles d'or **170-171**

Problèmes caractéristiques
aux jeunes enfants **180-181**

Les écarts de conduite **192-193**

**Les tableaux d'honneur**
Les enfants peuvent suivre leur comportement de plus près si vous leur attribuez des étoiles pour les bonnes journées. La récompense pour un tableau rempli d'étoiles vaut les efforts consentis !

## L'IMPOLITESSE

- Ignorez-le s'il cherche indûment à attirer votre attention.
- S'il est allé trop loin, décrivez-lui la situation : « Je vois un enfant qui est impoli. »
- Expliquez-lui ce que vous ressentez : « Cela me met en colère. »
- Acceptez sa colère : « Je sais que tu es contrarié de devoir ranger tes jouets maintenant. »
- Rappelez-lui la consigne : « On est poli les uns avec les autres. »
- Dites-lui ce que vous voulez qu'il fasse : « Je m'attends à ce que tu t'excuses. »
- Précisez la sanction : « Va dans ta chambre jusqu'à ce que tu sois prêt à t'excuser. »
- Pardonnez-lui.
- Si l'enfant persiste à être impoli, punissez-le plus sévèrement. Discutez des punitions ou des sanctions avec lui, puis veillez à ce qu'elles soient respectées. Ne vous fâchez pas.

# La jalousie et la peur de perdre votre amour

Les émotions fortes comme la jalousie ou l'envie nous font faire toutes sortes de choses qui ne nous ressemblent pas. Quelle autre émotion pourrait nous donner envie de faire de la peine à quelqu'un ou de vouloir endommager ses biens ? Et les enfants sont beaucoup plus vulnérables que les adultes.

La plupart d'entre nous pouvons maîtriser nos pires excès de jalousie, mais c'est parce que nous sommes raisonnables et que nous pouvons envisager les conséquences de nos actions. Les jeunes enfants n'ont pas recours à la pensée logique et ils sont incapables d'entrevoir l'avenir.

En tant que parents, nous savons que le fait d'aimer un deuxième enfant ne nous empêche pas de continuer à aimer le premier et que le fait de former une nouvelle relation ne diminue pas l'amour que nous ressentons pour nos enfants, mais il n'y a aucune raison pour laquelle un enfant devrait voir les choses ainsi. Il existe après tout de multiples situations pour lesquelles nous-mêmes serions incapables «de pardonner et d'oublier». Si notre conjoint a une brève aventure extra-conjugale, par exemple, il se peut que celle-ci n'ait que peu d'importance à ses yeux, mais il y a fort à parier que nous ne la considérions pas comme insignifiante. Un ancien amoureux (surtout s'il s'agit d'une personne plus attrayante que nous ou qui a mieux réussi) peut nous hanter pendant des années. Si on enlevait des tablettes des bibliothèques tous les romans dans lesquels il est question de jalousie, celles-ci seraient à moitié vides. N'est-ce pas à cause de la jalousie si la violence et le meurtre surviennent d'abord et avant tout des affaires de famille.

## Changement et vulnérabilité

Le changement rend les adultes vulnérables au stress et, quand on est stressé, on a plus de difficulté à maîtriser ses émotions. Mêmes des choses que nous attendons avec impatience, comme des vacances, peuvent nous stresser. De la même façon, notre aîné a beau avoir hâte qu'arrive le nouveau bébé ou apprécier notre nouveau conjoint, le changement dans sa vie peut l'affecter au point où il éprouve plus de difficulté à maîtriser ses émotions. Un déménagement dans de tels moments de changements (avant une naissance ou quand nous commençons à cohabiter avec quelqu'un), et voilà que l'enfant doit affronter une foule de nouvelles expériences : un nouveau bébé, une nouvelle demeure, un nouvel environnement et parfois même un nouveau groupe à la garderie ou à l'école. Chacun de ces changements augmente son degré de stress.

## Face au changement

● Essayez de voir les choses de son point de vue. Vous croyez peut-être qu'il serait bon qu'il aille à la garderie ou chez une autre gardienne quand le nouveau bébé sera là, mais n'oubliez pas que de tels changements signifient encore plus de stress pour l'enfant. Alors, faites-les avant la naissance du nouveau bébé afin qu'il ait le temps de se faire à sa nouvelle routine. Ainsi, il pourra mieux affronter les changements entraînés par l'arrivée d'un petit frère ou d'une petite sœur.
● Faites preuve de tolérance. Le stress nous rend tous un peu plus puérils. Sachez fermer les yeux sur des écarts de conduite mineurs et des réactions plus enfantines.

**Tout nouveau**
Un déménagement peut sembler une occasion idéale pour refaire la décoration d'une chambre d'enfant. Mais attention, il y a tellement de nouveau dans sa vie, laissez-lui aussi des choses familières.

• Soyez affectueux. Le stress augmente notre besoin d'attention. Votre enfant aura donc besoin de plus de temps avec vous et de moments où il sait que c'est à lui que vous donnez la priorité.

• Soyez démonstratif. La jalousie nous aveugle tous à l'égard de l'amour qu'on a déjà. Un enfant jaloux a grand besoin d'être rassuré et réconforté.

• Veillez à ce qu'il sache qu'il ne perdra jamais l'amour que vous avez pour lui, que cet amour ne pourra jamais lui être enlevé. « Tu es mon Benoît chéri. Tu es le seul Benou au monde à avoir une place aussi spéciale dans mon cœur. »

## Un nouveau bébé

L'arrivée d'un nouveau bébé suscite chez la plupart des enfants des émotions partagées. Il y a d'abord la fascination et un amour croissant pour ce petit être. Puis il y a aussi la jalousie par rapport à toute l'attention que le bébé reçoit et à l'incertitude de son nouveau rôle à lui dans la famille.

• Accordez-à votre enfant des moments spéciaux : des moments où c'est lui, et non le bébé, qui a la priorité.

• Acceptez ses frustrations et mettez des mots sur ce qu'il ressent : « Je sais que par moments tu préférerais que nous n'ayons pas Amélie. »

• Mettez aussi des mots sur ses désirs et ses souhaits : « Je sais bien que par moments tu aimerais bien qu'elle retourne là d'où elle vient. Montre-moi à quel point tu le souhaites. Gros comme ça ? Voilà un gros souhait. » Réalisez certains de ses souhaits grâce à des jeux imaginaires. « Allons. Faisons semblant qu'il n'y a que nous deux et personne d'autre. »

• Rappelez-lui les bons moments qu'il partage avec le bébé. « Personne ne peut la faire rire autant que toi. Je pense que c'est toi qu'elle aime le plus au monde. Mais cela ne l'empêche pas d'être un peu casse-pieds par moments, n'est-ce pas ? »

• Évitez de lui dire des choses qui sont manifestement fausses. Sa petite sœur deviendra peut-être une bonne amie pour lui plus tard, mais ce n'est certainement pas le cas pour l'instant.

## Un déménagement

• Avant 4 ans, l'enfant ne comprend pas le changement. Vous aurez beau lui expliquer, il demandera probablement quand il pourra retourner à la « vraie » maison.

• Préparez-le. Montrez-lui sa nouvelle demeure, le magasin du coin où il pourra dépenser son

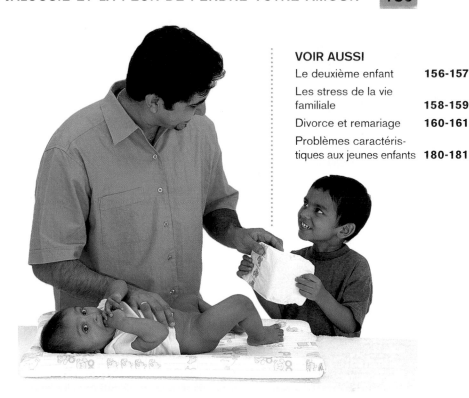

**VOIR AUSSI**

Le deuxième enfant **156-157**

Les stress de la vie familiale **158-159**

Divorce et remariage **160-161**

Problèmes caractéristiques aux jeunes enfants **180-181**

argent de poche, le parc et sa nouvelle école ou garderie.

• Dites-lui que d'autres viendront habiter votre maison actuelle. Les enfants sont souvent scandalisés de voir des gens prendre des mesures dans leur chambre ou d'apercevoir un camion de déménagement qui attend que vous quittiez les lieux pour décharger les meubles des nouveaux occupants. Rassurez votre enfant et expliquez-lui qu'il retrouvera toutes ses choses dans la nouvelle maison.

• Dites-lui que les gens qui habitent la maison dans laquelle vous allez déménager vont partir avec tous leurs biens. Un de mes amis raconte combien il a été déçu lorsqu'il est déménagé vers l'âge de 6 ans. Il croyait sincèrement que la bicyclette qu'il avait vue dans la remise lorsque ses parents l'avait emmené visiter sa nouvelle demeure serait désormais à lui. Mais le jour du déménagement, elle avait disparu.

• Attendez-vous à ce qu'il s'accroche à son ancien environnement, à ce qu'il ait certaines craintes, des problèmes de sommeil peut-être et qu'il vienne vous rejoindre dans votre lit.

• Mettez-le en tête de votre liste de priorités. Peu importe s'il vous faut plus de temps pour vous installer. Il a davantage besoin de vous que la chambre n'a besoin de nouveau papier peint.

• Accordez-lui dans l'imaginaire ce qu'il aimerait dans la réalité : « Tu aimerais bien retourner à l'autre maison ? Faisons semblant qu'on y est toujours. Qu'est-ce qu'on fait en premier ? »

### Aide ta petite sœur

Votre enfant a plus de chance d'aider si vous lui montrez comment. Laissez-le aller chercher la couche du bébé. Montrez-lui que vous appréciez son aide. S'il participe aux soins à donner au nouveau bébé, il sera moins jaloux.

# Frères et sœurs

Les frères et sœurs se connaissent très bien les uns les autres. Ils savent exactement comment faire plaisir à l'autre et ils savent aussi comment le faire marcher, l'irriter, lui faire de la peine et le décontenancer. Et ils expérimentent inévitablement toutes ces choses.

Beaucoup de nos aptitudes émotionnelles sont acquises par le biais de nos interactions avec nos frères et sœurs. C'est ainsi que nous apprenons à dissimuler certains sentiments, à comprendre les autres, à les manipuler, à les tromper et à les cajoler. Et la présence de frères et sœurs au sein d'une famille déplace le centre d'attention des parents, ce qui explique en partie pourquoi les difficultés avec les frères et sœurs nous paraissent souvent si pénibles.

## De bons jours et de mauvais jours

Il y a des moments où les enfants s'entendent entre eux et d'autres pas. De la même façon, il y a des différences d'âge qui s'harmonisent mieux que d'autres. Si ça va mal, dites-vous que ça s'améliorera. À l'inverse, si tout va bien, cela risque de changer, puisque les enfants grandissent et vieillissent par sauts et par bonds. Si les enfants ont une différence de deux ans, ils peuvent parfois se trouver au même stade de développement, par exemple à 3 et 5 ans ou à 7 et 9 ans, et parfois dans des phases différentes, à 4 et 6 ans, par exemple, ou à 12 et 14 ans. Les enfants qui sont en pleine période de croissance et de changement sont souvent très difficiles, et ils sont faciles et agréables quand ils vivent des phases plus stables. En période de changement, un enfant peut devenir agressif et méchant envers ses frères et sœurs parce que nous avons alors tendance à leur accorder plus d'attention étant donné qu'ils sont plus faciles à vivre.

## Comment diminuer les rivalités

Les enfants qui naissent dans des familles compétitives ont tendance à être compétitifs. Il est impossible pour un jeune de comprendre que vous voulez qu'il réussisse sans qu'il ne se sente en compétition. Son frère ou sa sœur est la personne naturellement désignée pour que le jeune affine ses aptitudes compétitives et c'est aussi quelque chose que nous avons tendance à encourager. Nous leur faisons faire des courses, leur offrons des jeux de société et exigeons qu'ils mangent tout ce qu'il y a dans leur assiette. Plus la famille a un esprit de compétition développé, plus les enfants risquent de se disputer.

● Traitez vos enfants de façon unique et non de manière égale. Les frères et sœurs cherchent partout l'injustice. Ils en voient même quand il n'y en a pas. Vous ne pouvez pas toujours donner des parts égales, alors cessez d'essayer et donnez selon les besoins de chacun.

● Un enfant qui se trouve en pleine phase de changement a besoin de plus d'attention qu'un autre qui vit une période relativement stable. Cessez de vouloir répartir votre temps également entre chacun et donnez selon leurs besoins.

● Ne comparez pas les comportements ou les habiletés de vos enfants.

● Minimisez la compétition et essayez de laisser votre compétitivité à la porte.

● Les parents compétitifs ont des enfants compétitifs ; les mentalités compétitives engendrent des enfants compétitifs. Si vous voulez que vos enfants se hissent jusqu'au sommet, vous devrez endurer ce genre de comportement avec le sourire.

● Ne cataloguez pas vos enfants.

● Ne leur imposez pas des rôles. Ne parlez pas d'un enfant en termes «du bon et gentil», utilisez plutôt leur prénom. Il s'agit de Jonathan ou d'Amélie et, comme tous les enfants, ils ont le droit d'être désagréables et d'humeur massacrante à l'occasion.

**Tes jouets, mes jouets**
Donnez à chacun une boîte pour ranger ses jouets. Identifiez les boîtes afin de réduire les querelles sur l'appartenance des différents jouets et pour savoir qui n'a toujours pas rangé ses jouets.

Jennifer

Nicolas

Caroline

## VOIR AUSSI

Le deuxième enfant          156-157

Les stress de
la vie familiale            158-159

Problèmes caractéris-
tiques aux jeunes enfants   180-181

La jalousie et la peur
de perdre votre amour       188-189

## Ne vous laissez pas entraîner dans leurs querelles

● Évitez de vous impliquer dans des querelles mineures. Si vous commencez à faire l'arbitre, vous vous retrouverez avec un emploi à temps plein.

● Le problème peut sembler bête, mais cherchez au-delà des apparences. Dites quelque chose du genre : « Je sais que vous pouvez résoudre ce conflit » au lieu de « Cessez d'agir comme des idiots ».

● Commencez par décrire ce que vous voyez sans juger. « Je vois deux enfants très fâchés. » Écoutez ce que chacun a à dire sans faire de commentaires. « Benoît, tu as besoin des ciseaux pour découper ton papier ; Amélie, tu as besoin des ciseaux pour couper ta ficelle. » Ne leur imposez pas de solution, mais reconnaissez le problème et dites-leur que vous savez qu'ils peuvent le résoudre. « C'est un problème difficile, mais je suis certain que vous pouvez trouver une solution. »

● Reconnaissez toujours les sentiments d'un enfant. « Je sais que tu es fâché. » N'oubliez pas qu'il est difficile pour un enfant de régler ses problèmes lorsqu'il est très engagé sur le plan affectif. Si l'un de vos enfants ou les deux sont très bouleversés, vous pouvez imposer une trêve pour leur permettre de se calmer. Si vous pensez que le fait de les écouter tour à tour peut aider à les apaiser, faites-le et aidez-les à trouver une solution qui soit acceptable pour les deux, sans leur imposer la vôtre.

● Discutez des points de vue de chacun des enfants : « Benoît n'utilisait pas ses crayons, alors tu les as empruntés. »

● Puis rappelez-leur les consignes si elles s'appliquent : « Amélie, tu dois demander à Benoît avant d'emprunter ses choses ; c'est la consigne. »

● N'excusez pas leur comportement : « Je sais que tu es en colère, mais c'était mal de déchirer le dessin d'Amélie. » Après être intervenu, dites-leur que vous savez qu'ils peuvent résoudre ce conflit par eux-mêmes.

## Encouragez les comportements serviables

● Tous les enfants devraient avoir des tâches quotidiennes à faire : mettre le couvert, laver la vaisselle, mettre les vêtements sales dans le panier à linge. Il n'est pas nécessaire que ce soit des tâches difficiles, il s'agit simplement de leur faire comprendre que, dans une famille, il faut s'aider et faire des choses les uns pour les autres.

● Essayez d'équilibrer compétitivité et coopération pour réduire les rivalités. Encouragez vos enfants à s'entraider. Demandez au plus vieux d'aider le plus jeune à attacher ses lacets ; demandez au plus jeune d'accrocher le manteau de son frère. De tels gestes aident à atténuer les attitudes égocentriques qui peuvent se développer dans les familles où chacun n'est responsable que de ses propres choses.

● Si les enfants n'arrivent pas à résoudre leurs conflits, réservez-vous le droit de confisquer ou de bannir l'objet du litige. Établissez des limites de temps pour régler les problèmes (au besoin, utilisez la minuterie de la cuisine). S'ils n'ont pas trouvé de solution une fois le temps écoulé, bannissez la cause du conflit, confisquez le jouet, interdisez la télé pour la journée.

● Ne les laissez pas de se traiter de certains noms.

● Notez ce qui tend à provoquer leurs querelles et essayez de contourner les situations à risque. Sortez avec les enfants et allez courir ou faire du jogging jusqu'au magasin du coin, allez au parc nourrir les canards ou lisez-leur une histoire. Encouragez-les à se défouler, surtout lorsqu'ils sont fatigués ou qu'ils manifestent des signes de mauvaise humeur. Placez des coussins au pied de l'escalier et laissez-les sauter d'une marche à l'autre.

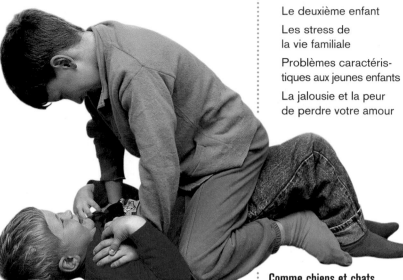

**Comme chiens et chats**
Les frères et sœurs se battent pour toutes sortes de raisons, mais c'est souvent pour attirer l'attention de leurs parents et pour s'assurer qu'ils sont toujours aimés.

### BROUILLES ET QUERELLES

● Fixez des règles pour limiter les endroits et les temps des querelles. Par exemple, on ne se dispute pas dans la voiture ni la salle de séjour, ni pendant les repas.

● Chaque enfant peut choisir à qui il prête ses choses.

● Chaque enfant a le droit à son espace, une chambre ou une partie d'une chambre, et peut décider qui pénètre dans son repaire.

● Chaque enfant dispose d'une armoire ou d'une boîte qu'il peut verrouiller et dans laquelle il met ses trésors et ses objets spéciaux.

**Le choix des cadeaux**
Expliquez à l'enfant qu'il ne peut pas tout avoir. Il faut parfois choisir entre un gros ou plusieurs petits cadeaux.

# Les écarts de conduite

En passant la porte de la maison, les enfants ont un comportement public qui reflète parfois nos aptitudes parentales sous une lumière peu flatteuse : rares sont les enfants qui n'ont jamais juré, craché, volé ou pire encore.

La plupart des parents sont outrés d'apprendre que leur enfant les a délibérément volés en fouillant dans leur porte-monnaie ou qu'il a été pris en train de cracher sur un autre et ils sont horrifiés quand ce genre de comportement se répète encore et encore.

## Devant des demandes incessantes

On peut facilement dire «non» aux tout-petits : ils oublient rapidement. Mais les enfants plus âgés continuent de nous harceler. La première chose à vous demander ici est combien vous pouvez dépenser ou combien vous pensez que vous devriez dépenser pour l'enfant. Faites le total, sans oublier Noël, les anniversaires, l'argent de poche, les surplus que vous leur donnez lors des vacances et des occasions spéciales. Expliquez à votre enfant que le montant peut être dépensé en totalité à Noël ou encore réparti pour des occasions diverses tout au long de l'année. Les enfants n'ont pas besoin de tout ce dont on les inonde à Noël. Les surprises qu'on leur offre pendant l'année sont d'ailleurs souvent plus appréciées.

● L'enfant doit comprendre que votre budget est limité et qu'une fois dépensé, le montant qui lui est alloué ne sera pas renfloué. Par exemple, s'il veut quelque chose de cher pour Noël, il ne peut pas avoir aussi l'équipement de foot et les leçons avec des entraîneurs particuliers. Il doit choisir.

● Encouragez-le à économiser son argent de poche. Donnez-lui un bonus s'il le fait.

● Si votre enfant est d'âge scolaire, vous pouvez lui expliquer le concept de vos finances familiales en termes simples. Prenez un sac de bonbons et trois pots. Chaque bonbon représente un montant d'argent. Commencez par le revenu mensuel, le montant qu'il vous reste après impôts, déductions et contributions diverses. Puis mettez le montant représentant les dépenses de base dans le pot des «dépenses» : nourriture, loyer ou hypothèque, électricité, téléphone, voiture, chauffage, etc. Déterminez combien vous dépensez pour les vêtements par année, divisez cette somme en 12 et ajoutez le montant mensuel au pot de «dépenses».

Prévoyez maintenant le montant que vous devez mettre de côté pour les vacances, les anniversaires, Noël, la nouvelle voiture, le mobilier et les imprévus. Placez cette somme dans le pot des «économies». Expliquez à l'enfant que ce pot doit contenir suffisamment d'argent pour faire face aux imprévus tels que la laveuse qui brise ou un des parents qui tombe malade et ne peut travailler pendant quelque temps. Ce qui reste de vos bonbons (et de votre argent) peut aller dans le pot des «gâteries». Ne lui peignez pas un tableau trop sombre de votre budget et ne lui faites pas croire que vous avez assez d'argent pour satisfaire ses moindres désirs. Le but de l'exercice est de lui montrer que le montant d'argent dont vous disposez est limité et que vous devez le gérer adéquatement pour ne pas en manquer.

● Expliquez à l'enfant que ce dont vous discutez est confidentiel. Ce sont des questions dont on ne parle et ne discute qu'en famille. Ce ne sont pas des choses dont on parle avec d'autres.

● Expliquez-lui les concepts de richesse et de pauvreté. Certaines familles ont plus d'argent que d'autres. Certains parents ont une voiture offerte par l'entreprise pour laquelle ils travaillent. Dans d'autres familles, les grands-parents peuvent aider financièrement. Certains parents perdent leur emploi et ont très peu d'argent. Certaines personnes n'ont rien et peuvent avoir besoin qu'on les aide.

## Que faire si votre enfant vole

● Avant l'âge de 4 ans, l'enfant ne peut pas se mettre à la place d'un autre. Bien qu'il puisse sembler comprendre le concept du «mien» et du «tien», ce qu'il voit en fait, c'est la chose que l'autre possède. Il pense qu'en la prenant, elle devient sienne. Il est donc plus facile de lui expliquer combien son geste fait de la peine à l'autre.

● Soyez patient, gardez votre sang-froid et ne l'accusez pas. Ne lui accolez pas d'étiquette, non plus.

● Ne lui demandez pas s'il a pris quelque chose, alors que vous savez très bien que c'est ce qu'il a fait. S'il voit que vous êtes fâché, il mentira. Ne le faites pas mentir.

● Expliquez-lui simplement : «Cette voiture appartient à Benjamin. Nous allons la lui rapporter.»

● Essayez de prévenir : «Rappelle-toi ce dont nous avons parlé. Les jouets qui appartiennent à l'école doivent rester à l'école.»

● Expliquez-lui comment les autres se sentent. «Benjamin sera triste s'il ne trouve plus sa voiture.»

## Les bonnes manières à table

● Les repas de famille sont pour toute la famille. Plus tôt l'enfant pourra s'asseoir à table avec vous, plus tôt il apprendra et appréciera la courtoisie à table.

● Les conversations à table devraient inclure tout le monde. Si les parents ont des choses à discuter entre eux, ils devraient attendre le café pour ce faire, alors que les enfants auront quitté la table.

● Soyez raisonnable. S'il y a de longues pauses entre les services, il ne sert à rien d'obliger les enfants à rester à table. Il ne faut pas s'attendre à ce qu'ils restent assis tranquillement pendant un long repas ni à ce qu'ils mangent tout ce qu'on leur sert. Montrez-leur comment se débarrasser discrètement d'une bouchée qui ne leur plaît pas en utilisant une serviette de papier ou une tasse.

● Fixez des règles de conduite. Il n'est pas nécessaire de tout expliciter. «Amélie, on ne touche pas tous les morceaux de pain avant d'en choisir un. Si tu ne peux pas respecter ce principe, je vais devoir choisir le pain pour toi.»

## Élever des enfants polis

● On ne devrait jamais obliger un enfant à embrasser quelqu'un.

● À moins qu'on ne leur demande de faire quelque chose de mal, les enfants devraient toujours être polis.

● On ne devrait pas s'attendre à ce que des enfants aient de plus belles manières que leurs parents.

● Apprenez-leur à s'affirmer sans être impolis. Expliquez-leur qu'une personne bien élevée demande poliment les choses et qu'elle peut s'affirmer sans être désagréable.

● Expliquez-leur aussi que ce qui est considéré comme poli dans une famille peut ne pas être perçu de la même façon dans une autre famille. «Ceux qui viennent chez nous doivent observer nos règles ; quand nous allons chez d'autres, c'est à nous de nous plier aux leurs.»

### L'ENFANT TÊTU (OU TROP CONFIANT)

L'entêtement et l'obstination sont très proches de l'affirmation de soi. On pourrait même dire qu'il s'agit d'un genre d'affirmation de soi non souhaitable.

**Situation sans importance**

Fermez les yeux tout simplement.
Cédez de bonne grâce.

**Situation négociable**

| | |
|---|---|
| Identifiez ses sentiments. | «Tu veux mettre tes bottes de caoutchouc.» |
| Informez-le. | «Il fait chaud. J'ai peur que tu n'aies trop chaud.» |
| Offrez différentes solutions. | «Tu supporteras peut-être la chaleur en souriant… » |
| | « Tu pourrais aussi apporter tes sandales dans un sac.» |

**Situation non négociable**

| | |
|---|---|
| Identifiez ses sentiments. | «Tu ne veux pas mettre ton imper.» |
| Expliquez-lui les raisons. | «Les vêtements se mouillent à la pluie.» |
| Décrivez ce que vous ressentez. | «Je crains que tu ne tombes malade.» |
| Offrez-lui un choix. | «Tu peux mettre ton imper et nous irons au parc, sinon tu peux rester à la maison. Je te laisse choisir.» |

**Situation absolument pas négociable**

| | |
|---|---|
| Identifiez ses sentiments, expliquez-lui les raisons et insistez. | «Tu dois aller chez la gardienne. Tu peux aller t'habiller ou y aller en pyjama. Tu as le choix.» |
| | Restez ferme. S'il reste en pyjama, installez-le ainsi dans la poussette et apportez ses vêtements dans un sac. |

### L'ENFANT QUI CRACHE

- Cracher est une habitude courante, mais agaçante. C'est aussi un moyen infaillible pour attirer l'attention.
- Gardez un air impassible, prenez l'enfant dans vos bras et sortez-le de la pièce.
- Parlez de ce qui est arrivé et rappelez-lui les consignes.
- Acceptez ce que l'enfant ressent, mais insistez pour qu'il se conduise bien.
- S'il crache quand il est frustré, essayez de lui changer les idées avant qu'il ne puisse plus se maîtriser.
- Préparez-le : « Olivier va venir jouer avec toi. Tu te souviens de la consigne au sujet des crachats ? Rappelez-la-lui au besoin à l'aide d'un mot « secret ».
- Donnez-lui des choix. « Tu peux jouer avec Olivier, mais si tu craches, tu dois rentrer. » Et s'il crache, faites-le rentrer.
- Vantez ses efforts. « Je suis très contente que tu n'aies pas craché aujourd'hui. »
- Laissez-le cracher quand c'est inoffensif.
- S'il persiste à vouloir cracher, faites un tableau d'honneur et donnez-lui une étoile pour chaque jour où il ne crache pas.

**Je donne à manger au lapin**
Le fait de s'occuper d'un animal apprend à l'enfant à se sentir responsable et confiant. S'il a de vraies tâches à faire, il ne sentira pas le besoin de se vanter de responsabilités imaginaires.

# Les problèmes de l'amitié

Certains enfants ont de la difficulté à se faire des amis. En outre, certains comportements ne sont pas appréciés par les autres ni par leurs parents et vous devrez peut-être aider votre enfant à surmonter des tendances antisociales.

Au début, quand un enfant est en contact avec d'autres, il peut automatiquement se montrer autoritaire ou encore ne pas vouloir partager ses jouets. Vous pouvez l'aider sur ces points.

## Un enfant qui a peu d'amis

Si votre enfant a peu d'amis, aidez-le en lui montrant combien vous l'aimez pour ce qu'il est. Apprenez-lui à être fier de ses efforts et pas seulement de ses succès. Mieux encore, montrez-lui à quel point vous êtes fier de lui.

- Apprenez-lui à ne pas se déprécier. L'autocritique peut devenir une mauvaise habitude. On ne devrait pas parler de soi-même en des termes qu'on n'oserait pas utiliser pour un ami.
- Dites à l'enfant de considérer ses forces et ses qualités, de se juger selon ses propres normes au lieu de se comparer aux autres.
- La timidité est un obstacle majeur. Aidez-le à vaincre sa timidité. Donnez-lui un bouton magique, un porte-bonheur qu'il peut toucher quand il a besoin de courage.
- Suggérez-lui d'entreprendre des conversations en sollicitant l'aide des autres : « Je ne sais pas comment faire ça » ou « Où doit-on mettre cela ? ».
- Suggérez-lui d'utiliser un vieux truc : « Regarde-moi cette pluie ! » ou les compliments : « J'aime ta robe. »

### La vantardise

Nous embellissons tous la vérité. De savoir jusqu'à quel point on peut aller fait partie de l'art de la conversation. La vie serait bien terne si tout le monde s'en tenait uniquement aux faits, mais il y a une grande différence entre raconter une histoire drôle et toujours exagérer ses exploits. La vantardise est un symptôme d'insécurité, d'un besoin d'attention et souvent d'une faible estime de soi.

- Aidez votre enfant à avoir confiance en lui et à développer une bonne opinion de lui-même. Faites l'éloge de ses efforts et aimez-le pour ce qu'il est.
- Apprenez-lui à se considérer de façon positive. Aidez-le à pouvoir dire : « Je n'ai pas l'habitude de manquer mon coup ainsi » au lieu de « J'ai vraiment tout gâché ».
- Ne faites jamais pour lui ce qu'il peut faire par lui-même, sauf lors d'occasions spéciales, pour le récompenser, par exemple. Et laissez-le vous rendre la pareille.
- Laissez-lui une certaine indépendance et faites-lui confiance.
- Ne récompensez pas la vantardise. Ignorez-le quand il fait le fanfaron. Ne faites pas de commentaires. Changez de sujet.

### La méchanceté

C'est parce que certains comportements sont renforcés que les enfants apprennent à être mesquins.

- Ne cataloguez pas. Corrigez ceux qui lui apposent une étiquette. « Ta sœur peut aussi être gentille. »
- Reconnaissez ses sentiments. Puis prenez le temps de vous occuper de l'enfant, mais gardez un visage neutre.
- Dites à celui qui a été méchant que vous savez qu'il peut se conduire mieux.
- Occupez-vous de celui qui a été victime de sa méchanceté sans blâmer l'enfant qui s'est mal conduit.
- Gardez la victime à l'œil et veillez à ce qu'elle ne provoque pas l'agressivité ou la méchanceté de l'autre.
- Demandez-vous pourquoi l'enfant qui a été méchant a agi ainsi. Le stress, des

problèmes à l'école, un chagrin, la maladie et la méchanceté des autres peuvent soudainement causer ce genre de comportement.

## L'enfant possessif

● Avant d'inviter des amis pour jouer avec votre enfant, parlez avec lui pour voir quels jouets il est prêt à partager. Si c'est difficile pour lui, choisissez un mot secret que vous pourrez lui rappeler au besoin pour l'aider.

● Décrivez la situation et essayez de comprendre ce que l'enfant ressent. Donnez-lui un conseil. Au début, essayez de faire en sorte que les visites ne soient pas trop longues.

● Laissez les enfants jouer avec d'autres jouets que ceux que votre enfant préfère. Ce sera plus facile pour lui.

## L'enfant autoritaire

Les aînés sont souvent autoritaires, tout comme les enfants qui n'ont pas l'habitude de jouer avec d'autres.

### IMPOLITESSES SONORES

L'enfant qui pète ou rote par exprès cherche à attirer l'attention. Et ces moyens déplaisants qu'il utilise ne passent jamais inaperçus.

● Ne dites rien, mais agissez. Quand l'enfant pète ou rote, quittez la pièce sans rien dire. Si vous êtes avec quelqu'un ou si cela vous convient mieux, prenez l'enfant, emmenez-le dans sa chambre et fermez la porte. Ne dites rien.

● Si l'enfant rote à table, prenez votre assiette et allez manger ailleurs. S'il s'agit d'un repas familial, prenez l'enfant et emmenez-le dans sa chambre. Avertissez ceux qui rient que la prochaine fois, vous les enverrez eux aussi à leur chambre. Ne donnez pas de deuxième avertissement, agissez.

● Si vous êtes avec d'autres, restez calme et emmenez l'enfant à l'écart. Gardez un visage impassible et quand vous serez suffisamment éloignés des autres, dites-lui : « Tu peux revenir avec moi ou rentrer à la maison. Si tu rotes encore, je saurai que tu as choisi de rentrer. » Puis allez rejoindre le groupe. Si l'enfant rote de nouveau, prenez-le et partez.

● Si l'enfant rote parce qu'il veut rentrer à la maison, dites-lui qu'il peut continuer à roter, mais que vous comptez les rots et qu'une fois rendus à la maison, il devra rester dans sa chambre au moins trois minutes pour chaque rot. Veillez à ce qu'il ne s'agisse pas de menaces en l'air. Faites exactement ce que vous avez dit.

● Dans la mesure du possible, n'intervenez pas quand l'enfant se comporte de manière indûment autoritaire. Parlez-en avec lui un peu plus tard. Avertissez-le quand il utilise une voix autoritaire, mais faites-le discrètement. Puis inventez des jeux de rôles dans lesquels l'enfant et vous serez tour à tour menés l'un par l'autre.

● Encouragez le leadership plutôt que l'autoritarisme. Demandez à d'autres adultes s'ils vous trouvent trop autoritaire. Changez votre propre attitude au besoin et donnez l'exemple en étant moins autoritaire.

## L'enfant qui essaie d'acheter ses amis

● Si votre enfant essaie d'acheter ses amis, demandez-vous si quelque chose le rend malheureux. Aidez-le à bâtir sa confiance en lui.

● Cherchez à savoir s'il est victime de tyrannie. Parlez-en au personnel de l'école. Son enseignant peut être en mesure de vous conseiller sur la meilleure façon de l'aider.

● Les jeux de rôles peuvent aider à briser la glace.

● Veillez à ce que l'enfant puisse s'intégrer. Porte-t-il le même genre de vêtement que les autres ? Regarde-t-il les mêmes émissions de télé ? Car les enfants doivent avoir des choses en commun pour pouvoir se parler.

### VOIR AUSSI

Les enfants agressifs      **162-163**

Le chemin de l'indépendance      **164-165**

De la petite enfance à l'enfance      **186-187**

Les écarts de conduite      **192-193**

**Jouons ensemble**
Demandez à votre enfant s'il aimerait inviter des amis à la maison. Son enseignant peut aussi vous indiquer lesquels vous pourriez inviter.

### LES NUITS DIFFICILES

● La plupart des enfants font parfois des «mauvais rêves» et se réveillent en criant ou en pleurant.

● Il arrive souvent que des enfants soient somnambules ou parlent dans leur sommeil. Si c'est le cas, sachez prévenir les accidents : verrouillez portes et fenêtres et bloquez l'escalier. Il n'est pas nécessaire de réveiller un enfant somnambule, mais il n'y a aucun mal à le faire non plus.

● Le somnambulisme est héréditaire et n'est pas causé par le stress.

● Les cauchemars ont tendance à être pires dans les moments de stress. Certains enfants n'en font que dans ces périodes. Si les mauvais rêves ont toujours le même thème et que l'enfant ne veut plus se coucher, il est sans doute stressé.

● Les terreurs nocturnes font paniquer les enfants. Plus intenses que les cauchemars, elles ne sont toutefois pas causées par le stress.

● Réconfortez l'enfant et bordez-le. Ma mère plaçait un linge propre sur mon oreiller pour «empêcher les mauvais rêves de m'atteindre». J'ai fait la même chose pour mes enfants et cela a très bien fonctionné.

**Les nuits sans peurs**
Si votre enfant fait de mauvais rêves, aidez-le à surmonter sa peur de s'endormir ou celle de la chambre. Faites un jeu des tâches comme faire son lit et passez de bons moments avec lui dans sa chambre pendant la journée.

# Problèmes passagers

Si votre enfant se bute à des problèmes de développement, essayez d'abord d'en trouver les causes. Il se peut que vous ayez besoin d'aide professionnelle, mais sachez que bon nombre de problèmes ne sont que temporaires et finissent par passer avec le temps.

Souvent, des problèmes comme l'incontinence nocturne ou des comportements puérils sont causés par des stress familiaux. Il ne sert à rien de blâmer l'enfant ni de susciter sa honte. Rassurez-le et essayez plutôt un système de récompenses.

## Pipi au lit

L'incontinence nocturne (ou le fait de mouiller son lit) est héréditaire. Si vous ou votre conjoint mouilliez encore votre lit à 5 ans, il est fort probable qu'au moins un de vos enfants le fasse aussi.

● La majorité des jeunes de 3 à 5 ans mouillent leur lit à l'occasion. Un enfant sur quatre continue de le faire entre 4 et 6 ans, mais la moitié d'entre eux cessent de mouiller leur lit entre l'âge de 6 et 8 ans. Seul un enfant sur 20 mouille encore son lit à 10 ans. Et tous âges confondus, ce problème touche plus de filles que de garçons.

● Les enfants qui n'ont pas appris à contrôler leur vessie se mouillent toutes les nuits, tandis que la situation ne se présente qu'à l'occasion

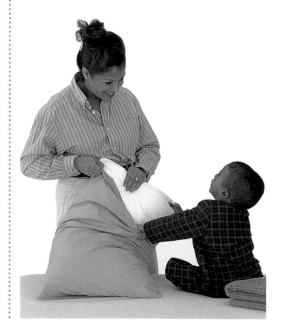

chez ceux qui ont appris à la contrôler, mais qui ont développé des problèmes par la suite.

● Si les mécanismes de contrôle de la vessie n'ont pas encore atteint leur maturité chez un enfant, celui-ci se mouillera probablement toutes les nuits.

● Donnez-lui moins à boire pendant la soirée et veillez à ce qu'il aille aux toilettes juste avant de se coucher. Levez-le environ deux heures après qu'il se soit endormi pour l'emmener aux toilettes et encore une fois avant de vous coucher. Plus sa vessie sera vide, moins l'enfant risque de se mouiller.

● Si l'enfant ne se mouille qu'à l'occasion, les tableaux d'honneur peuvent être utiles. L'enfant a droit à une étoile pour chaque nuit où il ne mouille pas son lit. Puis il peut échanger un certain nombre d'étoiles contre une récompense ou un cadeau.

● Pour aider un garçon à augmenter son contrôle musculaire, placez une balle de tennis dans la salle de bains et dites-lui de viser, d'arrêter, puis de viser de nouveau.

● Habituez l'enfant à arrêter son jet. Encouragez-le aussi à attendre que sa vessie soit vraiment pleine avant d'aller aux toilettes. Quand l'enfant pourra retenir environ 250 ml d'urine, il ne mouillera plus son lit. Aidez-le à atteindre cet objectif en le faisant patienter un peu plus chaque fois qu'il veut aller aux toilettes, demandez-lui de patienter cinq, puis dix minutes.

● Si vous savez à quel moment il se mouille pendant la nuit, vous pouvez le réveiller juste avant. Utilisez un réveille-matin. Ainsi, si votre enfant se mouille environ trois heures après s'être couché, réglez le réveil pour qu'il sonne deux heures et demie après que vous l'ayez couché. Placez un pot près du lit ou laissez la lumière de la salle de bains allumée pour qu'il puisse s'y rendre facilement. Quand il aura réussi à ne pas mouiller son lit pendant une semaine, réglez le réveil pour qu'il sonne deux heures après que l'enfant se soit endormi. Après une autre semaine, réglez-le à une heure et

**Rassurez votre enfant**
Tenez-le bien contre vous et câlinez-le avant de le mettre au lit. Cela aide à diminuer son niveau de stress, à apaiser ses craintes et peut même l'aider à ne pas mouiller son lit.

demie. Continuez ainsi jusqu'à ce que l'enfant n'ait plus besoin de se faire réveiller. Progressez plus lentement, si nécessaire.

La méthode du piqué et de la sonnerie fonctionne bien, elle aussi, surtout avec les enfants un peu plus vieux. Ce moyen habitue l'enfant à reconnaître les signes selon lesquels il va bientôt commencer à uriner. L'enfant se couche sur un piqué spécial. Lorsque le piqué devient humide, une sonnerie se déclenche et une lumière s'allume. L'enfant se réveille donc dès qu'il commence à uriner. En se réveillant, il peut arrêter son émission d'urine et apprendre à mieux contrôler sa vessie.

## Les craintes non fondées

Ne vous moquez jamais des peurs de votre enfant et n'essayez pas de minimiser ses craintes. Il s'agit pour lui de quelque chose de sérieux. Les peurs ne sont pas toujours logiques, même chez les adultes. Il faut d'abord calmer l'enfant qui a peur. En effet, tant qu'il aura peur, il n'arrivera pas à contrôler ses craintes. Asseyez-le sur vos genoux et tenez-le bien serré. Parlez de ce qui lui fait peur. Lisez-lui des livres sur le sujet, faites des jeux et des dessins sur les thèmes en question. Si l'enfant peut arriver à penser aux choses qui lui font peur quand il est bien et détendu, ses craintes se dissiperont.

## Les comportements immatures

Il arrive parfois que l'immaturité provienne du développement tardif d'un point en particulier ou encore d'une réaction au stress et il peut même s'agir d'un appel à l'aide. Les causes les plus probables de comportements soudainement «puérils» (comme de mouiller sa culotte, ou de recommencer à faire des crises de colère) sont le stress, l'anxiété et parfois la maladie. Ce genre de comportement peut aussi être encouragé par les parents, par inadvertance bien sûr, si ceux-ci ne laissent aucune autonomie ou indépendance à l'enfant. Par exemple, n'est-il pas plus facile d'habiller l'enfant que de le laisser essayer par lui-même?

● Se pourrait-il qu'il soit stressé? L'arrivée d'un nouveau bébé, la dépression de l'un de ses parents ou des difficultés conjugales, des problèmes à l'école, le fait de commencer l'école, voilà des événements et des situations qui peuvent lui causer du stress. Allez à la source du problème. Si quelque chose vous inquiète, il est habituellement préférable d'en parler à l'enfant et de lui expliquer en termes simples ce qui vous tracasse plutôt que de faire semblant que tout va bien.

● Sachez qu'un stress qui persiste peut causer des problèmes à long terme.

● Il n'est pas rare qu'un enfant régresse vers des comportements plus puérils. Et si vous critiquez votre enfant, vous risquez d'empirer la situation. Fermez les yeux sur de tels comportements et aidez-le à faire face à ce qui le dérange.

**Soyez empathique**
Si votre enfant a peur ou s'il est trop anxieux, parlez-lui des craintes que vous aviez vous-même à son âge. Dites-lui comment vous les avez surmontées et aidez-le à trouver des moyens pour surmonter les siennes.

**VOIR AUSSI**

Les stress de la vie
familiale                      **158-159**

Divorce et remariage           **160-161**

Problèmes caractéristiques
aux jeunes enfants             **180-181**

La jalousie et la peur
de perdre votre amour          **188-189**

### L'ANXIÉTÉ

Si les parents anxieux ont tendance à avoir des enfants anxieux, il existe des moyens pour parer à ce genre de problème et éviter qu'un enfant ne devienne trop anxieux.

● **Encouragez-le** à avoir une opinion positive de lui-même.

● **Donnez-lui des choix.** Cela l'aidera à se sentir plus confiant.

● **Vantez ses efforts.** Dites-lui combien il a été brave.

● **Reconnaissez ses sentiments.** Ne le traitez jamais d'idiot.

● **Soyez conséquent.** Il peut s'inquiéter s'il ne sait pas comment vous allez réagir.

● **Fixez des limites.** Trop de permissivité engendre l'insécurité.

● **Réduisez l'anxiété.** Laissez-le réussir à l'intérieur de ses propres limites.

# Troubles du langage

Tôt ou tard, la plupart des enfants apprennent à parler et ce, généralement avant l'âge de 2 ans. Si votre enfant a des problèmes de langage, il se peut que vous puissiez l'aider vous-même, mais il se peut aussi que vous deviez consulter un professionnel.

Les troubles de la parole, comme un retard de langage ou un bégaiement, sont beaucoup plus apparents que des problèmes d'audition (qui sont extrêmement difficiles à détecter), mais les deux peuvent être liés. Certains problèmes se règlent d'eux-mêmes, d'autres peuvent être traités à la maison par les parents ou la personne qui garde l'enfant, tandis que d'autres encore nécessitent des soins professionnels.

Les parents ne devraient jamais hésiter à demander de l'aide. Nous n'avons aucune difficulté à admettre que certaines maladies ou tâches domestiques nous dépassent et que nous ne pouvons en venir à bout tout seuls, et c'est la même chose en ce qui concerne le fait d'être parents. Certains enfants

ont besoin d'aide professionnelle. L'enfance ne dure pas très longtemps et plus un problème est détecté tôt, plus il est facile à corriger ou à traiter. Plus vous attendez, plus les choses risquent de se détériorer pour l'enfant et finalement aussi pour vous.

## Retard de langage

Bon nombre de facteurs différents influencent l'âge auquel un enfant commence à parler. S'il a tendance à atteindre ses stades de développement plus tard que la moyenne, son retard de langage ne reflète peut-être qu'un retard de développement général, comme ce peut être le cas pour un bébé prématuré.

Un retard de langage peut aussi être signe de troubles auditifs. Et, naturellement, il peut provenir à la fois d'un retard de développement et de troubles auditifs. On devrait toujours faire évaluer l'audition des bébés au cours des douze premiers mois. Quant aux enfants qui ne parlent pas encore à l'âge de 14 mois, on devrait procéder à un deuxième examen de leur acuité auditive. Les retards de langage sont courants dans les familles qui ont des antécédents de dyslexie : l'enfant comprend les mots, mais il éprouve des difficultés à produire les sons qui les constituent.

## Bégaiement

L'acte de parler nécessite une synchronisation très précise. La moindre perturbation dans la séquence des petits sons qui constituent un mot peut provoquer un bégaiement chez l'enfant. Certains enfants bégaient parce que leur mécanisme de synchronisation n'a pas encore atteint sa pleine maturité. D'autres, parce qu'ils écoutent trop attentivement les sons qu'ils prononcent ; leur bégaiement provient du délai entre l'émission du son et le fait de pouvoir l'entendre. Et la majorité d'entre nous bégayons

**Respire bien**

Si votre enfant bégaie, montrez-lui à respirer par le ventre au lieu de l'abdomen. Utilisez un miroir ou un élastique pour l'aider à prendre conscience de la manière dont son nombril s'élève.

lorsqu'il faut un certain temps (délai) avant que nous entendions notre voix : quand il y a de l'écho lors d'une conversation téléphonique, par exemple. Il semblerait qu'un enfant qui bégaie entend toujours l'écho de ce qu'il dit. Tous les enfants qui bégaient ont besoin d'aide et d'être rassurés. Les difficultés de communication qu'ils éprouvent peuvent en effet les pousser à se replier sur eux-mêmes.

● Les bégaiements mineurs commencent habituellement vers l'âge de 6 à 8 ans et durent environ deux ans.

● Les bégaiements persistants commencent entre 3 et 8 ans et, dans certains cas, peuvent continuer jusqu'à l'âge adulte. Quatre pour cent des enfants bégaient avant de commencer l'école, mais ce problème d'élocution se résorbe chez la plupart d'entre eux. Seulement 1 p. 100 de la population adulte éprouve encore des problèmes de bégaiement.

● Le bégaiement secondaire doit être traité immédiatement. On le reconnaît par une grande difficulté d'élocution, des grimaces, des mouvements irréguliers des bras et des jambes. Consultez votre médecin immédiatement, car cette forme de bégaiement peut être signe d'un autre problème.

## Pour communiquer avec un enfant qui bégaie

● Laissez-lui toujours le temps de dire ce qu'il a à dire. Ne le pressez pas.

● Soyez patient. Ne l'interrompez pas pour terminer ses phrases à sa place.

● Essayez d'éviter les situations stressantes pour l'enfant. Le stress lui cause encore plus de difficultés d'élocution.

● Regardez-le bien dans les yeux. Concentrez-vous sur son visage et sur ce qu'il dit. Cela l'encouragera. Arrêtez de lire ou de regarder la télé quand il essaie de vous dire quelque chose.

● Aidez votre enfant à bâtir son estime de soi. Les autres enfants peuvent en effet se montrer cruels et le traiter de toutes sortes de noms. Donnez-lui les moyens d'affronter leurs moqueries. Montrez-lui que le bégaiement n'a rien à voir avec l'intelligence ou la beauté.

● Beaucoup de gens qui bégaient ne le font pas quand ils chantent. Exploitez ce phénomène et faites chanter l'enfant pour augmenter sa confiance en lui.

## Comment aider un enfant qui bégaie

**Acceptez l'enfant pour ce qu'il est.** N'oubliez pas que son bégaiement s'aggravera si l'enfant ou vous-même êtes gênés de ce problème. Ne parlez pas pour lui et ne faites jamais comme s'il n'était pas là.

**Adaptez votre style familial.** L'enfant a besoin d'une atmosphère calme : des paroles apaisantes et des routines bien établies peuvent beaucoup l'aider. Il est difficile pour un enfant qui bégaie de participer à des discussions, mais veillez à ce que chacun ait la patience de l'inclure dans les conversations familiales.

**Restez calme.** Le stress amplifie tout. Il y a de bonnes chances que l'enfant surmonte son problème de langage. Soyez chaleureux et offrez-lui un bon soutien, mais ne le surprotégez pas. L'enfant doit apprendre à se débrouiller par lui-même. Essayez de lui offrir une attention positive et rassurante.

**Encouragez-le et renforcez ses aptitudes.** Soyez particulièrement vigilant à l'égard de tout comportement qui peut nuire à sa popularité. Faites des jeux de rôles pour l'aider. Exercez-vous à des conversations détendues.

**Consultez un orthophoniste.**

## Méthodes professionnelles à essayer à la maison

Pour aider un enfant qui bégaie, vous pouvez essayer ce qui suit pendant de courtes périodes. Si l'une des méthodes proposées vous paraît utile, continuez, sinon, essayez-en une autre.

● Demandez à l'enfant de parler plus lentement et de commencer chaque phrase en chuchotant. Utilisez une bougie pour exercer cela.

● Avant qu'il ne commence à parler, faites-lui faire une inspiration et une expiration abdominales, puis faites-lui-en faire d'autres entre ses phrases.

● Encouragez l'enfant à respirer à partir de l'abdomen lorsqu'il parle. Répétez ce genre de respiration avec lui.

**VOIR AUSSI**

| | |
|---|---|
| Apprendre à parler | **96-97** |
| Le perfectionnement du langage | **100-101** |
| Comment parler aux enfants | **150-151** |
| Les problèmes d'attention | **200-201** |

**Le truc de la bougie**
L'enfant bégaie souvent moins lorsqu'il chuchote. Apprenez-lui à parler devant une bougie de sorte que la flamme vacille sans qu'elle ne s'éteigne.

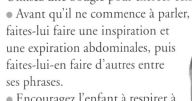
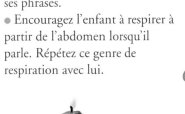

# Les problèmes d'attention

Quand ils sont jeunes, tous les enfants ont des moments d'hyperactivité et d'inattention. Le trouble déficitaire de la capacité d'attention avec hyperactivité ou TDAH caractérise cependant les enfants qui se comportent toujours ainsi, ce qui leur attire d'ailleurs des problèmes précis.

**Enfants hyperactifs**
Les enfants atteints de troubles déficitaires de l'attention qui sont hyperactifs, impulsifs et inattentifs se remarquent facilement. Ils sont bruyants, toujours en mouvement et se montrent souvent insolents envers les adultes. Ils ont aussi tendance à prendre beaucoup de risques.

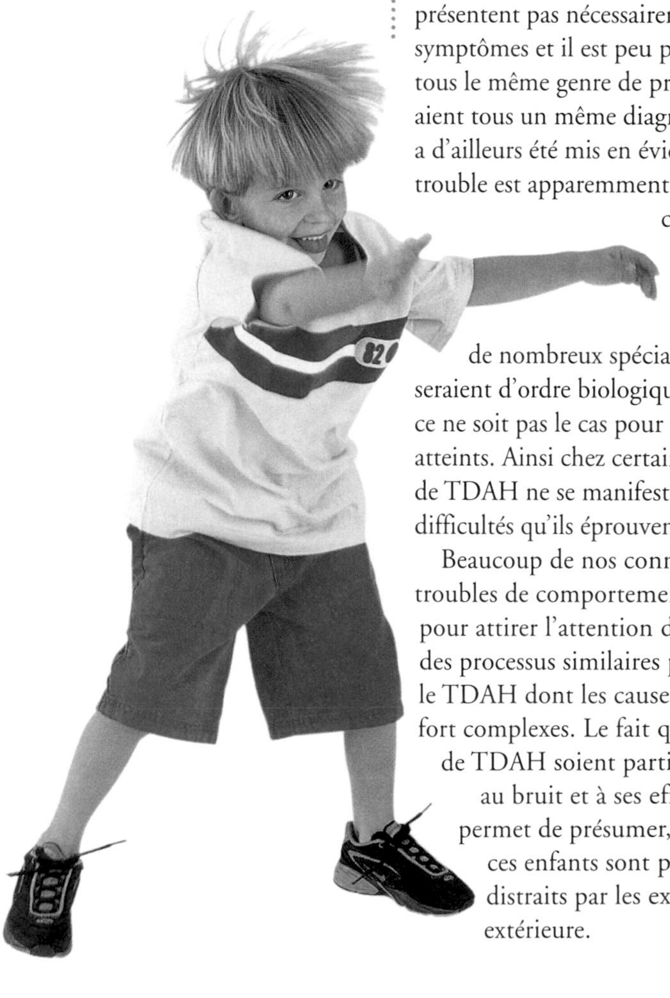

Le TDAH touche plus de 5 p. 100 des enfants du primaire au Québec, mais ce nombre est beaucoup moins élevé ailleurs dans le monde. Les enfants atteints sont incapables, ou du moins semblent incapables, de rester assis tranquilles et de se concentrer, et ils ont de courtes durées d'attention. Si les enfants atteints de TDAH font les mêmes choses que les autres, ils les font cependant plus souvent et continuent de les faire plus longtemps, c'est-à-dire même quand ils sont beaucoup plus vieux.

## Les causes du TDAH

Tous les enfants atteints de TDAH ne présentent pas nécessairement les mêmes symptômes et il est peu probable qu'ils aient tous le même genre de problèmes, malgré qu'ils aient tous un même diagnostic de TDAH. Cela a d'ailleurs été mis en évidence par le fait que ce trouble est apparemment moins fréquent dans certains pays que dans d'autres. Si on ignore encore les causes sous-jacentes exactes, de nombreux spécialistes pensent qu'elles seraient d'ordre biologique. Mais il appert que ce ne soit pas le cas pour tous les enfants atteints. Ainsi chez certains, les premiers signes de TDAH ne se manifestent que par les difficultés qu'ils éprouvent à l'école.

Beaucoup de nos connaissances sur les troubles de comportement et sur les tentatives pour attirer l'attention donnent à penser que des processus similaires pourraient expliquer le TDAH dont les causes sont probablement fort complexes. Le fait que les enfants atteints de TDAH soient particulièrement sensibles au bruit et à ses effets perturbateurs permet de présumer, par exemple, que ces enfants sont plus facilement distraits par les excès de stimulation extérieure.

## Les symptômes du TDAH

Les enfants qui ont un TDAH manifestent de façon caractéristique un ou plusieurs des symptômes suivants :

**Inattention.** L'enfant ne semble pas écouter quand on lui parle et il oublie ou ne tient pas compte des directives qu'on lui donne. Visuellement inattentif et facilement distrait, il a tendance à passer rapidement d'une activité à l'autre et il peut oublier ce qu'il voulait dire en plein milieu d'une phrase.

**Impulsivité.** L'enfant ne planifie rien à l'avance, il parle avant de réfléchir et se laisse mener facilement.

**Hyperactivité.** Il est irritable et perturbateur, il se tortille et remue sans cesse. Le bruit l'affecte et il devient nerveux et tendu dans une foule.

**Maladresse.** L'enfant est maladroit et sujet aux accidents.

**Désorganisation.** Il a du mal à s'organiser. Il peut trouver difficile de s'habiller ou d'ordonner ce qu'il doit faire.

**Agressivité.** Quand l'agressivité s'ajoute au TDAH, le pronostic est sombre.

**Inaptitude sociale.** L'enfant tolère mal l'échec. Il fait l'idiot et ne sait pas s'intégrer à un groupe. Il parle sans réfléchir et sans écouter.

**Faible estime de soi.**

**Difficultés d'apprentissage spécifiques.** Les problèmes comme la dyslexie sont plus courants chez les enfants qui présentent un TDAH.

## Les traitements du déficit d'attention

Aux États-Unis, le traitement privilégié est l'administration de Ritalin ou d'un composé semblable à base d'amphétamines et ces substances gagnent aussi en popularité en Europe. Ces médicaments permettent d'augmenter la durée d'attention de l'enfant et de réduire son niveau d'activité. Aux États-Unis, 1 p. 100 des enfants prennent quotidiennement ce genre de médicament et on estime que jusqu'à 10 p. 100 des Américains en auront pris pendant un certain temps au cours de leur vie. Force nous est d'admettre que ces médicaments ont des effets bénéfiques. Néanmoins, les gens ont tendance à trop se fier aux médicaments, qui ne doivent pas être considérés comme une panacée. Par ailleurs, il faut toujours obtenir l'avis d'un médecin pour s'assurer qu'un médicament convient bel et bien à un enfant.

Un autre bienfait du traitement médicamenteux tient au fait que les enfants médicamentés perdent leurs « étiquettes » et que les attentes des gens par rapport à ces enfants changent. Mais il est possible d'obtenir les mêmes bienfaits sans donner de stimulant puissant à l'enfant. Le succès de la thérapie de modification du comportement (dans laquelle on récompense l'enfant quand il se conduit bien et on l'ignore quand il ne se comporte pas comme il le faut) en est la preuve.

## Pour aider votre enfant hyperactif

**Fermez la radio et la télé.** Parlez plus doucement. Si les stimulants externes ont tendance à pousser votre enfant à bout, essayez de les réduire au maximum.

**Rangez les jouets.** Si la concentration lui pose problème, toute distraction lui rendra la tâche encore plus difficile.

**Laissez-le se défouler souvent.** Entrecoupez sa journée de beaucoup d'activités turbulentes.

**Cultivez son estime de soi.** Certains des comportements de l'enfant peuvent provenir de ce qu'il se sent frustré à cause de son hyper-activité et de son incapacité à se concentrer. Aidez-le à réussir ce qu'il entreprend en décom-posant les tâches qu'il doit faire en plusieurs plus petites et plus faciles à accomplir.

**Aidez-le à se relaxer.** Prenez-le dans vos bras et caressez-lui le front en lui lisant une histoire. Tamisez les lumières.

**Aidez-le à dormir.** Pour dormir, il faut d'abord se relaxer et, pour ce faire, il faut mettre les distractions de côté. Votre enfant dormira mieux dans une chambre complètement obscure.

**Changez son alimentation.** Le régime Feingold est un régime alimentaire sans additifs qui est censé réduire l'hyperactivité. Bien que beaucoup de gens le trouvent utile à court

terme (comme le sont tous les traitements), son efficacité à long terme n'a pas été démontrée et il est possible qu'il ne s'agisse que d'un effet placebo. Quoi qu'il en soit, il est bénéfique si les parents, les enseignants et surtout l'enfant croient à son efficacité.

**Arrêtez de lui coller des étiquettes.** Les enfants se montrent habituellement dignes des étiquettes qu'on leur colle : casse-cou, incapable de se concentrer, ne finit jamais ce qu'il commence, etc. Aidez-le à explorer ses forces au lieu de ses faiblesses.

**Attendez-vous à ce qu'il se conduise bien.** Structurez et organisez la vie de votre enfant. Établissez des routines et des consignes et parlez-lui de vos attentes. Récompensez ses efforts. Les tableaux d'honneur peuvent s'avérer utiles à cet effet. Préparez le tableau de la semaine suivante en visant l'amélioration d'un point précis. Allez-y graduellement. Fixez des objectifs réalisables, juste un peu plus difficiles que ceux que l'enfant a déjà atteints. Vantez ses efforts et ignorez ses échecs. Si vous croyez en lui, vous serez surpris de ce qu'il peut accomplir.

**Mettez-vous à sa place.** N'oubliez pas qu'il est difficile d'être attentif et facile de se laisser distraire. L'aspect visuel domine chez les jeunes enfants, alors regardez-le droit dans les yeux quand vous lui parlez. Il semblerait par ailleurs que les enfants atteints de TDAH soient particulièrement sensibles au bruit, en l'occurrence, parlez-lui doucement.

**Réduisez les tensions.** Le stress peut presque certainement aggraver ses problèmes. Avertissez-le quand il y a des changements à sa routine habituelle. Fermez l'œil sur un mauvais comportement et faites l'éloge de toute bonne conduite.

**Adaptez l'environnement.** Gardez la radio et la télé à l'extérieur de la salle à manger et veillez à ce que le téléphone ne vienne pas interrompre sa concentration quand il travaille ou que vous travaillez ensemble.

**VOIR AUSSI**

| | |
|---|---|
| L'estime de soi | **126-127** |
| L'affirmation de soi | **128-129** |
| Les enfants agressifs | **162-163** |
| Les chercheurs d'attention | **172-173** |

**Calmez votre enfant**
Un bon bain chaud, des lumières tamisées et de doux câlins l'apaiseront et l'aideront à mieux se relaxer. Vous pouvez aussi essayer une musique de fond très douce.

# La sécurité et les premiers soins

Il y aura toujours des accidents. Nous pouvons organiser nos maisons de façon à en réduire la probabilité et à en limiter la gravité, mais nos foyers ne seront jamais complètement à l'épreuve des enfants ! Savoir comment réagir dans une situation critique peut littéralement faire la différence entre la vie et la mort. Vous pouvez référer à ce chapitre au besoin, mais vous devriez savoir immédiatement comment réagir en cas d'urgence. Le temps de trouver dans un livre comment donner la respiration artificielle, les dommages peuvent être irréversibles. Si vous n'êtes pas certain de ce qu'il faut faire en cas d'urgence, mémorisez cette section.

## LA CUISINE

- Utilisez les brûleurs ou plaques arrière de la cuisinière. Quand vous utilisez ceux d'en avant, placez les manches des poêles et des casseroles vers le centre de la cuisinière, jamais vers l'avant. N'utilisez jamais de friteuse ni de casserole pleine d'huile ou d'eau bouillante sur les plaques d'en avant. Si possible, installez un dispositif de sécurité sur la cuisinière.
- Gardez les fils électriques hors de portée des enfants. Bloquez les prises de courant ou coupez le courant au compteur et débranchez les appareils électriques après chaque utilisation. Ne laissez pas de café ni de thé chauds à portée de la main des enfants.
- Installez des loquets sur les tiroirs et les portes d'armoire. Attention aux portes qui se referment automatiquement, l'enfant risque de s'y coincer les doigts. S'il y a des vitres dans vos portes, recouvrez-les d'un film protecteur.
- Prévoyez un espace de jeu sécuritaire que vous pouvez surveiller de la cuisine. Veillez à ce que votre enfant ne soit pas trop près lorsque vous cuisinez.
- Ne laissez pas les bols de vos animaux domestiques par terre après usage et nettoyez-les immédiatement.
- Ne laissez rien sur le bord des tables ou des comptoirs. Gardez les chaises hautes loin des surfaces de travail.
- Gardez les outils, couteaux, bouteilles et boîtes de conserve vides dans un endroit sûr.

# Aménager un intérieur sûr

Quels que soient nos efforts pour aménager un intérieur sécuritaire, il y aura toujours des dangers qui subsisteront et on ne réussira jamais à rendre nos foyers parfaitement sûrs pour les enfants. Bien qu'il faille toujours être vigilant, il faut aussi savoir équilibrer le besoin de protection de l'enfant avec son besoin d'indépendance.

Un enfant qui dépend entièrement de ses parents pour rendre son environnement sûr et sans danger constitue un danger potentiel pour lui-même. Il y a trois points à considérer quand vous cherchez à protéger votre enfant : l'habituer à penser lui-même à sa sécurité, structurer son environnement pour éliminer le plus de risques possibles, et une vigilance continue de votre part.

## Soyez conscient des dangers

- Il y a des moments où l'on peut se relaxer un peu et d'autres où il faut être très vigilant.
- Les produits de nettoyage, les médicaments, les appareils électriques, les cigarettes, l'alcool, les outils électriques, les couteaux et les outils et produits de jardinage constituent des dangers pour les bébés et les jeunes enfants dès qu'ils peuvent se déplacer.
- Sachez quoi faire s'il arrive un accident. On ne peut pas toujours les prévenir, mais la rapidité d'intervention peut en réduire la gravité.
- Les bébés et les jeunes enfants ne peuvent prévoir, ni juger des dangers. C'est pourquoi il faut toujours les surveiller attentivement.
- Il est difficile d'être attentif quand on est inquiet ou stressé. Soyez particulièrement vigilant avec vos allumettes, cigarettes ou boissons chaudes et ne les laissez jamais à la portée d'un enfant.
- Ne surprotégez pas votre enfant. Il n'apprendra jamais à prendre conscience des dangers si vous êtes toujours derrière lui.

En dépit du fait qu'un enfant apprend de ses erreurs, il faut essayer de diminuer la gravité de celles-ci. Les enfants ont besoin d'activités physiques mouve-

### Prévoyez un parc

Quand bébé peut se déplacer, un parc est idéal. Si on sonne à la porte ou que vous voulez cuisiner, installez-y votre bébé. Il y sera bien en sécurité, quoique peut-être un peu frustré !

mentées et turbulentes. Ils aiment grimper, sauter et courir. On ne peut pas toujours leur tenir la main pour éviter qu'ils ne tombent. Essayez de trouver un juste milieu.

- Donnez le bon exemple. Les enfants imitent ce que nous faisons. Expliquez à votre enfant pourquoi vous faites les choses de manière sécuritaire et signalez-lui les dangers même s'il est trop jeune pour être responsable de sa propre sécurité.
- Ne laissez jamais un bébé qui peut se déplacer ou un jeune enfant seul dans une pièce et ne le laissez pas même avec un autre petit ; les enfants d'âge préscolaire ne sont pas encore assez vieux pour se rendre compte des conséquences de leurs actions.

## La sécurité dans la maison

**Foyers, appareils de chauffage et radiateurs.** Munissez-les de grilles protectrices et avertissez l'enfant du danger. Dans les couloirs et près des portes, couvrez les radiateurs très chauds d'une couverture ou d'une serviette épaisse et protégez toujours les flammes nues.

**Les fils électriques.** Veillez à ce qu'il n'y ait pas de boucles dans les fils sur lesquelles l'enfant puisse tirer. Faites passer tous les fils derrière les étagères et les meubles et veillez à les fixer ou à les attacher. Si vous avez des appareils

électriques munis de fils détachables (comme ceux d'une bouilloire), ne laissez jamais ces fils branchés dans la prise principale sans que l'appareil ne soit lui aussi branché.

**Les prises de courant.** Bloquez toutes les prises de courant facilement accessibles ou coupez le courant au compteur. Assurez-vous que votre système électrique soit bien mis à la terre.

**Lumières, lampes et appareils d'éclairage.** Laissez une veilleuse dans l'entrée et une autre dans la salle de bains pour que l'enfant puisse s'y rendre en toute sécurité pendant la nuit. Sachez aussi que les études révèlent que l'utilisation de veilleuses dans la chambre à coucher peut nuire à la vision. Par ailleurs, ne placez pas de lampes dans des endroits accessibles à l'enfant. Celui-ci pourrait toucher l'ampoule et se brûler ou tirer sur le pied de la lampe et se blesser. Ne laissez pas non plus de lampes sans ampoules.

**Magnétoscopes et téléviseurs.** Ne laissez pas de tels appareils électroniques à portée des enfants ou installez des dispositifs de sécurité pour ne pas qu'ils y aient accès. Placez toujours les téléviseurs sur des bases stables et solides.

**Planchers et escaliers.** Ne laissez rien traîner par terre. Les enfants tombent souvent, mais ils se font rarement mal parce qu'ils amortissent leurs chutes. Cependant, s'ils tombent sur quelque chose, le risque de blessure augmente. Utilisez des cires à plancher antidérapantes et assurez-vous de bien fixer tous vos tapis, notamment dans les escaliers. Ne placez pas de tapis ni de carpettes sur des planchers lisses et glissants ni dans des endroits où ils risquent de faire trébucher les gens. Assurez-vous en outre que l'espace entre les barreaux des rampes d'escalier soit inférieur à 10 centimètres et veillez à ce que les enfants ne puissent grimper aux rampes. Bloquez toute cage d'escalier en haut et en bas pour les enfants de moins de 2 ans.

**Risques d'étouffement.** Gardez tous les petits objets hors de portée des tout-petits et des bébés qui se déplacent. Veillez à ce que les plus vieux ne laissent pas traîner de jouets ne convenant pas aux plus jeunes qui risquent de s'étouffer avec les petites pièces. N'oubliez pas que les jeunes enfants explorent tout à l'aide de leur bouche et qu'on ne peut pas les empêcher de mettre des choses dans leur bouche. Et souvent, même les plus vieux le font encore. Les enfants aiment bien sucer et mâchouiller. Ne les laissez jamais courir avec une sucette dans la bouche.

**Les meubles.** Veillez à ce que vos meubles soient stables, surtout quand bébé commence à s'y accrocher pour se mettre debout. Ne laissez pas de bords tranchants ni de coins pointus sans protection pour éviter que votre enfant ne s'y blesse en tombant, par exemple. Veillez à ce que les abattants des meubles ainsi que les tiroirs qui donnent à la hauteur de la tête de l'enfant soient toujours fermés pour ne pas que l'enfant s'y frappe en courant. Fixez les étagères solidement au mur ou bloquez-en l'accès à l'aide d'autres meubles.

**Les verrous.** Munissez vos portes de serrures de sécurité (ou installez une chaîne ou un pêne), surtout si vous habitez une rue passante.

**Numéros de téléphone d'urgence.** Gardez toujours le numéro du taxi local ainsi que le montant pour vous rendre à l'hôpital à portée de la main. Si l'enfant est grièvement blessé, appelez une ambulance. Vous pouvez prendre votre voiture pour aller à la clinique si l'enfant a besoin de quelques points de suture par exemple, mais s'il a besoin d'être rassuré ou si vous ne vous sentez pas en état de conduire, prenez un taxi. Si vous vous rendez à l'hôpital pour une blessure relativement mineure, apportez quelques livres. Bien que les services d'urgence donnent habituellement la priorité aux enfants, il se peut que vous ayez à attendre longtemps.

**Inspectez la pièce chez des amis.** Si vous êtes en visite chez des amis, demandez-leur d'enlever les objets qui vous paraissent dangereux pour l'enfant.

## Les plantes d'intérieur

Certaines plantes d'intérieur telles que les dieffenbachias, les philodendrons et les bulbes de jonquille et de jacinthe sont dangereux. Quand l'enfant devient mobile, faites l'inventaire de vos plantes d'intérieur. Déplacez celles qui sont dangereuses et mettez-les hors de portée de l'enfant. Si c'est impossible, demandez à des amis de les garder jusqu'à ce que l'enfant soit assez vieux pour comprendre le danger. Lisez l'étiquette d'entretien ou informez-vous auprès d'un bon fleuriste ou d'un centre de jardinage. Parlez à vos enfants des petits fruits et des plantes qui ont une belle apparence, mais qui peuvent nous rendre malades. Mettez-les en garde des risques d'avoir du poison sur les doigts. Bannissez les plantes comme le dieffenbachia qui peuvent être dangereuses à toucher jusqu'à ce que les enfants aient environ 7 ans.

### LA SALLE DE BAINS

- Gardez les médicaments hors de portée des enfants.
- Gardez les produits nettoyants, notamment l'eau de Javel, les nettoyants pour cuvettes et autres produits corrosifs, hors de portée des enfants. Rangez-les dans une armoire munie d'un verrou à l'épreuve des enfants, plutôt que de les garder sous l'évier.
- Ne laissez pas de liquide nettoyant dans la cuvette des toilettes. Après avoir nettoyé celle-ci, actionnez la chasse d'eau au moins trois fois pour bien rincer. Les microbes ordinaires de votre famille sont beaucoup moins dangereux que les produits nettoyants.
- Veillez à ce que vos planchers soient antidérapants et nettoyez immédiatement tout ce que vous y renversez. Il est facile de glisser et de tomber avec un bébé dans les bras.
- Ne laissez jamais traîner de rasoirs.

### Les plantes vénéneuses

La liste suivante n'est pas exhaustive : azalée, belladone, bouton d'or, bryone, cœur saignant, crocus, cytise, daphné, digitale pourprée, gui, herbe à puce, hortensia, houx, if, laurier-cerise, laurier-rose, lierre, lis, muguet, pied d'alouette, petit prêcheur, pois de senteur, rhododendron, rose de Noël, sumac à feuilles de chêne, troène, les bulbes de narcisse, de jonquille et de jacinthe, les feuilles de rhubarbe et celles des plants de tomate, les gousses de glycine, les graines de la gloire du matin et de l'if du Japon et les rhizomes d'iris.

### Champignons vénéneux

Arrachez-les dès qu'ils apparaissent.

### Plantes dangereuses

Méfiez-vous des petits fruits et des graines des plantes, car les jeunes enfants peuvent les utiliser dans leurs jeux pour faire semblant qu'il s'agit de nourriture. Les bulbes, qui ressemblent à des oignons, peuvent aussi être dangereux. Expliquez aux enfants que certains fruits et certaines graines sont toxiques et qu'ils ne doivent jamais les utiliser pour jouer. Avertissez-les aussi de ne jamais toucher aux plantes que vous venez d'arroser d'insecticide ou de fongicide. Bien que nous mangions rarement des pétales de fleurs, avertissez vos enfants de ne pas le faire. Montrez-leur aussi des fleurs qui ne sont pas nocives (roses, capucines).

# Dehors en toute sécurité

Quand votre enfant commence à se déplacer, aménager l'intérieur de la maison de manière sûre ne suffit plus. Il vous faut maintenant penser à l'extérieur, au jardin et aux ouvertures qui y donnent accès.

Un enfant qui comprend le danger sait l'éviter. Si on ne peut se fier à de telles notions pour les tout-petits, on n'a pas vraiment le choix pour les enfants plus âgés. Plus tôt on leur apprend à reconnaître les dangers, mieux ils sont protégés.

## Enseigner la sécurité

● Habituez votre enfant à respecter sa sécurité avant même qu'il ne comprenne vraiment de quoi il en retourne. Apprenez-lui à détecter les dangers et aidez-le à prendre de bonnes habitudes afin que la sécurité devienne chez lui une seconde nature.

● Utilisez un vocabulaire pour exprimer les dangers : « aie! », « chaud », « pointu », « méchant », « bobo », « pleurer », « attention! », « ne touche pas ». Le seul mot « non » peut signifier trop de choses différentes. Apprenez aussi à votre enfant la différence entre « vilain » et « dangereux ».

● Les jeunes enfants peuvent comprendre que les objets pointus et coupants sont dangereux. Rappelez ce principe à votre enfant quand vous utilisez un couteau, des ciseaux, un rasoir ou tout autre objet tranchant. Touchez l'extrémité pointue et dites « Aie ».

● Quand bébé a 1 an, apprenez-lui que « chaud » signifie « ne touche pas ». Faites-lui toucher l'extérieur de votre tasse de café ou encore un radiateur (en autant que celui-ci ne soit pas trop chaud et que l'enfant ne risque pas de se brûler). Continuez à renforcer les notions de danger et de prudence.

● Apprenez aux enfants comment monter et descendre l'escalier dès qu'ils peuvent se déplacer. Ne laissez jamais de jouets ni d'autres objets dans les escaliers. Un tapis offre une surface antidérapante, mais encore faut-il s'assurer qu'il soit bien fixé. Les tapis et moquettes amortissent aussi les chutes. Apprenez à votre bébé comment se retourner pour descendre les marches de dos (les pieds vers le bas de l'escalier). Les bébés de plus de 7 mois n'ont pas tendance à vouloir descendre les marches tête première. Quand l'enfant veut monter et descendre debout,

montrez-lui comment se tenir à la rampe. S'ils peuvent voir ce qu'ils font, la plupart des enfants n'ont pas de problèmes dans les escaliers, à moins bien sûr qu'ils ne soient distraits. Le danger survient lorsque l'enfant s'arrête au milieu de l'escalier pour faire quelque chose ou encore lorsqu'il transporte un objet qui lui bloque la vue.

● Ne gardez jamais d'arme à feu dans la maison, à moins que ce ne soit absolument inévitable. Les fusils et les munitions devraient toujours être rangés dans des armoires distinctes et verrouillées.

## Sortir en toute sécurité

**Les portes.** Installez une chaîne de sûreté ou un verrou à l'épreuve des enfants sur la porte qui donne accès à la rue. Si vous habitez une rue passante, fermez toujours à double tour. Veillez à ce que les vitres de vos portes soient faites de verre de sécurité, sinon couvrez-les d'un film protecteur, surtout en ce qui concerne les portes intérieures. Un enfant qui court dans un couloir peut facilement tomber, tendre le bras et fracasser la vitre.

**Les fenêtres.** Installez des verrous à toutes les fenêtres. Dans les chambres à l'étage, par exemple, attachez la clé à la tringle afin de pouvoir ouvrir en cas de feu. Si les fenêtres à l'étage s'ouvrent à la base du cadre, veillez à ce qu'elles soient toujours fermées et verrouillées et qu'il n'y ait rien à portée de la main que l'enfant puisse approcher pour y grimper. Les fenêtres qui ne s'ouvrent que par le haut sont plus sûres. Les fenêtres basses (qui peuvent descendre jusqu'au sol) doivent être faites de verre de sécurité ou couvertes d'un film protecteur. Si vous ne pouvez pas garder les fenêtres fermées, installez des dispositifs de sécurité pour protéger vos enfants. Attachez les cordons des rideaux et des stores et placez-les hors de portée pour ne pas que les enfants s'y empêtrent.

**Les balcons.** Assurez-vous que l'enfant ne puisse pas grimper à la balustrade et qu'il ne puisse pas non plus se glisser entre les barreaux. Ne laissez jamais de chaises ni de tables sur le balcon quand l'enfant y a accès, car il pourrait y grimper.

**Les surfaces peintes.** Aujourd'hui, les peintures ne contiennent pas de plomb, mais une peinture qui s'écaille dans une veille maison peut exposer des surfaces peintes il y a longtemps avec des peintures contenant du plomb et ce dernier peut aussi être présent dans les écaillures de peinture. Si vous ne pouvez pas décaper et enlever les veilles couches de peinture, recouvrez les lézardes ou les écailles de papier et repeignez les surfaces. Le plomb qui reste dans les murs ne présente aucun danger pour la santé. Si votre peinture s'écaille et que vous pensez que la peinture en dessous contenait du plomb, nettoyez souvent jouets, planchers et tapis, puisque les écailles de peinture ont tendance à coller aux choses.

**Les vieilles maisons et le plomb.** Bien que les conduites d'eau modernes ne contiennent plus de plomb, les tuyaux des maisons construites au début du XX$^e$ siècle (ou avant) peuvent en contenir. Vous pouvez vérifier cela auprès de votre conseil municipal. Si vos tuyaux contiennent du plomb, vous devriez les remplacer.

## Un jardin sûr

● **Videz les étangs** et les piscines ou clôturez-les et recouvrez-les de filets aux mailles solides. Avertissez les enfants de ne pas jouer près des étendues d'eau. Si vous avez une piscine qui n'est pas clôturée, ne laissez jamais l'enfant seul dehors.

● **Les aérosols chimiques** peuvent coller à la peau. Apprenez aux enfants à laver leurs mains, notamment avant de manger.

● **La plupart des produits chimiques pour le jardin** sont toxiques, certains sont mêmes mortels. Achetez-les en petites quantités pour minimiser les restes à entreposer et débarrassez-vous de ce que vous ne prévoyez pas utiliser au cours des prochaines semaines de manière sécuritaire. Rangez ces produits dans une boîte à outils dès que vous avez fini de les utiliser. Verrouillez la boîte et gardez-la hors de portée des enfants. Soyez toujours prudent quand vous utilisez ce genre de produits.

● **Les poteaux de clôture** devraient être plus hauts que les enfants et leurs extrémités pointues devraient être recouvertes. Rangez les cisailles à haie et autres outils tranchants hors de portée des enfants. Quant aux râteaux et houes,

entreposez-les de manière à ce qu'ils ne puissent pas bondir et frapper l'enfant s'il marche accidentellement sur la lame ou les dents.

● **Couvrez les carrés de sable** afin que les chats du quartier ne puissent aller y faire leurs besoins. Enlevez rapidement les excréments de vos animaux domestiques et gardez les sacs de déchets hors de portée des enfants.

● **Ouvrez vous-même les chaises longues** et les meubles pliants pour ne pas que les enfants s'y coincent les doigts. Gardez les échelles hors de portée des enfants et verrouillez toujours votre cabanon.

● **Installez des verrous** à l'épreuve des enfants aux portes de clôture et veillez à ce qu'il n'y ait pas d'ouverture dans les haies ni de brèches dans les clôtures.

● **Couvrez les extrémités des tuyaux** et des canalisations avec du filet métallique et mettez un couvercle sur votre collecteur d'eaux pluviales.

**VOIR AUSSI**

| | |
|---|---|
| Ramper et marcher | **90-91** |
| Tendre les mains pour saisir | **94-95** |
| Ce qui inquiète les parents | **142-143** |
| Aménager un intérieur sûr | **204-205** |

**Loin de l'eau**
Habituez votre enfant à la prudence. Apprenez-lui à ne jamais s'aventurer près d'un cours d'eau ou d'une piscine s'il n'est pas accompagné d'un adulte, même si c'est très tentant.

# Soigner un enfant malade

Si votre enfant est malade, vous devrez prendre sa température et peut-être aussi lui administrer des médicaments. Il vous faudra veiller à ce qu'il ne se déshydrate pas, surtout s'il fait de la fièvre ou souffre de diarrhée ou de vomissements.

## Comment donner des médicaments à un enfant

**À la cuillère.** Prenez le jeune enfant dans vos bras. S'il refuse d'ouvrir la bouche, appuyez doucement sur son menton (demandez qu'on vous aide). Placez la cuillère sur sa lèvre inférieure, levez le manche et laissez couler le liquide dans sa bouche. Si l'enfant refuse d'avaler, caressez-lui doucement la gorge.

**Au compte-gouttes.** Un compte-gouttes est utile pour administrer un médicament directement dans la bouche d'un jeune bébé. Mais vous pouvez aussi utiliser un tube ou une seringue que vous appuyez sur sa lèvre inférieure.

**Avec le doigt.** Si aucune de ces méthodes ne fonctionne, lavez vos mains, trempez un doigt dans le médicament en question et laissez bébé sucer directement votre doigt.

## Si votre enfant déteste les médicaments

● Demandez l'aide d'un autre adulte.
● Enveloppez votre bébé dans une couverture afin de l'empêcher de battre des bras.
● Ne mettez qu'une toute petite quantité de médicament à la fois dans sa bouche.
● Demandez à un autre adulte de lui tenir la bouche ouverte pendant que vous y versez le médicament. Faites suivre rapidement d'un jet d'eau provenant d'une seringue, puis donnez à boire à l'enfant.
● Si l'enfant est plus âgé, suggérez-lui de se pincer le nez ; s'il est trop jeune, pincez-le-lui. Ce geste simple permet de restreindre le goût et il encourage aussi l'enfant à avaler.
● Mélangez le médicament dans une cuillère avec un liquide que l'enfant aime. Ne versez pas le médicament dans un verre ou un biberon, car il risque de couler au fond. Promettez une sucrerie ou du chocolat à l'enfant s'il prend son médicament, mais aidez-le ensuite à brosser ses dents.

**La seringue à médicaments**
Placez le bout de la seringue dans la bouche de l'enfant et pointez-la vers sa joue. Appuyez lentement sur le piston. N'orientez pas la seringue directement dans la gorge de l'enfant, il risquerait de s'étouffer.

## Prendre la température d'un enfant

Généralement, il n'est pas nécessaire de mesurer précisément la température. Quand l'enfant fait de la fièvre, il est chaud au toucher, s'il en fait beaucoup, il est brûlant. Un enfant terrassé par

### LA TROUSSE DE PREMIERS SOINS

● Un antiseptique à utiliser sous forme diluée pour nettoyer les coupures. Des tampons antiseptiques sont encore plus pratiques.
● Des pansements de formes variées : des bandages élastiques (de type Velpeau) pour les cas où il faut appliquer une pression, des pansements tubulaires pour les doigts, et quelques rouleaux de gaze.
● Des pansements adhésifs, idéals pour tous genres de bobos.
● Des ciseaux pour couper et découper les pansements, au besoin.
● Des bandes stériles pour fermer les plaies.
● Des compresses de gaze stériles.
● De la ouate stérile.
● Une écharpe, pour les blessures au bras.
● Du ruban adhésif, pour maintenir un pansement en place.
● Des pinces pour enlever les échardes.
● Un petit bain et du liquide pour laver les yeux.
● Du sirop d'acétaminophène pour soulager la douleur et réduire la fièvre.
● Un thermomètre, un indicateur frontal de fièvre est ce qu'il y a de plus facile à utiliser.
● Une cuillère à médicaments pour mesurer les doses avec précision.
● Un compte-gouttes ou une seringue pour administrer des médicaments aux jeunes enfants.
● Des abaisse-langue.
● Une bouillotte.
● De la lotion calamine pour les piqûres d'insectes et les éruptions cutanées.
● Une solution de réhydratation.
● De la crème solaire et une lotion après-soleil.
● De la gelée de pétrole (vaseline).
● De l'onguent antiseptique.
● Une bouteille d'eau minérale qui n'a pas été ouverte (l'eau est donc stérile).

**Des médicaments au compte-gouttes**
Réconfortez votre bébé tout en appuyant délicatement sur son menton. Aspirez la quantité voulue de médicament dans le compte-gouttes, posez celui-ci sur le coin de sa bouche, puis laissez tomber le liquide goutte à goutte.

la fièvre est inerte, hébété, très chaud au toucher, renfermé, bref, il n'est pas lui-même. Son pouls est probablement très rapide et il est clair que l'enfant est très malade. Il faut y voir immédiatement.

**Indicateur de fièvre.** Idéal pour un bébé. Facile à utiliser, mais peu précis. Placez la bande révélatrice sur le front de l'enfant et laissez-la ainsi pendant 15 secondes. Lisez le résultat une fois les chiffres stabilisés.

**Thermomètre rectal.** Précis. Agitez le thermomètre pour abaisser la colonne de mercure. Lubrifiez-le avec de l'huile pour bébé. Couchez l'enfant sur le dos et soulevez ses jambes ou, s'il est plus vieux, couchez-le sur vos genoux. Glissez doucement le thermomètre dans son rectum, à une profondeur d'environ 2,5 cm. Retirez-le après deux minutes et lisez la température indiquée, puis lavez le thermomètre.

**Thermomètre auriculaire à infrarouge.** Ce thermomètre que l'on insère dans l'oreille permet d'obtenir une lecture en moins de deux secondes et même lorsque le bébé dort. Précis, mais cher pour une utilisation à domicile.

**Thermomètre buccal.** Pour les enfants plus âgés. Placez la cuvette du thermomètre sous la langue de l'enfant. Dites-lui de bien garder sa langue derrière ses dents du bas et de serrer les lèvres (et non les dents) sur le thermomètre. Attendez deux minutes avant de lire la température.

## Les fièvres dangereuses

Une fièvre modérée n'est pas grave, mais une forte fièvre peut le devenir. La fièvre provoque la transpiration qui peut à son tour entraîner des pertes liquidiennes importantes. Si celles-ci ne sont pas compensées, la tension artérielle diminue, ce qui peut alors causer un arrêt cardiaque. Il faut absolument traiter la déshydratation, surtout lorsqu'elle s'accompagne de diarrhée et de vomissements.

**Ce qu'il faut faire.** Dans tous les cas, la priorité est de réduire la fièvre. Refroidissez l'enfant en l'aspergeant avec une éponge ou en lui donnant un bain ou une douche d'eau tiède et donnez-lui de l'acétaminophène.

● Donnez beaucoup de liquide à un enfant fiévreux. Pour des fièvres légères ou modérées, l'eau suffit, mais pour les grosses fièvres, il vaut mieux donner une solution de réhydratation pour rétablir l'équilibre organique des sucres et des sels (voir page 218).

**Téléphonez au médecin** lorsqu'une fièvre élevée (supérieure à 38 °C) s'accompagne de l'un ou l'autre des éléments suivants :
● L'enfant a moins de 3 mois ;
● Il vomit ou a la diarrhée ;
● Il pleure ou gémit sans raison ;
● Il est beaucoup plus somnolent ou léthargique qu'à l'habitude ;
● Il refuse le sein ou le biberon.

**VOIR AUSSI**

| | |
|---|---|
| Pour garder bébé bien au chaud | **16-17** |
| Pour éviter que bébé n'ait trop chaud | **18-19** |
| La position latérale de sécurité | **212-213** |
| L'épuisement par la chaleur | **218-219** |

**La température frontale**
Tenez la bande indicatrice sur le front de l'enfant à l'aide des deux mains. Ne mettez pas vos doigts sur les fenêtres de lecture et veillez à ce que la bande demeure bien à plat sur son front. Attendez 15 secondes avant de lire le résultat.

**La température sous l'aisselle**
Assoyez l'enfant sur vos genoux. Agitez le thermomètre et placez-le sous son aisselle. Baissez le bras de bébé et tenez-le en place. Attendez deux minutes avant de lire la température.

# Comment réanimer un enfant

L'arrêt de la respiration constitue la principale cause d'arrêt cardiaque chez les enfants. Différentes techniques de réanimation sont recommandées selon l'âge de l'enfant. Vous trouverez ci-dessous les étapes convenant à un enfant âgé de 1 à 8 ans et ci-contre, celles indiquées pour un bébé de moins de 1 an.

## L'ABC DE LA RÉANIMATION

### «A» pour AIR
Vérifiez pour voir si l'air peut passer, c'est-à-dire si les voies respiratoires de l'enfant sont dégagées. Si elles ne le sont pas, ouvrez-les pour libérer le passage de l'air.

### «B» pour BOUCHE-À-BOUCHE
Si l'enfant ne respire pas, respirez pour lui.

### «C» pour CŒUR
Est-ce que son cœur bat ? S'il ne bat pas, faites des poussées thoraciques.

### Obtenir de l'aide
● Demandez à ce qu'on appelle une ambulance.
● Si vous êtes seule, faites les procédures de réanimation pendant une minute, puis appelez l'ambulance avant de poursuivre.
● Les procédures de réanimation épuisent rapidement alors, si possible, faites-les à deux.

Si vous pensez qu'il y a quelque chose dans la bouche de l'enfant, tournez sa tête de côté et explorez-la soigneusement à l'aide de votre index. Enlevez ce que vous y trouvez. S'il s'agit d'un liquide, enlevez-en le plus possible en utilisant votre index recouvert de tissu, une partie de votre pull, par exemple. Faites très attention de ne rien repousser plus loin dans la gorge de l'enfant, surtout s'il s'agit d'un jeune bébé, car leur bouche est vraiment très peu profonde. Si vous pensez qu'il y a quelque chose de pris dans la gorge de l'enfant, placez-le sur vos genoux, la tête vers le bas et, du plat de la main, frappez entre ses omoplates. Continuez jusqu'à ce que l'objet soit délogé. S'il s'agit d'un bébé, posez-le sur votre avant-bras, la tête vers le bas et donnez quelques tapes sèches entre ses omoplates.

## Si l'enfant ne respire pas

**1** Couchez-le sur le dos, sur une surface plane et rigide. Placez une main sur son front et glissez l'autre sous son cou pour immobiliser sa colonne cervicale. Appuyez très délicatement sur son front et basculez légèrement sa tête vers l'arrière. Son menton devrait être parallèle au sol ou légèrement incliné vers le haut. Placez deux doigts sur la partie osseuse de son menton et poussez doucement pour l'avancer ; la langue avancera avec la mâchoire.

**2** Si l'enfant respire, vous verrez sa poitrine se soulever et s'abaisser, vous entendrez sa respiration et sentirez son souffle sur votre joue. S'il ne respire pas, pincez-lui le nez, posez votre bouche sur la sienne et insufflez profondément cinq fois, jusqu'à ce que sa poitrine se soulève.

**3** Avec deux doigts, prenez son pouls dans le cou, dans le sillon qui se creuse le long de la trachée (à la hauteur de la pomme d'Adam). Si vous ne percevez pas de pouls, commencez les poussées thoraciques.

**4** Placez une main à une distance de deux doigts de la pointe du sternum. Pressez fermement vers le bas afin d'abaisser le thorax d'environ un tiers de sa hauteur initiale. Faites 5 poussées en 3 secondes. Donnez une insufflation (étape 2). Répétez la manœuvre.

## Si bébé ne respire pas

Pour savoir si un bébé est conscient, parlez-lui et agitez légèrement son pied ou tapotez-le doucement. Ne secouez jamais un bébé par les épaules.

Si le bébé ne réagit pas, commencez la procédure de réanimation. Placez-le sur une surface plane et rigide, une table, par exemple. Les principes de base de la réanimation d'un bébé sont les mêmes que celles indiquées pour les enfants plus âgés, mais parce que le bébé est si petit, il vous sera plus facile de couvrir à la fois son nez et sa bouche de la vôtre.

ATTENTION : Ne basculez pas trop sa tête vers l'arrière, car son cou et ses voies respiratoires sont encore plus fragiles que chez l'adulte. N'insufflez pas trop fort, l'air risquerait de s'introduire dans son estomac et d'y forcer le contenu vers les poumons.

**1** Placez un index sur le menton et une main sur le front du bébé. Inclinez légèrement sa tête vers l'arrière pour ouvrir ses voies respiratoires. Regardez dans sa bouche pour voir s'il y a quelque chose qui bloque le passage de l'air. Si c'est le cas, pliez l'index en forme de crochet pour déloger ce qui s'y trouve.

**2** Vérifiez si la poitrine du bébé se soulève et écoutez pour entendre sa respiration. Placez votre joue près de sa bouche pour percevoir son souffle. S'il ne respire pas après 5 secondes, commencez la respiration artificielle. Scellez bien sa bouche et son nez en les couvrant de votre bouche.

**3** Insufflez juste assez pour soulever la poitrine du bébé. Donnez cinq insufflations en libérant sa bouche et son nez après chacune. Vérifiez son pouls en posant deux doigts à l'intérieur de son bras, à mi-chemin entre le coude et l'épaule. Si vous ne percevez pas de pouls, commencez les poussées thoraciques.

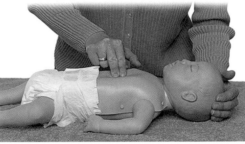

**4** Placez deux doigts sur la poitrine du bébé, à environ un doigt sous la ligne des mamelons. Pressez contre son thorax pour l'abaisser d'environ 2 cm. Faites ce mouvement 5 fois en 3 secondes. Donnez une insufflation. Répétez jusqu'à ce que les secours arrivent ou que le cœur du bébé se remette à battre et que l'enfant recommence à respirer. Placez-le alors en position latérale de sécurité.

**VOIR AUSSI**

| | |
|---|---|
| Soigner un enfant malade | **208-209** |
| La position latérale de sécurité | **212-213** |
| État de choc | **214-215** |
| Empoisonnement | **218-219** |

### AIDE-MÉMOIRE

- Si l'enfant est inconscient, ouvrez ses voies respiratoires et vérifiez pour voir s'il respire. Prenez garde de ne rien repousser plus loin dans sa gorge.
- Si vous soupçonnez une blessure à la tête ou au cou, placez-vous à la tête de l'enfant, agenouillez-vous et basculez sa tête vers l'arrière avec vos doigts en tenant bien sa mâchoire inférieure au point de jonction des mâchoires inférieure et supérieure, tandis qu'une autre personne soutient son cou des deux côtés.
- Si l'enfant ne respire pas, donnez-lui la respiration artificielle.
- Si vous percevez un pouls, continuez la respiration artificielle. Vérifiez le pouls toutes les dix respirations.
- Si la poitrine ne se soulève pas après deux insufflations, vérifiez de nouveau les voies respiratoires pour vous assurer qu'elles soient bien ouvertes et donnez-lui la respiration artificielle. Si après trois autres insufflations, la poitrine ne se soulève toujours pas, vérifiez pour voir s'il n'y aurait pas quelque chose qui bloque le passage de l'air (voir l'étape 1).
- Si le pouls est toujours absent et qu'il n'y a aucun signe de respiration, commencez les poussées thoraciques (voir l'étape 4) en association avec la respiration artificielle.
- Si l'enfant recommence à respirer, placez-le dans la position latérale de sécurité (p. 212).

# La position latérale de sécurité

Si votre enfant est inconscient mais qu'il respire, placez-le dans la position latérale de sécurité en attendant les secours. Cette position confortable ne gêne pas la circulation sanguine et permet de soutenir son corps afin qu'il puisse respirer librement.

### La position latérale de sécurité pour un enfant

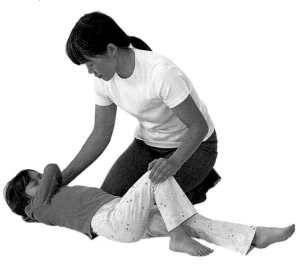

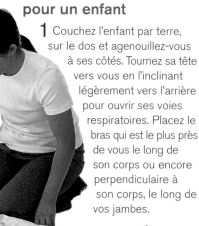

**1** Couchez l'enfant par terre, sur le dos et agenouillez-vous à ses côtés. Tournez sa tête vers vous en l'inclinant légèrement vers l'arrière pour ouvrir ses voies respiratoires. Placez le bras qui est le plus près de vous le long de son corps ou encore perpendiculaire à son corps, le long de vos jambes.

**2** Avec votre main droite, pliez son autre bras sur sa poitrine et tirez-le doucement vers vous. Avec votre main gauche, soulevez le genou de la jambe qui se trouve le plus loin de vous, croisez cette jambe par-dessus l'autre à la hauteur des chevilles.

## LA POSITION LATÉRALE DE SÉCURITÉ POUR UN BÉBÉ

Si le bébé est inconscient, appelez les secours.
- Vérifiez pour voir s'il respire. Vous devriez voir sa poitrine se soulever et s'abaisser. Si vous posez votre tête contre sa bouche, vous devriez entendre sa respiration et sentir son souffle sur votre joue.
- Si le bébé respire, son cœur bat toujours. Placez le bébé dans la position latérale de sécurité. Asseyez-vous et allongez le bébé sur vos genoux de sorte que ses pieds pointent vers votre abdomen et que sa tête soit inclinée vers le bas. Tendez les bras et posez-les de chaque côté de l'enfant afin de bien soutenir sa tête avec vos mains.
- Si le bébé ne respire pas, ouvrez ses voies respiratoires et commencez le bouche-à-bouche (voir pages 210-211). C'est la priorité absolue, puisque des dommages irréparables au cerveau peuvent survenir après seulement trois minutes sans oxygène.

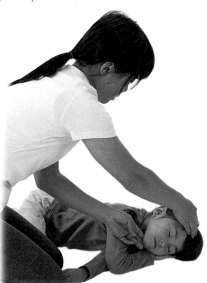

**3** En soutenant la tête de l'enfant et en le prenant par la hanche qui se trouve le plus loin de vous, roulez-le doucement vers vous. Pliez son bras et sa jambe pour l'empêcher de rouler sur le ventre. Veillez à ce que sa tête soit inclinée vers l'arrière.

# En cas d'urgence

Les enfants sont sujets aux accidents et de plus il leur est difficile de prévoir les événements. Voilà donc une combinaison dangereuse. Heureusement, la plupart des accidents qui surviennent sont mineurs, mais la rapidité d'intervention peut faire la différence entre la vie et la mort.

**VOIR AUSSI**

Aménager un intérieur sûr **204-205**

Dehors en toute sécurité **206-207**

Comment réanimer
un enfant **210-211**

Les saignements **214-215**

## Un bras cassé

**1** Tandis que votre enfant serre son bras cassé, passez-lui une écharpe triangulaire ou un foulard plié autour du cou et sous le bras en orientant la pointe libre vers son coude.

**2** Prenez les deux pointes qui forment les extrémités du côté le plus long et nouez-les autour de son cou. Passez une partie de l'écharpe derrière le bras blessé et l'autre devant.

**3** Faites un nœud plat : passez l'extrémité gauche au-dessus et ensuite en dessous de l'extrémité de droite, puis l'extrémité droite au-dessus et en dessous de celle de gauche.

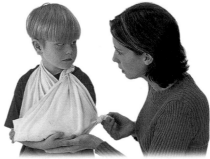

**4** Fixez la pointe qui se trouve au niveau du coude à l'aide d'une épingle de sûreté ou encore tortillez-la et rentrez-la à l'intérieur de l'écharpe avec tout excédent de tissu.

**5** Si la fracture affecte le haut du bras, l'épaule ou la clavicule, immobilisez l'écharpe à l'aide d'une bande de tissu attachée horizontalement autour du bras et de l'abdomen.

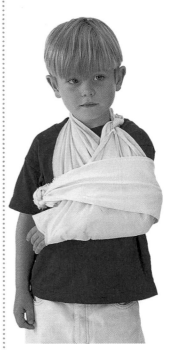

**Pour supporter son bras**
Si vous croyez que votre enfant a le bras cassé, mettez-lui une écharpe ou immobilisez son bras et emmenez-le à l'hôpital.

## LA TRACTION

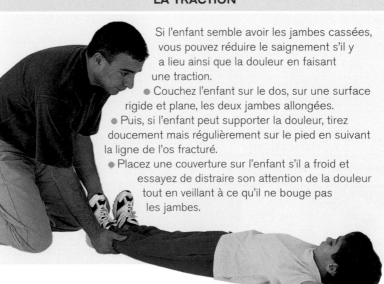

Si l'enfant semble avoir les jambes cassées, vous pouvez réduire le saignement s'il y a lieu ainsi que la douleur en faisant une traction.
- Couchez l'enfant sur le dos, sur une surface rigide et plane, les deux jambes allongées.
- Puis, si l'enfant peut supporter la douleur, tirez doucement mais régulièrement sur le pied en suivant la ligne de l'os fracturé.
- Placez une couverture sur l'enfant s'il a froid et essayez de distraire son attention de la douleur tout en veillant à ce qu'il ne bouge pas les jambes.

La plupart des éraflures et des coupures bénignes peuvent être traitées à la maison. Passez la coupure à l'eau froide pour nettoyer la plaie. Épongez doucement et pansez la blessure avec un pansement adhésif ou une compresse.

## Les saignements

Parce que les enfants ont un volume sanguin relativement restreint, les saignements abondants sont toujours source d'inquiétude. Une chute du volume sanguin peut causer un état de choc, voire un arrêt cardiaque.

### Les hémorragies

**1** Si l'enfant n'est pas déjà couché, aidez-le à s'allonger. Appliquez une pression directement à l'endroit de la lésion. En même temps, soulevez la partie affectée et maintenez-la plus haut que le reste de son corps. Gardez une pression constante.

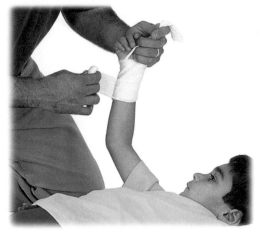

**2** Appliquez, si possible, une épaisse compresse stérile sur la blessure. Si vous n'en avez pas, utilisez un linge propre fait de tissu lisse et non pelucheux ou encore du papier essuie-tout, une couche jetable ou une serviette hygiénique que vous fixerez en place à l'aide d'une écharpe.

### QUOI FAIRE ET NE PAS FAIRE

- Emmenez l'enfant à l'urgence dès que possible.
- Ne mettez rien d'autre qu'un pansement sur la plaie.
- N'essayez pas d'enlever un corps étranger, car celui-ci limite peut-être la perte de sang. Appliquez une pression de part et d'autre de l'objet.
- Les blessures par perforation peuvent s'infecter et l'infection risque de se répandre au système lymphatique. Si la lésion est petite, trempez la région affectée dans de l'eau chaude savonneuse pendant 15 minutes. Surveillez attentivement la blessure pendant quelques jours. Si l'infection se répand ou qu'il y a enflure, allez à l'urgence.

**3** Nouez le pansement directement au-dessus de la plaie afin d'y maintenir une pression. Si le saignement persiste, ajoutez un deuxième pansement, mais n'enlevez pas le premier.

---

**Surveillez-le attentivement**

Allongez l'enfant sur une surface plane et soulevez ses jambes à l'aide de coussins pour qu'elles soient plus haut que son cœur.

## L'état de choc

L'état de choc dont on parle ici n'a rien à voir avec la surprise ou la peur, il s'agit plutôt de la réaction de l'organisme à une diminution importante de la tension artérielle ou à une défaillance cardiaque. L'état de choc peut aussi être causé par une réaction allergique grave à des médicaments ou à des piqûres d'insectes, par exemple. Surveillez l'enfant s'il saigne beaucoup, s'il est déshydraté ou s'il a subi d'importantes brûlures, même s'il ne présente aucun signe de choc. L'état de choc peut en effet être fatal.

**Symptômes possibles.** Peau froide, moite et pâle (bleuâtre ou grisâtre) ; pouls rapide et faible ; respiration rapide et peu profonde ; transpiration ; agitation ; étourdissements ; vision floue, indistincte ; soif.

**Quoi faire.** Traitez les causes possibles (comme les saignements abondants ou les brûlures). Soulevez les pieds de l'enfant (voir ci-contre). Détachez tout vêtement serré. Tournez sa tête vers le côté. Couvrez-le et gardez-le au chaud, mais veillez à ce qu'il n'ait pas trop chaud (ce qui risquerait de faire affluer le sang vers la périphérie, au détriment de ses organes vitaux). Surveillez-le attentivement. S'il cesse de respirer, donnez-lui la respiration artificielle (voir page 210).

## Étouffement

**Appelez les secours** si l'enfant continue de tousser pendant 2 ou 3 minutes.

**Agissez immédiatement** si la toux devient silencieuse, si l'enfant a de la difficulté à respirer ou que son visage devient bleu, s'il émet des sifflements aigus ou qu'il est incapable de parler ou de pleurer, ou s'il vomit (il peut y avoir enflure de la gorge).

**S'il y a quelqu'un d'autre avec vous** ou que vous ne savez pas quoi faire, téléphonez au 9-1-1. S'il n'y a personne d'autre avec vous, agissez d'abord, appelez les services d'urgence ensuite.

### VOIR AUSSI

Aménager un intérieur sûr **204-205**

Dehors en toute sécurité **206-207**

Comment réanimer un enfant **210-211**

La position latérale de sécurité **212-213**

### Si l'enfant est inconscient

**1** Couchez l'enfant sur le côté et donnez-lui 5 tapes sèches dans le dos. Tournez-le sur le dos et vérifiez s'il a quelque chose dans la bouche. S'il ne respire pas, donnez-lui la respiration artificielle : 5 insufflations (voir pages 210-211). Ensuite, placez le talon de votre main à la base de son sternum et poussez 5 fois d'un mouvement brusque vers l'intérieur en abaissant le thorax d'environ un tiers de sa hauteur initiale. Faites 5 poussées toutes les 3 secondes.

### BÉBÉ S'ÉTOUFFE

● Placez le bébé le long de votre avant-bras, la tête vers le bas et tenez son menton avec votre main. De l'autre, donnez-lui 5 tapes sèches entre les omoplates. Tournez le bébé et vérifiez dans sa bouche pour voir si l'objet a été délogé.

● S'il n'a pas été délogé, posez l'enfant sur vos genoux, la tête vers le bas. Avec deux doigts, pressez fermement sur son thorax, juste sous la ligne des mamelons. Faites cette manœuvre 5 fois, puis vérifiez de nouveau dans sa bouche.

### Pour un enfant âgé de 1 à 8 ans

**1** Placez-vous derrière l'enfant et passez vos bras autour de sa taille. Placez votre poing contre la partie inférieure du sternum et posez l'autre main sur votre poing. Faites 5 compressions en poussant sur le thorax d'un mouvement brusque vers l'intérieur toutes les 3 secondes.

**2** Si l'obstruction n'est toujours pas délogée, placez le talon de votre main à mi-chemin entre son nombril et son sternum. Poussez fermement vers le haut (jusqu'à 5 fois). Vérifiez dans sa bouche pour voir si l'objet a pu être délogé. Continuez jusqu'à l'arrivée des secours. Placez l'enfant dans la position latérale de sécurité (voir page 212) dès qu'il commence à respirer.

**2** Si l'enfant est toujours étouffé, placez votre poing sur son abdomen, juste sous la cage thoracique (sous les côtes) et au-dessus du nombril. Pressez d'un mouvement brusque vers le haut. Répétez cette manœuvre 5 fois. Continuez jusqu'à l'arrivée des secours.

### Noyade

Vous ne pouvez aider votre enfant que dans la mesure où vous êtes vous-même en sécurité. Ne sautez pas à l'eau si vous pouvez atteindre l'enfant de la rive. Si le courant est fort, essayez d'intercepter l'enfant un peu plus en aval. Les très jeunes enfants peuvent retenir leur souffle sous l'eau pendant un bon moment.

● **Si l'enfant est conscient,** sortez-le de l'eau aussi vite que possible et couvrez-le d'un vêtement sec. Emmenez-le à l'intérieur dès que possible. Portez l'enfant en veillant à ce que sa tête soit plus basse que le reste de son corps afin de drainer l'eau de sa bouche et de sa gorge.

● **Si l'enfant est inconscient,** vérifiez sa respiration. S'il ne respire pas, donnez-lui la respiration artificielle (voir pages 210 et 211). Dès que vos pieds touchent le fond de l'eau, commencez le bouche-à-bouche tout en vous dirigeant vers la rive. Soutenez sa tête d'une main, inspirez et placez votre bouche sur la sienne de manière à couvrir aussi son nez. Soufflez doucement dans ses poumons, regardez sa poitrine se soulever. Libérez sa bouche et son nez, puis recommencez. Allongez l'enfant sur la rive et continuez.

● **Si l'enfant est inconscient,** mais qu'il respire, placez-le dans la position latérale de sécurité (voir page 212) et couvrez-le pour ne pas qu'il ait froid. Ne lui enlevez pas ses vêtements mouillés. Vérifiez régulièrement sa respiration et son pouls.

● **Attendez l'ambulance ou,** s'il y a un autre adulte avec vous et que c'est plus rapide, emmenez-le directement à l'urgence. Placez l'enfant sur le côté si vous avez l'impression qu'il essaie de vomir.

---

**La sécurité d'abord**
Vous ne pourrez aider personne si vous recevez vous aussi un choc électrique. Veillez à ce que le courant ne puisse pas passer par votre corps.

### Choc électrique

Débranchez l'appareil électrique ou coupez le courant avant de toucher à l'enfant. Si vous ne pouvez pas rompre le courant, utilisez un manche à balai en bois ou en plastique pour éloigner la source de courant de l'enfant. N'utilisez pas de métal. Assurez-vous d'avoir les mains sèches et de ne pas vous trouver sur une surface métallique ou mouillée.

● **Une fois le courant coupé,** examinez soigneusement l'enfant. Vérifiez s'il souffre de brûlures. Appelez l'ambulance. Rassurez l'enfant et suivez les procédures relatives à l'état de choc (voir page 214).

● **Si l'enfant est inconscient,** vérifiez sa respiration. S'il ne respire pas, donnez-lui immédiatement la respiration artificielle (voir pages 210-211) et vérifiez son pouls après une minute. S'il est inconscient mais qu'il respire, placez-le en position latérale de sécurité (voir page 212).

---

**Symptômes.** L'enfant tombe, ses yeux roulent, il a l'écume à la bouche, son corps se raidit, puis il est pris de mouvements saccadés et incontrôlés. Ensuite, l'enfant est fatigué et a envie de dormir.

**Causes.** De brèves convulsions ne sont pas rares lors de fortes fièvres et certains enfants y sont plus sujets que d'autres. Une première crise de convulsions doit toujours être signalée au médecin. Ces dernières peuvent en effet être provoquées par des affections diverses : certaines maladies, des lésions cérébrales, une infection, de l'épilepsie. En outre, certains médicaments d'ordonnance peuvent aussi causer des convulsions. Il est important d'en aviser le médecin ou l'hôpital si tel est le cas.

**Traitement.** Dégagez l'environnement immédiat où se trouve l'enfant ou déplacez-le pour éviter qu'il ne se blesse. Desserrez ses vêtements, surtout autour du cou et de la taille. Placez-le sur le côté, la tête plus bas que les hanches (utilisez un coussin pour élever ses jambes). Si l'enfant arrête de respirer, donnez-lui la respiration artificielle. Appelez une ambulance. Si vous êtes seul avec l'enfant, attendez qu'il recommence à respirer avant de téléphoner. Toujours appeler les secours si la crise dure plus de 2 ou 3 minutes, si elle est particulièrement violente ou si les crises se succèdent rapidement.

## Brûlures

Toutes les brûlures, sauf les plus bénignes nécessitent des soins professionnels. Téléphonez immédiatement à un médecin si la surface atteinte est supérieure à la taille de la main de l'enfant, si la brûlure est recouverte de cloques (2e degré), ou si la peau est carbonisée ou blanche (3e degré).

Refroidissez la région affectée le plus rapidement possible afin d'empêcher la brûlure d'atteindre les tissus plus profonds. Les brûlures graves peuvent provoquer un état de choc (qu'il faut traiter) et causer des pertes liquidiennes (qui doivent être compensées). Si la brûlure s'aggrave, communiquez immédiatement avec un médecin.

**2** À l'aide de ciseaux, coupez délicatement les vêtements qui recouvrent la brûlure. Ne déshabillez l'enfant que si vous êtes certain que la région que vous découvrez n'est pas brûlée, sinon la peau risque de venir avec le vêtement. Si les vêtements collent à la peau, n'essayez pas de les enlever et aspergez la région d'eau fraîche pour soulager la douleur.

**1** Refroidissez la région atteinte en la plongeant sous un jet d'eau fraîche le plus longtemps possible (pendant 10 à 20 minutes, au moins). Appelez les services d'urgence. Utilisez de l'eau tiède et non glacée. Si la surface affectée est importante, placez l'enfant dans un bain ou sous une douche d'eau tiède (environ 10 à 15 °C), ensuite couvrez-le de draps mouillés d'eau fraîche. Utilisez des draps de coton (pas de finette) ou de lin et veillez à ce qu'ils restent bien détrempés.

### BRÛLURES CHIMIQUES

Plongez la région affectée dans de l'eau froide aussi vite que possible et laissez-la tremper tant et aussi longtemps que l'enfant le tolère. Tenez votre enfant dans une position telle que l'eau contaminée puisse s'écouler sans se répandre sur le reste de son corps. Avec beaucoup de précaution, enlevez-lui tout vêtement contaminé, mais ne lui passez rien par-dessus la tête.

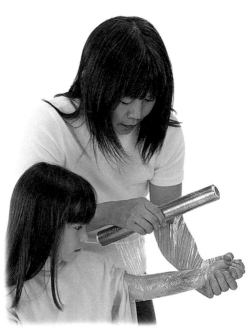

**3** Pour prévenir l'infection, couvrez la brûlure de film alimentaire, de papier d'aluminium, d'un sac de plastique ou d'un tissu non pelucheux comme une compresse de gaze ou une taie d'oreiller. Fixez le pansement à l'aide de ruban adhésif ; ne collez pas de pansement adhésif directement sur la peau de l'enfant et emmenez-le à l'hôpital ou appelez l'ambulance.

### VOIR AUSSI

### QUOI FAIRE ET NE PAS FAIRE

- Si la brûlure affecte un membre, maintenez celui-ci plus haut que le reste du corps.
- N'appliquez aucun onguent ni corps gras sur la brûlure. Ne la couvrez pas avec quoi que ce soit qui pourrait coller à la plaie. Faites attention aux risques d'hypothermie si vous immergez l'enfant dans de l'eau froide.
- Vérifiez régulièrement la brûlure. S'il s'agit d'une brûlure que vous traitez à la maison et qu'elle s'aggrave, téléphonez immédiatement à un médecin ou rendez-vous à l'urgence.
- Si l'enfant est conscient et qu'il n'a pas de brûlures à la bouche, donnez-lui quelques gorgées d'eau ou d'un liquide de réhydratation.

### Empoisonnement

**Symptômes.** L'enfant peut subir des brûlures à la bouche, faire des convulsions ou souffrir de diarrhée ou de vomissements, et perdre connaissance. Regardez autour pour voir si vous ne verriez pas une bouteille ou un contenant vides, des plantes ou des baies dans sa main et gardez ce que vous trouvez. Si on peut identifier le poison, on peut administrer un antidote.

**Quoi faire.** Demandez-lui doucement ce qu'il a avalé. Dites-lui que vous n'êtes pas fâchée, mais insistez pour qu'il vous dise ce qu'il a pris. Agissez vite, il pourrait perdre conscience. Gardez un échantillon

**Sachez éviter les risques**
Si vous devez donner le bouche-à-bouche à un enfant inconscient, assurez-vous, ce faisant, de ne pas ingérer vous-même le poison.

de ce qu'il a pris ou le contenant de médicament même s'il est vide.

● **Si l'enfant a ingéré une substance corrosive** comme de l'eau de Javel, un produit pour nettoyer les toilettes ou de l'herbicide, n'essayez pas de le faire vomir, car vous risqueriez d'aggraver ses brûlures aux voies digestives en faisant remonter la substance corrosive. Donnez-lui du lait froid pour soulager la douleur causée par les brûlures. Emmenez-le à l'hôpital. Si vous êtes certaine qu'il n'a pas ingéré de substance corrosive, donnez-lui de l'eau salée et chatouillez-lui le fond de la gorge jusqu'à ce qu'il ait des haut-le-cœur.

● **Ne jamais faire vomir un enfant inconscient.** Placez-le dans la position latérale de sécurité (voir page 212) et téléphonez immédiatement à l'hôpital. Surveillez sa respiration. Essuyez sa bouche avant de lui donner la respiration artificielle (voir pages 210-211). Si nécessaire, fermez-lui la bouche et insufflez dans son nez.

### L'épuisement par la chaleur et le coup de chaleur

L'épuisement causé par la chaleur résulte d'une élévation excessive de la chaleur corporelle provoquée par un excès de soleil ou d'exercice. Un léger épuisement par la chaleur n'a rien d'inquiétant en lui-même, mais il doit tout de même être traité sans délai, car le coup de chaleur, qui est en fait une progression de l'épuisement par la chaleur, peut être fatal s'il n'est pas traité.

● **Symptômes de l'épuisement par la chaleur.** Température corporelle de plus de 38 °C, pouls

**Au frais**
Enveloppez l'enfant dans une serviette mouillée et préparez-en d'autres pour remplacer celle-ci lorsqu'elle ne sera plus assez froide. Rafraîchissez l'enfant en lui humectant la tête et le front avec une éponge ou une serviette mouillées d'eau tiède.

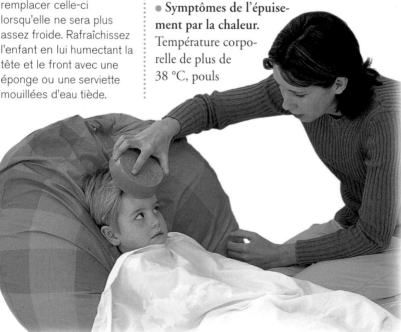

rapide, peau moite, pâleur, nausées, étourdissements, crampes abdominales, maux de tête.

● **Symptômes du coup de chaleur.** Température corporelle supérieure à 40 °C, pouls rapide, peau chaude et sèche, absence de sueur, somnolence, confusion suivie de perte de conscience.

● **Quoi faire.** Appelez immédiatement les secours si votre enfant semble prêt à perdre connaissance ou emmenez-le à l'urgence.

● **Donnez-lui à boire** et rafraîchissez-le pour réduire sa température corporelle, puis appelez les secours.

● **À la maison,** déshabillez-le aussitôt et mettez-le sous la douche ou dans un bain d'eau tiède. N'utilisez pas d'eau froide! À la plage, emmenez-le dans l'eau peu profonde et moins froide et immergez son corps. Aspergez aussi sa tête pour aider à le rafraîchir.

● **Enveloppez-le** lâchement dans une serviette mouillée avant de l'emmener à l'hôpital. Couvrez aussi sa tête. Apportez de l'eau et versez-en sur sa tête pendant le trajet.

● **Solution de réhydratation :** utilisez des cristaux de réhydratation ou préparez la boisson suivante : 6 c. à thé de sucre et 1 c. à thé de sel dans 1 litre d'eau ou encore diluez du cola moitié-moitié dans de l'eau (vous pouvez aussi diluer du jus de fruits), ajoutez $\frac{1}{2}$ c. à thé de sel par litre de préparation. Faites prendre de petites gorgées à l'enfant régulièrement, à moins qu'il ne perde connaissance.

## Hypothermie

**Symptômes.** Grands frissons, l'enfant a très froid. Sa peau est bleu pâle, il est somnolent et confus, et il n'arrive plus à parler distinctement. Il peut perdre conscience.

**Quoi faire.** Enveloppez-le dans quelque chose de sec, même si ses vêtements sont mouillés. Transportez-le à l'abri en le serrant contre vous. Une fois au chaud, enlevez-lui ses vêtements mouillés. Tenez-le tout contre vous, enveloppez-vous tous deux d'une couverture et appelez le service de santé. Si l'enfant est plus âgé, mettez-le dans un bain d'eau tiède-chaude (vérifiez la température de l'eau avec votre coude). Donnez-lui une boisson tiède et sucrée (pas chaude). Si sa température ne monte pas, ou s'il perd connaissance, emmenez-le immédiatement à l'hôpital.

**Important.** Il importe que le centre, l'intérieur du corps, se réchauffe d'abord. Il faut donc réchauffer l'enfant graduellement. Si sa peau se réchauffe trop vite, le sang affluera en périphérie au détriment du centre qui mettra alors plus de temps à se réchauffer.

**Les bébés froids**
Le risque d'hypothermie est très élevé chez les tout jeunes bébés. Si l'enfant est froid au toucher, serrez-le contre votre corps et enveloppez-vous tous deux d'une couverture. Appelez les secours.

**VOIR AUSSI**

Pour garder bébé bien au chaud **16-17**

Pour éviter que bébé n'ait trop chaud **18-19**

Aménager un intérieur sûr **204-205**

Dehors en toute sécurité **206-207**

## Traumatisme crânien

Si votre enfant a reçu un coup à la tête et qu'il manifeste un ou plusieurs des symptômes suivants, emmenez-le immédiatement à l'urgence.

**Symptômes.** Stupéfaction, hébétude, somnolence, périodes d'inconscience, irritabilité, vomissements, écoulement de sang ou de liquide clair par le nez ou les oreilles.

**Quoi faire.** Consultez un médecin. Même si l'enfant ne perd connaissance que pendant un court moment, il faut le faire examiner par un médecin.

● **S'il se plaint d'une bosse douloureuse** et de maux de tête, faites-le asseoir pendant une heure, dans une pièce sombre de préférence. Surveillez-le. S'il commence à manifester l'un ou l'autre des symptômes énumérés ci-dessus, emmenez-le à l'hôpital.

● **Appliquez une compresse propre sur la plaie** jusqu'à ce que cessent les saignements. Lavez la plaie à l'eau savonneuse, puis pansez-la. Des points de suture peuvent être nécessaires, selon l'étendue et la forme de la lésion. Pansez-la avec de la gaze stérile et emmenez l'enfant à l'urgence.

● **S'il y a écoulement de liquide des oreilles** ou du nez, laissez-le couler et absorbez-le simplement avec une compresse. Emmenez immédiatement l'enfant à l'urgence.

## Réaction allergique grave

Les réactions allergiques graves (ou chocs anaphylactiques) sont rares. Il s'agit de réactions qui menacent la vie de l'enfant et qui peuvent être causées par une piqûre d'insecte, un médicament injecté ou, plus rarement, par un aliment ou un médicament pris par voie orale.

**Symptômes.** Enflure du visage, de la langue et de la gorge qui peuvent sérieusement compromettre la respiration ; la dilatation rapide des petits vaisseaux à la surface de la peau, qui entraîne un afflux sanguin à la périphérie du corps au détriment des organes centraux, peut causer une chute brusque de tension artérielle et le rythme cardiaque augmente pour compenser cette diminution de la tension artérielle.

**Quoi faire.** Il faut agir de toute urgence. Emmenez immédiatement l'enfant à l'hôpital. On lui fera une injection d'adrénaline qui contrera rapidement la réaction allergique. On vous remettra probablement une injection ou une bombe aérosol pour emporter et que vous pourrez utiliser si le problème survient de nouveau. Veillez à toujours l'avoir sur vous et traitez l'enfant dès les premiers signes de réaction, sinon emmenez-le d'urgence à l'hôpital.

### L'ASTHME

● Si la crise d'asthme n'est pas maîtrisée par les médicaments habituels, il faut rapidement traiter l'enfant avec des stéroïdes, des bronchodilatateurs et de l'oxygène.

● Si vous traitez la crise dès le début, vous pouvez le faire à la maison, surtout si vous avez un nébuliseur.

● Si la crise s'aggrave, consultez votre médecin.

● Les très jeunes enfants ne réagissent pas toujours aux médicaments et il peut être nécessaire de les emmener à l'hôpital. N'oubliez pas qu'un enfant peut mourir d'une crise d'asthme.

● Si la crise semble beaucoup plus grave qu'à l'habitude, allez à l'urgence, surtout si l'enfant a beaucoup de difficulté à respirer, s'il semble très fatigué et si son teint commence à devenir grisâtre ou bleuâtre.

# Index

## Crédits photographiques

Mike Good a pris toutes les photos de ce livre, à l'exception de celles énumérées ci-dessous :

*b* = bas ; *c* = centre ; *d* = droite ; *g* = gauche ; *h* = haut.

**p. 2g** Adrian Weinbrecht ; **2d** gettyone Stone, John Fortunato ; **3g** Telegraph Colour Library, Spencer Rowell ; **3d** gettyone Stone, Charles Thatcher ; **6d** The Stock Market ; **7g** et **c** SuperStock ; **12** Laura Wickenden ; **13** gettyone Stone, Tim Brown ; **18** gettyone Stone, John Fortunato ; **20** Adrian Weinbrecht ; **22** Andrew Sydenham ; **36** Bubbles, Jennie Woodcock ; **37** Adrian Weinbrecht ; **38** Robert Harding Picture Library, Jim Trois, Explorer ; **40** The Image Bank ; **43** Bubbles, Frans Rombout ; **50h** gettyone Stone, Camille Tokerud ; **50b** John Freeman ; **51** Bubbles, Jaqui Farrow ; **54** Bubbles, Pauline Cutler ; **56** The Image Bank, Tom Hussey ; **58** Bubbles, Ian West ; **64** gettyone Stone, Bruce Aters ; **65** Bubbles, Moose Azim, Telegraph Colour Library, Spencer Rowell ; **68** Robert Harding Picture Library, Brad Nelson, Phototake NYC ; **71** Bubbles, Frans Rombojt ; **78** Adrain Weinbrecht ; **84** Telegraph Colour Library, Mel Yates ; **86** gettyone Stone, Camille Tokerud ; **109h** Robert Harding Picture Library ; **112-113** The Stock Market, Bill Miles ; **115** The Stock Market ; **120** The Stock Market, Jose L. Pelaez ; **123h** gettyone Stone, Bob Thomas ; **124** John Barlow ; **125** Laura Wickenden ; **128** Camera Press ; **131g** The Photographers Library ; **131d** Powerstock, Zefa, Norman ; **132** The Photographers Library ; **135** ZEFA-Stockmarket ; **136** Bubbles ; **143** gettyone Stone, Charles Thatcher ; **147d** The Photographers Library ; **150** Laura Wickenden ; **152-153** SuperStock ; **156** gettyone Stone, Roger Ellis ; **160** Bubbles, Loisjoy Thurstun ; **164** Bubbles, Elizabeth Carter ; **168-169** Super Stock ; **185h** Telegraph Colour Library ; **188** The Stock Market ; **191** Bubbles, Richard Yard ; **201** gettyone Stone, Roy Gumpel ; **204** Retna, Sandra Lousada ; **207** Corbis, Macduff Everton ; **210** Iain Bagwell ; **211** Andrew Sydenham ; **212** John Freeman ; **204hg, bg, hd, bc** Iain Bagwell, **bd** Andrew Sydenham.

### Couverture avant
*h* Mike Good ; *b* Mike Good ; *g* SuperStock ; *c* Mike Good ; *d* Mike Good
### Couverture arrière
*h* Mike Good ; *b* Mike Good, *g* Adrian Weinbrecht ; *cg* gettyone Stone, John Fortunato ; *cd* Telegraph Colour Library, Spencer Rockwell ; *d* The Stock Market
### Épine
Mike Good

### Graphiques
Les graphiques des pages **70** et **73** ont été reproduits avec la permission de la Child Growth Foundation 1996/1.

### Premiers soins
L'éditeur tient à remercier L'ambulance St-Jean pour sa contribution aux photos du chapitre sur les premiers soins.

Achevé d'imprimer au Canada
en mars 2002
sur les presses de l'imprimerie Interglobe